国家教育宏观政策研究院智库建设成果书系

全纳教育治理

贾利帅 著

华东师范大学出版社
·上海·

图书在版编目(CIP)数据

全纳教育治理/贾利帅著.—上海:华东师范大学出版社,2022
(国家教育宏观政策研究院智库建设成果书系)
ISBN 978 - 7 - 5760 - 3021 - 1

Ⅰ.①全… Ⅱ.①贾… Ⅲ.①儿童教育-特殊教育-研究 Ⅳ.①G76

中国版本图书馆 CIP 数据核字(2022)第 147543 号

全纳教育治理

著　者　贾利帅
策划编辑　彭呈军
责任编辑　白锋宇
特约审读　秦一鸣
责任校对　廖钰娴　时东明
装帧设计　高山　郝钰

出版发行　华东师范大学出版社
社　　址　上海市中山北路3663号　邮编 200062
网　　址　www.ecnupress.com.cn
电　　话　021 - 60821666　行政传真 021 - 62572105
客服电话　021 - 62865537　门市(邮购)电话 021 - 62869887
地　　址　上海市中山北路3663号华东师范大学校内先锋路口
网　　店　http://hdsdcbs.tmall.com

印刷者　上海展强印刷有限公司
开　　本　787毫米×1092毫米　1/16
印　　张　20
字　　数　320千字
版　　次　2023年1月第1版
印　　次　2023年1月第1次
书　　号　ISBN 978 - 7 - 5760 - 3021 - 1
定　　价　68.00元

出版人　王焰

(如发现本版图书有印订质量问题,请寄回本社客服中心调换或电话 021 - 62865537 联系)

目 录

序
全纳教育：为每一个学生提供适宜且高质量的教育　　1
前言　　5

上篇　理论的视角　　1

第一章　探究全纳教育　　3
第一节　理解残疾的两种模式　　3
第二节　从一体化到全纳：一种新的表述形式还是一个转变?　　9
第三节　一体化运动　　10
第四节　全纳教育议程：一种历史的视角　　13
第五节　全纳教育的定义　　17

第二章　全纳教育与随班就读　　23
第一节　全纳教育与随班就读关系的再审视　　23
第二节　"三级两跳"：欧美全纳教育发展的一般进程　　25
第三节　"中和位育"：发展中的全纳教育与转型中的随班就读　　33
第四节　"文化自觉"：全纳教育思潮下随班就读的位育策略　　37
第五节　"和而不同"：随班就读与全纳教育的和谐共生　　40

中篇　国家的视角　　　　　　　　　　　　　　41

第三章　意大利全纳教育治理　　　　　　　　43
　　第一节　意大利全纳教育改革与发展的历程　　43
　　第二节　意大利全纳教育改革与发展的主要特点　　48
　　第三节　全纳教育改革与发展过程中的问题与挑战　　54
　　第四节　讨论与思考　　58

第四章　葡萄牙全纳教育治理　　　　　　　　61
　　第一节　葡萄牙全纳教育改革与发展的历程　　61
　　第二节　葡萄牙全纳教育改革与发展的主要特点　　66
　　第三节　葡萄牙全纳教育改革与发展过程中的主要举措　　68
　　第四节　讨论与思考　　71

第五章　西班牙全纳教育治理　　　　　　　　75
　　第一节　西班牙全纳教育改革与发展的历程　　75
　　第二节　西班牙全纳教育改革与发展的主要特点　　82
　　第三节　讨论与思考　　86

第六章　德国全纳教育治理　　　　　　　　91
　　第一节　德国全纳教育改革与发展的历程　　92
　　第二节　德国全纳教育改革与发展过程中的问题与挑战　　96
　　第三节　德国全纳教育改革与发展过程中的主要经验　　101
　　第四节　讨论与思考　　104

第七章　中国随班就读治理　　　　　　　　106
　　第一节　中国随班就读改革与发展的历程　　106

第二节　中国随班就读改革与发展过程中的问题与挑战　　110
　　第三节　讨论与思考　　114

下篇　教师的视角　　117

第八章　意大利教师眼中的学校全纳教育治理　　119
　　第一节　全纳教育是什么　　119
　　第二节　如何在教学中践行全纳教育　　132
　　第三节　阻碍全纳教育发展的因素　　144
　　第四节　促进全纳教育发展的因素　　157
　　第五节　残疾学生在学校/班级里境况如何　　170
　　第六节　如何安置残疾学生　　177
　　第七节　全纳教育历史发展情况如何　　186

第九章　中国教师眼中的学校全纳教育治理　　196
　　第一节　全纳教育是什么　　196
　　第二节　如何在教学中践行全纳教育　　206
　　第三节　阻碍全纳教育发展的因素　　213
　　第四节　促进全纳教育发展的因素　　235
　　第五节　残疾学生在学校/班级里境况如何　　247
　　第六节　如何安置残疾学生　　255
　　第七节　全纳教育历史发展情况如何　　266

结语　和而不同——对全纳教育治理方式的思考　　273

主要参考文献　　275

附录　关于访谈对象和访谈提纲的说明　　287

后记　　291

序
全纳教育：为每一个学生提供适宜且高质量的教育

贾利帅博士新作《全纳教育治理》即将付梓，邀请我作序，深感荣幸。我与贾利帅博士是否见过面，我已经记不太清楚了，但我清楚地记得，我读过贾利帅博士很多关于全纳教育的论文。我曾经还为此好奇过，这个年轻人是谁的博士？很有思想和锐气啊！后来才知道原来贾博士是在意大利读的博士；再后来才知道，原来贾博士在华东师范大学做博士后。恰好我也调到了华东师范大学工作，缘分之奇妙，莫过于此！不过因为疫情等多方面因素，我们并未在丽娃河畔相聚。当贾博士邀请我作序的时候，他已经在天津大学高就了，看来只能期待以后在海河之畔见面了。

全纳教育，又被译成"融合教育"，二者在含义上略有不同，有相关文献对此进行了一些探讨，我自己也曾就二者的异同做过分析。总体来说，既然中文的文字表述有所差异，那么其内涵及价值倾向总会有些许的不同。但在实际运用过程中，二者又可以相互混淆使用。

近些年来，与全纳教育相关的政策宣示、学术研究、社会倡导及教育实践呈加速发展的趋势。然而，总体来看，国内全纳教育相关研究与实践的专业人员数量并不多，且多局限于特殊教育这个狭小的领域里。从大教育乃至更多、更广泛的学科视野探讨和倡导全纳的研究与关注还是太少。贾博士是近年来少有的从多学科角度尤其是政策与管理层面审视全纳教育理论的青年学者，其学术观点与视野弥足珍贵，也使我看到了全纳教育更美好的未来。中国的残障群体人数接近一亿，其他有特殊教育需要的人群数量更加庞大。全纳教育的舞台足够广阔，足以展示更多的学者和实践者的进展风采。因此，我希望有越来越多的青年学者关注并研究全纳教育这一话题。

1994年，由联合国教科文组织主办的世界特殊需要教育大会在西班牙萨拉曼卡召开。这次大会正式提出了全纳教育,并将其作为一种重要教育理念写进《萨拉曼卡宣言》中。自全纳教育提出之日起,其所倡导的所有学生都应在普通学校接受适宜且高质量教育的理念逐渐成为影响全球教育改革的主要思潮。于此背景下,各国纷纷出台相关政策,改革本国特殊教育和一体化教育,发展全纳教育。

在全纳教育发展过程中,有三个问题值得关注。

一是,如何定义全纳教育。自全纳教育提出之日起,摆在研究者面前的一个十分重要的问题便是:如何定义全纳教育?《萨拉曼卡宣言》中对全纳教育的定义是:全纳学校的基本原则是,所有孩子都应该尽可能地在一起学习,无论他们可能有什么困难或差异。全纳学校必须认识到每个学生的不同需求并予以满足,适应学生的学习方式和学习速度,并通过适当的课程、组织安排、教学策略、学习资源以及与社区的合作,确保所有学生都能接受有质量保障的教育。全纳学校应该有一系列的支持和服务,以满足每一个学生的特殊教育需要。随着全纳教育的持续发展和相关教育改革的深入推进,学者从政治学、社会学、教育学等不同学科视角出发,就如何定义全纳教育进行了广泛且深入的讨论。面对各种各样关于全纳教育的定义,国际著名全纳教育专家艾斯克指出,在定义全纳教育时有四点需要考虑:第一,全纳教育是一个永无终止的过程;第二,全纳教育涉及障碍的识别和移除;第三,全纳教育旨在保障所有学生都可以参与并且获得属于他们自己的成功;第四,全纳教育重点关注那些易被边缘化、被排斥或者学业失败的学生。

二是,如何理解全纳教育与一体化教育的关系。从学者的研究和各国全纳教育改革实践来看,正确理解全纳教育和一体化教育之间的联系与区别是发展全纳教育的关键。从时间维度来看,一体化教育先于全纳教育出现。20世纪六七十年代,发生在欧美国家的旨在改革隔离式特殊教育,将残疾学生和普通学生安置在一起进行学习的运动,在美国被称为回归主流运动,在欧洲则被称为一体化教育。二者称谓不同,但实质内容相同。而20世纪90年代所提出的全纳教育,则旨在将残疾学生安置在普通学校学习,并为每一个学生提供适宜且高质量的教育。两者虽然都主张将残疾学生安置在普通学校,但存在着两个明显的区别:第一,两者基于不同的残疾模式。一体化教育更多采用的是一种医学模式,而全纳教育更多采用的是一种社会模式。第二,两者对待残疾学生的方式不同。一体化教育强调将残疾学生安置到普通学校,但并未对普通学校应该如何做提出具体要求,更多的是一种物理安置。在这种安置下,残疾学生需要去适应普通学校的教育教学环境,而普通学校则很少为了残疾学生做出相应调整。而全纳教育不但强调将残疾学生安置在普通学校学习,更强调普通学校为残疾学生做了什么,进而保障残疾学生可以接受到适宜且高质量的教育。对待残疾学生的不同方式,使全纳教育明显区别于一体化教育。

三是,如何理解全纳教育与我国随班就读的关系。自20世纪80年代以来,随班就读在我国得到了长足发展,目前已基本形成了"以随班就读和特殊教育班为主体,以特殊教育学校为骨干"的发展格局,随班就读已成为我国残疾儿童教育安置的主要形式。随着全纳教育理念被引入到我国,如何看待全纳教育与我国随班就读之间的联系与区别,成为摆在我国教育研究者面前的一道必答题。目前学者关于这个问题的讨论,主要有两种观点:一种是主张将我国的随班就读等同于西方的全纳教育;一种是认为随班就读不是全纳教育,而是基于我国教育实际发展出来的一种残疾学生教育方式。毋庸置疑,随班就读作为我国自主探究的一种残疾学生教育方式,具有明显的中国特色、中国风格、中国气派。但是,生于此长于此的随班就读并不是自我封闭的,而始终处在一种开放、包容的状态中。关于随班就读与全纳教育的关系,在此不做深入讨论,但有一点很明确:随班就读与全纳教育需要在交流与对话中,增进对彼此的了解。

尽管学界关于全纳教育还存在一些争论,但对于为所有学生提供适宜且高质量的教育这一点已基本达成共识。因此,各国政府纷纷将全纳教育作为指导本国教育改革的重要教育理念。围绕着如何改革特殊教育,发展全纳教育,各国纷纷出台相关教育政策:意大利率先于1971年颁布了首个全纳教育法案《残疾人新条例》,1977年颁布了《关于学生评估、取消复考以及调整学校教育标准的规定》,1992年通过了《关于社会援助、全纳和残疾人权利的框架》,至此意大利完成了完全全纳教育改革;英国于1978年颁布了《沃诺克报告》,2001年颁布了《特殊教育需要与残疾法案》,2004年颁布了《对特殊教育需要者的教育》;葡萄牙政府于1977年出台了174号法案,1991年出台了319号法案,2018年出台了以"第二代全纳学校"为指向的全纳教育改革法案,即54号法案;美国于2001年颁布《不让一个孩子掉队法案》,2004年重新修订了《残疾人教育改善法案》。与此同时,近年来我国在改革和发展随班就读与全纳教育方面也出台了一系列教育政策:《特殊教育提升计划(2014—2016年)》《第二期特殊教育提升计划(2017—2020年)》《教育部关于加强残疾儿童少年义务教育阶段随班就读工作的指导意见》以及《"十四五"特殊教育发展提升行动计划》等。

在全纳教育思潮的影响下,如何进行教育改革,进而为每个学生提供适宜且高质量的教育,成为国际全纳教育学界讨论的焦点话题。在此背景下,贾利帅博士的专著《全纳教育治理》正是对这一问题思考的结果。贾利帅在博士就读期间就将全纳教育作为自己的主要研究方向,利用留学意大利的便利,全面系统地考察了意大利全纳教育的改革与发展状况。博士毕业后,贾利帅进入华东师范大学国家教育宏观政策研究院继续全纳教育的相关研究,从国家宏观政策角度对全纳教育治理这一问题进行了深入探究。这本《全纳教育治理》,是贾利帅博士在其博士论文基础上修改而成的,同时也加入了他博士后期间关于全纳教育治理相关问题的一些思考。全书分为三个部分,分别从理论的视角、国家的视角与教师的视角出发对全纳教育治理这一问题进行了研究,为认识和理解何为全纳教育、如何理解全纳教育与随班就读的关系以及国际全纳教育改革动向如何等问题提供了一个很好的参考。

未来希望贾利帅博士继续围绕他的全纳教育课题进行更为深入的研究!

是为序。

华东师范大学教育学部特聘教授
华东师范大学融合教育研究院院长
华东师范大学特殊教育学系教授、博士生导师

前 言

1994年,由联合国教科文组织主办的世界特殊需要教育大会(World Conference on Special Needs Education)在西班牙萨拉曼卡(Salamanca)召开。大会正式提出了全纳教育(inclusive education),并将其作为主要原则写进《萨拉曼卡宣言》(Salamanca Statement)中。自此,全纳教育倡导的所有儿童有权在普通学校接受高质量的、适合他们特点的、平等的教育这一理念迅速成为国际教育领域讨论的焦点话题,进而发展成为一项全球议程,成为各国教育改革的题中之义。世界各国纷纷出台政策,改革本国隔离式特殊教育和一体化教育,发展全纳教育。2017年,联合国教科文组织发布《确保教育的全纳性和平等性指南》(A Guide for Ensuring Inclusion and Equity in Education),再一次明确了全纳教育是当下和未来全球教育发展的主要目标。在此背景下,各国纷纷采取相关行动,改革本国隔离式特殊教育和一体化教育,发展全纳教育。据2020年欧盟特殊教育与全纳教育发展署(European Agency for Special Needs and Inclusive Education)最新统计报告显示,截止到2018学年,欧盟22个成员国中残疾学生在普通学校接受全纳教育的人数占残疾学生在校总人数的比例介于79.98%和100.00%之间,平均比例为98.60%。其中,意大利完全废除了特殊教育学校,所有残疾学生都在普通学校接受全纳教育,是欧盟乃至世界上推行全纳教育比例最高的国家之一。

在国际全纳教育改革背景下,我国也开始了相关改革。需要指出的是,全纳教育在我国的主要实践形式是随班就读(learning in regular classroom)。相关研究指出,早在20世纪50年代,四川大巴山的农村小学就存在接收残疾儿童随班就读的教育安置形式。随班就读作为我国解决残疾儿童入学问题的一项重要举措,经过这些年的发展已成为我国残疾儿童教育安置的主要形式,是我国发展全纳教育的重要方式。随班就读政策30余年的发展历程,见证了我国在改革隔离式特殊教育、发展全纳教育方面所做出的努力和取得的成就。例如,据教育部最新统计资料显示,残疾学生随班就读人数由2013年的19.1万人增加到2019年的39.05万人,增长104.45%,6年来残疾学生在普通学校就读的比例均超过50%。① 然而,随着随班就读政策的进一步发展,随班就读质量不高、教师难以胜任随班就读教学以及随班就读相关支持系统不健全等问题逐渐出现,迫切需要我国研究者提出应对之策,以使随班就读能够实现可持续化发展。历史或许不会重演,但历史却往往惊人地相似。相关研究指出,欧美一些国家在全纳教育发展过程中也遇到过类似的发展困境,如教育质量低下、教师能力不足以及相关支持系统不到位等。

从世界范围来看,残疾学生到普通学校接受全纳教育的比例会越来越高。与此同时,在解决了残疾学生"有学上"的问题后,另一个问题随之而来:如何保障残疾学生享受有质量的全纳教育,实现从"有学上"到"学得好"的转变?这也成为各方关注的焦点话题。

就如何实现从"有学上"到"学得好"的转变,切实提高全纳教育质量这一问题,本书尝试从三个视角切入来回答。

一是理论的视角。从理论视角出发探究如何治理全纳教育,进而提升全纳教育质量,是需要先行解决的一个前提性和根本性问题。如果缺乏理论方面的探讨,必然会导致全纳教育在治理过程中迷失方向,甚至误入歧途。本视角首先从历史角度出发探究全纳教育的发展历程,分析不同的残疾模式及其影响,在此过程中厘清隔离式特殊教育、一体化教育与全纳教育的联系和区别,进而聚焦全纳教育。在聚焦全纳教育的基础上,从国际全纳教育研究现状出发,尝试从理论层面界定全纳教育的定义,从而为本研究之后的探讨提供一个可资指导的全纳教育定义。考虑到东西方文化的差异及其对全纳教育理解的影响,本研究在界定全纳教育的基础上,从比较视角出发尝试厘清全纳教育与我国随班就读的联系和区别,就如何在国际全纳教育背景下思考我国随班就读、如何实现全纳教育与随班就读的和谐共生等问题展开讨论。

二是国家的视角。教育改革顺利与否,在很大程度上和国家政策密切相关,全纳教育改革亦是如此。基于此,本部分旨在从国家视角出发探究各国是如何推动全纳教育改革与发展的。在国家选取方面,本研究将重点讨论意大利、葡萄牙、西班牙、德国

---

① 中华人民共和国教育部. 2019年全国教育事业发展统计公报[EB/OL]. (2020-05-20)[2022-11-10]. http://wap.moe.gov.cn/jyb_sjzl/sjzl_fztjgb/202005/t20200520_456751.html.

以及中国5个国家的全纳教育改革与发展情况。之所以选取这5个国家,一方面是因为这5个国家的全纳教育各具特色,意大利是世界上第一个实现完全全纳教育的国家,葡萄牙以全纳教师教育推动全纳教育改革而著称,西班牙是全纳教育议程的发起国,德国以高质量的全纳教育闻名全球,中国的随班就读是全纳教育在东方的一种极具特色的实践形式。对这5个国家全纳教育改革与发展情况的探究,有利于多角度理解和把握全纳教育。另一方面是因为目前国内学者多关注美国、英国、澳大利亚、芬兰等国的全纳教育,对意大利、葡萄牙等国的全纳教育关注不够,本研究选取国内研究还不是特别深入的这几个国家作为研究对象,有助于全面展示世界各国全纳教育改革和发展情况。在具体分析每一个国家全纳教育改革与发展时,本研究首先对该国的全纳教育改革与发展历史进行讨论;在此基础上讨论该国在全纳教育改革过程中遇到的问题与挑战、积累的经验、发展特点等;最后,本着对话交流和取长补短的原则,将该国和我国的全纳教育发展情况进行比较、思考与讨论。

  三是教师的视角。毋庸置疑,政策的制定只是第一步,之后的执行与评价也相当重要,因为现实中国家制定的政策往往都是出于好的目的,但在之后的执行过程中却变了味,可能没有很好地解决问题。因此,作为表达国家意志力的政策,不能仅仅被理解为是一个自上而下的过程(国家的视角),同时也应被看作是一个自下而上的过程(底层的视角)。基于此,与上部分从国家视角理解全纳教育改革和发展不同,这部分则从教师视角来解构和建构国家全纳教育政策,探究旨在促进所有学生在普通学校接受高质量的、适合他们特点的、平等的国家全纳教育政策是否实现了这一目标,在多大程度上实现了这一目标,这一目标是否符合本国教育发展实际。此外,有两个问题需要说明一下。其一,为何选择教师的视角?因为教师是连接国家全纳教育政策与课堂教学中学生的桥梁,其对全纳教育政策的理解在很大程度上决定了学校全纳教育的改革与发展的方向。其二,为何选择意大利与中国?这主要基于方便取样的原则,笔者曾在意大利留学3年(2016年9月—2019年9月),对意大利全纳教育政策较为熟悉,且深入考察过意大利中小学是如何发展全纳教育的。此外,意大利作为世界上第一个实现了完全全纳教育的国家,是各国全纳教育学习和借鉴的榜样,这也是笔者选取意大利进行研究的一个缘由所在。

  总之,全纳教育产生于特定历史时期,是当时社会政治、经济、历史文化等多重因素作用的产物。从世界范围内来看,全纳教育既是改革隔离式特殊教育、将残疾学生安置到普通学校接受教育的一种方式,也是有效解决残疾学生"有学上"和"学得好"这一难题的一种方法。因此,研究各国全纳教育政策的目的不在于照抄照搬,而在于更好地反思我国残疾儿童教育现实。残疾儿童随班就读政策是我们自己总结和探索出来的、符合我国发展实际的残疾儿童教育安置形式。正如朴永馨教授指出的那样,没有任何一个其他国家可以为解决中国几百万残疾儿童教育准备好现成的药方,[①]正确的做法只能是在学习和借鉴他国特殊教育改革经验的基础上,从本国特殊教育发展现实出发进行特殊教育改革,探索适合我国国情的残疾儿童教育安置方式。

[①] 朴永馨.努力发展有中国特色的特殊教育学科[J].特殊教育研究,1998(1):1—3.

上篇

理论的视角

从理论视角出发探究如何治理全纳教育,进而提升全纳教育质量,是需要先行解决的一个前提性和根本性问题。如果缺乏理论方面的探讨,必然会导致全纳教育在治理过程中迷失方向,甚至误入歧途。本视角首先从历史角度出发探究全纳教育的发展历程,分析不同的残疾模式及其影响,在此过程中厘清隔离式特殊教育、一体化教育与全纳教育的联系与区别,进而聚焦全纳教育。在聚焦全纳教育的基础上,从国际全纳教育研究现状出发,尝试从理论层面界定全纳教育的定义,从而为本研究之后的探讨提供一个可资指导的全纳教育定义。考虑到东西方文化的差异及其对全纳教育理解的影响,本研究在界定全纳教育的基础上,从比较视角出发尝试厘清全纳教育和我国随班就读的联系与区别,就如何在国际全纳教育背景下思考我国随班就读、如何实现全纳教育与随班就读的和谐共生等问题展开讨论。

第一章 探究全纳教育

全纳教育作为一种全新的教育理念,经过实践,最终演变为一项全球教育议程,对世界各国教育改革产生了深远影响。然而,目前全纳教育研究领域仍存在一些有待深入探究的议题。本章旨在探究与全纳教育治理相关的理论问题,如历史上解释和理解残疾的不同模式、一体化教育与全纳教育的联系和区别以及如何界定全纳教育等基本问题。

第一节 理解残疾的两种模式

残疾是一个历史事件,它出现在人类历史中的各个阶段,人们对残疾的认识直接影响了人们对残疾人的态度和管理。就如何理解和解释残疾的模式,可谓多种多样。[1][2] 但是,在过去的半个多世纪里,有两种理解和解释残疾的模式一直占据着主导地位,它们分别是医学模式和社会模式。这两种模式有着各自的哲学基础以及如何看待残疾和如何对待残疾的方式方法。[3][4] 正如著名残疾研究者和社会活动家奥利弗(Oliver)所指出的那样:就残疾而言,如果残疾被视为悲剧,那么残疾人将被视为某种悲剧事件或情况的受害者;或者,如果残疾被定义为社会压迫,那么残疾人将被视为一

---

[1] Fitzgerald, H. (2006). Disability and physical education. In D. Kirk, D. Mac Donald, & M. O'Sullivan (Eds.), *The handbook of physical education* (pp. 752–766). London, England: SAGE.
[2] Lo Bianco, A. F., & Sheppard-Jones, K. (2008). Perceptions of disability as related to medical and social factors. *Journal of Applied Social Psychology*, 37(1), 1–13.
[3] Lo Bianco, A. F., & Sheppard-Jones, K. (2008). Perceptions of disability as related to medical and social factors. *Journal of Applied Social Psychology*, 37(1), 1–13.
[4] Terzi, L. (2005). A capability perspective on impairment, disability and special needs: Towards social justice in education. *Theory and Research in Education*, 3(2), 197–223.

个不关心或不知情的社会的受害者,而不是某种悲剧事件的受害者。这种观点的政策意义在于减轻社会对残疾人的压迫而非一味地去补偿残疾人。① 需要指出的是,尽管医学模式和社会模式是理解残疾的两种主要模式,但并不否认存在其他理解残疾的模式。同时,应该认识到理解和解释残疾的各种模式并不存在孰优孰劣的问题,在某一个时期某一种残疾模式可能会占据主导地位,但这并不意味着这种模式就一定优于其他模式。② 每种残疾模式的产生和发展都与其特定的社会历史息息相关,因此,我们在看待和理解某种残疾模式时需要从具体社会历史背景出发,历史地思考某种残疾模式的优与劣。

一、医学模式

医学模式的主要观点是将残疾视为个体某个器官的损害,进而导致其不能正常活动,这种模式是一种典型的个人不足模式,将残疾视为个人的不幸、悲剧,主要是从个体内部进行归因。③④⑤ 医学模式可以追溯至19世纪50年代,首倡者是英国学者帕森(Parson)。帕森认为在西方社会有一个根深蒂固的观念,即正常人是指身体健康的人,而有病的或是身体某个器官受到损害的被视为残疾人。⑦ 后一种人,即残疾人往往被视为社会中的不正常的人,这部分人往往需要特殊的医学治疗。⑧ 帕森关于正常人与不正常人的划分对此后人们从医学模式角度理解残疾产生了重要影响,直接影响到政策的制定、社会制度的安排以及社会大众对残疾人的态度。1980年由世界卫生组织(World Health Organization)制定的《国际残疾分类》(International Classification

---

① Oliver, M. (1990). *The politics of disablement*. Basingstoke: Macmillan, 3.
② Devlieger, P. J. (2005). Generating a cultural model of disability. Paper presented at the 19th Congress of the European Federation of Associations of Teachers of the Deaf (FEAPDA), October 14 – 16. Retrieved from http://feapda.org/Geneva%20Files/culturalmodelofdisability.pdf.
③ Forhan, M. (2009). An analysis of disability models and the application of the ICF to obesity. *Disability and Rehabilitation*, 31, 1382 – 1388.
④ Fougeyrollas, P., & Beauregard, L. (2001). Disability: An interactive person-environment social creation. In G. Albrecht, K. Seelman, & M. Bury (Eds.), *Handbook of disability studies* (pp. 171 – 194). Thousand Oaks, CA: Sage Publications.
⑤ Stiker, H. J. (1999). *A history of disability*. Ann Arbor: Michigan Press.
⑥ Thomas, C. (2004). How is disability understood? An examination of sociological approaches. *Disability & Society*, 19(6), 569 – 583.
⑦ Barnes, C. (1997). A legacy of oppression: A history of disability in western culture. In L. Barton & M. Oliver (Eds.), *Disability studies: Past, present and future*. Leeds: The Disability Press.
⑧ D'Alessio, S. (2011). *Inclusive education in Italy*. Rotterdam: Sense, 46.

of Impairments, Disability and Handicaps),其对残疾的理解和解释深受帕森的影响,是一种典型的医学模式。① 该分类将残疾分为残损(impairment)、残疾(disability)和残障(handicap)三种。残损是指由各种原因所致的人的生理、心理和解剖结构的部位受到了损害,包括:智力病损、心理病损、语言病损、听力病损、视力病损、内脏病损及畸形等。这是残疾发生、发展过程中的第一步。它可以进一步发展为失能,也可以直接导致残障。它可以是永久的,也可以是暂时的。残疾是指由病损或某些疾病所造成的人体某些功能的降低,导致个体不能以正常的方式从事正常范围的日常活动,包括:行为失能、语言失能、运动失能及各种活动失能。这是残疾发生、发展的第二步,它可以进一步发展为残障。但同样地,如能得到积极的治疗与康复,这个阶段的残疾也具有双向性,既可能会进一步发展,也可能会康复。残障是指由病损或失能导致个人不能参与正常生活活动,甚至影响社会功能的正常发挥,包括:识别残障(无法辨别人、地、时)、躯体残障(无法活动不能自理)、运动残障、职业残障、社交活动残障、经济自给残障等,是残疾发展的不良结局。②③ 根据世界卫生组织的分类,残损主要是个人的不足,残疾是残损的结果,残障是残损和残疾的结果,这个逻辑完全将残疾归到个人层面,即个人原因导致残疾和残障,是一种典型的个人不足模式。④ 学者认为 1980 年版《国际残疾分类》几乎包含了残疾模式的所有特点,将治疗残疾的方法主要放在医学诊断方面,没有考虑到任何社会方面的因素。⑤ 在医学模式之下,对待残疾的方法主要是找到病因,然后采取各种举措进行治疗。⑥⑦⑧ 在实践

---

① D'Alessio, S. (2011). *Inclusive education in Italy*. Rotterdam: Sense, 45.
② Bury, M. (1996). Defining and researching disability: Challenges and responses. In C. Barnes and G. Mercer (Eds.), *Exploring the Divide: Illness and Disability* (pp. 17-38). Leeds: The Disability Press.
③ Barnes, C. (2003). Rehabilitation for disabled people: A 'sick' joke? *Scandinavian Journal of Research*, 5, 7-24.
④ Drake, F. R. (1999). *Understanding disability policies*. Houndsmills, Bakinstoke: Macmillan.
⑤ Barnes, C., Mercer, G., & Shakespeare, T. (1999). *Exploring disability: A sociological introduction*. Cambridge: Polity Press.
⑥ Bingham, C., Clarke, L., Michielsens, E., & Van De Meer, M. (2013). Towards a social model approach? British and Dutch disability policies in the health sector compared. *Personnel Review*, 42, 613-637.
⑦ Forhan, M. (2009). An analysis of disability models and the application of the ICF to obesity. *Disability and Rehabilitation*, 31, 1382-1388.
⑧ Thomas, C. (2002). Disability theory: Key ideas, issues and thinkers. In C. Barnes, M. Oliver, & L. Barton (Eds.), *Disability studies today* (pp. 38-57). Cambridge: Polity Press.

中,安置残疾人的场所主要是康复中心或是特殊类治疗中心;①在教育方面,残疾学生主要被安置在特殊教育学校或是隔离式的班级,针对残疾人的这些特殊安排的目的在于修正残疾人的缺陷,帮助他们适应社会。②③

　　围绕着医学模式,学者主要从两个方面对其进行了批判。首先,医学模式将残疾完全归因于个人,忽视了残疾的社会因素。这种理解是一种典型的个人不足模式,将残疾视为个人的不幸、悲剧。④ 在这种残疾模式之下,一个显著的事实是忽视了造成残疾的社会方面的因素,因此可能也就丧失了一个改变社会的机会。当在教育领域应用医学模式时,可能主要工作在于如何纠正残疾学生使其适应现有的教育安排,而较少地去考虑教育自身的问题,根据残疾学生特点对教育进行改革更是少之又少。⑤ 其次,医学模式过度强调医学专业人员在残疾人相关事务中的决定权。⑥ 毋庸置疑,医学相关专业人员在残疾的诊断、治疗以及康复等方面较为专业,可以为残疾人提供一些切实有效的意见和建议,因此,与残疾人医疗相关方面的事务往往由医学专业人员来决定。但是,这并不代表医学专业人员在残疾的方方面面都很专业,在残疾人的住房、交通以及教育等方面,医学专业人员可能并不是理想的人选。一般来说,医学专业人员像守门员,利用他们的专长来诊断残疾,然后决定为其提供哪一种服务。所有这些安排看似合情合理,但是这个过程几乎完全忽视了残疾者个人的需求和意愿。⑦ 最终,由医学专业人员做出的决定,个人往往很难改变。⑧ 正确的做法是,在残疾诊断方面,我们应该听一听残疾人的意见和想法,就像那句口号一样:没有我们的同意,不要做关于我们的决定(nothing about us without us)。

---

① Humpage, L. (2007). Models of disability, work and welfare in Australia. *Social Policy & Administration*, 41, 215-231.
② Hassanein, E. (2015). *Inclusion, disability and culture*. Rotterdam: Sense.
③ Palmer, M., & Harley, D. (2012). Models and measurement in disability: An international review. *Health Policy and Planning*, 27, 357-364.
④ Oliver, M. (1990). *The politics of disablement*. Basingstoke: Macmillan, 32.
⑤ Dyson, A. (1990). Special educational needs and the concept of change. *Oxford Review of Education*, 16(1), 55-66.
⑥ D'Alessio, S. (2011). *Inclusive education in Italy*. Rotterdam: Sense, 48.
⑦ Haegele, J. A., & Hodge, S. (2016). Disability discourse: Overview and critiques of the medical and social models. *Quest*, 68(2), 193-206.
⑧ Barton, L. (2009). Disability, physical education and sport: Some critical observations and questions. In H. Fitzgerald (Ed.), *Disability and youth sport* (pp. 39-50). New York, NY: Routledge.

二、社会模式

与医学模式相反,社会模式主张将造成残疾的主要原因归结于社会方面而非残疾人本身。[1][2][3] 社会模式由亨特(Hunt)[4]和芬克尔斯坦(Finkelstein)[5][6]首倡,之后在20世纪70年代"肢体残障联合会反对隔离"(Union of the Physically Impaired Against Segregation)运动的促进下,开始获得广泛关注,其主要支持者有奥利弗(Oliver)[7][8]、巴恩斯(Barnes)[9]、汤姆斯(Thomas)[10]等。

"肢体残障联合会反对隔离"运动的指导文件《残疾的基本原则》(Fundamental Principles of Disability)对社会模式进行了详细阐述,基本上反映了英国学界关于该模式的主流看法。[11] 该文件指出:"在我们看来,是社会使残障人士残疾。残疾是强加在我们的残疾之上的东西,使我们被不必要地孤立,被排除在社会活动之外。因此,残疾人是社会上受压迫的群体。为了理解这一点,有必要把握身体损伤和社会障碍之间的区别。我们将身体损伤定义为肢体全部或部分缺失,或肢体有缺陷,社会障碍是指当代社会组织对残障人士活动造成的不利或限制,它们很少或根本不考虑身体残疾的人,因而将他们排除在社会活动的主流之外。"[12]

社会模式主要有三个特点:第一,将造成残疾人的残疾因素主要归于社会方面而非残疾人本身;第二,与医学模式针锋相对,完全忽视残疾人本身的原因;第三,认为残

---

[1] Bingham, C., Clarke, L., Michielsens, E., & Van De Meer, M. (2013). Towards a social model approach? British and Dutch disability policies in the health sector compared. *Personnel Review*, 42, 613−637.

[2] Coles, J. (2001). The social model of disability: What does it mean for practice in services for people with learning difficulties? *Disability & Society*, 16, 501−510.

[3] Oliver, M. (1996). *Understanding disability: From theory to practice*. Basingstoke: Macmillan.

[4] Hunt, P. (1966). A critical condition. In P. Hunt (Ed.), *Stigma: The experience of disability* (pp. 145−149). London: Geoffrey Chapman.

[5] Finkelstein, V. (1980). *Attitudes and disabled people*. New York: World Rehabilitation Fund.

[6] Finkelstein, V. (1981). To deny or not to deny disability. In A. Brechin, et al (Eds.), *Handicap in a social world*. Sevenoaks: Hodder and Stoughton.

[7] Oliver, M. (1990). *The politics of disablement*. Basingstoke: Macmillan.

[8] Oliver, M. (1996). *Understanding disability: From theory to practice*. Basingstoke: Macmillan.

[9] Barnes, C. (1991). *Disabled people in Britain and discrimination*. London: Hurst and Co.

[10] Thomas, C. (1999). *Female forms: Experiencing and understanding disability*. Buckingham, Philadelphia: Open University Press.

[11] Shakespeare, T., & Watson, N. (2001). The social model of disability: An outdated disability? In *Research in Social Science and Disability* (Vol. 2, pp. 9−28). Berlin: Elsevier Science Ltd.

[12] Oliver, M. (1996). *Understanding disability: From theory to practice*. Basingstoke: Macmillan, 22.

疾人面对的障碍来自社会。① 在这种模式下，解决残疾的方案往往是改造我们周遭的社会，因为是周遭社会的不完善才造成某些人残疾。因此，我们的当务之急是改造我们的社会，改造社会的方方面面，当社会中的各种障碍被完全移除之时，残疾也将不复存在。② 此外，社会模式主张采用一种多元化思维看待个体的残疾，将个体之间的不同视为一种文化，一种值得珍视的多元文化。③

在医学模式下，对待残疾学生的方法往往是将其安置到特殊教育学校，如果将其安置到普通学校，也往往需要残疾学生改变自己去适应普通学校的教育安排。然而，与此相反，在社会模式下，改变更多的是普通学校而非残疾学生。社会模式思考的出发点是残疾人周围的社会环境对残疾人参与社会活动造成了哪些障碍，如何对社会进行改造，以使其满足残疾人的需求。在教育领域的应用是普通学校需要改变已有的教育安排，使其满足残疾学生的特殊教育需要。④ 一些社会模式的支持者甚至提出学生学习困难本身就是一个谎言，根本就不存在，事实是教师不会教或是教学出现了问题。⑤ 从这个观点出发，特殊教育面临很多问题，首当其冲的便是由于残疾学生有特殊教育需要，所以将其安置到特殊教育学校。有学者指出，社会模式使我们重新思考残疾与个人及残疾与社会的关系，重点关注社会因素在残疾方面的阻碍作用。⑥ 此外，社会模式是之后全纳教育运动的重要理论基础，在很大程度上推动了全纳教育的发展。

与医学模式一样，社会模式也受到了学者的批判。学者对社会模式的批判主要集中在三个方面⑦⑧⑨：首先，过度关注造成残疾的社会方面的因素，较少考虑或是完全

---

① D'Alessio, S. (2011). *Inclusive education in Italy*. Rotterdam: Sense, 44.
② Brittain, I. (2004). Perceptions of disability and their impact upon involvement in sport for people with disabilities at all levels. *Journal of Sport & Social Issues*, 28, 429–452.
③ Roush, S. E., & Sharby, N. (2011). Disability reconsidered: The paradox of physical therapy. *Physical Therapy*, 91, 1715–1727.
④ Ainscow, M. (1999). *Understanding the development of inclusive schools*. London: Falmer Press.
⑤ Frederickson, N., & Cline, T. (2002). *Special educational needs, inclusion and diversity: A text book*. Berkshire: Open University Press.
⑥ Barnes, C. (1996). Theories of disabilities and the origin of oppression of disabled people in Western society. In L. Barton (Ed.), *Disability and society: Emerging issues and insights* (pp. 43–60). London: Longman.
⑦ Terzi, L. (2004). The social model of disability: A philosophical critique. *Journal of Applied Philosophy*, 21(2), 141–57.
⑧ Terzi, L. (2005). A capability perspective on impairment, disability and special needs: Towards social justice in education. *Theory and Research in Education*, 3(2), 197–223.
⑨ Terzi, L. (2005). Beyond the dilemma of difference: The capability approach to disability and special educational needs. *Journal of Philosophy of Education*, 39(3), 443–459.

忽视残疾者自身因素,这方面与学者对医学模式的批判类似;第二,由于过度关注社会方面的因素,社会模式忽视了残疾者个人方面的因素对某些社会活动的影响,例如,社会在某些方面做出了相应调整,但一些残疾人确实由于自身原因无法参与某项社会活动,这时就不得不考虑残疾者个人因素;第三,从社会模式出发,残疾面临的一个问题是:在不考虑何为正常时,我们如何定义损伤和残疾?

从上述关于残疾模式的简短论述中可以看出,医学模式和社会模式的产生与发展都有其特殊的社会历史背景,在如何看待残疾这一问题上,两种模式各有利弊,需要辩证地看待。就医学模式而言,它过度强调个人不足在残疾方面的影响,忽视了社会方面的因素,与此同时,社会模式过度关注社会方面的因素对残疾的影响,忽视了残疾者本人的影响。只采取其中任何一种模式都难以科学合理地解释残疾这一问题,因为这两种模式在某种程度上都走向了一种极端。因此,我们必须在综合两种残疾模式的基础上历史地、具体地思考残疾这一问题。

第二节 从一体化到全纳:一种新的表述形式还是一个转变?

1994 年联合教科文组织在西班牙萨拉曼卡召开了世界特殊需要教育大会,在大会上正式提出了全纳教育。① 全纳教育倡导的所有儿童有权在普通学校接受高质量的、适合他们特点的、平等的教育的理念迅速成为国际教育领域讨论的焦点话题,进而发展成为一项全球议程,成为各国教育改革的题中之义。②③ 有学者提出,全纳教育作为一种教育理念对世界各国教育所产生的影响是前所未有的,历史上还没有哪一种教育理念可以与之相抗衡。④ 但与此同时,多位学者指出研究全纳教育是有问题的,⑤一

---

① UNESCO. (1994). The Salamanca statement and framework for action on special needs education. Paris: UNESCO.
② Piji, S. J., Meijer, C. J. W., & Hegarty, S. (1997). *Inclusive education: A global agenda*. London: Routledge.
③ Reindal, S. M. (2016). Discussing inclusive education: An inquiry into different interpretations and a search for ethical aspects of inclusion using the capabilities approach. *European Journal of Special Needs Education*, 31(1), 1 - 12.
④ Goransson, K., & Niholm, C. (2014). Conceptual diversities and empirical shortcomings — A critical analysis of research on inclusive education. *European Journal of Special Needs Education*, 29(3), 265 - 280.
⑤ Lindsay, G. (2003). Inclusive education: A critical perspective. *British Journal of Special Education*, 30(1), 3 - 12.

方面许多研究者对全纳教育研究现状感到不满,最主要的原因是缺乏一个大家公认的关于全纳教育的定义,因此,学者提出需要一种全新的研究来探究到底何为全纳教育;①另一方面全纳与一体化(integration)的关系始终不清不楚,有时候两者被当作同义词使用,②但有学者指出这两个概念完全不同,不可混淆。之所以有人认为这两个概念可以互相使用,是因为他们缺乏对这两个概念的深入探究。③

关于一体化与全纳关系的探讨一直没有中断过,一个重要的问题是:从一体化到全纳,到底是一种新的表述方式还是一个转变?对于这个问题,本书将采用历史学的方法进行探究。即从历史角度分别探究一体化和全纳教育各自的发展史,在此基础上尝试回答这个问题。

第三节　一体化运动

历史地讲,一体化运动的产生和发展与 20 世纪 60 至 70 年代的反隔离运动息息相关。20 世纪 70 年代,教育领域围绕着特殊教育的效率问题进行了热烈讨论。④ 从人权角度出发,一些研究者质疑将残疾学生安置到特殊教育学校接受教育这一安排的合理性和有效性,对特殊教育的目的、实践以及特殊教育学校的意义等进行了讨论。⑤⑥⑦⑧⑨ 学者们普遍表示了对将残疾学生安置到特殊教育学校接受教育的不满,

---

① Goransson, K., & Niholm, C. (2014). Conceptual diversities and empirical shortcomings — A critical analysis of research on inclusive education. *European Journal of Special Needs Education*, 29(3), 265-280.
② Thomas, G., Walker, D., & Webb, J. (1998). *The making of the inclusive school*. London: Routledge.
③ Vislie, L. (2003). From integration to inclusion: Focusing global trends and changes in the western European societies. *European Journal of Special Needs Education*, 18(1), 17-35.
④ Fox, M. (2003). *Including children 3-11 with physical disabilities: Practical guide for mainstream schools*. London: David Fulton Publishers Ltd.
⑤ Ainscow, M. (1999). *Understanding the development of inclusive schools*. London: Falmer Press.
⑥ Ainscow, M., Booth, T., Dyson, A., Farrell, P., Frankham, J., Gallannaugh, F., Howes, A., & Smith, R. (2006). *Improving schools, developing inclusion*. London: Routledge.
⑦ Skrtic, T. (1991). The special education paradox: Equity as the way to excellence. *Harvard Educational Review*, 61(2), 148-206.
⑧ Slee, R. (1993). *Is there a desk with my name on it? The politics of integration*. London: Falmer Press.
⑨ Slee, R. (2006). Limits to and possibilities for educational reform. *International Journal of Inclusive Education*, 10(2-3), 109-119.

认为这种安置形式实质上是一种歧视、一种不公正的行为,为此需要对现有的教育安排进行改革,使其具备公平性和公正性。伴随着反隔离运动和特殊教育的大讨论,一体化教育逐渐显现,作为特殊教育之外的另一种教育安置形式获得了越来越多人的支持。一体化教育提倡者主张将残疾学生安置到普通学校接受教育,而传统的特殊教育学校是一种歧视。基于一体化教育理念,学者们认为需要对普通教育进行一次彻底的大修,在将残疾学生安置到普通学校的同时应该在普通学校设置特殊教育教师岗位,提供相应的特殊教育教学资源等。[1][2]

随着学者关于一体化教育讨论的深入,一体化教育逐渐成为国际组织和各国政府教育改革中的一个重要议题,进而发展成为一项国际议程。[3] 在国家层面,越来越多的国家开始将一体化教育作为本国残疾人教育改革的一个基本原则,将越来越多的残疾学生安置到普通学校接受教育。例如,在英国的《沃诺克报告》(Warnock Report)和《1981年教育法案》(The Education Act, 1981)中,一体化教育作为一项教育原则得到强调,并且一体化运动被视为当时盛行的"标准化运动"的一部分。[4] 与此同时,意大利、德国、葡萄牙以及美国等国都在本国特殊教育改革中将一体化教育作为一项原则予以强调。

20世纪70至80年代,西方各国掀起了一场一体化教育改革运动,即将残疾学生安置到普通学校接受教育,但是这一趋势自20世纪90年代萨拉曼卡会议之后发生了改变,主要是因为全纳教育的提出。一个迫切需要解决的问题是如何区分一体化教育与全纳教育。当时一些学者认为一体化教育与全纳教育一样,只是两种不同的提法;一些学者认为这是两种完全不同的教育理念。[5] 国际著名特殊教育研究学者维斯利(Vislie)指出,一个重要的问题是先正确界定何为一体化教育,何为全纳教

---

[1] Opertti, R., & Belalcazar, C. (2008). Trends in inclusive education at regional and interregional levels: Issues and challenges. *Prospects*, 38, 113-135.

[2] Vislie, L. (2003). From integration to inclusion: Focusing global trends and changes in the western European societies. *European Journal of Special Needs Education*, 18(1), 17-35.

[3] Vislie, L. (2003). From integration to inclusion: Focusing global trends and changes in the western European societies. *European Journal of Special Needs Education*, 18(1), 17-35.

[4] Avramidis, E., & Norwich, B. (2002). Teachers' attitudes towards integration/inclusion: A review of the literature. *European Journal of Special Needs Education*, 17(2), 129-147.

[5] Vislie, L. (2003). From integration to inclusion: Focusing global trends and changes in the western European societies. *European Journal of Special Needs Education*, 18(1), 17-35.

育,在确定了一体化教育之为一体化教育的核心和全纳教育之为全纳教育的核心之后,再来区分二者的联系与区别就会容易得多。① 从一体化教育的发展史出发,维斯利认为一体化教育包括三个核心要点:第一,一体化教育强调残疾儿童的教育权利,为其提供受教育保障。尽管各国政府一直宣称所有儿童都有权接受教育,但在一些国家并非所有儿童都可以进入学校接受教育。至于残疾儿童,情况可能更不容乐观,多数残疾儿童在特殊类教育机构接受教育或者直接被排除在教育之外。第二,一体化教育主张残疾儿童进入当地普通学校进行学习,这主要是针对将残疾儿童安置到特殊教育学校这一规定的,反对将残疾儿童安置到隔离式的特殊类教育机构接受教育。第三,根据一体化教育原则,重新组织特殊教育学校系统和普通学校教育系统。②

维斯利关于一体化教育的总结,基本代表了 20 世纪 70 至 80 年代学界关于一体化教育的看法。从一体化教育的核心观点来看,一体化教育过度关注了残疾儿童的受教育权,更准确地说是残疾儿童在普通学校的受教育权。但与此同时,一体化教育忽视了将残疾学生安置到普通学校之后的事情,即普通学校的课程是否适合残疾学生、普通学校的课堂教学是否适合残疾学生等关乎残疾学生教育质量的问题。只强调将残疾学生安置到普通学校,保障残疾学生的受教育权,却忽视残疾学生在普通学校的教育质量,这是一体化教育广受批判的一个重要原因。③④⑤⑥⑦⑧ 所以,在某种程度上,一体化教育只是一种物理性空间的变换,即从特殊教育学校到普通学校,而对普通

---

① Vislie, L. (2003). From integration to inclusion: Focusing global trends and changes in the western European societies. *European Journal of Special Needs Education*, 18(1), 17-35.

② Vislie, L. (2003). From integration to inclusion: Focusing global trends and changes in the western European societies. *European Journal of Special Needs Education*, 18(1), 17-35.

③ Ainscow, M. (1997). Towards inclusive schooling. *British Journal of Special Education*, 24(1), 3-6.

④ Ainscow, M. (2005). Developing inclusive education systems: What are the levers for change? *Journal of Educational Change*, 6(2), 109-124.

⑤ Ainscow, M., & César, M. (2006). Inclusive education ten years after Salamanca: Setting the agenda. *European Journal of Psychology of Education*, 11(3), 231-238.

⑥ Dyson, A., & Millward, A. (2000). *Schools and special needs: Issues of innovation and inclusion*. London: Paul Chapman Publishing.

⑦ Freire, S., & César, M. (2003). Inclusive ideals/inclusive practices: How far is dream from reality? Five comparative case studies. *European Journal of Special Needs Education*, 18(3), 341-354.

⑧ Lindsay, G. (1997). Values, rights and dilemmas. *British Journal of Special Education*, 24(2), 55-59.

学校未做丝毫调整。① 这样的结果就是许多普通学校打着一体化教育的幌子,却在学校里开设特殊班以安置从特殊教育学校转移来的残疾学生。② 从残疾模式来看,一体化教育背后实质上是一种医学模式。虽然一体化教育将残疾学生从特殊教育学校转移到了普通学校,看似是在改变残疾学生周围的社会环境,为其扫除学习障碍,但其实背后的逻辑是如果残疾学生在普通学校无法学习或是发生学业失败,那么根源在于残疾学生本身,因为我们已经把残疾学生安置到了普通学校。③④ 因此,可以说一体化教育的过程是一种同化的过程,即一方面将残疾学生安置到普通学校,另一方面却对残疾学生能否在普通学校接受到合适的教育不闻不问,其背后的逻辑是残疾学生能否在普通学校学习主要看其自身,看其能否有效地进行同化,能否有效地适应普通学校的教育教学。

自 1994 年《萨拉曼卡宣言》提出之后,全纳教育成为一项全球议程。在此背景下,学者、政策制定者以及学校实践者纷纷要求改革一体化教育,改革只重视形式忽视实质的教育安置。因为按照一体化教育的设想,残疾学生需要适应普通学校,需要改变自身去适应普通学校的教育教学以及其他各项安排。而与此同时,普通学校不需要做出丝毫改变,这是一种典型的医学模式思维,不利于残疾学生教育质量的提高。此外,普通学校不改变自身而让残疾学生适应普通学校这一现状极易导致残疾学生较高的辍学率,因为实践表明很多残疾学生无法理解普通学校的教学,无法融入普通学校的生活,进而唯有选择辍学。⑤

第四节 全纳教育议程:一种历史的视角

全纳教育的提出并不是一蹴而就的,而是一系列国际组织长期努力的结果。事实

---

① Opertti, R., & Belalcazar, C. (2008). Trends in inclusive education at regional and interregional levels: Issues and challenges. *Prospects*, 38, 113-135.
② Ainscow, M., & César, M. (2006). Inclusive education ten years after Salamanca: Setting the agenda. *European Journal of Psychology of Education*, 11(3), 231-238.
③ Barton, L. (1987). *The politics of special educational needs*. Lewes: Falmer Press.
④ Trent, S. C., Artiles, A. J., & Englert, C. S. (1998). From deficit thinking to social constructivism: A review of theory, research and practice in special education. *Review of Research in Education*, 23, 277-307.
⑤ Opertti, R., & Belalcazar, C. (2008). Trends in inclusive education at regional and interregional levels: Issues and challenges. *Prospects*, 38, 113-135.

上,在全纳教育提出之前,一些国际组织围绕着残疾儿童的受教育权和教育公平等议题已经出台了系列报告与文件。① 在《萨拉曼卡宣言》发布之后,一些国际组织也没有停止努力,而是继续通过不同形式的活动进一步推动全纳教育的改革与发展。因此,这一节内容的目的在于从历史视角出发来审视全纳教育的发展情况,进而为全面系统地理解全纳教育概念奠定基础。

世界著名人权专家卡塔琳娜·托马瑟夫斯基(Katarina Tomasevski)认为,在人类的各项权利中,受教育权是最基本的,超越其他权利,因为只有通过受教育权,人类的其他权利才可以实现。②③ 因此,为了保障人类的受教育权,各类国际组织采取了许多举措,出台了系列报告与文件。1946 年,联合国教科文组织建立,在其章程首页明确提出,本章程协约国相信人人享有充分的和平等的教育机会,将为每个人提供教育作为自己的义务。这是第一次旨在保障人人接受教育的国际层面的行动,联合国教科文组织章程作为一个奠基性文件,成为此后"人人享有受教育权"发展的起点。④ 1948 年,联合国发布《世界人权宣言》(Universal Declaration of Human Rights),在其序言中提出人类固有的尊严和平等是世界自由、正义与和平的基础。宣言第 26 条款是专门针对教育的,明确提出每个人都有接受教育的权利,在基础教育阶段教育应该是免费和强制的,职业教育应该惠及一般民众,高等教育应该向所有有能力的人员开放。《世界人权宣言》是第一个国际层面保护人权的报告,明确规定在教育领域每一个人都有享受教育的权利,尽管其中没有明确提到残疾人,但是该宣言也没有把残疾人排除在外。⑤ 近 20 年后,联合国在 1966 年和 1967 年分别出台了《公民权利和政治权利国际公约》(International Covenant on Civil and Political Rights)⑥和《经济、社会、文化权利

---

① United Nations. (1946). Educational, Scientific and Cultural Organization and Ministry of Education and Science. Paris: Constitution of UNESCO.
② Tomasevski, K. (2006). Dulces palabras, amargos hechos: El panorama global de la educacion [Sweet words, bitter facts: The global panorama of education]. Report presented at the Xth Congress of Comparative Education, San Sebastian, Spain. Available online at http://www.foro-latino.org/?ape/boletines/boletin_referencias/boletin_20/Doc_Referencias20/katarina_tomasevski/Lecturas/2.pdf.
③ Acedo, C. (2008). Inclusive education: Pushing the boundaries. *Prospects*, *38*, 5-13.
④ Mundy, K. (2016). "Leaning in" on education for all. *Comparative Education Review*, *60*(1), 1-26.
⑤ Kanter, A. S. (2007). The promise and challenge of the UN convention on the rights of people with disabilities. *Syracuse International Law & Commerce*, *34*, 287-321.
⑥ United Nations. (1966). International covenant on civil and political rights. Retrieved from https://www.ohchr.org/en/professionalinterest/pages/ccpr.aspx.

国际公约》(International Covenant on Economic, Social, and Cultural Rights)①。这两个国际公约都明确提出各国政府应保障本国公民的受教育权。同样地,这两个国际公约也没有直接提到残疾人的受教育权问题,但是学者们认为公约虽然没有专门提到残疾人的教育问题,但是也没有把残疾人排除在外。② 联合国在保障人人享有受教育权这一问题上所做的一系列努力,为各国政府提供了指导性原则,极大地推进了各国教育改革。

1989年联合国发布了《儿童权利公约》(Convention on the Rights of the Child),这是第一个关注残疾儿童的国际公约。③ 该公约第23条款规定,所有协约国都应该保障残疾儿童可以接受教育;第28条款从小学、中学和大学层面就如何保障残疾人受教育权利提出了如下倡议:面向所有人,小学教育应该是免费和义务的;发展多种形式的中等教育,为每个人提供可供选择的机会;高等教育应该向有能力的人开放。从保障残疾儿童教育权利层面出发,该公约对各国残疾儿童教育改革产生了重要影响,使得各国政府开始关注和发展残疾儿童教育。

1990年,世界全民教育大会(World Conference for Education for All)在泰国宗滴恩召开。④ 会议通过了《世界全民教育宣言》(World Declaration on Education for All),提出到2000年,将成人文盲数量减少到1990年水平的一半,并最终满足全体儿童、青年和成人基本学习需要的目标。此外,该宣言还倡议各国政府要改善和提升基础教育质量,寻找最适合残疾儿童的教育方式。1993年联合国发布《残疾人机会均等标准规则》(Standard Rules on the Equalization of Opportunities for Persons with Disabilities)。⑤ 该规则第6条款聚焦残疾人教育问题:各国政府应该保障所有人接受基础教育、中等教育和高等教育的权利,保障残疾人可以在一体化教育环境中接受教育。《残疾人机会均等标准规则》在与残疾人相关的方方面面都做出了明确规定,极大地提升了各国公众保护残疾人权利的意识,与此同时,在世界范围内残疾人的教育问

---

① United Nations. (1967). International covenant on economic, social, and cultural rights. Retrieved from https://www.ohchr.org/en/professionalinterest/pages/cescr.aspx.
② Kanter, A. S., Damiani, M. L., & Ferri, B. A. (2014). The right to inclusive education under international law: Following Italy's lead. *Journal of International Special Needs Education*, 17, 21–32.
③ United Nations. (1989). Convention on the rights of the child. Retrieved from https://www.ohchr.org/en/professionalinterest/pages/crc.aspx.
④ UNESCO. (1990). World Declaration on Education for All. Paris: UNESCO.
⑤ United Nations. (1993). Standard rules on the equalization of opportunities for persons with disabilities. Retrieved from https://www.ohchr.org/en/professionalinterest/pages/personswithdisabilities.aspx.

题也获得了空前的关注,各国纷纷出台相关举措,改革和发展本国残疾人教育。①

从 1946 年联合国教科文组织建立之日起,各类国际组织便开始不遗余力地为保障"人人享有教育权"这一目标而行动着。经过近半个世纪的努力,至 20 世纪 90 年代,"人人享有教育权"基本已成共识,并且各国也在为实现这一目标不断地改革本国教育。在各国教育改革过程中,与残疾人教育相关的问题一直是各国教育改革者关注的重点话题。残疾人作为弱势群体,其教育权更难受到保障,因此需要政府给予特别的关注和支持。在国际层面,1994 年在西班牙萨拉曼卡召开了世界特殊需要教育大会。② 这次会议的目标是"重申我们对全民教育的承诺,认识到为儿童、青年和成人提供教育的必要性和紧迫性",以及"通过转变政策促进全纳教育发展进而推进全民教育,也就是使学校为所有儿童提供教育,尤其是有特殊教育需要的儿童"。该大会首次提出了全纳教育,并发布了《萨拉曼卡宣言》和《特殊教育需要行动框架》。与之前的国际公约不同,《萨拉曼卡宣言》和《特殊教育需要行动框架》完全将重心放在了残疾儿童教育问题和发展全纳教育方面。③ 此次大会为各国交流何为全纳教育、如何发展全纳教育以及全纳教育与特殊教育的关系等问题提供了一个很好的平台,各参与国一方面分享了本国发展全纳教育的经验和教训,另一方面也积极与其他国家展开对话,取长补短。尤为重要的一点是,此次大会给出了一个关于全纳教育的定义,供各国参考:全纳学校的基本原则是,所有儿童应尽可能一起学习,不管他们可能遇到什么困难或存在何种差异。全纳学校必须认识到学生的不同需要并予以满足,使教学适应有特殊教育需要的学生,通过适当的课程、组织安排、教学战略、资源利用以及与社区合作等,确保所有人都能接受高质量教育。每所学校应该有连续性的支持和服务,以满足学校有特殊教育需要学生的需求。自《萨拉曼卡宣言》发布后,全纳教育逐渐成为一项全球教育改革议程,各国纷纷出台举措改革本国特殊教育,发展全纳教育。④

---

① Kanter, A. S., Damiani, M. L., & Ferri, B. A. (2014). The right to inclusive education under international Law: Following Italy's lead. *Journal of International Special Needs Education*, 17, 21-32.
② United Nations, Educational, Scientific and Cultural Organization and Ministry of Education and Science, Spain. (1994). Salamanca statement and framework for action on special education needs. Retrieved from https://www.right-to-education.org/resource/salamanca-statement-and-framework-action-special-needs-education.
③ Kanter, A. S., Damiani, M. L., & Ferri, B. A. (2014). The right to inclusive education under international law: Following Italy's lead. *Journal of International Special Needs Education*, 17, 21-32.
④ Vislie, L. (2003). From integration to inclusion: Focusing global trends and changes in the western European societies. *European Journal of Special Needs Education*, 18(1), 17-35.

进入21世纪,第一个有关全纳教育的国际公约是2006年由联合国发布的《残疾人权利公约》(The Convention of the Rights of Persons with Disabilities)。① 该公约第24条款专题聚焦残疾人教育问题,再次重申"人人享有教育权"这一目标,并提出各国政府应出台举措保障全纳教育的实施,让全纳教育惠及整个教育体系。无疑,《残疾人权利公约》极大地促进了全纳教育的发展,随后各国开始通过出台新规定、改革教师教育项目等措施保障本国残疾儿童的教育权,提升他们的教育质量。② 2008年,第48届国际教育大会(International Conference on Education)在日内瓦召开,主题是"全纳教育:通向未来之路"(Inclusive Education: the Way of the Future)。③ 这次大会再次使全纳教育成为全球教育领域的焦点话题,各参与国纷纷围绕何为全纳教育、如何发展全纳教育、全纳教育的利弊等问题展开了广泛对话。在这次大会结束的第二年,即2009年,全球全纳教育会议在萨拉曼卡召开,主题是"面对差距:权利、修辞、现实?返回萨拉曼卡"(Confronting the Gap: Rights, Rhetoric, Reality? Return to Salamanca)。④ 在《萨拉曼卡宣言》发布15年后,这次全球全纳教育会议旨在讨论过去15年各国全纳教育发展状况,并为之后全纳教育发展提供意见和建议。2017年,联合国教科文组织发布《确保教育的全纳性和平等性指南》(A Guide for Ensuring Inclusion and Equity in Education),明确提出今后一段时间内各国应采取各种举措,提升残疾儿童全纳教育质量,保障其教育公平。

第五节 全纳教育的定义

全纳教育到底是什么?该如何定义全纳教育?自全纳教育提出之日起,学者便开始去界定全纳教育,试图给出一个完整的定义。但遗憾的是,到目前为止,国际全纳教育研究领域尚没有得出一个大家公认的关于全纳教育的定义,并且学者指出想要给全

---

① United Nations. (2006). Convention on the rights of persons with disabilities. Retrieved from http://www.un.org/disabilities/default.asp?id=259.
② Kanter, A. S., Damiani, M. L., & Ferri, B. A. (2014). The right to inclusive education under international law: Following Italy's lead. *Journal of International Special Needs Education*, 17, 21-32.
③ UNESCO IBE. (2008). Inclusive education: The way of the future. Conclusions and recommendations of the 48th session of the International Conference on Education (ICE), Geneva.
④ Inclusion International. (2009). Salamanca conference resolution: Initiative 24. Retrieved from https://be.convdocs.org/docs/index-95981.html.

纳教育一个清晰准确的定义是一件很难的任务。[1][2][3][4][5][6][7][8][9] 尽管如此,学者还是从不同视角出发,尝试给出一个关于全纳教育的定义。已有的关于全纳教育的定义,一方面为我们提供了研究的基础,另一方面也可以让我们避免重复性劳动。同时,如果我们缺乏对先前关于全纳教育定义研究的梳理,就很难在自己的研究中准确把握全纳教育。因此,本节内容旨在探究全纳教育定义,进而为之后的讨论提供一个基础。在开始讨论全纳教育定义之前,有必要提及一下著名全纳教育研究专家艾斯克(Ainscow)关于研究者在定义全纳教育时需要注意的事项。[10] 艾斯克广泛参与了英国、美国以及非洲一些国家的全纳教育改革项目,他结合自身参与全纳教育实践、全纳教育政策制定以及全纳教育研究的经验,指出学者在定义全纳教育时需要考虑四点:第一,全纳教育是一个永无终止的过程;第二,全纳教育涉及障碍的识别和移除;第三,全纳教育旨在保障所有学生都可以参与并且获得属于他们自己的成功;第四,全纳教育重点关注那些易被边缘化、被排斥或者学业失败的学生。尽管每个研究者和实践者都有着自己关于全纳教育的看法,但是艾斯克所提到的这四点可以被看作是全纳教育的核心要点,不过并不限于这几点。在接下来关于全纳教育概念的讨论中,艾斯克的提醒给了我们一个思考和反思的平台,借此可以进一步反思和思考学

---

[1] Ainscow, M., Farrell, P., & Tweddle, D. (2000). Developing policies for inclusive education: A study of the role of local education authorities. *International Journal of Inclusive Education*, 4(3), 211 - 229.

[2] Booth, T. (1996). A perspective on inclusion from England. *Cambridge Review of Education*, 26(1), 87 - 99.

[3] Booth, T., & Ainscow, M. (1998). *From them to us: An international study of inclusion in education*. London: Routledge.

[4] Dyson, A., & Millward, A. (2000). *Schools and special needs: Issues of innovation and inclusion*. London: Paul Chapman Publishing.

[5] Florian, L. (2014). What counts as evidence of inclusive education? *European Journal of Special Needs Education*, 29(3), 286 - 294.

[6] Goransson, K., & Niholm, C. (2014). Conceptual diversities and empirical shortcomings — A critical analysis of research on inclusive education. *European Journal of Special Needs Education*, 29(3), 265 - 280.

[7] Hegarty, S. (2001). Inclusive education — A case to answer. *Journal of Moral Education*, 30(3): 243 - 249.

[8] McLeskey, J., Waldron, N. L., & Algozzine, B. (2014). *Handbook of research on effective inclusive schools*. New York: Routledge.

[9] Reindal, S. M. (2016). Discussing inclusive education: An inquiry into different interpretations and a search for ethical aspects of inclusion using the capabilities approach. *European Journal of Special Needs Education*, 31(1), 1 - 12.

[10] Ainscow, M. (2005). Developing inclusive education systems: What are the levers for change? *Journal of Educational Change*, 6(2), 109 - 124.

者关于全纳教育定义的研究。

从国际视角来看,自全纳教育在《萨拉曼卡宣言》中被正式提出后,一些国际组织不断尝试去定义全纳教育,尽管给出的定义不尽相同,但这也反映出一个问题,即全纳教育对不同的主体意义也不同。因此,在理解和解释全纳教育时,需要考虑全纳教育所在的社会历史文化背景。① 基于求同存异的原则,一些学者在研究了相关全纳教育定义的基础上,认为尽管各个定义看似不一样,但是这些定义大致可以分为两类:一类是将全纳教育视为消除隔离式教育环境,不管学生残疾与否,将所有学生安置到普通学校接受教育;另一类是将全纳教育视为增加儿童入学率,尤指处于不利处境儿童的入学率。② 从欧洲范围内来看,关于全纳教育的定义大体上可以分为两类研究路径:一类是为有特殊教育需要的学生提供特殊类服务,不管这些学生是在特殊教育学校还是普通学校,并且关注如何使这些特殊类服务更好地满足学生的需要;③④另一类是将全纳教育视为旨在实现全纳教育议程的重要方式,重点关注如何保障所有儿童的受教育权。⑤⑥⑦

一些学者⑧在系统研究了相关全纳教育定义基础上,认为可以从两个视角来界定全纳教育:一是从全纳教育基本原则出发定义全纳教育;⑨二是从将全纳教育视为消

---

① D'Alessio, S., & Watkins, A. (2009). International comparisons of inclusive policy and practice: Are we talking about the same thing? *Research in Comparative and International Education Journal*, 4(3), 233–249.

② UNESCO. (2009). Policy guidelines on inclusion in education. Paris: UNESCO.

③ Meijer, C., Soriano, V., & Watkins, A. (2006). Special needs education in Europe (Vol. 2). Provision in post-primary education. Thematic publication. Middelfart: European Agency for Development in Special Needs Education.

④ Meijer, C., Soriano, V., & Watkins, A. (2003). Special needs education in Europe. Thematic publication. Middelfart: European Agency for Development in Special Needs Education.

⑤ UNESCO. (1990). *Education for all: Meeting basic learning needs*. Jomtien: UNESCO.

⑥ UNESCO. (2000). The dakar framework for action. Education for all: Meeting our collective commitments. Dakar: UNESCO.

⑦ UNESCO. (2003). Overcoming exclusion through inclusive approaches in education: A challenge and a vision. Conceptual paper. Paris: Early Childhood and Inclusive Education Basic Education Division-UNESCO.

⑧ Forlin, C. I., Chambers, D. J., Loreman, T., Deppler, J., & Sharma, U. (2013). Inclusive education for students with disability: A review of the best evidence in relation to theory and practice, 1–67.

⑨ Berlach, R. G., & Chambers, D. J. (2011). Inclusivity imperatives and the Australian national curriculum. *The Educational Forum*, 75, 52–65.

除所有可能阻碍儿童接受教育的因素,保障儿童的受教育权。① 也有学者在考察了欧美主流期刊上关于全纳教育的定义后,总结出四种定义全纳教育的方式:②第一,安置形式的定义,认为全纳教育是指把残疾学生安置到普通学校接受教育;第二,特别个性化的定义,认为全纳教育是指满足残疾学生的个性化教育需求;第三,一般化的定义,认为全纳教育是指满足所有学生的特殊教育需要;第四,共同体式的定义,认为全纳教育是指创设一个有着某些特性的共同体。艾斯克等人结合自身参与全纳教育实践的经验,认为全纳教育可以从以下六个方面进行思考:第一,关注那些被认定为有特殊教育需要的儿童;第二,克服由学科自身因素造成的学生排斥现象;第三,关注所有易被边缘化和学业成绩不佳的儿童;第四,帮助和支持学校对所有儿童开放;第五,将全纳教育视为全民教育议程;第六,将全纳教育视为一种发展教育和社会的方式方法。③

与此同时,一些学者从不同研究视角出发尝试界定全纳教育,这类定义往往强调某一个方面,追求在一个层面深入阐释何为全纳教育,不以面面俱到为目的。

从质量视角出发,有学者认为全纳教育是为所有学生提供高质量的教育,而非仅仅把残疾学生安置到普通学校。在某种程度上,这种视角下的全纳教育与一体化教育截然相反。因为一体化教育旨在将残疾学生从特殊教育机构转移到普通学校,而对残疾学生在普通学校的教育质量关注不够。④ 而全纳教育则不是如此,它不仅关注残疾学生的安置形式,更关注新的安置形式下残疾学生的学习情况,关注新的安置点(一般指普通学校)有没有为满足残疾学生特殊教育需要而做出相应的努力。

从政治和权利视角出发,全纳教育被认为是政治运动的结果。⑤ 20 世纪 60 至 70 年代,一些残疾人士相继发起了残疾人权利运动和主流学校运动,主张打破带有歧视

---

① Slee, R. (2011). *The irregular school: Exclusion, schooling, and inclusive education*. Abbingdon, UK: Routledge.
② Goransson, K., & Niholm, C. (2014). Conceptual diversities and empirical shortcomings — A critical analysis of research on inclusive education. *European Journal of Special Needs Education*, 29(3), 265 - 280.
③ Ainscow, M., Booth, T., Dyson, A., Farrell, P., Frankham, J., Gallannaugh, F., Howes, A., & Smith, R. (2006). *Improving schools, developing inclusion*. London: Routledge.
④ O'Brein, T. (2001). Learning from the hard cases. In T. O'Brien (Ed.), *Enabling inclusion: Blue skies … dark clouds* (pp. 37 - 52). London: The Stationary Office.
⑤ Corbett, J., & Slee, R. (1999). An international conversation on inclusive education. In F. Armstrong, D. Armstrong, & L. Barton (Eds.), *Inclusive education: Policy, contexts and comparative perspectives* (pp. 133 - 146). London: David Fulton.

意味的隔离式机构,提倡一体化,在教育领域则是将残疾学生由特殊教育学校转移到普通学校的一体化教育运动。受此影响,全纳教育是一项政治层面的保障权利的运动,旨在为所有儿童提供有质量保障的、适合的以及公平的教育资源。因此,全纳教育自提出之日起就带有政治性含义,这是不言自明的。

  随着全纳教育在全球的推广,一种从组织或是系统视角理解和解释全纳教育的趋势逐渐显现。[1][2][3] 从系统视角出发理解全纳教育可追溯到20世纪80年代,一些学者认为如果想要发展全纳教育就必须摆脱特殊教育思维,转向发展一种旨在对所有学生都有效的学校教育系统。[4][5][6][7] 在某种程度上,《萨拉曼卡宣言》中关于全纳教育的定义就采取了这种系统视角,改变之前只能让部分学生受益的教育系统,构建一种让所有学生都可以受益的学校教育系统。[8] 在这种视角下,全纳教育是指改变传统的学校教育体系,创造一个更加公平公正的教育体系,旨在为所有人而非部分人服务。一体化教育只是从安置形式方面部分地改变教育体系,全纳教育已不满足于此,而是要彻底改变已有的学校教育系统,包括双规制学校系统、教学方法、教育内容、课程设置等,从而满足每一个学生的学习需要。

  从参与视角出发,全纳教育被视为增加参与度和减少排斥度的一种教育形式,而且这种参与不限于教育领域,而是涉及社会的方方面面。[9] 在这种视角下,第一,全纳教育的原则是在普通学校中增加每一个学生的参与度,减少或是杜绝排斥某些学生参

---

[1] Dyson, A., & Millward, A. (2000). *Schools and special needs: Issues of innovation and inclusion*. London: Paul Chapman Publishing.

[2] Cigman, R. (Ed.). (2007). *Included or excluded? The challenge of the mainstream for some SEN children*. London and New York: Routledge.

[3] Rouse, M., & Florian, L. (1996). Effective inclusive schools: A study in two countries. *Cambridge Journal of Education*, 26(1), 71-85.

[4] Ainscow, M. (1991). *Effective schools for all*. London: Fulton.

[5] Ballard, K. (1997). Researching disability and inclusive education: Participation, construction and interpretation. *International Journal of Inclusive Education*, 1(3), 243-256.

[6] Booth, T. (1995). Mapping inclusion and exclusion: Concepts for all. In C. Clark, A. Dyson and A. Millward (Eds.), *Towards inclusive schools*. London: David Fulton.

[7] Slee, R. (1996). Inclusive schooling in Australia? Not yet. *Cambridge Journal of Education*, 26(1), 19-32.

[8] Ainscow, M., Dyson, A., & Weiner, S. (2013). From exclusion to inclusion: Ways of responding in schools to students with special educational needs. CfBT Education Trust.

[9] Barton, L. (1998). Markets, managerialism and inclusive education. In P. Clough (Ed.), *Managing inclusive education from policy to experience* (pp. 78-91). London: Paul Chapman Publishing.

加活动的现象,[1]因此,全纳教育的目的是为所有学生提供接受教育的机会,不断增加学生参与教育的机会;第二,随着越来越多的残疾学生到普通学校接受教育,全纳的含义不再仅仅限于教育领域,而是涉及社会诸领域。全纳,除了指涉残疾学生到普通学校学习外,也指涉所有公民参与社会方方面面的生活,并且尊重每一个公民的参与权。基于此,学校、社区、政府应该移除不利于参与的各种障碍,从而保障每一个人都可以无障碍地参与各项社会活动。在某种程度上,这个视角背后体现的是一种社会模式的哲学思维。

从人类多样性视角出发,全纳教育被视为一种珍视个体差异性和多样性的文化。[2][3] 在这种视角下,教育系统应该尊重每一个学生的差异性,并将这种差异性视为一种可资利用的、有价值的教学资源。为了真正实现这种珍视差异性和多样性的全纳教育,我们要避免使用"特殊教育资源"这个提法,而是为每一个学生发展提供学习资源,根据每一个学生的学习特点为其提供适宜的教学资源。

综上所述,不同学者从不同视角出发界定全纳教育,体现了全纳教育的多义性,同时随着全纳教育实践的不断发展,全纳教育的定义也不断发生变化。从学者关于全纳教育的定义中也可看出,不同文化背景的学者关于全纳教育的定义不同,这说明在界定全纳教育时需要考虑研究者所在社会的历史文化背景,脱离具体社会历史文化背景定义全纳教育是行不通的。正如艾斯克指出的那样,全纳教育具有很强的文化属性,需要在具体文化情景中理解和解释全纳教育。

---

[1] Booth, T. (1996). A perspective on inclusion from England. *Cambridge Journal of Education*, 26(1), 87-99.
[2] Barton, L. (1998). Markets, managerialism and inclusive education. In P. Clough (Ed.), *Managing inclusive education: From policy to experience* (pp. 78-91). London: Paul Chapman Publishing.
[3] Corbett, J. (2001). *Supporting inclusive education: A connective pedagogy*. London: Routledge.

第二章 全纳教育与随班就读

在 1994 年萨拉曼卡召开的世界特殊需要教育大会上,全纳教育被正式提出并写进《萨拉曼卡宣言》。自此,全纳教育取代一体化教育成为世界特殊教育领域内的焦点话题。① 全纳教育与一体化教育有着根本性不同,全纳教育倡导所有儿童有权在普通教室接受高质量的、适合他们特点的、平等的教育。② 总体而言,全纳教育是年轻的且仍处在发展之中,同时也面临着各种发展困境,这为我们进一步深入探究全纳教育提供了空间。③ 但作为一项全球性议程,它是继全民教育之后人类在追求教育公平道路上迈出的又一重要步伐,对世界各国特殊教育实践产生了革命性影响。④

第一节 全纳教育与随班就读关系的再审视

在我国,一个十分重要的课题是在全纳教育背景下如何重新认识和思考随班就读。自 20 世纪 80 年代以来,随班就读在我国得到了长足发展,目前已基本形成了"以随班就读和特殊教育班为主体,以特殊教育学校为骨干"的发展格局,随班就读已成为我国残疾儿童教育安置的主要形式。近年来,随着随班就读实践的不断发展,一些问题逐渐暴露出来,如随班就读质量不高、随班就读师资难以保障以及随班就读支持保

---

① Vislie, L. (2003). From integration to inclusion: Focusing global trends and changes in the western European societies. *European Journal of Special Needs Education*, 18(1), 17 - 35.
② Salend, S. J. (1998). *Effective mainstreaming: Creating inclusive classrooms* (3rd ed.). New Jersey: Prentice-Hall, Inc.
③ 彭兴蓬,雷江华. 论融合教育的困境——基于四维视角的分析[J]. 教育学报,2013(6):59—66.
④ Pijl, S. J., Meijer, C. J. W., & Hegarty, S. (1997). *Inclusive education: A global agenda*. London: Routledge.

障体系不完善等。① 为使随班就读走出发展困境,实现可持续发展,我国研究者对此进行了广泛而深刻的讨论。一方面,研究者主要基于我国随班就读发展史和发展现状,对随班就读未来发展方向和现实路径进行了深入探究。目前这方面研究居多,如华国栋②和肖非③在对随班就读历史进行回顾的同时深入分析了其发展中取得的成绩与存在的问题,在此基础上对随班就读未来发展提出了相关意见和建议;李拉④对30年来随班就读相关政策的演进历程进行了剖析,认为应完善随班就读政策制定,重视政策执行和制度建设;而杨希洁⑤和彭霞光⑥则分别从全面推进随班就读工作的可行性条件与全面推进随班就读工作面临的挑战和政策建议方面进行了研究。另一方面,研究者侧重在全球化背景下结合国际全纳教育思潮对我国随班就读进行解构、重构以及对全纳教育本土化实践进行探讨。这方面研究主要以邓猛为主,如在深入探讨随班就读与全纳教育关系的基础上结合随班就读发展现状,对我国随班就读进行了解构和重构,并提出从随班就读到同班就读的转变;⑦从东西方社会文化差异出发,对全纳教育在我国嫁接与再生成的基础性条件进行了分析;⑧从孕育全纳教育的西方特殊的社会文化特性出发,就如何在我国实现全纳教育本土化建构进行了研究。⑨

然而,在这场关于随班就读广泛而深入的讨论中,研究者不约而同地指出我国随班就读处于"危机"之中,亟需转型,从而实现可持续发展。因此,处在"危机"中的随班就读如何成功实现转型、走出困境、实现可持续发展,是摆在研究者面前的一道必做题。而在全球化的今天,对这道题的解答不可避免地要受到国际全纳教育发展的影响。首先要思考的问题便是:随班就读与全纳教育是一种怎样的关系?⑩ 换言之,在国际全纳教育思潮的影响下,在整个教育未来发展中我国随班就读应如何正确定

---

① 华国栋.残疾儿童随班就读现状及发展趋势[J].教育研究,2003(2):65—69.
② 华国栋.残疾儿童随班就读现状及发展趋势[J].教育研究,2003(2):65—69.
③ 肖非.中国的随班就读:历史・现状・展望[J].中国特殊教育,2005(3):3—7.
④ 李拉.我国随班就读政策演进30年:历程、困境与对策[J].中国特殊教育,2015(10):16—20.
⑤ 杨希洁.中国全面推进随班就读工作的可行性分析[J].中国特殊教育,2011(11):11—14,31.
⑥ 彭霞光.中国全面推进随班就读工作面临的挑战和政策建议[J].中国特殊教育,2011(11):15—20.
⑦ 邓猛,景时.从随班就读到同班就读:关于全纳教育本土化理论的思考[J].中国特殊教育,2013(8):3—9.
⑧ 邓猛,苏慧.融合教育在中国的嫁接与再生成:基于社会文化视角的分析[J].教育学报,2012(1):83—89.
⑨ 邓猛,刘慧丽.全纳教育理论的社会文化特性与本土化建构[J].中国特殊教育,2013(1):15—19.
⑩ 李拉.当前随班就研究需要澄清的几个问题[J].中国特殊教育,2009(11):3—7.

位?① 更为重要的一个问题是:随班就读与全纳教育能否实现和谐共生,最终进入"和而不同"的境界? 本章在深入分析欧美全纳教育发展历程的基础上,将我国随班就读置于欧美全纳教育发展进程中进行历史性分析,从而厘清随班就读与全纳教育的关系,对如何定位随班就读给出一个可能性回答,最后针对我国随班就读如何成功地实现转型以及随班就读与全纳教育如何实现和谐共生等问题进行了探讨。

第二节 "三级两跳":欧美全纳教育发展的一般进程

著名社会学家费孝通先生在论及我国社会发展阶段时认为,20世纪我国社会发生了深刻变化。在这段时期,先后出现了三种社会形态,即农业社会、工业社会及信息社会。这里包含着两次大的跳跃,就是从农业社会跳跃到工业社会,再从工业社会跳跃到信息社会。费孝通先生将其概括为三个阶段和两大跳跃,并形象地将其比喻为"三级两跳"。② 费孝通先生分析我国社会发展阶段的"三级两跳"思想,为我们重新审视欧美全纳教育发展阶段问题开启了一片新天地。

一、欧美全纳教育发展进程中的三个阶段与两大跳跃

作为全纳教育思想的发源地,欧美一些国家经过二十余年的探索已基本实现了全纳教育发展目标,如英国③、芬兰④、瑞典⑤以及美国⑥等,个别国家在全纳教育基础上正在走向完全全纳教育,如意大利⑦。受社会历史、政治经济以及文化传统等方面影响,欧美各国在发展全纳教育方面存在一些差异,使得各国全纳教育发展具有特殊性。然而,在充分认识各国全纳教育发展特殊性的基础上,找出其全纳教育发展道路的一般性,进而总结其一般性背后的共同本质,用这些共同本质指导后续研究,再以后续研究为基础进一步补充、丰富和发展对已知共同本质的认识,是人类认识的一般规律,也

---

① 邓猛,景时.从随班就读到同班就读:关于全纳教育本土化理论的思考[J].中国特殊教育,2013(8):3—9.
② 费孝通."三级两跳"中的文化思考[J].读书,2001(4):4—10.
③ 黄志成.英国从一体化教育走向全纳教育[J].现代特殊教育,2001(11):46—48.
④ 景时,邓猛.公平与质量,不可兼得吗?——芬兰全纳教育的启示[J].中国特殊教育,2013(4):66—71.
⑤ 王辉,王雁,熊琪.瑞典融合教育发展的历史、经验与思考[J].中国特殊教育,2015(6):3—9.
⑥ 邓猛.从隔离到融合——对美国特殊教育发展模式变革的思考[J].教育研究与实验,1999(4):41—45.
⑦ 余强.意大利完全全纳教育模式述评[J].中国特殊教育,2008(8):15—20.

是人类探寻事物发展的一般过程。正如毛泽东在《矛盾论》中写道："就人类认识运动的秩序来说,总是由认识个别的和特殊的事物,逐步地扩大到认识一般的事物。人们总是首先认识了许多不同事物的特殊的本质,然后才有可能更进一步地进行概括工作,认识诸种事物的共同的本质。当人们已经认识了这种共同的本质以后,就以这种共同的认识为指导,继续地向着尚未研究过的或者尚未深入地研究过的各种具体的事物进行研究,找出其特殊的本质,这样才可以补充、丰富和发展这种共同的本质的认识……这是两个认识的过程:一个是由特殊到一般,一个是由一般到特殊。"[①]循着这种认识过程,本节旨在简要分析欧美各国全纳教育发展史,在此基础上总结其发展全纳教育的共性,为文章后续关于我国随班就读的分析提供认识基础。

在如何看待残疾问题上,人类相继经历了从最初的杀戮到遗弃、忽视再到后来的逐渐认可,最后发展至近现代以来采取措施促进残疾人参与到主流社会中来的过程。在这一漫长的发展过程中,人类对残疾及残疾人教育问题的看法主要受特定时期社会发展状况的影响。一定时期对残疾人教育问题的看法即特殊教育理论是一定时期社会历史、政治经济以及文化传统的反映,当该社会对"残疾"的观念发生变动时,与之相应的特殊教育理论和对待残疾人的方式也会一同发生变化。[②] 早期社会,"残疾人不可教"的看法普遍流行。自文艺复兴始,在自由、平等价值观的引导下,"残疾人可教"的看法逐渐被人们所认可。自18世纪下半叶开始伴随着医学技术的进步,人类对残疾病理学的认识进一步科学化,许多残疾人开始在当地慈善机构开办的训练学校、特殊教育学校以及医院等机构接受诊断、恢复性训练和教育。到20世纪中叶,隔离式特殊教育学校作为残疾学生教育的主要安置方式在欧美迅速得到发展,残疾人群体中接受教育的人数越来越多,但碍于社会观念,残疾学生和正常学生在一起接受教育的看法仍不被社会所认可。[③] 不过不可否认的是,从残疾人不可教到可以去隔离式特殊教育学校接受教育,人类在看待和对待残疾人教育的问题上,迈出了历史性的一步。

二战后初期,社会秩序混乱、经济低迷以及人民生活质量低下是欧洲各国的普遍现象,在这种情形下欧洲迫切需要一场改革,促使其走出战后困境。在当时,一体化而

[①] 毛泽东. 毛泽东选集(一卷本)[M]. 北京:人民出版社,1967:284—285.
[②] Berdine, W. H., & Blackhurst, W. E. (1985). *An introduction to special education.* New York: Harper Collins Publishers.
[③] 景时,邓猛. 英国的融合教育实践——以"特殊教育需要协调员"为视角[J]. 学习与实践,2013(6):127—133.

非隔离是整个欧洲各国改革的主旋律。[①] 在这样的社会背景下,1967年丹麦学者班克-米尔克森(N. E. Bank-Milkkesen)针对当时社会上普遍存在的残疾人机构现象,指出:"同普通人一样,残疾人具有平等的生存权利,应尽可能使他们的生活融入到普通人的生活中去。"[②]这种社会一体化思想得到了一些学者的认同,与此同时,丹麦在教育领域也出现了"正常化"(Normalization)运动。1969年,《议会决议:准备一体化》(Parliamentary Resolution: Preparation of Integration)获得丹麦议会通过,将残疾学生安置到普通班级中进行一体化教育的思想迅速在欧洲传播。自20世纪60年代起,在"正常化"运动、残疾人权利运动以及去机构化(Ddeinstitutionalization)运动[③]影响之下,欧洲各国纷纷出台相关政策改革隔离式特殊教育,倡导将残疾学生安置到普通班级中和正常学生一起学习与生活。如芬兰议会在1968年通过了《综合学校法》(Comprehensive School Act),重新调整现行教育体制,将原来的双轨制整合为九年一贯的综合学校体制,使所有学生在一起接受教育。[④] 在瑞典,随着社会民主化思想的不断传播,隔离的特殊教育形式受到社会各方面的批评,这致使瑞典学校内部工作委员会(SIA)提出了一体化教育的建议。1962年瑞典开始实施九年一贯的教育体制,1969年在其颁布的《国家课程》(State Curriculum)中着重强调采取多种方式将有特殊需要的学生融入到普通班级中去,实施一体化教育。[⑤] 在南欧,在残疾人家长联合会以及残疾人联合会的游说与抗议下,不断升级的残疾人权利运动直接促使意大利政府于1971年出台《残疾人新条例》(Nuove Norme in Favore dei Mutilati ed Invalidi Civili),该条例规定所有学生在一起接受教育,不论残疾与否。[⑥] 而同时期的英国,也通过种种举措改革隔离式特殊教育,实施一体化教育。最为著名的莫过于1978年的《沃诺克报告》。该报告由沃诺克(Warnock)夫人领衔撰写,并成立了以沃诺克夫人为主席的特别委员会,专门负责调查英国残疾儿童和青少年接受教育的情况。该报告对英国隔离式特殊教育作了全面的评价,并建议英国实施一体化教育。尤其要指出的是在报告第34页写道:"一体化教育是目前教育领域讨论最为热烈的话题。"2005年,在

[①] Stiker, H. J. (1999). *A history of disability*. Ann Arbor: Michigan Press, 89.
[②] 朴永馨. 融合与随班就读[J]. 教育研究与实验, 2004(4): 37—40.
[③] 冯锦英. 全纳教育的理论与实践研究[D]. 福州: 福建师范大学, 2007.
[④] Halinen, I., & Jarvinen, R. (2008). Towards inclusive education: The case of Finland. *Prospects*, 38, 77-97.
[⑤] 王辉, 王雁, 熊琪. 瑞典融合教育发展的历史、经验与思考[J]. 中国特殊教育, 2015(6): 3—9.
[⑥] 贾利帅. 激进的改革: 意大利全纳教育发展历程评析[J]. 中国特殊教育, 2017(6): 25—32.

《沃诺克报告》颁布近30年后,沃诺克夫人在其著作《特殊教育需要:一个新的视角》(*Special Educational Needs: A New Look*)①中,再次强调该报告在变革英国隔离式特殊教育、实施一体化教育过程中的重要作用。1981年,英国通过《1981年教育法》,将《沃诺克报告》中关于推行一体化教育的相关建议以立法的形式固定下来,为英国推行一体化教育提供了政策保障,使其有法可依。而此时身处大西洋彼岸的美国,一场由黑人发起的民权运动(Civil Rights)正在如火如荼地进行中。该运动以"分开就是不平等"为口号,要求黑人和白人在政治、经济、教育等社会生活方面享有平等权利。在民权运动的影响下,在教育领域旨在打破隔离式特殊教育学校倡导残疾学生到普通学校与正常学生一起学习的回归主流运动(Mainstreaming)在美国也获得快速发展。在回归主流运动的背景下,美国于1975年颁布了《残疾人教育法案》(Individuals with Disabilities Education Act,也称为94—142公法),该法案的重点是在美国推行回归主流运动,将残疾学生安置到普通学校和正常学生一起学习与生活。② 发生于20世纪六七十年代,旨在变革隔离式特殊教育、实现残疾学生和正常学生在一起学习的运动,在欧洲被称为一体化教育,在美国则是回归主流运动。虽然两者称谓不同,但实质相同,皆以人人权利平等为口号,打破普通教育与特殊教育的隔离,倡导残疾学生和正常学生在一起接受教育。但是,无论是欧洲的一体化教育还是美国的回归主流运动,都只是实现了残疾学生物理环境层面的一体化,而就如何实施一体化教育、如何为残疾学生提供合适的教育等问题并没有进行深入研究。研究者指出无论是一体化教育还是回归主流运动,它们皆是社会政治运动的结果而非基于教育研究,③不可避免地会出现一系列问题。正是对这些问题的思考,人们开始重新审视一体化教育或回归主流运动。

如果说一体化教育运动主要是一场政治行动,是国家政治运动在教育领域的反映,教育研究者几乎很少或根本没有参与,那么,全纳教育已不仅仅是一场政治运动引领下的教育改革,它更多的是教育研究推动下的一场国际性教育变革,是一场由教育研究者和国家政府共同导演和主演的教育运动。在20世纪70年代后期,就在一体化教育

---

① Warnock, M. (2005). *Special educational needs: A new look*. Philosophy of Education Society of Great Britain Publications, 18.
② Blanton, L. P., & Pugach, M. C. (2007). *Collaborative programmes in general and special teacher education: An action guide for higher education and state policymakers*. Washington, DC: Council of Chief State School Officers, 1.
③ D'Alessio, S. (2011). *Inclusive education in Italy*. Rotterdam: Sense, 23.

推行几年后,一场关于一体化教育有效性的讨论在国际特殊教育界展开,这次讨论吸引了一大批国际特殊教育和全纳教育领域的知名专家学者,如美国学者福克斯(Fox)[1]和斯克提克(Skrtic)[2]等,英国学者艾斯克[3]、布思(Booth)[4]、迪桑(Dyson)[5]、福勒(Farrell)[6]等,澳大利亚学者斯勒(Slee)[7][8]等。这次讨论(具体分析见下节)从不同视角对一体化教育模式进行了剖析,学者们认为这种模式只是实现了残疾学生物理环境的一体化,而相应的教学方法、教材内容、课程设置以及评价方式等都几乎未做调整,且仍是基于医学或个人不足模式来看待学生。面对来自多方面的批评,意大利于1977年颁布了《关于学生评估、取消复考以及调整学校教育标准的规定》(Norme sulla Valutazione degli Alunni e sull'abolizione degli Esami di Riparazione Nonché Altre norme di Modifica dell'Ordinamento Scolastico)以应对各方面对一体化教育模式的指责,进而改革一体化教育模式,旨在为每个学生提供有质量保障的全纳教育。[9] 自1994年《萨拉曼卡宣言》发表后,旨在改革一体化教育模式,为所有学生提供合适的、有质量保障的全纳教育成为一项全球议程。[10] 各国纷纷出台相关政策以变革传统的教学方法、重组课程内容、编写新教材、实施多元评价方式等,为使每个学生能接受到合适的教育提供保障。如意大利2003年的《国家关于普通教育标准、职业教育及其培训等级的规定》(Delega al Governo per la Definizione delle Norme Generali Sull'Istruzione e Dei Livelli Essenziali delle Prestazioni in Materia di Istruzione e di

---

[1] Fox, M. (2003). *Including children 3-11 with physical disabilities: Practical guide for mainstream schools*. London: David Fulton Publishers Ltd.
[2] Skrtic, T. (1991). The special education paradox: Equity as the way to excellence. *Harvard Educational Review*, 61(2), 148-206.
[3] Ainscow, M. (1999). *Understanding the development of inclusive schools*. London: Falmer Press.
[4] Ainscow, M., Booth, T., Dyson, A., Farrell, P., Frankham, J., Gallannaugh, F., Howes, A., & Smith, R. (2006). *Improving schools, developing inclusion*. London: Routledge.
[5] Ainscow, M., Booth, T., Dyson, A., Farrell, P., Frankham, J., Gallannaugh, F., Howes, A., & Smith, R. (2006). *Improving schools, developing inclusion*. London: Routledge.
[6] Ainscow, M., Booth, T., Dyson, A., Farrell, P., Frankham, J., Gallannaugh, F., Howes, A., & Smith, R. (2006). *Improving schools, developing inclusion*. London: Routledge.
[7] Slee, R. (1993). *Is there a desk with my name on it? The politics of integration*. London: Falmer Press.
[8] Slee, R. (2006). Limits to and possibilities for educational reform. *International Journal of Inclusive Education*, 10(2-3), 109-119.
[9] 贾利帅. 激进的改革:意大利全纳教育发展历程评析[J]. 中国特殊教育, 2017(6): 25—32.
[10] Pijl, S. J., Meijer, C. J. W, & Hegarty, S. (1997). *Inclusive education: A global agenda*. London: Routledge.

Formazione Professionale)、2010 年的《关于学校中特殊教育需要学生学习的新规定》(Nuove Norme in Materia di Disturbi Specifici di Apprendimento in Ambito Scolastico)以及 2013 年的《关于国家教育评价系统和教师培训的规定》(Regolamento sul Sistema Nazionale di Valutazione in Materia di Istruzione e Formazione);芬兰 1998 年的新《基础教育法》(Basic Education Act);英国 2001 年的《特殊教育需要与残疾法案》(Special Education Needs and Disability Act)以及 2004 年的《对特殊教育需要者的教育法案》(Education for Persons with Special Education Needs Act);美国 2001 年的《不让一个孩子掉队法案》(No Child Left Behind Act,也称为 NCLB)和 2004 年重新修订的《残疾人教育改善法案》(Individuals With Disabilities Education Improvement Act,也称为 IDEIA)。

  从上述较短的欧美全纳教育发展史中可以看出,在走向全纳教育的道路上,大体经过了隔离式特殊教育到一体化教育或回归主流,再到全纳教育的历程。我们可以将其归结为三个阶段:隔离式特殊教育阶段、一体化教育阶段以及全纳教育阶段。① 在这三个既相互联系又相互区别的发展阶段中蕴含着两大跳跃:第一跳是指从隔离式特殊教育到一体化教育的跳跃,这一跳的动力主要是对隔离式特殊教育的不满,主要想解决的问题是残疾学生有权到普通学校和正常学生一起学习与生活,不应该将其隔离开来。需要指出的是,这一跳主要基于反歧视、反区别化对待原则以及人人权利平等理念,其政治色彩较为浓重而科学研究成分较少,为之后的第二跳埋下了伏笔。第二跳是指从一体化教育到全纳教育的跳跃,这一跳的动力源于对一体化教育质量不高的不满,主要想解决的问题是为每个学生提供合适的、有质量保障的教育。如果说第一跳旨在"有学上",那么第二跳则重在"学得好"。第二跳已不单单关注残疾学生的"在场",更关注我们如何改变现行教学方法、教材内容、课程体系以及评价方式等方面,以促进每一个学生的发展。"三级两跳"现象表明,每一个阶段面临的主要矛盾不同,采取的应对方法也不同,只有在解决了这个阶段的主要矛盾后,才可进入下一个阶段。同时需要指出的是,从全纳教育整个发展过程来看,每一个发展阶段都是对前一阶段的超越,同时后一阶段可能会包含前一阶段的某些内容和形式,但是各个发展阶段的主要矛盾和主导思想是完全不同的,这需要引起我们的重视。与此同时,在认识"三级两跳"现象时有两点值得注意:一是到达全纳教育阶段后并不意味着发展的终

---

① 贾利帅. 激进的改革:意大利全纳教育发展历程评析[J]. 中国特殊教育,2017(6):25—32.

结,恰恰相反,全纳教育是一个永无止境的发展过程;二是一体化教育与全纳教育之间存在诸多不同,而认清这些差别正是理解"三级两跳"现象的关键和正确把握全纳教育的钥匙,西方学者对此进行了大量研究。但遗憾的是,关于这两个阶段的区别在我国并未引起足够的重视,并且许多专业研究人员更是不经辨别地运用这些专业术语,很少去分析它们之间的联系与区别,这导致在实际课堂教学中,很难区分到底是在进行一体化教育还是全纳教育。①

二、正确区分一体化教育与全纳教育是理解"三级两跳"现象的关键

自全纳教育被作为主要原则写进《萨拉曼卡宣言》中后,全纳教育概念迅速取代之前的一体化教育概念而成为研究者讨论的热点。② 面对这一转变,众多学者提出了一个相同的问题:全纳教育概念取代一体化教育概念,仅仅是一个名称的转变,还是意味着一个新时代的到来?③ 西方对这个问题的探究,可以说持续了多年,直到今天还在继续着。不少研究者指出,正确区分一体化教育与全纳教育是准确定义和认识二者的前提。④ 在总结已有研究的基础上,本书认为一体化教育与全纳教育的区别主要表现在两个方面。

首先,基于不同的残疾模式。无论是一体化教育还是全纳教育,其最先需要回答的问题是如何看待残疾。就如何理解残疾而言,目前主要是医学模式和社会模式。医学模式侧重于从残疾人本身寻找原因,认为残疾人之所以有特殊需要是因为其自身不足;而社会模式则认为残疾不是个人原因,而是社会中某些固有障碍使一部分人变得残疾。⑤ 通过考察欧美一体化教育和全纳教育的实践及相关研究,可看出一体化教育背后反映的主要是医学模式,而全纳教育则主要以社会模式为基础。⑥ 一体化教育相比隔离式特殊教育,打破了特殊学校与普通学校的樊篱,使特殊学生和正常学生一起

---

① 邓猛,潘剑芳. 关于全纳教育思想的几点理论回顾及其对我们的启示[J]. 中国特殊教育,2003(4):1—7.
② Vislie, L. (2003). From integration to inclusion: Focusing global trends and changes in the western European societies. *European Journal of Special Needs Education*, 18(1), 17-35.
③ Vislie, L. (2003). From integration to inclusion: Focusing global trends and changes in the western European societies. *European Journal of Special Needs Education*, 18(1), 17-35.
④ Sebba, J., & Ainscow, M. (1996). International developments in inclusive education: Mapping the issues. *Cambridge Journal of Education*, 26(1), 5-18.
⑤ Oliver, M. (1990). *The politics of disablement*. Basingstoke: Macmillan, 67.
⑥ Trent, S. C., Artiles, A. J., & Englert, C. S. (1998). From deficit thinking to social constructivism: A review of theory, research and practice in special education. *Review of Research in Education*, 23, 277-307.

接受教育。然而,人们很快看到一体化教育存在着先天不足,即它对残疾学生的特殊需要置之不理,只是一味地强调特殊学生和普通学生在一起接受教育,而对现行的教学方法、教材内容、课程体系以及评价方式是否适合残疾学生则不闻不问。这直接导致一体化教育只是实现了教育形式上的统一,只是一种物理环境层面的变化,而且残疾学生需要主动适应普通学校的课程与教学。因此,一体化教育的焦点仅仅是残疾学生,它的实施反而进一步强化了"两种人"的二分法,即一种是正常人,另一种是非正常人、残疾人。这种二分法加剧了残疾人的病理化特点,将其看作是有病的、需要治疗的人,是一种另类。结果导致以保障残疾人受教育权的一体化教育反而使残疾人受到更多的压迫、排斥等,这引起了残疾人的强烈不满,他们纷纷要求改革一体化教育。[1] 与之相比,全纳教育则从社会模式出发,从社会建构主义出发,不断地追问:我们怎样为所有儿童提供适合他们身心发展特点的教育?[2]

其次,应对学生特殊性需要的不同策略。一体化教育与全纳教育背后不同的残疾模式,直接决定了二者在应对学生特殊性需要方面所采取的截然不同的策略。在比较二者如何应对学生特殊性需求时,布思等人[3]用"同化"(Asassimilationist)和"变革"(Transformative)形容二者的区别,而柯克伦·史密斯(Cochran-Smith)[4]则使用"传输"(Transmissive)和"建构"(Constructivist)。基于"变革"和"建构"的全纳教育在应对学生特殊性需要时,注重发展新文化、新政策,变革已有的教学方法、课程体系等来回应学生的特殊性需求,用一种发展的眼光来看待学生;而"同化"和"传输"理念主导下的一体化教育,则忽视有特殊性需要学生的背景、兴趣爱好、个性特征以及残疾等,主张这类学生应该主动适应现存的教育形式。因此,在一体化教育模式下,现存的教学方法、课程体系以及评价方式等都未做调整。此外,一些研究者用"嵌入"[5]

---

[1] D'Alessio, S. (2011). *Inclusive education in Italy*. Rotterdam: Sense, 30.

[2] Trent, S. C., Artiles, A. J., & Englert, C. S. (1998). From deficit thinking to social constructivism: A review of theory, research and practice in special education. *Review of Research in Education*, 23, 277 - 307.

[3] Booth, T., Nes, K., & Stromstad, M. (2003). *Developing inclusive teacher education*. London: Routledge.

[4] Cochran-Smith, M. (2004). *Walking the road: Race, diversity and social justice in teacher education* (Multicultural Education Series). New York & London: Teachers College.

[5] Renato, O., & Carolina, B. (2008). Trends in inclusive education at regional and interregional levels: Issues and challenges. *Prospects*, 38, 113 - 135.

(Inserting)和"移植"①(Transplantation)等词汇来说明一体化教育模式下特殊性需要学生的被动适应特征。相比之下,全纳教育则采取了一种积极的应对策略,主张变革现存教育体系内阻碍学生发展的要素,从学生之外的教室、教师、学校等客观因素出发来应对学生的特殊性需要。

在以上论述的基础上,为形象地说明欧美全纳教育发展进程中的三个阶段和两大跳跃,即"三级两跳"现象,我们可以用图示的方法将欧美全纳教育发展的一般进程展示出来(见图 2-1)。

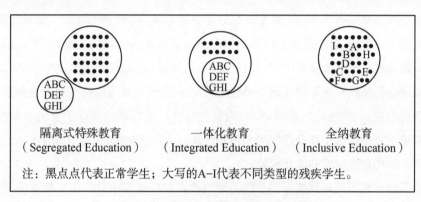

图 2-1 欧美全纳教育发展的一般进程

第三节 "中和位育":发展中的全纳教育与转型中的随班就读

在对欧美全纳教育发展进程中"三级两跳"现象分析的基础上,本节将我国随班就读置于西方全纳教育发展进程中进行历史性分析,尝试厘清随班就读与全纳教育的关系。

一、随班就读在全纳教育发展进程中的位置

目前,关于随班就读与全纳教育的关系,学者们的观点主要可分为两种:第一种观点主张我国的随班就读就是全纳教育;第二种观点则认为我国的随班就读并非全纳

---

① Piji, S. J., Meijer, C. J., & Hegarty, S. (1997). *Inclusive education: A global agenda*. London: Routledge.

教育,而偏向于将随班就读等同于一体化教育。①

当我们将随班就读等同于全纳教育时,则表明我们已经完成了欧美全纳教育发展进程中的第二跳,实现了从一体化教育到全纳教育的跳跃。但值得指出的是,我国在隔离式特殊教育阶段与随班就读之间并不存在一个一体化教育阶段,这样就出现了一个现象:我们直接从隔离式特殊教育跳跃到全纳教育,也就是我们的随班就读。当我们这样定位随班就读时,就出现了一个问题,即我们希冀用一跳来解决欧美两跳才解决的问题:"有学上"和"学得好"。② 而通过上述分析,我们发现从隔离式特殊教育到一体化教育,再到之后的第二跳,每一个阶段都有每一个阶段的主要矛盾,为解决这些矛盾每个国家都出台了专门的法案。只有在解决了前一阶段所面临的主要矛盾后,方可跳跃到下一阶段,每一跳都是以前一阶段矛盾的解决为前提的。因此,当我们希冀用这一跳来解决两跳才能解决的问题时,问题就来了,在随班就读实践中不知究竟是将重点放在保障残疾学生到普通学校接受教育上,还是重点关注残疾学生在普通学校所受教育的质量,抑或是二者兼顾。③ 当我们将我国随班就读等同于全纳教育时,无论是理论上还是实践中都会遇到诸多问题。所以,第一种观点并不十分科学,仍需要接受进一步的理论探究和实践检验。

当我们将我国随班就读等同于欧美全纳教育发展进程中的一体化教育或回归主流运动时,则表明我们完成了第一跳,目前正处于第二个阶段,正在解决第二个阶段的主要矛盾和主要问题并准备第二跳,即从随班就读到全纳教育的跳跃。这种观点似乎得到了国内大多数学者的赞同,但仔细分析,这种观点仍值得商榷。通过分析欧美关于一体化教育研究的相关成果,我们知道一体化教育是当时社会政治运动在教育领域的反映,基于权利平等、反歧视等原则将残疾学生安置到普通学校和正常学生一起接受教育。但是,这种安置形式只是实现了物理环境层面的一体化,而相应的教学方法、课程体系、教材内容以及评价方式等几乎都未做调整,对残疾学生是否真正接受了有质量的教育的关注不够。反观我国随班就读,则并非如此。尽管随班就读与一体化教育或回归主流运动存在一些共同点,但它们有着实质的差别。本书认为我国随班就读超越了一体化教育或回归主流运动,介于一体化教育与全纳教育之间,而我国随班就读中的"随班就坐"则等同于西方的一体化教育或回归主流运动。

---

① 李拉. 当前随班就读研究需要澄清的几个问题[J]. 中国特殊教育,2009(11):3—7.
② 华国栋. 残疾儿童随班就读现状及发展趋势[J]. 教育研究,2003(2):65—69.
③ 贾利帅. 激进的改革:意大利全纳教育发展历程评析[J]. 中国特殊教育,2017(6):25—32.

通过分析随班就读相关研究和田野考察,本书认为我们必须分清目前我国不同地区实践中存在的两种不同形式的随班就读。首先讨论的是第一种形式的随班就读。不可否认在一些地区,囿于特教资源不足或是为了实现所谓的增加随班就读学生数量的目标,会将一些残疾学生安置到普通班级中和正常学生一起接受教育,但接收这些残疾学生的普通班级和学校并未对现存的教学方法等做出必要的调整,这些残疾学生也仅仅是坐进了普通教室里。而第二种形式的随班就读是在第一种形式的基础上切实在"读"上下了功夫。为真正实现残疾学生可以在普通班级接受到有质量保障的教育,一些地区建立了较为完善的随班就读支持系统,相应地,学校也对现存的教学方法、课程体系以及评价方式等做了必要的调整,以满足残疾学生的学习特点。在当下,如不对这两种形式的随班就读做出认真区分,在实践中则常常出现我们不愿看到的"随班就坐"和"随班混读"现象。对"随班混读"这种现象我们必须坚决抵制,但却不能一味地否定、批判"随班就坐"现象,我们应该正视现阶段我国出现"随班就坐"的原因,发现"随班就坐"的价值。随班就坐可能不符合人们的期望,但它却真真切切地存在于目前的随班就读实践中。如上所述,第一种形式打着随班就读的幌子,实际上却是随班就坐。进一步需要追问的是:为什么会出现这种现象,它是否合理? 研究认为,随班就坐的发生有三方面原因:一是我国各地区经济发展不平衡,①一些经济发达地区的特殊教育资源充足,相关配备已经与发达国家无异,而一些经济欠发达地区的特教资源不足,残疾学生只能到当地普通学校就读,②在缺乏相关支持的环境下,普通学校很难保障残疾学生的教育质量;二是缺少足够数量的随班就读教师,关于这点王雁等在著作《中国特殊教育教师培养研究》③中做了充分论证,在此无需赘言;三是随班就读相关政策不完善,多年来相关政策主要是以"不断扩大随班就读规模"为目标,而对如何改善随班就读质量关注不够,④但值得指出的是,新近的《残疾人教育条例》和《第二期特殊教育提升计划(2017—2020年)》等对这方面的要求逐渐增多。因此,正确区分随班就读与随班就坐,肯定随班就坐的合理性和价值,是我们重新认识和定位随班就读的关键。

---

① 彭霞光.中国特殊教育发展面临的六大转变[J].中国特殊教育,2010(9):3—8.
② 肖非.中国的随班就读:历史·现状·展望[J].中国特殊教育,2005(3):3—7.
③ 王雁,等.中国特殊教育教师培养研究[M].北京:北京师范大学出版社,2012.
④ 李拉.从规模到质量:随班就读发展的目标转型与策略调整[J].现代中小学教育,2015(1):16—18.

二、安所遂生的随班就读

随班就读该如何突破发展困境、实现可持续发展呢？面对这一问题，我们必须结合社会大背景来思考，重新认识为什么随班就读是"历史上不得不做的一件事",①进而找准随班就读的位置，实现其安所遂生。发端于 20 世纪 50 年代末的随班就读，1987 年被作为一种安置残疾儿童的教育形式在全国 15 个县、市开始试验研究。而此时正处在改革开放初期，大量新思想、新事物被引进来。正当我们的随班就读还在探索之中时，1994 年全纳教育思想被正式提出并迅速成为国际教育领域的发展潮流。在改革开放和国际全纳教育潮流兴起的背景下，我们不得不在第一跳即从隔离式特殊教育到随班就读的跳跃还没有完成的情况下进行第二跳，即发展全纳教育。第一跳还没有顺利完成，就需要进行第二跳，这是我们走改革开放的路，融入全球化潮流所必然要碰到的局面。而我们的随班就读就碰到了这样的局面，怎么办呢？我们必须实事求是，一切从实际出发。不看清历史发展潮流，不摸清自己的发展底子，不熟悉自己的发展阶段，而盲目进入下一个发展阶段是不科学的，也是跳不过去的。② 我国随班就读的现实是第一跳尚未充分完成，而国际全纳教育的潮流是让我们跳向第三级，在这种情况下我们只能一方面不断砸实自己的底子，一方面顺应国际发展潮流，这就要求我们一边跳，一边补课，不把落下的功课补足是跳不过去的。历史一再告诫我们，历史不是过去了就过去了，历史是会对今天产生影响的。

中国问题解决的根本之道，仍需到中国文化自身中去寻找。随班就读作为土生土长的中国产物，也不例外。源于《中庸》"致中和，天地位焉，万物育焉"的"中和位育"思想，为转型中的随班就读明确自身定位、走出发展困境、实现可持续发展指明了方向。潘光旦先生对位育思想作了十分透彻的分析，他认为一切生命的目的在求位育，以前人称之为"适应"，现在看来位育更合适。③ 何谓位育，位者，安其所也；育者，遂其生也；位即秩序，育即进步，安所遂生是一切生命的大欲。潘光旦先生认为位育关乎两方面事情：一是位，即环境；二是育，即物体自身。世间没有能把环境完全征服的物体，也没有完全迁就环境的物体，所以结果总是一个：协调。改革开放和国际全纳教育潮流背景下的随班就读的发展，可以说就是一个位育问题。随班就读是一个本土产物，而环境则是国际全纳教育潮流。随班就读如何才能和这样的国际大环境协调、维持自我

---

① 肖非.中国的随班就读：历史·现状·展望[J].中国特殊教育,2005(3):3—7.
② 费孝通."三级两跳"中的文化思考[J].读书,2001(4):4—10.
③ 潘乃谷.潘光旦释"位育"[J].西北民族研究,2000(1):3—15.

身份,再进而得到更富有的生命力,前者是"位"的问题,后者是"育"的问题。在学者们努力探索我国随班就读的位育时,形成了以上这些观点。从近现代中国社会大背景出发,我们可以将上述第一种观点归结为费正清(John King Fairbank)所谓的"冲击—回应"思维模式①下的产物,而将第二种强调随班就读本土性的主张归结为柯文(Kohen)所谓的"中国中心观"②思维模式下的产物,二者皆有其合理性,都在试图实现中国随班就读的位育。这些有益的探索,为接下来的探索少走弯路提供了很好的借鉴,同时也为接下来的探索奠定了基础。在考虑我国社会大环境的前提下,在充分把握我国作为一个后发外生型现代化国家的发展特点后,③本书认为我们既反对过于悲观的"冲击—回应"心态,也反对过于乐观的"中国中心观"态度,科学的做法是在秉持一种文化自觉的心态下,寻求我国随班就读的"位",进而实现位的基础上的"育",最终实现随班就读的安所遂生。

第四节 "文化自觉":全纳教育思潮下随班就读的位育策略

在国际全纳教育浪潮席卷下,国际学者指出西方全纳教育不可避免地会对世界其他国家的全纳教育发展产生深刻影响,④同样,我国学者也指出对目前我国随班就读的思考必然会受到西方全纳教育的影响。⑤ 这警示我们,我国随班就读的发展既不能"独善其身",同时也要防范"照抄照搬"。科学的做法是坚持随班就读文化自觉——生活在一定文化中的人对其文化有"自知之明",明白它的来历、形成过程、所具的特色和它的发展趋向,⑥洞悉国际全纳教育发展潮流,寻求位育之道。在此基础之上,我们提出随班就读的发展蓝图:"以西方全纳教育理论检视始,以我国随班就读实践验证终。理论符合事实,事实启发理论,必须将理论和事实融合在一起,获得一种新的综合。"⑦

---

① 费正清.美国与中国(第四版)[M].张理京,译.北京:世界知识出版社,2000:132.
② 保罗·柯文.在中国发现历史——中国中心观在美国的兴起[M].林同奇,译.北京:中华书局,1989:1.
③ 孙立平.后发外生型现代化模式剖析[J].中国社会科学,1991(2):213—223.
④ Vislie, L. (2003). From integration to inclusion: Focusing global trends and changes in the western European societies. *European Journal of Special Needs Education*, 18(1),17-35.
⑤ 李拉.当前随班就研究需要澄清的几个问题[J].中国特殊教育,2009(11):3—7.
⑥ 费孝通.费孝通文集(第14卷)[M].北京:群言出版社,1999:196.
⑦ 吴文藻.论社会学中国化[M].北京:商务印书馆,2010:4.

一、检视西方全纳教育理论

全纳教育萌芽于西方,是西方特有社会文化土壤里生长出的果实,也是西方社会民主、自由以及平等思想在教育领域的具体体现。① 同时,从隔离式特殊教育到一体化教育再到现在的全纳教育,这一发展历程与西方社会理论范式的变迁遥相呼应。② 当如此的西方全纳教育理论原装进口到我国时,首先要思考的问题便是:这样的"洋理论"是否适合我们的胃口?而对这个问题的回答,则需要我们对西方全纳教育进行一番仔细打量,即全面检视全纳教育理论。关于这方面的研究,目前我国学者已经进行了较为充分的讨论。一方面,研究者从西方全纳教育发展史和发展现状出发,对欧美一些国家全纳教育发展状况进行了深入研究,使我们充分掌握了全纳教育的来龙去脉和未来发展趋势。另一方面,研究者从西方社会科学范式的发展视角出发,全面审视社会范式变迁下的全纳教育的发展轨迹,以提醒我们照抄照搬西方全纳教育在我国是行不通的,因为东西方有着迥异的社会文化环境。其中以邓猛为代表,对此进行了大量而深入的研究。可以说,随班就读发展蓝图三步中我们在第一步开始得最早,也做得最多,③这也是我们进行接下来两步的基础。但检视全纳教育理论仅仅是第一步,更为重要的是在检视理论的基础上,用我国的实践去验证这些理论。

二、通过随班就读实践活动和实地调查来验证西方全纳教育理论

随班就读发展蓝图的第二步,是运用实地调查的方法去检验经过检视的全纳教育理论。而在我国最适合验证这些全纳教育理论的试金石,非随班就读莫属。在第二步检验过程中,主要有两个任务:一是验证西方全纳教育理论的正确性和适用性;二是通过实地调查充分认识我国各地区随班就读的实践情况。实践是检验理论正确与否的唯一标准,任务一是建立在任务二基础之上的,没有对我国各地随班就读实践情况的充分了解,检验全纳教育理论便无从谈起。但遗憾的是,正如邓猛指出的那样:"综观我国近年来对于融合教育的研究,外国名词与理论介绍多,本土化的理论探索与生成少;游说与动员式的论述多,深入的反思与批判少;结合各地特有文化特点的分析也不

---

① 邓猛,苏慧.融合教育在中国的嫁接与再生成:基于社会文化视角的分析[J].教育学报,2012(1):83—89.
② 邓猛,肖非.隔离与融合:特殊教育范式的变迁与分析[J].华中师范大学学报(人文社会科学版),2009(4):134—140.
③ 邓猛,苏慧.融合教育在中国的嫁接与再生成:基于社会文化视角的分析[J].教育学报,2012(1):83—89.

多见。"①因此,我们的当务之急是必须加强对我国各地随班就读的实证研究,充分掌握各地随班就读的发展现状,树立差别化的随班就读发展理念。最大的现实,莫过于我国各地社会经济发展不平衡,东中西存在一定差异。我们不能仅仅用一个地区的随班就读状况来概括各地千差万别的实践情况。毋庸置疑,有些地区正在进行的随班就读实践活动是名副其实的随班就读,而有些地区则是打着随班就读的口号,实际上实行的却是上文中所提到的随班就坐。这样的发展事实,要求我们研究者去实地调查各地区随班就读的发展状况,深入探究为什么一些地区的随班就读成功了,一些地区还处在"随班就坐"阶段。对这些问题的实地调查就是我们发展随班就读最好的方式,同时在这一过程中也检验了西方全纳教育理论。以"随班就坐"为例,笔者在调查过程中发现这一现象在一些地区还十分普遍,主要原因是相关支持系统无法跟进,导致一些残疾学生在普通教室里的状态还停留在"随班就坐"。但是,我们要做的不是一味地去否定这一现象,而是充分认识到现阶段出现这一现象的必然性及其价值。在充分调查研究的基础上所提的建议才更有针对性,更接地气。无独有偶,在意大利推行全纳教育的初期也存在上述现象,实践者本着一种接受和认可的眼光去看待这一现象,并进行了大量实地研究,而这些研究成果为其之后制定相关政策提供了很好的第一手资料。② 第二步在整个随班就读发展中起着至关重要的作用,它既考察了我们是否真正理解了全纳教育理论,即第一步的任务,也是实现第三步二者新综合的基础。同时,这也与加强教育实证研究、促进研究范式转型的华东师范大学行动宣言所提倡的理念相契合。

三、全纳教育理论与随班就读实践融合基础上新的综合

第三步的新综合既是一个终点,也是一个起点。我们引进西方全纳教育理论,既不是不加批判地全面西化,也不是一味地批判而另起炉灶。我们的目的是融合全纳教育与随班就读,在此基础上构建一个相对完善的随班就读发展体系,可以说这是前两步的终点,也是第三步的目的。与此同时,在综合的基础上结合我国不断发展变化的实际情况,进一步完善随班就读,使之实现可持续化发展。

---

① 邓猛,苏慧.融合教育在中国的嫁接与再生成:基于社会文化视角的分析[J].教育学报,2012(1):83—89.
② Canevaro, A., & Anna, L. (2010). The historical evolution of school integration in Italy: Some witnesses and considerations. *European Journal of Disability Research*, 20(4), 203-216.

第五节 "和而不同"：随班就读与全纳教育的和谐共生

1930年潘光旦先生在《尚同与尚异》一文中对位育作了进一步发展,他讲到社会的位育主要有两方面:一方面是"位",即秩序,秩序的根据是社会分子之间相当的"同";一方面是"育",即进步,进步的根据是社会分子之间的"异"。"同"而过当,社会生活则会日趋保守甚至于腐朽;"异"而逾量,社会生活的重心不定,甚至消失,严重时演变成一种无政府的状态,上述二者都是不相宜的。为社会秩序计,"同"非不可欲,然而不宜"尚"。为社会进步计,"异"当然可欲,但亦不宜"尚",尚则也不免有流弊。[①] 这段话十分准确地表达了我国随班就读与国际全纳教育思潮的理想关系,即和而不同。正如有的学者所指出的那样,因地制宜地探索符合我国国情的随班就读,不仅没有违背国际全纳教育思想,反而丰富了全纳教育的理论与实践,同时也可为与我国发展情况类似的国家和地区提供可资借鉴的经验。[②] 这种现象也存在于欧美诸国——各国全纳教育的具体实践千差万别,并非按照一个统一的全纳教育模式在发展。但同时也要承认世界教育发展的共同趋势,即教育的全纳化。要承认不同,但也要"和",这是世界多元文化必须要走的一条道路。如何实现我国随班就读与国际全纳教育"和"的局面呢? 费孝通先生给出的建议是:承认不同,求同存异,有了这个方面的共识,才会有比较自觉的磨合行为,才会有比较好的磨合状态,经过不断的磨合,最终进入"和而不同"的境界。[③]

---

① 潘乃谷.潘光旦释"位育"[J].西北民族研究,2000(1):3—15.
② 邓猛,朱志勇.随班就读与融合教育——中西方特殊教育模式的比较[J].华中师范大学学报(人文社会科学版),2007(4):125—129.
③ 费孝通."三级两跳"中的文化思考[J].读书,2001(4):4—10.

中篇

国家的视角

中篇主要从国家的视角出发讨论与全纳教育治理相关的问题。教育改革顺利与否，在很大程度上和国家政策密切相关，全纳教育改革亦是如此。基于此，本部分旨在从国家视角出发探究各国是如何推动全纳教育改革与发展的。在国家选取方面，本研究将重点讨论意大利、葡萄牙、西班牙、德国以及中国5个国家的全纳教育改革与发展情况。之所以选取这5个国家，一方面是因为这5个国家的全纳教育各具特色，意大利是世界上第一个实现完全全纳教育的国家，葡萄牙以全纳教师教育推动全纳教育改革而著称，西班牙是全纳教育议程的发起国，德国以高质量的全纳教育闻名全球，中国的随班就读是全纳教育在东方的一种极具特色的实践形式。对这5个国家全纳教育改革与发展情况的探究，有利于多角度理解和把握全纳教育。另一方面是因为目前国内学者多关注美国、英国、澳大利亚、芬兰等国的全纳教育，对意大利、葡萄牙等国的全纳教育关注不够。本研究选取国内研究还不是特别深入的这几个国家作为研究对象，有助于全面展示世界各国全纳教育改革与发展情况。在具体分析每一个国家全纳教育改革与发展时，本研究首先对该国的全纳教育改革与发展历史进行讨论；在此基础上讨论该国在全纳教育改革过程中遇到的问题与挑战、积累的经验、发展特点等；最后，本着对话交流和取长补短的原则，将该国和我国的全纳教育发展情况进行比较、思考与讨论。

第三章　意大利全纳教育治理

1971年意大利政府颁布首个全纳教育法案《残疾人新条例》（也称为118/1971号法案），规定残疾学生与普通学生一起在普通学校接受教育。经过40余年发展，目前超过99%的残疾学生在普通学校接受教育。意大利逐渐形成了较为先进的全纳教育理念、健全的法律法规、完备的评价机制、充沛的资金投入和专业的支持系统。[①] 由于意大利在发展全纳教育方面作出了杰出贡献，它被联合国教科文组织、经济发展与合作组织、世界卫生组织以及世界残疾人联合会等誉为"意大利全纳教育发展模式"，并在世界范围内推广。[②] 近年来，随着意大利全纳教育的进一步发展，一些问题也逐渐暴露出来，如教师数量不足、教师职业认同有待提高以及学校内部对残疾学生的隔离等。

第一节　意大利全纳教育改革与发展的历程

意大利作为世界上实施全纳教育最为彻底的国家之一，[③]离不开相关全纳教育政策的制定与实施。据统计，自1971年意大利政府出台第一个全纳教育政策起至今，除通知和宣言外共有25个法律与政府公告，这些国家政策文件集中反映了意大利全纳教育的形成与发展历程。通过对这些政策文件文本的考察与分析，我们可以把握意大利全纳教育的发展轨迹。

[①] 梅伟惠. 意大利教育战略研究[M]. 杭州：浙江教育出版社，2013：69.
[②] Ferri, B. A. (2008). Inclusion in Italy: What happens when everyone belongs. In S. Gabel & S. Danforth (Eds.), *Disability & the politics of education: An international reader*. New York: Peter Lang Publishing, 41-52.
[③] 余强. 意大利完全全纳教育模式述评[J]. 中国特殊教育，2008(8)：15—20.

一、从隔离式特殊教育走向一体化教育(20 世纪 60 年代)

二战后,整个欧洲社会呈现出秩序混乱、经济不景气、人民生活质量下降的局面,迫切需要一场社会改革,以使其走出困局。当时,一体化而非隔离成了社会改革的主旋律。① 建国初期,意大利颁布的《基本法》中明确了"学校向所有学生开放"的基本原则。但二战后的意大利,碍于政治、经济以及宗教等方面因素,并没有为残疾学生提供适当的教育,而是将残疾学生隔离在普通教育系统之外。② 20 世纪 70 年代初期,在残疾人家长联合会以及残疾人联合会的游说与抗议下,残疾人权利运动兴起。③ 非政府组织、家庭联合组织以及其他联合团体陆续加入,与此同时意大利政府通过了反区别对待政策。由此,将社会边缘群体(主要是残疾人)纳入到主流社会中来和一体化而非隔离的理念,指导和支配着这一时期意大利社会的各方面改革。

在这样的社会环境下,1971 年 1 月,意大利政府颁布了首个全纳教育法案《残疾人新条例》。该法案首次提出残疾学生(6—15 岁)有权利到公立普通学校接受教育,而特别严重的残疾学生除外。在该法案指导下,一批残疾人学校被关闭,大部分残疾学生被安置在普通学校接受教育。意大利这种靠国家强制力自上而下关闭大量特殊教育学校和特殊教育班、短时间内将大量残疾学生安置在普通班级之中接受教育的做法被称为"学校整合"(integrazione selvaggia)。尤其是自《残疾人新条例》颁布后,在不到十年时间里,意大利许多大区内的特殊学校被叫停,"学校整合"运动达至高潮,这也为意大利推行全纳教育铺平了道路。

此外,法案还规定:政府为残疾学生提供免费交通工具;移除学校中不利于残疾学生活动的设施并重新设计以满足残疾学生特殊需要;完善社会福利政策,为残疾学生提供资助等。

《残疾人新条例》的出台是社会政治运动的结果,而非基于教育研究。④ 该法案从人权角度出发高度关注如何保护残疾学生受教育权利、为残疾学生提供社会福利保障和必要援助等,但对如何进行一体化教育、如何进行教学等,该法案并没有给出可行性方案。总而言之,《残疾人新条例》保障了残疾学生进入普通学校接受教育的权利,但并没有详细指出残疾学生应如何在普通学校接受教育,如何有效

---

① Stiker, H. J. (1999). *A history of disability*. Ann Arbor: Michigan Press, 89.
② D'Alessio, S. (2011). *Inclusive education in Italy*. Rotterdam: Sense, 23-42.
③ Tescari, B. (2011). *Ghetto per sani fame di liberta*. Roma: Azienda Grafica Meschini, 98.
④ D'Alessio, S. (2011). *Inclusive education in Italy*. Rotterdam: Sense, 23-42.

学习。① 这不仅成为后来学校管理者、教师以及研究者批评的焦点,也促使意大利政府出台新法案来解决这一问题。

二、从一体化教育走向全纳教育(20 世纪 70 年代初至 70 年代中期)

随着残疾人权利运动的升级和反区别对待政策的通过,残疾人争取受教育权运动并没有结束,反而愈演愈烈。倡导者认为:(1)将一部分残疾学生隔离在普通教育之外,是一种歧视,是一种差别对待;(2)如何定义并区分残疾人的残疾程度是一件困难的事情。② 在此影响下,1975 年《对残疾学生进行相关干预的通知》(Interventi a Favore degli Alunni Handicappati,也称为 227/1975 通知)首次提出"完全全纳"(full inclusion)。《对幼儿园残疾儿童进行登记的通知》(Iscrizioni Alla Scuola Materna di Bambini Handicappati,也译为 235/1975 通知)倡导不论学生残疾程度如何,都应被安置到普通学校接受教育,残疾程度不应成为实施隔离教育的理由。最终,1977 年意大利颁布了《关于学生评估、取消复考以及调整学校教育标准的规定》(也称为 517/1977 号法案)。该法案是意大利改革一体化教育、确立全纳教育的里程碑式法律,被称为"社会整合"(integrazione selvaggia)。通过此法案,特殊学校完全被普通学校整合,所有残疾学生(不论学生残疾程度如何)都进入普通小学和中学(6—14 岁)接受教育,任何普通学校不得以任何理由拒绝残疾学生注册。

与此同时,为保障残疾学生在普通班级接受到有质量保障的教育,实现真正意义上的全纳教育,《关于学生评估、取消复考以及调整学校教育标准的规定》中还特别制定了旨在提升残疾学生教育质量的支持教师(sostegno)和学生发展计划。为帮助残疾学生进入普通班级有效学习,法案规定在普通班级里安置支持教师。③ 支持教师参加两年特殊专业课程学习,学习期间费用由所在学校负责提供。同时针对残疾学生制定个人发展计划,该计划主要由两个子计划构成。其一,教育发展计划。该计划在特殊教育专家指导下由班级里的普通教师和支持教师共同制定。其二,残疾学生管理和财

---

① Camerini, A. (2011). Full inclusion in Italy: A radical reform. Inclusive Education for Children with Disabilities Conference, Moscow.
② Abbring, I., & Meijer, C. J. W. (1994). Italy. In C. J. W. Meijer, S. J. Pijl, & S. Hegarty (Eds.), *New perspectives in special education*. London: Routledge, 9 - 24.
③ Ferri, B. A. (2008). Inclusion in Italy: What happens when everyone belongs. In S. Gabel & S. Danforth (Eds.), *Disability & the politics of education: An international reader*. New York: Peter Lang Publishing, 41 - 52.

政支持计划。该计划由国家、当地教育部门和医疗卫生健康部门共同制定。① 此外,该法案还规定:每个班级残疾学生数不超过 2 人;有残疾学生的班级总人数不超过 20 人;支持教师负责残疾学生上限为 4 人;普通教师和支持教师要密切合作,共同对学生实施教育等。

《关于学生评估、取消复考以及调整学校教育标准的规定》为全部有残疾的学生进入普通学校接受教育移除了障碍,保障了其受教育权,但仅限于小学和初中,而对残疾学生能否进入幼儿园、高中以及大学,并未做出规定。与此同时,政策文本中使用的"特殊整合"(integrazione specialistica)表述,成为后来反对该法案的主要依据。如第二条款规定:"必须为他们(指有特殊需要的学生)提供相关服务,确保特殊整合目标的实现。"第七条款规定:"在这样的班级里(指普通班级),必须确保提供相关资源以利于实现特殊整合。""特殊整合"表述背后隐含的对待特殊学生的态度仍是一种传统的模式,该模式认为学生之所以有特殊需要,问题在于学生,而不是社会。由此,《关于学生评估、取消复考以及调整学校教育标准的规定》是基于一种对残疾学生的同情,并非以完全全纳的态度对待有特殊需要的学生。在某种程度上,"特殊整合"表述反而强化了特殊学生的某种特殊需要。②

三、从全纳教育到完全全纳教育体系的建立(20 世纪 70 年代中期至 20 世纪 90 年代初)

1978 年,在《关于学生评估、取消复考以及调整学校教育标准的规定》通过的第二年,意大利政府通过了以弗朗哥·巴扎利阿(Franco Basaglia)为名的《巴扎利阿法案》(Basaglia Law)。该法案规定彻底关闭所有精神病院和残疾人收容所。③ 弗朗哥·巴扎利阿是意大利精神病学家,他认为残疾人之所以有特殊需要,问题不在于残疾人,而在于社会,是社会中某些现存的障碍使残疾人产生了特殊需要,如残疾人收容所。在此法律影响之下,残疾人权利运动发展为医疗-社会运动(social-medical movement)。该运动倡导移除社会障碍,学校系统向残疾学生开放,实现社会整合,旨在创造一个全

---

① Camerini, A. (2011). Full inclusion in Italy: A radical reform. Inclusive Education for Children with Disabilities Conference, Moscow.
② D'Alessio, S. (2011). *Inclusive education in Italy*. Rotterdam: Sense, 23-42.
③ Segal, P., Maigne, M., & Gautier, M. (2003). *La compensation du handicap en Italie*. Paris: Ctnerhi, 5.

纳社会。在此影响下,1982年的《关于审查幼儿园、中小学以及艺术类学校招聘方法、采取适当措施改善教师质量》(Revisione della Disciplina del Reclutamento del Personale Docente della Scuola Materna, Elementare, Secondaria ed Artistica, Ristrutturazione degli Organici, Adozione di Misure Idonee ad Evitare la Formazione di Precariato e Sistemazione del Personale Precario Esistente,也称为270/1982号法案),规定国家为学前教育系统分配支持教师。1987年国家最高法院发布《关于国家宪法等法案中相关问题的判决》(Giudizio di Legittimità Costituzionale in via Incidentale),倡导全纳教育延伸到中等教育和大学教育,涵盖整个教育系统。

在医疗-社会运动影响下,意大利政府于1992年通过了《关于社会援助、全纳和残疾人权利的框架》(Legge-quadro per L'assistenza, L'integrazione Sociale e i Diritti delle Persone Handicappate,也称为104/1992号法案)。该法案的出台标志着完全全纳教育体系在意大利的确立。严格来说,该法案并非专门针对全纳教育而制定,但在意大利被认为是实现完全全纳教育最重要的法案。该法案的基本原则是在教育之外来看教育,将教育问题置于整个社会进行思考。

旨在实现社会全纳的《关于社会援助、全纳和残疾人权利的框架》,涉及住房、公共服务、就业、培训以及教育等方方面面。在教育方面,主要规定包括：全纳教育涵盖教育整个系统,从学前教育到大学教育再到之后的继续教育；移除社会环境障碍,为有特殊需要的人接受教育创造条件；其他还涉及教育资源教室建设、学生评价等方面。在该法案中,"社会整合"彻底取代了"特殊整合"。这不仅仅是表述的转变,其背后也折射出全社会对待残疾人理念的转变——残疾不是个人的问题,根源在于社会,社会应为此负责。该理念反映在教育中便是,残疾学生之所以有特殊需要,原因不在学生,而在于周遭环境如教室、教师等,是这些造成了残疾学生的特殊需要。因此,需要改变教学环境以适应学生,而不是让学生适应环境。

四、完全全纳教育的进一步发展(20世纪末至今)

104/1992号法案颁布后,完全全纳教育在意大利基本确立,其所倡导的完全全纳教育理念也为社会所认可。进入21世纪后,关于全纳教育发展的相关法案和公告基本上都重点指向教师、特殊需要的学生以及课程等,旨在提升全纳教育质量。如《国家关于普通教育标准、职业教育及其培训等级的规定》(也称为53/2003号法案)和《关于幼儿园和小学教育相关规则的定义》(Definizione delle Norme Generali Relative alla

Scuola Dell'infanzia e al Primo Ciclo Dell'istruzione,也称为 59/2004 法案)规定：延长义务教育年限；调整课程；缩小全纳教育班级容量；发展新方法来招募和培训教师；在全国范围内实施国家评价体系，检测教学质量；为学前教育和继续教育提供支持，满足其发展需求等。① 2010 年的《关于学校中特殊教育需要学生学习的新规定》(也称为170/2010 号法案)以及 2013 年的《关于国家教育评价系统和教师培训的规定》(也称为 80/2013 法案)指出，从转变教师教学方法和完善学生评价体系入手，提升特殊需要学生的学习质量。这些政策文件不仅仅关注学生是否置身于普通班级之中，更注重学生学到了什么、学得怎么样。

第二节 意大利全纳教育改革与发展的主要特点

意大利自 1971 年颁布第一个旨在促进全纳教育《残疾人新条例》起，在短短 20 年时间里，出台了一系列政策来促进全纳教育发展，废除特殊教育学校，寻求让所有残疾学生可以进入任何层次和任何类型的普通学校接受教育的途径。这种"激进的""全面的"全纳教育发展方式，与欧洲其他国家发展全纳教育的方式(即平缓的改革)相比，被国际全纳教育学界称为"高级全纳教育模式"②，并受到特别关注。其发展过程中的"学校整合"③与"社会整合"④现象更是引起学者对意大利全纳教育发展模式的激烈讨论。通过对意大利全纳教育政策和实践的考察，本研究认为意大利全纳教育发展模式有五个特点尤其值得关注。

一、一步到位的"激进式改革"

"激进的""全面的"是学者在研究意大利发展全纳教育时的常见表述。"激进的"改革主要表现为在短短 20 年时间里，意大利依靠国家强制力迅速完成了以隔离式为

---

① Italian Eurydice Unit. (2016). Structures of education and training systems in Europe：Italy. http://www.indire. it/lucabas/lkmw_?le/eurydice/STRUTTURE_2009_2010_EN. pdf, 12. 18.
② Zambelli, F., & Bonni, R. (2014). Beliefs of teachers in Italian schools concerning the inclusion of disabled students：A Q-sort analysis. *European Journal of Special Needs Education*, 19(3), 351–366.
③ Ferri, B. A. (2008). Inclusion in Italy：What happens when everyone belongs. In S. Gabel & S. Danforth (Eds.), *Disability & the politics of education：An international reader*. New York：Peter Lang Publishing, 41–52.
④ Dimitris, A., James, M. K., & Santo, D. N. (2015). Inclusive education in Italy：Description and reflections on full inclusion. *European Journal of Special Needs Education*, 30(4), 429–443.

主的特殊教育到全纳教育的转变。这一"激进的"转变,清晰地反映在残疾学生在普通学校注册人数的变化上。1967—1968 年,残疾学生在校注册人数为全部注册学生人数的 1.23%,而到 1970 年,已有超过 120 000 名学生注册。①②③ 2010—2011 年,据欧洲特殊教育与全纳教育发展署统计,所有残疾学生中,99.975%的残疾学生在普通学校接受全纳教育,0.025%的残疾学生由于残疾程度过于严重而被安排在 71 所特殊学校和机构中进行隔离教育。④ 世界卫生组织 2011 年发布《世界残疾人报告》(World Report on Disability),指出自 20 世纪 70 年代开始,意大利通过法律让残疾学生接受全纳教育,走在世界前列,残疾学生在校比例高于其他国家。⑤ "全面的"改革表现在意大利不是简单地针对残疾学生制定特殊政策,而是通过改变整个教育系统来让所有的学习者都可以进入普通学校接受教育。⑥ 这一理念符合《萨拉曼卡宣言》中的全纳教育理念,即变革教育系统,促进全纳教育发展。

对"激进的""全面的"的意大利全纳教育发展模式,来自各方面的批评一直没有中断过。有学者指出:"整合应该是一步一步发展而来的,而不是像意大利这样采用外部力量强行推进。"⑦ 也有学者认为这样剧烈的变革会给学校、教师以及学生带来危险,在如此短的时间内关闭特殊教育学校,使大量有残疾的学生到普通学校接受教育,而普通学校和教师尚未做好充足准备,面对这些残疾学生时常常束手无策。⑧ 与此同时,在变革初期相当一部分残疾学生家长为其孩子选择私立特殊学校而非普通学校,反

---

① Abbring, I., & Meijer, C. J. W. (1994). Italy. In C. J. W. Meijer, S. J. Pijl, & S. Hegarty, *New perspectives in special education*. London: Routledge, 9-24.
② Vitello, S. J. (1994). Special education integration: The Arezzo approach. *International Journal of Disability, Development and Education*, 41, 61-70.
③ OECD. (2017). Inclusive education at work: Students with disabilities in mainstream schools. http://www.oecd.org, 01.15.
④ European Agency for Special Needs and Inclusive Education. (2012). Development of inclusion — Italy. http://www.european-agency.org/country-information/italy/national-overview/development-of-inclusion, 2016.12.22.
⑤ World Health Organization. (2016). World report on disability. http://www.who.int/disabilities/world_report/2011/en/index.html, 12.21.
⑥ Wedell, K. (2005). Dilemmas in the quest for inclusion. *British Journal of Special Education*, 32(1), 3-11.
⑦ Daunt, P. (1991). *Meeting disability: A European response*. London: Cassell Educational Limited, 116-144.
⑧ Daunt, P. (1991). *Meeting disability: A European response*. London: Cassell Educational Limited, 116-144.

而不利于全纳教育发展。① 尽管有这样或那样的批评,许多意大利中小学管理者和教师认为如果意大利不采取这样的方式,是不可能实现这样高的全纳教育比例的。在一项对意大利学校管理者对此次变革看法的研究中,一位学校管理者指出:"我们很赞成这样的改革,如果等到我们完全准备好了之后再去改革,其实我们就会一直停留在原初的位置。这样我们既浪费了时间,而且旧有的模式仍然在持续,结果根深蒂固的旧有模式愈发阻碍改革,同时更加强化了对待残疾学生的特殊模式。"② 尤其需要指出的是,这样"激进的""全面的"改革在意大利全社会形成了一种"全纳文化"。与其说是法案和公告推动了意大利全纳教育发展,不如说是"全纳文化"促使人们选择了这条道路。③

意大利通过国家法案由上而下地推动这场"激进的""全面的"全纳教育改革,这种做法尽管存在许多问题,而且也许不是实现全纳教育的最好模式,但单就改革来看,改革越慢,可能为抵制改革就提供了更多的时间和空间。与此同时,我们不可否认,意大利残疾学生在普通学校接受全纳教育的比例最高,就这一点来看,意大利无疑是世界全纳教育的领导者。④

二、由关注个人不足转向寻求社会改善的"残疾模式改革"

对于残疾,有多种理解模式,其中最为主要的是医疗模式和社会模式。医疗模式的主要观点是,残疾是个人的悲剧,是由本人造成的;而社会模式则认为,残疾不是个人造成的,是社会中的某些障碍和不利因素使一部分人变得残疾。⑤ 总之,医疗模式主要从个人方面找原因,社会模式则从个人之外的环境找原因。通过考察意大利全纳教育实践以及分析相关法案发现,意大利发展全纳教育的政策取向经历了从医疗模式向社会模式转变的轨迹。

20世纪70年代出台的《残疾人新条例》和《关于学生评估、取消复考以及调整学

---

① Meijer, C. (2010). Inclusive education: Facts and trends. Inclusive Education: A Way to Promote Social Cohesion Conference, Madrid.
② Ferri, B. A. (2008). Inclusion in Italy: What happens when everyone belongs. In S. Gabel & S. Danforth (Eds.), *Disability & the politics of education: An international reader*. New York: Peter Lang Publishing, 41-52.
③ Contardi, A., & Gherardini, P. (2003). Together at school: Mainstream school in Italy, from kindergarten to high school. *Down Syndrome News and Update*, 3(1),11-15.
④ Kanter, A. S., Damiani, M. L., & Ferri, B. A. (2014). The right to inclusive education under international law: Following Italy's lead. *Journal of International Special Needs Education*, 17,21-32.
⑤ Oliver, M. (1990). *The politics of disablement*. Basingstoke: Macmillan, 67.

校教育标准的规定》,其政策取向是医疗模式。在《残疾人新条例》中,"无效的"(invalidi)被用来形容身体有残疾的学生,他们之所以无效是因为他们身体不健全,因此出于人权主义考虑,将其整合到主流学校中来。这也可以从法案出台的社会背景中看出——残疾人权利运动在某种意义上来说是以个人不幸为出发点,进而要求社会保障其权利的一种主张。而"特殊整合"的表述更是充斥于《关于学生评估、取消复考以及调整学校教育标准的规定》的整个文本,全纳被看成是一种同情,这在上文已有论述。[1] 这些政策条款表述的背后,折射出政策制定者和当时社会看待残疾人的主流观点,即残疾是个人的不幸遭遇,社会应扮演"救世主"角色。随着社会对全纳和残疾认识的加深,看待残疾的模式开始发生转变。1987年国家最高法院《关于国家宪法等法案中相关问题的判决》指出,所有残疾学生无条件具有到普通学校接受教育的权利,同时社会中所有与教育相关的机构应从自身出发,移除不利于残疾学生活动的物理障碍并重新予以设计。[2] 随后出台的《关于社会援助、全纳和残疾人权利的框架》,被普遍看作是意大利全纳教育政策由医疗模式转向社会模式的典范。[3][4][5] 社会模式主张,学生周遭环境中固有的某些障碍使一部分学生产生了特殊需要,因此要通过改变环境来促进学生发展。同时,促使所有教育者重新思考和认识残疾,不再将其理解为问题,而是尽量看到其长处,需要改变的不是学生,而是学生所处的社会环境。[6] 2010年《关于学校中特殊教育需要学生学习的新规定》和2013年《关于国家教育评价系统和教师培训的规定》,更是从学生评价和改善教师教学方法等学生外部因素出发,力求改善相关服务,更好地对学生实施全纳教育。尤其需指出的是,《关于社会援助、全纳和残疾人权利的框架》中确立的以社会模式看待残疾人被1994年《萨拉曼卡宣言》和2006年

---

[1] D'Alessio, S. (2011). *Inclusive education in Italy*. Rotterdam: Sense, 23 - 42.
[2] Lomuscio, M., Venier, M., & Viezzoli, M. (2016). The World Bank, Italian Ministry of Foreign Affairs. Disability, international cooperation and development: The experience of the Italian cooperation 2000 - 2008. http://siteresources.world bank. org/DISABILITY/Resources/Publications-Reports/Volume_II_Englis h. docx, 12. 15.
[3] Canevaro, A., & Anna, L. (2010). The historical evolution of school integration in Italy: Some witnesses and considerations. *European Journal of Disability Research*, 20(4),203 - 216.
[4] Giangreco, M. F., Doyle, M. B., & Suter, J. C. (2012). Demographic and personnel service delivery data: Implications for including students with disabilities in Italian schools. *Life Span and Disability: An Interdisciplinary Journal*, 15(1),97 - 123.
[5] Kanter, A. S., Damiani, M. L., & Ferri, B. A. (2014). The right to inclusive education under international law: Following Italy's lead. *Journal of International Special Needs Education*, 17,21 - 32.
[6] UNESCO. (2016). Salamanca statement on principles, policy, and practice in special needs education and framework for action. http://www. unesco. org/educ ation/pdf/SALAMA_E. PDF.

《残疾人权利公约》所借鉴和吸收,并被当成主要原则写进报告和条约中。

三、先机会后质量的"分步式改革"

意大利残疾人教育的"激进式改革"决定其不可能同时兼顾教育机会与教育质量两个目标,因此先追求残疾人教育机会平等,再提升残疾人教育质量的"分布式改革"既是其发展策略,也是其改革的另一大特色,历来是国际特殊教育专家学者研究的重点。以1992年《关于社会援助、全纳和残疾人权利的框架》为界,20世纪70年代到90年代主要以保障残疾人教育机会为主,90年代之后的改革逐渐转向以提升残疾人教育质量为主。20世纪60年代至70年代,意大利政府迫于国际和国内日益高涨的残疾人权利运动、维护残疾人平等受教育权利的主张等的压力,在普通学校还没有做好准备的情况下,便开始了一场声势浩大的残疾学生转移运动。1971年普通学校开始接收部分6—15岁的残疾学生,1977年普通学校接收所有6—14岁的残疾学生,1982年幼儿园开始接收残疾儿童,1987年扩展至高中和大学阶段,到1992年国内已无特殊教育类学校,各个阶段的残疾学生均在普通学校就读。在这20余年时间里,意大利通过系列法案将残疾学生安置到普通学校就读。面对突如其来的残疾学生,许多普通学校常常束手无策,这一时期的残疾学生主要是坐到了普通教室,而关于残疾学生学习质量和教师教学等深层次问题关注较少,即使法案有所涉及,囿于当时政治、经济等原因也常常无法实施。因此,改革初期,许多残疾学生家长宁愿为其孩子选择私立残疾学校,也不愿让其到普通学校接受没有质量保障的教育。1992年,在实现了所有残疾学生到普通学校就读的目标后,意大利开始将改革重心转向如何保障残疾学生在普通学校接受有质量保障的教育。2003年《国家关于普通教育标准、职业教育及其培训等级的规定》提出建立全国统一评价体系,旨在提升残疾人教育质量,2009年《学校残疾学生全纳指导方针》从学校校长的领导角色等四个方面就如何提升残疾人教育质量做出许多重要调整。由此可看出,进入21世纪后,意大利政府围绕教育评价、教师培训以及课程改革等方面进行了全方位改革,旨在为所有学生提供有质量保障的教育。

四、从学校到社会的"全方位改革"

从意大利残疾人教育改革的范围来看,其发展经历了从学校教育领域到整个社会领域的全方位改革。20世纪70、80年代,意大利残疾人教育改革多局限于教育领域,且集中在特殊教育学校的废止和普通学校是否接纳残疾学生方面,较少涉及社会其他领域。这一时期争论的焦点和政策关注的核心皆反映出残疾人的教育问题是教育领域的事情,无需社会其他领域的参与,即使有需要也只是辅助性的。在此思维模式指导下,1971年《残疾人新条例》和1977年《关于学生评估、取消复考以及调整学校教育标准的规定》将主要改革点放到了学校教育领域,重点关注残疾学生能否到普通学校接受教育,而对当时社会条件是否成熟、相关领域的配套设施是否跟进等问题关注较少。这种关起门来的教育改革,在20世纪80年代末90年代初基本实现了残疾学生可以到普通教育各个阶段接受教育的目标,但是整个社会对残疾人的接纳度并没有随之增加,反而强化了残疾人的残疾特点,因为残疾人只有在获得残疾认可的基础上才可得到社会相关领域的优惠政策。对残疾人较低的社会包容度、接纳度,直接促使政府于1992年出台《关于社会援助、全纳和残疾人权利的框架》,对社会各领域进行改革,旨在创造一个包容度高、接纳度高的全纳性社会。为有效促进残疾人教育发展,改革围绕残疾人的医疗、社会保险、住房、交通、就业等问题进行了全方位的改革,为残疾人全面融入社会提供了坚强的政策保障。可以说,"在今天教育已是整个社会中最为普遍的存在,教育是与人类联系最为紧密的社会活动。在当今时代,虽不能说教育是社会的中心,但整个社会围绕教育已形成了一个庞大的利益相关者锁链却是毋庸置疑的社会事实"。[①] 104/1992号法案将残疾人教育问题置于整个社会中予以考虑,充分认识到了教育改革的复杂性与多维性,使意大利残疾人教育改革走在世界前列。此后系列法案不断促进社会各领域对残疾人教育问题的关涉,尤其是2009年的《学校残疾学生全纳指导方针》,旨在融通社会其他领域,进而提升残疾人全纳教育质量。这种社会全方位参与式改革,一方面促进残疾人教育问题突破学校围墙走向社会公共领域,另一方面也在全社会营造了一种接纳性和包容性的全纳文化。因此,与其说是政策推动了意大利残疾人全纳教育改革,不如说是社会中的全纳文化促使人们选择了这条全纳性发展道路。

五、从政治权利运动到基于科学研究的"变革原动力改革"

意大利残疾人教育改革的原动力经历了从残疾人政治权利运动到后期主要以科学研究助力残疾人教育发展的转变。从欧美残疾人教育改革实践来看,这一特点与前四个特点不同,并非意大利残疾人教育改革所特有。不少研究者皆指出,发端于20世

---

① 鲁洁,等.教育转型:理论、机制与建构[M].北京:教育科学出版社,2013:126.

纪 50 至 70 年代的残疾人一体化运动，主要是一场残疾人政治权利运动，其发展主要得益于残疾人组织的推动，[1]而随后的残疾人教育改革主要以科学研究为基础。然而，意大利在这方面比欧美其他国家更为激进一些，作为独立于国家政府和政党之外的第三方，各类残疾人组织在解放残疾人、促进残疾人教育改革中发挥的作用更为显著。从 1971 年法案规定部分残疾学生到普通学校接受教育，到 1977 年所有 6—14 岁残疾人到普通学校接受教育，再到 1992 年全纳教育体系的完全建立，其中每一个法案的出台都源于各类残疾人组织的极大推动。正是意大利残疾人政治权利运动的激进性，才使得意大利残疾人教育改革独树一帜，处于世界残疾人教育改革的领先地位。随着残疾人可以到各类普通教育系统接受教育，1992 年之后的改革则主要基于相关科学研究，旨在提升残疾人全纳教育质量，这也清晰地反映在此后的系列法案之中。

第三节　全纳教育改革与发展过程中的问题与挑战

在不到半个世纪的时间里，意大利举全国之力实现了世界上残疾学生占比最高的全纳教育。但与此同时，在走向全纳教育过程中也出现了一些问题与挑战，如不同级别法律之间的相互矛盾以及地区之间发展差异等，都成为意大利实现完全全纳教育的拦路虎。[2] 最近有研究表明，意大利不同地区之间"大量变量因素"[3]的存在，使全纳教育政策执行非常困难。本研究认为意大利在走向全纳教育的过程中，主要面临以下几方面问题与挑战。

一、社会经济不景气

社会生产力是教育发展的先决条件，离开生产力，教育发展无从谈起。在意大利，尽管全社会都认可残疾学生有接受全纳教育的权利，但近年来意大利经济不景气，使得全纳教育政策在实际执行中出现了诸多问题。例如，由于经济下滑和经济紧缩政

---

[1] Booth, T. (2000). Inclusion and exclusion policy in England: Who controls the agenda? In F. Armstrong and D. Armstrong, *Inclusive Education*. London: David Fulton, 45.
[2] National Institute for Statistics. (2016). Integration of disabled students in public and private primary and lower secondary schools. http://en.istat.it/salastampa/comunicati/non_calendario/20110119_00/alunni_con_disabilita.pdf.
[3] Giangreco, M. F., Doyle, M. B., & Suter, J. C. (2012). Demographic and personnel service delivery data: Implications for including students with disabilities in Italian schools. *Life Span and Disability: An Interdisciplinary Journal*, 15(1), 97 - 123.

策,政府对公立学校的财政支出急剧下降。这直接导致学校裁减教师,在一些小学废除了一般教师与支持教师共同教学的计划。同时,在支持教师分配与培训方面,许多法案被搁置。① 另外,由于受社会历史与自然地理等因素影响,意大利南北经济发展不平衡,这使得全纳教育政策执行存在地区差异,影响全国全纳教育政策进一步发展。

二、支持教师数量不足与职业认同度不高

在普通班级设置支持教师是意大利发展全纳教育的一大特色,是保障残疾学生全纳教育质量的重要措施。但研究表明,近年来意大利支持教师数量不足的问题日益突出,②③这一方面是因为意大利经济不景气,财政投入不足,不得不裁减支持教师数量;另一方面源于意大利教师分配制度。按照法案规定,一名支持教师要想成为一名正式的支持教师,往往要等20年到25年。为此,超过三分之一的支持教师在履行完合同所规定的5年服务期后纷纷选择另谋他职。④ 一边是法案规定,另一边是支持教师数量不足,这亟须意大利政府做出相应调整。

教师职业认同是影响教师发展的重要因素,也是教师开展教学工作的前提。但调查发现,许多处在普通班级中的支持教师被认为是"二等教师",他们常常感到被边缘化和孤立化,进而产生自我不满情绪。支持教师感到现实情况与国家法案所倡导的精神背道而驰,他们不为教学团队所接受,被他们的同事所"抛弃",被认为是专门为残疾学生而设立的岗位。⑤ 与此同时,支持教师与一般教师之间"过于明确的分工"也加剧了支持教师错误的职业认同。一般教师常常不愿意教授残疾学生,认为这是支持教师

---

① Devecchi, C., Dettori, F., Doveston, M., et al. (2012). Inclusive classrooms in Italy and England: The role of support teachers and teaching assistants. *European Journal of Special Needs Education*, 27(2), 171-184.
② Associazione, T. L., Caritas, I., & Fondazione, A. (2011). *The inclusion of children with disabilities in the Italian school system: Key figures and recent trends*. Trento: Erickson, 56.
③ Dettori, F. (2009). The flight of support teachers towards mainstream classes: A study of professional lives. *Social and Educational Integration*, (8), 247-258.
④ Devecchi, C., Dettori, F., & Doveston, M., et al. (2012). Inclusive classrooms in Italy and England: The role of support teachers and teaching assistants. *European Journal of Special Needs Education*, 27(2), 171-184.
⑤ Devecchi, C., Dettori, F., Doveston, M., et al. (2012). Inclusive classrooms in Italy and England: The role of support teachers and teaching assistants. *European Journal of Special Needs Education*, 27(2): 171-184.

的教学任务,因此在教学中忽略了残疾学生,将残疾学生留给支持教师进行教育。① 在这样消极的工作情绪与分工过于明确的班级环境下,残疾学生难以接受有质量保障的全纳教育,引起了诸多问题。较为典型的是残疾学生家长认为普通学校教学质量不高,影响孩子发展,所以他们选择将自己孩子送到特殊机构接受教育。

三、学校部分基础设施建设无法满足残疾学生需求

据意大利国家数据调查中心调查显示,学校部分基础设施是残疾学生接受全纳教育的重要障碍,应该移除或重新设计。② 2008—2009年和2009—2010年报告指出,学校部分环境仍然不适合于某些残疾学生活动。同时,报告还具体指出学校的楼梯、浴室以及校内校外道路设计等都在不同程度上阻碍了残疾学生活动。目前,在欧洲流行的"全纳设计"(Inclusive Design)以及"学校设计"(School Design)等理念主要就是从社会基础设施建设和学校建筑设计方面出发,为残疾人创造一个无障碍的物理活动空间。如2016年11月10—12日在意大利帕多瓦大学举行的全纳设计国际会议上,与会专家学者就意大利学校内基础设施的"全纳设计"进行了讨论,肯定了意大利在走向全纳教育过程中在学校基础设施方面所做出的努力。

四、学校内部对残疾学生的隔离

2012年对意大利五个大区16所学校的调查显示,一些学校内部设立了"支持教室"(aule del sostegno)③,单独对一些残疾学生进行教育。④ 尽管官方数据显示超过99%的残疾学生在普通学校接受教育,但现实情况往往不尽如人意。2014年对普通学校3 230名学校职工(主要是教师)的调查显示,许多残疾学生参与班级活动的方式以部分参与为主。26.4%的残疾学生中,超过50%的课堂时间是在普通班级外度过

---

① Monasta, A. (2000). *Education in a single Europe*. London: Routledge, 228-247.
② National Institute for Statistics. (2016). Integration of disabled students in public and private primary and lower secondary schools. http://en.istat.it/salastampa/comunicati/non_calendario/20110119_00/alunni_con_disabilita.pdf.
③ D'Alessio, S. (2012). Integrazione scolastica and the development of inclusion in Italy: Does space matter? *International Journal of Inclusive Education*, 16(5): 519-534.
④ Giangreco, M. F., Doyle, M. B., & Suter, J. C. (2012). Demographic and personnel service delivery data: Implications for including students with disabilities in Italian schools. *Life Span and Disability: An Interdisciplinary Journal*, 15(1): 97-123.

的;56.2%的残疾学生中,20%—40%的课堂时间是在普通班级外度过的。① 这些学校内部隔离现象的存在与意大利国家法案所倡导的全纳精神背道而驰,有研究者对此评论道:意大利全纳教育充满了好的原则,但这些原则都不理智。②

五、残疾学生毕业后就业问题

在许多国家,残疾学生毕业后的就业前景并不是很乐观,因此残疾学生的就业应是全纳教育予以考虑的问题。1999年意大利出台法案,规定公司每雇佣15个普通员工,就需要另外雇佣至少一个残疾人。③ 同时,政府通过对公司减免税额等手段,鼓励公司雇佣残疾人。2000年之后,政府开始跟踪调查残疾高中毕业生就业率。一项2012年的调查显示,在14—44岁残疾人群体中,只有18.4%的残疾人有工作;在45—64岁间,只有17%有工作;患有唐氏综合征的残疾人,有工作的少于三分之一;对于自闭症者而言,只有10%找到了工作。④ 尽管现在没有官方数据说明残疾学生毕业后的就业率,以及残疾学生的工作状况,但从这项研究中可以看出,残疾人就业率并不是很乐观,政府仍需要出台相关政策来解决和改善残疾学生的就业问题。

从上述论述可看出,意大利全纳教育还面临着一些问题与挑战,是今后发展全纳教育过程中需要予以克服的。但是,我们应该看到这些问题与挑战的存在并不表明意大利全纳教育发展出现了倒退,相反正是这些问题与挑战的存在,才使得意大利在发展全纳教育的道路上锐意改革、不断创新。同时,我们也应看到,这些问题与挑战不只属于意大利,其他国家在推行全纳教育过程中也不同程度地会出现上述问题。从这个角度来看,意大利全纳教育的实践为我们提供了一个很好的反思平台。

---

① Ianes, D., Demo, H., & Zambotti, F. (2014). Integration and inclusion in Italy. Towards a special pedagogy for inclusion. *European Journal of Disability Research*, 8(2), 92 - 104.
② Zanobini, M. (2012). Some considerations about inclusion, disability, and special educational needs: A reply to Giangreco, Doyle & Suter. *Life Span and Disability*, 16(1), 83 - 94.
③ Ferri, B. A. (2008). Inclusion in Italy: What happens when everyone belongs. In S. Gabel & S. Danforth (Eds.), *Disability & the politics of education: An international reader*. New York: Peter Lang Publishing, 41 - 52.
④ Fondazione Serono-CENSIS. (2012). The unknown needs of persons with disabilities. The Provision of Care and Assistance in Italy and Europe. Rome: Censis, 39.

第四节 讨论与思考

随班就读作为我国发展全纳教育的重要方式,①是中国人自己总结和探索出来的。朴永馨教授指出,没有任何一个其他国家可以为解决中国几百万残疾儿童教育准备好现成的药方。② 正确的做法只能是结合国际特殊教育发展的趋势,尤其是全纳教育模式的发展经验与教训,对我国特殊教育模式进行思考,探索适合我国国情的全纳教育理论与实践模式。③

一、修订和完善随班就读方面的法律法规

本研究建议,从国家层面出台专门的《随班就读法》,为随班就读发展提供强有力的政策保障,进而推动我国随班就读事业的发展。国际著名全纳教育专家布思在分析英语系国家全纳教育后指出,全纳教育是一项政治活动,是政策推动下的产物。④ 这一发展特点,在各国发展全纳教育过程中均有所体现。如意大利的《残疾人新条例》《关于学生评估、取消复考以及调整学校教育标准的规定》以及《关于社会援助、全纳和残疾人权利的框架》。国家通过这些法案,由上而下地推动全纳教育发展。

在我国,随班就读经过 30 余年的发展,取得了显著成效,残疾学生在普通班级接受教育的人数显著增加。⑤ 但与此同时,随班就读在发展过程中也暴露出一些问题,其中之一便是缺乏专门的随班就读法律法规。虽然随班就读在我国不同法律文件中被多次提及,如《义务教育法》《残疾人保障法》《残疾人教育条例》《关于"十五"期间进一步推进特殊教育改革和发展的意见》《国家中长期教育改革和发展规划纲要(2010—2020 年)》以及《特殊教育提升计划(2014—2016 年)》等,但在这些涉及随班就读的法律和政策文件中,随班就读都出现在特殊教育领域,被看作特殊教育的一种形式。至今唯一一部专门针对随班就读的国家级文件是 1994 年国家教委出台的《关于开展残疾儿童少年随班就读工作的试行办法》。随着我国随班就读实践的发展,此办法中的

---

① 邓猛. 推进中国全纳教育发展 健全随班就读支持保障体系[J]. 中国特殊教育,2014(2):21—22.
② 朴永馨. 努力发展有中国特色的特殊教育学科[J]. 特殊教育研究,1998(1):1—3.
③ 邓猛. 全纳教育理论的社会文化特性与本土化建构[J]. 中国特殊教育,2013(1):15—19.
④ Booth, T. (2000). Inclusion and exclusion policy in England: Who controls the agenda? In F. Armstrong and D. Armstrong, *Inclusive Education*. London: David Fulton, 45.
⑤ 肖非. 中国的随班就读:历史·现状·展望[J]. 中国特殊教育,2005(3):3—7.

一些条款已经不能满足现阶段随班就读工作发展的需求,无法为其发展提供更好的指导。因此,国家可结合现阶段我国随班就读发展现状对此办法进行修订或重新出台相关法律法规,使随班就读相关政策与实践发展同步,与时俱进。

随班就读不仅仅是一项教育领域的改革,更是一项全面的社会改革,其发展必将涉及社会的方方面面。因此,推动我国随班就读工作,亟需国家改革和完善关于随班就读的立法工作,从国家层面出台专门的《随班就读法》,保障我国随班就读事业发展。

二、正确把握随班就读和隔离式特殊教育、一体化教育及全纳教育的联系与区别,进而对我国随班就读进行准确定位

发展全纳教育已成为国际教育改革的主要趋势,各国纷纷采取各种举措促进本国全纳教育发展。从世界范围来看,欧美全纳教育的发展走在世界前列,毋庸置疑会对其他国家发展全纳教育产生或大或小的影响。①

我国著名社会学家费孝通先生在论及我国社会发展阶段时,将其概括为三个阶段和两大变化,并把它比作"三级两跳"。② 费先生分析我国社会发展阶段的思想和"三级两跳"现象,对思考欧美全纳教育发展很有助益。从意大利和欧美其他国家全纳教育发展历程中可以看出,实现全纳教育大体经历了一条从隔离式特殊教育到一体化教育或回归主流,再到全纳教育的道路。在这三个发展阶段中,包含着两大跳跃:从隔离教育跳跃到一体化教育或回归主流;从一体化教育跳跃到全纳教育。而到达全纳教育阶段并不意味着完全实现了全纳教育,全纳教育是一个永无休止的过程,是一个持续发展的过程。我们可以将这个发展过程概括为三个阶段两大变化,即"三级两跳",但需指出的是,由于各国之间的差异,这一发展过程会存在一定差异,有时候可能会存在同时处于两个阶段的情况。从总体发展来看,"三级两跳"可用于概括欧美全纳教育的发展过程。三个阶段,即隔离式特殊教育、一体化教育以及全纳教育。两跳的第一跳,指从隔离式特殊教育到一体化教育。它主要解决的是残疾学生可以到普通学校和正常学生一起接受教育。从欧美一体化教育发展过程中可以看出,这一跳主要是基于反歧视、反差别化对待原则以及人人权利平等理念。换言之,就是保障残疾学生有机会到普通学校接受教育,因为隔离式特殊教育体现了一种歧视、差别化对待的理念。

---

① Vislie, L. (2003). From integration to inclusion: Focusing global trends and changes in the western European societies. *European Journal of Special Needs Education*,18(1),17-35.
② 费孝通."三级两跳"中的文化思考[J].读书,2001(4):4—10.

第二跳，从一体化教育到全纳教育，主要解决的是残疾学生的教育质量问题，此阶段不再单单关注残疾学生"在场"，更关注如何变革传统教学计划、教学安排以及课程等，以确保残疾学生享受有质量保障的教育。全纳教育发展过程中的"三级两跳"现象表明，每一阶段面临的问题不同，需要采取不同举措，只有在解决了一个阶段的问题之后，方可进入下一阶段。同时，关于一体化教育阶段和全纳教育阶段的不同之处，西方进行了大量研究，限于篇幅，这里不再做深入探究。但遗憾的是，这两个阶段的区别在我国并未引起足够的重视，甚至有学者将两者合二为一，视为一个阶段，而这也恰恰是造成我国随班就读出现种种问题的根源之一。

在我国，有学者将随班就读等同于欧美一体化教育阶段，此即表明我们已完成第一跳，处在第二发展阶段，准备"第二跳"。而有学者将随班就读等同于全纳教育，这表明我们处在最后一个阶段。对随班就读理解不同，在实践中就不知究竟是将重点放在保障残疾学生到普通学校接受教育上还是重点关注残疾学生在普通学校所受教育的质量，抑或是二者兼顾。对随班就读定位不明，在实践中常常表现为"随班混读""随班就坐"，使随班就读效果大打折扣。因此，我们需要对现阶段我国随班就读进行准确定位，不能一概而论。

总之，发展全纳教育没有统一模式可循。没有任何一个其他国家可以为解决我国几百万残疾儿童的教育问题开出现成的药方。各国只能在结合本国实际情况的基础上，合理借鉴他国全纳教育发展经验，对本国全纳教育发展做出正确判断，进而探索适合本国国情的全纳教育发展之路。

第四章　葡萄牙全纳教育治理

近年来,葡萄牙全纳教育发展迅速,受到国际全纳教育界的广泛关注。[①②] 数据显示,葡萄牙有99.86%的残疾学生在普通学校接受全纳教育,全纳教育比例位居欧洲第二。[③] 2018年起,葡萄牙开启了"第二代全纳学校"(Second Generation Inclusive School)改革,旨在改革教师教育,革新国家课程体系,强化残疾学生个别化服务,为残疾学生提供更加合适、更加公平和更高质量的全纳教育。在我国,第一期和第二期《特殊教育提升计划》以及2017年新修订的《残疾人教育条例》都明确提出要全面推进全纳教育,提升普通学校随班就读质量,使每一个残疾孩子都能接受合适的教育。与葡萄牙类似,我国在2019年颁布《中国教育现代化2035》,提出将"办好特殊教育,全面推进全纳教育,优先让残疾儿童在普通学校接受教育"作为2035年教育现代化的主要发展目标之一,并明确提出要建立健全残疾学生随班就读支持保障体系,切实提升残疾学生全纳教育质量和水平。在此背景下,本研究在考察葡萄牙全纳教育改革与发展的基础上,探讨如何推动我国全纳教育改革,进而提升残疾儿童随班就读质量。

第一节　葡萄牙全纳教育改革与发展的历程

无论是国家政策文本层面还是学校教育实践层面,葡萄牙全纳教育发展都体现出

---

① All Means All. (2018). Portugal's New School Inclusion law: A small country taking big steps in the Spirit of 'all means all'. Australian Alliance for Inclusive Education.
② Paul, H. (2018). From including students with disabilities to inclusive education: Portugal amends its education law. Catalyst for Inclusive Education.
③ European Agency for Special Needs and Inclusive Education. (2018). European agency statistics on inclusive education: 2016 dataset cross-country report. Odense, Denmark.

了鲜明的阶段性特征：政策文本中的表述从特殊教育到特殊需要教育，再到全纳教育和每个学生；学校实践中从允许一些残疾学生到普通学校就读到承认所有残疾学生都可以到普通学校就读，再到改变普通学校满足所有学生的多样化需求。

一、以"入学机会"为指向的全纳教育改革（20世纪70年代至80年代）

在国际残疾人运动影响下，葡萄牙于20世纪70年代开始进行全纳教育改革，将盲生安置到普通学校就读。[①] 1974年，萨拉查政权倒台，民主政体建立，国内政治环境的变化为全纳教育发展提供了一个有利的政治氛围。1976年，葡萄牙政府颁布《国家宪法》(National Constitution)，规定国家应为每一个儿童提供免费的基础教育。在这一原则指引下，越来越多的残疾学生被安置到普通学校接受教育：残疾儿童在导盲犬的引领下走进学校，坐着轮椅的肢体残疾学生出现在普通学校的课堂里，不同种类的残疾学生在课堂里、操场上随处可见。尽管大量残疾学生被安置到普通学校接受教育，但普通学校的课程设置、教学安排等并未做出相应调整。为帮助残疾学生适应普通学校的学习与生活，普通学校与特殊学校组建特殊教育专家小组，支持各地正在进行的全纳教育改革。[②] 在教育领域全纳教育改革的影响下，越来越多的残疾人开始走出家庭，走出特殊教育学校，走向大街小巷，走向公众视野。随着社会对残疾人观念的转变，普通学校的残疾学生的数量陡增。为此，一大批短期在职教师培训项目建立起来，为发展全纳教育培养资源教师。[③] 与此同时，各地相继成立了家长联合会，为有残疾儿童的家庭提供指导。

1977年，葡萄牙政府出台174号法案，提出普通学校在国家课程标准下可对现有的课程设置、教学安排等做出适当调整，以满足残疾学生的特殊教育需要。受医学模式影响，法案规定残疾学生需获得当地医疗部门出具的残疾证明，方可获得学校提供的相关支持举措。这不可避免地将残疾学生自身不足看作是其无法进行正常学习的主要障碍，进而导致在法案实际执行过程中普通学校并未调整已有的教学安排，而认为只要为残疾学生提供必要的支持型资源，他们便可以达到国家课程标准。这种医学

[①] Rodrigues, D., & Jorge, N. (2011). Special and inclusive education in Portugal: Facts and options. *Revista Brasileira Educacao Especial*, 17(1), 3-20.

[②] Alves, I. (2019). International inspiration and national aspirations: Inclusive education in Portugal. *International Journal of Inclusive Education*, 23(7-8), 862-875.

[③] Ana, M. B. C., & David, A. R. (1999). Country briefing special education in Portugal. *European Journal of Special Needs Education*, 14(1), 70-89.

模式思维,导致这一时期的全纳教育仅仅关注残疾学生的教育机会,而对残疾学生的教育质量关注不够。1979年,为进一步发展全纳教育,葡萄牙出台第66号法案,进一步规定残疾学生的教育应尽可能发生在普通学校,普通学校应为此做出相应的准备。1986年,葡萄牙政府出台《教育基本法》(Basic Education Law),在总结前期全纳教育改革经验的基础上,再次明确提出残疾学生到普通学校接受教育的权利。

二、以"提升质量"为指向的全纳教育改革(20世纪90年代至21世纪初)

随着20世纪70、80年代葡萄牙全纳教育的改革,大量残疾学生进入普通学校接受教育,但是普通学校并未做好充足的准备来迎接这些残疾学生,结果只是实现了物理层面的一体化。普通学校现有的支持性举措主要是为残疾学生分配资源教师,由资源教师单独对残疾学生进行教学。这种特殊的教学方式以及随之而来的资源教师与普通教师泾渭分明的工作安排,使得教师、家长等对学校的全纳教育产生不满。与此同时,英国的《瓦诺克报告》以及联合国残疾人相关法案纷纷被介绍到国内,进一步促使研究者与实践者反思葡萄牙的全纳教育改革。

于此背景下,1991年葡萄牙政府出台了319号法案,这部后来被称为"大宪章"(Magna Carta)式的改革法案,吹响了葡萄牙提升全纳教育质量的号角。[①] 法案明确规定所有残疾学生(不管残疾程度如何)都可以到普通学校就读,学校需要调整现有的教学安排,满足残疾学生的特殊教育需要。[②] 归纳起来,319号法案主要有三个特点:首先,不再以医学模式看待残疾学生,取而代之的是社会模式,即残疾学生的学习障碍主要来自原有的社会安排。为此,普通学校需要进行改革以满足残疾学生的特殊教育需要。其次,采取多种举措提升残疾学生教育质量,为每个残疾学生制订个别化教育计划,改革普通学校课程,设置替代性课程(Alternative Curriculum)和功能性课程(Functional Curriculum),为无法完成学业的残疾学生提供专业的就业指导。第三,取长补短,学习其他国家的全纳教育改革经验,如英国的特殊性教育概念、瑞典的为了所有人的学校[③]、美国的最少限制环境等都频频出现在319号法案中,助力葡萄牙全纳

---

① Ana, M. B. C., & David, A. R. (1999). Country briefing special education in Portugal. *European Journal of Special Needs Education*, 14(1), 70–89.
② Ana, M. B. C., & David, A. R. (1999). Country briefing special education in Portugal. *European Journal of Special Needs Education*, 14(1), 70–89.
③ Brodin, J., & Peg, L. (2007). Perspectives of a school for all. *International Journal of Inclusive Education*, 11(2), 133–145.

教育改革。1994年,世界特殊需要教育大会召开,颁布了《萨拉曼卡宣言》,这一文件的精神很快被葡萄牙运用到国内全纳教育改革中。1997年,葡萄牙政府出台105号法案,贯彻落实《萨拉曼卡宣言》中的相关意见和建议。法案提出要进一步发挥资源教师的作用,并明确指出资源教师是学校教师队伍的重要组成部分。此外,还在各地成立了地区支持服务中心,协助地区内学校发展全纳教育。[1]

进入21世纪,在系统总结国际和国内全纳教育发展的基础上,2008年葡萄牙政府颁布了3号法案。法案再次重申《萨拉曼卡宣言》对葡萄牙全纳教育改革的影响,同时在世界卫生组织《国际功能、残疾和健康分类》(International Classification of Functioning, Disability and Health)的指引下,提出"全纳学校旨在让所有学生都可以获得成功,而一个灵活的、可以回应学生多样化需求的教育系统是实现这一目标的基本保障"。[2] 为此,该法案在如下几方面进行了改革:第一,尊重普通学校的自主性,根据学生需求适时调整教学安排;第二,重视特殊教育学校的作用,充分发挥特殊教育学校的专业优势;第三,成立各种类型的残疾学校,如盲生支持中心、聋哑生支持中心、视障支持中心等,为普通学校发展全纳教育提供帮助;第四,为学生制订各类学习计划,如个别化教育计划、学生升学计划等。[3] 与此同时,研究者也指出尽管3号法案提出了诸多举措来提升残疾学生全纳教育质量,但这些举措在某种意义上反映的是一种医学残疾模式,旨在修正残疾学生而非改变整个教育体系。[4][5][6]

---

[1] Ana, M. B. C., & David, A. R. (1999). Country briefing special education in Portugal. *European Journal of Special Needs Education*, 14(1), 70–89.

[2] Sanches-Ferreira, M., Simeonsson, R. J., Silveria-Maia, M., et al. (2015). Evaluating implementation of the international classification of functioning, disability and health in Portugal's special education law. *International Journal of Inclusive Education*, 19(5), 457–468.

[3] Sanches-Ferreira, M., Lopes-dos-Santos, P., Alves, S., et al. (2013). How individualised are the individualised education programmes (IEPs): An analysis of the contents and quality of the IEPs goals. *European Journal of Special Needs Education*, 28(4), 507–520.

[4] Sanches-Ferreira, M., Silveria-Maia, M., & Alves, S. (2014). The use of the international classification of functioning, disability and health, version for children and youth (ICF-CY), in Portuguese special education assessment and eligibility procedures: The professionals' perceptions. *European Journal of Special Needs Education*, 29(3), 327–343.

[5] Fórum de Estudos de Educação Inclusiva. (2008). Tomada de posição do FEEI sobre a utilizaçãoDa CIF como 'Paradigma Na Avaliação Das NEE.

[6] Miranda, C., & Luis, D. (2010). Special education in Portugal: The new law and the ICF-CY. *Procedia — Social and Behavioral Sciences*, 9, 1062–1068.

三、以"第二代全纳学校"为指向的全纳教育改革(2018年)

2017年伊始,葡萄牙政府针对全纳教育开启了一场进步式的教育改革,旨在通过重新审视学校的价值取向、课程体系以及教学安排等,将葡萄牙教育体系变得更加全纳化、更具包容性。① 于此背景下,一个由不同组织(残疾人全纳教育联合会、健康安全协会、就业协会、学校委员会、国家康复中心等)和不同利益主体代表(学术界、教师协会、家长联合会、残疾人联合会、公众代表等)组成的工作小组在《萨拉曼卡宣言》精神指导下对葡萄牙全纳教育的政策、实践等进行了重估,并对未来全纳教育如何进行改革提出了相关意见和建议。在该工作小组的意见和建议基础上,2018年葡萄牙政府出台了以"第二代全纳学校"为指向的全纳教育改革法案,即54号法案。该法案明确提出将课程改革与学生学习作为"第二代全纳学校"改革的重中之重,要求学校应根据学生的多样化需求重新设计课程和教学,为每一个学生发展兴趣、能力、潜力等创设条件,最终使每个学生在毕业时都可以达到《义务教育结束时学生的形象》②(Student Profile at the End of Compulsory Schooling)中的标准。

与之前全纳教育改革相比,54号法案呈现出三个特点:第一,全纳教育对象指向每一个学生,而不限于某几类残疾学生;第二,资源教师是整个班级的教师,不再仅仅是某个残疾学生的教师;第三,废除之前专门针对残疾学生制订的个别化课程计划,教师应采取多种举措帮助每一个学生达到《义务教育结束时学生的形象》中的标准。③ 为保障第二代全纳学校改革顺利进行,54号法案主要从以下几个方面进行了改革:第一,进一步给予学校自主权,根据学生多样化需求调整学校教学安排;第二,成立由教师、专业人员(如语言专家、心理资源师等)、家长、学生等组成的跨学科工作小组,在通用学习设计精神指导下,总结学校发展全纳教育的主要障碍,并提供相关应对策略;④第三,提出建立三级课程支持体系,即通用性课程(Universal Level)、选择性课程(Selective Level)与附加性课程(Additional Level),满足学生的多样化需求;第四,建立各种资源中心,如学习支持中心、全纳资源中心、特殊教育单元等,协助普通学校开

---

① Alves, I. (2020). Enacting education policy reform in Portugal: The process of change and the role of teacher education for inclusion. *European Journal of Teacher Education*, 43(1), 64-82.
② Ministério da Educação/DGE. (2017). Perfil dos alunos à saída da escolaridade obrigatória. Lisbon: Editorial do Ministério da Educação e Ciência.
③ Alves, I. (2020). Enacting education policy reform in Portugal: The process of change and the role of teacher education for inclusion. *European Journal of Teacher Education*, 43(1), 64-82.
④ CAST. (2018). Universal design for learning guidelines version 2.2. Wakefield, MA: CAST.

展全纳教育实践；①第五，为学生制订个别化健康计划（Individual Health Plan），关注学生身体健康状况。54号法案实施一年后，从2019年5月开始，葡萄牙政府对学校全纳教育实施情况进行检测与评价，总结各个学校在走向全纳学校过程中遇到的挑战，并就如何应对这些挑战研究相关对策。②

第二节 葡萄牙全纳教育改革与发展的主要特点

一、国际视野，促进本土化行动

"国际视野，本土行动"，是葡萄牙学者在研究本国全纳教育改革时常常用到的表述，且这一改革特点从20世纪70年代开始一直持续到新近的"第二代全纳学校"改革。③④ 国际全纳教育的发展对葡萄牙全纳教育的影响遍及葡萄牙全纳教育改革的方方面面：在政策方面涉及对全纳教育的理解、全纳教育对象的界定、政策术语的运用等，在实践层面直接影响葡萄牙教育体制、教育结构以及学校全纳教育实践。

国际全纳教育对葡萄牙全纳教育改革的影响可追溯至20世纪70年代，每年一度的残疾人国际会议，都为当时葡萄牙如何安置和教育残疾学生提供了借鉴与思考。进入20世纪90年代，这种影响更为明显，被直接写进国家全纳教育法案中来。首先，在1991年319号法案中将全纳教育对象界定为有特殊教育需要的学生，特殊教育需要这一称谓直接借鉴自英国1978年《瓦诺克报告》；其次，重新定义普通学校角色，认为普通学校有义务也有责任接受残疾学生，并对其进行适当的教育，这一思考直接源于瑞典的"为了所有人的学校"；⑤最后，美国的最少限制环境这一提法则直接被写进法案中，用来指导如何安置残疾学生。1994年，《萨拉曼卡宣言》颁布，文件中关于如何

---

① Pinto, P. C., & Teresa J. P. (2018). Pessoas com deficiência em portugal — indicadores de direitos humanos.
② Viana, C. (2019). Inclusão vai ser a medida principal para avaliar as escolas. PÚBLICO. https://www.publico.pt/2019/01/16/sociedade/noticia/inclusao-vai-medida-principal-avaliacao-escolas-1858167#gs.6Cnxer30. 2020.03.14.
③ Ana, M. B. C., & David, A. R. (1999). Country briefing special education in Portugal. *European Journal of Special Needs Education*, 14(1), 70-89.
④ Alves, I. (2020). Enacting education policy reform in Portugal: The process of change and the role of teacher education for inclusion. *European Journal of Teacher Education*, 43(1), 64-82.
⑤ Brodin, J., & Peg, L. (2007). Perspectives of a school for all. *International Journal of Inclusive Education*, 11(2), 133-145.

发展全纳教育的意见和建议,被葡萄牙政府写进1997年的105法案中,指导各地的全纳教育改革。

进入21世纪,葡萄牙对国际全纳教育改革的关注持续上升,并在国内积极推广国际全纳教育改革的最新经验。2008年3号法案中对全纳教育对象的界定和对残疾的分类标准,直接受到世界卫生组织2007年颁布的《国际功能、残疾和健康分类》的影响。[①②] 2018年54号法案在开篇中就明确提出,《萨拉曼卡宣言》是全纳教育发展进程中的"文明地标"(civilizational landmark),对葡萄牙全纳教育改革影响深远,此次改革仍是在其精神指导下进行的。此外,联合国教科文组织对全纳教育的定义被写进54号法案中,《残疾人权利公约》以及《2030可持续发展目标》(2030 Sustainable Development Goals)等国际文件中关于全纳教育的意见和建议,都被葡萄牙运用到此次全纳教育改革中来,用以指导"第二代全纳学校"改革。

二、不断放权,强化学校自主性

学校作为实施全纳教育的主阵地,历来是各国全纳教育改革的重中之重。纵观葡萄牙全纳教育改革,如何变革学校以应对残疾学生的多样化需求,一直是历次改革着力要解决的问题。国家不断放权,不断给予学校发展自主权,推动学校因地制宜地发展全纳教育,是葡萄牙全纳教育改革的另一大特点。自20世纪80年代末90年代初开始,给予学校因地制宜地发展全纳教育的自主权开始被提上议程。首先,在国家规定的课程标准之外,各个学校可以根据本学校残疾学生实际情况创建学习项目,提升残疾学生教育质量。这一时期,创建的主要项目包括旨在满足少数族裔和来自不同文化背景学生的多元文化项目、旨在提升来自社会不利阶级学生的教育重点项目、灵活课程项目以及另类课程项目,这些项目为普通学校日益增多的不同种类的残疾学生提供了多样化教育供给,大大改善了残疾学生的教育质量。[③] 其次,为了配合学校发展全纳教育,让学校更自主地发展全纳教育,葡萄牙政府决定撤销特殊教育专家小组,改

---

① Sanches-Ferreira, M., Simeonsson, R. J., Silveria-Maia, M., et al. (2015). Evaluating implementation of the international classification of functioning, disability and health in Portugal's special education law. *International Journal of Inclusive Education*, 19(5), 457-468.
② Sanches-Ferreira, M., Simeonsson, R. J., Silveria-Maia, M., et al. (2013). Portugal's special education law: implementing the international classification of functioning, disability and health in policy and practice. *Disability and Rehabilitation*, 35(10), 868-873.
③ Ana, M. B. C., & David, A. R. (1999). Country briefing special education in Portugal. *European Journal of Special Needs Education*, 14(1), 70-89.

为资源教师。相比于特殊教育专家小组,资源教师更灵活,更可以因地制宜地帮助残疾学生在普通学校进行学习和生活。

进入21世纪,学校发展全纳教育的自主性不断被重提,且学校的自主性越来越大。新近的全纳教育改革,即2018年54号法案通过项目式试验,进一步加大学校在全纳教育发展过程中的自主权。"自主项目与灵活课程"(Project Autonomy and Curriculum Flexibility)项目在全国226所学校中进行试验,这些学校可以自主决定25%课程的设置,为不同类型的残疾学生提供课程服务;"创新性教学项目试点"(Pilot Project of Pedagogical Innovation)主要涉及6所学校,鼓励这些学校革新学校教学,探索多样化教学模式,对学生进行因材施教,进而将学生的留级率降到零。[①] 这些项目试验结束后,其中有益的经验将会在全国推广,助力各地全纳教育改革。随着学校自主权的不断提升,普通学校在全纳教育改革中的作用得到凸显,普通学校逐渐进入政策制定者的视野,自主性进一步被强化。如普通学校开始在学校组织结构、全纳教育财政预算、特殊教育资源供给等方面与政府展开交涉,为其发展全纳教育争取更多的资源。

第三节 葡萄牙全纳教育改革与发展过程中的主要举措

一、设置多元化课程体系

通过调整学校课程设置满足残疾学生特殊教育需要,提升残疾学生全纳教育质量,是葡萄牙全纳教育改革过程中采取的主要举措之一。葡萄牙首次针对残疾学生全纳教育进行课程改革始于1977年174号法案,法案规定为帮助残疾学生适应普通学校学习与生活,学校可以根据本校残疾学生的特殊教育需要,调整学校课程设置,为残疾学生学习创造必要的便利条件。但囿于当时医学模式的影响,加之法案规定的模糊性,该法案中关于课程的相关规定并没有得到很好的实施。为了改善普通学校残疾学生的全纳教育质量,1991年319号法案在课程方面进行了大刀阔斧的改革。由于受到国际全纳教育改革的影响,尤其是英国特殊教育需要概念的引入,社会模式取代医学模式成为主导葡萄牙全纳教育改革的主要出发点。受此影响,319号法案规定普通学校需对现有学校课程体系进行一次大调整,根据学生(不限于残疾学生)的特殊教

[①] Kovacs, H., & Tinoca, L. (2017). Unfreeze the pedagogies: Introduction of a new innovative measure in Portugal. *Revista Tempos E Espaços Em Educação*, 10, 73–86.

育需要,进行课程调整。针对有学习困难的学生,学校需要设置替代性课程,该课程由普通教师、资源教师以及其他相关专业人员如语言治疗师、心理辅导师等共同开展。替代性课程的上课时间可以根据学生的时间进行灵活安排,上课地点可以在普通教室、资源教室、学生家里或是社区等。针对智力型残疾学生,普通学校需要设置功能性课程,这类课程一方面帮助残疾学生能正常参加课堂教学活动,另一方面旨在发展学生相关技能,为其今后进行自主生活做好准备。在319号法案影响下,葡萄牙各地普通学校创建项目以进行课程改革,较有代表性的包括:替代性课程班级项目,旨在帮助面临学业失败的残疾学生;功能性项目,旨在帮助残疾程度较为严重的残疾学生适应学校生活;第二次机会项目,旨在帮助那些毕业时没有拿到毕业证书的学生,为其提供职业培训,解决毕业后的就业问题。① 319号法案在课程领域的改革,极大地改变了人们对全纳教育的看法——普通学校需要积极地进行改革,为残疾学生的学习与生活创造条件。

进入21世纪,葡萄牙始终围绕课程领域进行改革,促进全纳教育发展。2018年54号法案在总结历次课程改革经验的基础上,创造性地提出了三级课程支持体系,即通用性课程、选择性课程与附加性课程,助力"第二代全纳学校"改革。② 通用性课程的实施对象指向所有学生,具体包括轻微课程调整、差别化对待和拓展性课程三个方面,具体实施策略包括改变教学方法和学习方法、变革评价方式、分配资源等,目标是让所有学生获得学业成功;选择性课程的对象也指向所有学生,包括适度课程调整、差别化对待、心理-教育支持、额外支持和课后辅导,通过选择性课程的学习,所有学生都应达到《义务教育结束时学生的形象》中的标准;附加性课程的对象指向在交流与学习方面存在困难的学生,需要根据课程标准对课程进行大幅度调整以适应学生的需求,具体实施策略包括个别化教育计划、学生升学计划、模块化学科教学、特殊资源支持等,其目标在于培养学生的自主性、促进学生学业和人际关系的发展。

二、特殊教育学校与普通学校的合作

随着葡萄牙全纳教育的进一步发展,越来越多的残疾学生被安置到普通学校接受

---

① Ana, M. B. C., & David, A. R. (1999). Country briefing special education in Portugal. *European Journal of Special Needs Education*,14(1),70 - 89.
② Alves, I. (2019). International inspiration and national aspirations: Inclusive education in Portugal. *International Journal of Inclusive Education*,23(7 - 8),862 - 875.

教育,普通学校原有的师资、教育资源、教学安排等一时难以应对数量如此之多的残疾学生。一些问题逐渐暴露出来,如缺乏必需的特殊教学资源(特殊仪器设备和专业的特殊教育人员)、普通教师缺乏特殊教育教学能力、残疾学生不适应学校课程等。面对这些问题,普通学校短时间内无法一一解决,而此时与特殊教育学校合作成为普通学校应对这些挑战的主要举措。早在20世纪80年代全纳教育改革之初,研究者就指出随着全纳教育改革的推进,一方面普通学校需要做出调整,另一方面特殊教育学校也需要做出相应的改变以应对国家正在推行的全纳教育改革。从葡萄牙全纳教育实践来看,特殊教育学校与普通学校的合作主要是使特殊教育学校成为普通学校的全纳资源中心(Inclusion Resource Centres),为普通学校提供相关支持。①

虽然有越来越多的残疾学生从特殊教育学校转移到普通学校接受教育,但是特殊教育学校的师资、教学资源等并没有随之一起转移到普通学校。尽管普通学校采取了诸多有效举措来满足残疾学生的特殊教育需要,但某些残疾学生对之前特殊教育学校的教师和教学仪器存在依赖,导致他们一时间很难适应普通学校的学习与生活。于此背景下,普通学校及时调整策略,寻求与特殊教育学校合作,共同应对这些残疾学生的特殊教育需要。作为普通学校的全纳资源中心:第一,特殊教育学校一方面安排特殊教育教师到普通学校,与普通教师合作开展对残疾学生的教学活动,另一方面也通过为普通学校提供在职教师短期培训,提升普通教师的特殊教育专业技能;第二,特殊教育学校还为普通学校提供必要的教学资源,如特殊的仪器设备等,解决普通学校在教学资源方面所面临的困境;第三,特殊教育学校走进社区为残疾儿童家庭提供教育、社会福利、就业等方面的咨询与服务,为残疾儿童进入普通学校提供意见和建议。与此同时,也为普通学生家长提供答疑解惑,帮助他们正确理解全纳教育,转变对残疾儿童的看法,为普通学校开展全纳教育创造一个良好的环境。

三、建立多样化的项目和资源中心

在全纳教育改革过程中,葡萄牙普通学校为提升残疾学生教育质量采取了许多举措,如提供多样化的课程体系、优化教学方法、制订个别化教育计划等。但是不可否认的是,由于残疾学生自身生理方面的特殊性,仍需要普通学校采取相关举措来应对这些残疾学生的特殊教育需要。为解决这一问题,葡萄牙在全纳教育改革过程中通过建

---

① Inclusive Education in Portugal. (2020). From https://eacea.ec.europa.eu/national-policies/eurydice.

立多样化的项目和各种专业资源中心,按照一对一服务原则,为残疾学生提供个性化的服务。

在创建项目方面,主要包括以下几类主要项目:以帮助学业失败的残疾学生为主的替代性课程班级项目;帮助残疾程度较为严重的学生适应普通学校生活的功能性项目;以帮助毕业时没有获得毕业证书的残疾学生为主的第二次机会项目,该项目旨在为这些学生提供职业培训,帮助其解决就业问题;旨在为学龄前残疾儿童提供教育的学前全纳教育项目;以帮助少数族裔和来自其他文化背景的学生为主的多元文化项目等。这些项目目标明确,旨在为特定学生提供差别化、个性化服务,在普通学校全纳教育改革过程中扮演着十分重要的角色。

在资源中心建设方面,为帮助普通学校更好地为残疾学生提供教育,葡萄牙通过在校内外成立各种资源中心,为普通学校发展全纳教育提供资源和技术支持。随着普通学校残疾学生种类的增多,普通学校原有的教学安排难以满足学生多样化的需求。为此,2008 年 3 号法案提出在普通学校建立四种不同的支持中心,以帮助普通学校应对日益增多的残疾学生:以支持盲生教育为主的盲生支持中心,以支持聋哑生为主的聋哑生支持中心,以支持自闭症学生为主的自闭症教学支持中心以及以支持多重残疾学生为主的特别支持中心。这四类支持中心建在普通学校内部,残疾学生一般在课间业余时间到支持中心接受相应的个性化服务,以更好地适应普通学校的教学与生活。在葡萄牙"第二代全纳学校"改革背景下,2018 年 54 号法案提出建立三种资源支持中心,以帮助普通学校变得更加全纳化:学习支持中心,建在学校内部,旨在提升全校学生学习质量,为教师教学提供支持;全纳资源中心,主要是由残疾人联合协会、非政府组织和特殊教育学校共同建立,旨在为普通学校内残疾学生提供专业的、个性化的支持;特别支持中心,建在学校内,主要针对不同类型的残疾学生,目前主要服务对象为自闭症学生、聋生和盲生。[①]

第四节　讨论与思考

在国际全纳教育思潮的影响下,我国于 20 世纪 80 年代开展了针对残疾儿童少年的随班就读试验。作为西方全纳教育理念与我国特殊教育实际相结合的产物,随班就

---

① Pinto, P. C., & Teresa, J. P. (2018). Pessoas com deficiência em portugal — indicadores de direitos humanos.

读已成为我国残疾儿童教育安置的主要形式,是我国推进全纳教育的重要方式。①② 在我国政府的大力支持下,近年来随班就读工作取得了举世瞩目的成就。据教育部最新统计资料显示,残疾学生随班就读人数由 2013 年的 19.1 万人增加到 2019 年的 39.05 万人,增长 104.45%,6 年来残疾学生在普通学校就读的比例均超过 50%。随班就读已成为我国残疾儿童接受全纳教育的主要形式。据此,本节就如何借鉴葡萄牙全纳教育发展经验,更好地推动我国残疾儿童随班就读实践发展,做出如下思考。

一、加强国际交流与合作,以国际全纳教育视野观照我国随班就读本土行动

在国际全纳教育思潮的影响下,以全纳教育为指导原则,各国都对本国教育进行了系列改革,旨在为残疾学生提供有质量保障的教育。从目前国际全纳教育发展来看,就如何进行全纳教育改革,尚无一个统一方案。因此,通过比较视角探究不同国家的全纳教育改革,分析和总结其他国家全纳教育改革过程中的经验与教训,进而为本国全纳教育改革提供意见和建议,成为目前国际全纳教育改革领域的一大特点。从葡萄牙的全纳教育改革来看,在不同时期葡萄牙积极借鉴和吸收国际全纳教育改革的最新成果,如《萨拉曼卡宣言》《残疾人权利公约》,以及英国的"特殊教育需要"等,并将其运用到本国全纳教育改革过程中,助力本国全纳教育发展。在我国,2014 年颁布的《特殊教育提升计划(2014—2016 年)》的总目标中明确提到,"全面推进全纳教育,使每一个残疾孩子都能接受合适的教育"。这是在国家教育政策层面首次使用"全纳教育"这一表述方式,一方面表明我国发展全纳教育的决心,另一方面也说明我国紧跟国际全纳教育改革步伐,积极为残疾儿童提供高质量的全纳教育。

为进一步推动我国残疾儿童随班就读工作的开展,提升我国全纳教育质量,可以从以下几个方面进行突破,进而加强国际交流与合作,以国际全纳教育视野观照我国随班就读本土行动。第一,积极关注国际全纳教育改革动态,将国际全纳教育改革中的有益经验运用到我国随班就读实践中来。在国际层面,积极关注联合国教科文组织、世界残疾人联合协会、世界卫生组织等国际组织关于全纳教育的最新国际报告以及世界特殊需要教育大会中关于全纳教育的报告;在国家层面,既要关注欧美等发达国家全纳教育的改革进程,也要关注发展中国家全纳教育的改革现状。于此过程中,

---

① 彭霞光.随班就读支持保障体系建设初探[J].中国特殊教育,2014(11):3—7.
② 邓猛,景时.从随班就读到同班就读:关于全纳教育本土化理论的思考[J].中国特殊教育,2013(8):3—9.

把握国际全纳教育改革动态。第二,积极参加国际全纳教育相关会议,如世界特殊需要教育大会、美国教育年会以及欧洲教育年会等,一方面学习和了解他国全纳教育改革现状,另一方面传播我国全纳教育改革的有益经验,加强国际交流与合作。第三,组织全纳教育考察团,安排相关专家学者到若干国家进行考察,具体了解他国如何进行全纳教育改革、改革过程中遇到哪些问题、如何解决这些问题等。

二、优化普通学校课程体系,实施课程调整

随着各国全纳教育改革的不断推进,目前各国全纳教育发展都逐渐由追求残疾学生在普通学校数量的增长转向提升残疾学生的教育质量。为实现这一转变,各国纷纷出台相关举措,其中,不断优化普通学校课程体系,根据残疾学生需求对原有课程进行调整,是各国提升全纳教育质量时普遍采用的举措。如在进入21世纪后,葡萄牙政府将改革重心放在课程改革上,不断调整原有课程体系,其2018年提出的三级课程支持体系,已成为葡萄牙政府未来一段时间提升全纳教育质量的主要改革方向。

在我国,残疾学生进入普通学校接受义务教育已成为主流,但残疾学生参与普通学校课程的情况不容乐观。其中一个很重要的原因就是,我国普通学校与特殊学校的课程平行分立,普通学校的残疾学生也学习普通课程。而普通学校的全纳教育教师,即为残疾学生及其所在的普通班开展班级管理及教学工作的教师,受到各种内外因素的限制,很少会在普通教育课程的基础上为残疾学生设计和实施课程调整,导致残疾学生处于被忽视状态,"教什么"的问题从始至终未得到足够重视,从而出现残疾学生随班混读现象。[①] 为此,普通学校需要在现有课程体系的基础上,根据残疾学生需要对课程进行调整,增加课程的全纳性。在具体课程调整过程中,可以参考以下两个原则:第一,以残疾学生为中心的课程调整,基于某个或某类残疾学生群体的特殊教育需要,对普通学校课程的学习目标、学习内容、学习方法、评价方式等进行调整;第二,以课程要素为核心的调整,针对课程的组成要素,即课程目标、课程内容、课程实施、课程评价等,进行必要的调整,教师可以从残疾学生实际情况出发,选择其中一个或是多个课程要素进行调整,使之符合残疾学生的特殊教育需要。在课程调整中,不论是遵循以学生为中心的原则还是以课程要素为核心的原则,其目的都是促进残疾学生参与课程,实现残疾学生在班级中的全纳。

---

① 韩文娟,邓猛.融合教育课程调整的内涵及实施研究[J].残疾人研究,2019,34(2):70—76.

三、发挥特殊教育学校专业优势,助力普通学校全纳教育改革

伴随着大量的残疾学生到普通学校就读,普通学校一时间难以做出相应的改变,以为这些残疾学生提供适切的、高质量的教育资源。这已经成为各国全纳教育改革进程中一大共同难题,就如何克服这一难题,各国都不约而同地将目光投向了特殊教育学校。[①②③] 在各国全纳教育改革过程中,随着越来越多的残疾学生从特殊教育学校转移到普通学校,一个问题逐渐显现:普通学校的残疾学生越来越多,但应对这些学生所需要的专业人员与专业教学资源却并没有随之增加,而特殊教育学校的残疾学生越来越少,但与之相关的专业人员与专业教学资源并没有减少,甚至有的特殊教育学校在这些方面还在增多。为此,如何在全纳教育改革进程中将特殊教育学校容纳进来,使其助力普通学校进行全纳教育改革?正是基于这一问题的思考,葡萄牙政府适时调整特殊教育学校发展战略,充分发挥其在专业人员和专业教学资源方面的优势,以此来弥补普通学校发展全纳教育的短板,极大地促进了各地区全纳教育的发展。在我国,2010年的《国家中长期教育改革和发展规划纲要(2010—2020年)》和第一期《特殊教育提升计划(2014—2016年)》都明确提出"30万人口以上的县需独立设置一所特殊教育学校",《第二期特殊教育提升计划(2017—2020年)》规定"到2020年,基本实现市(地)和30万人口以上、残疾儿童少年较多的县(市)都有一所特殊教育学校。不足30万人口没有特殊教育学校的县,由地市对行政区域内的特殊教育学校招生进行统筹。鼓励各地积极探索举办孤独症儿童少年特殊教育学校(部)"。不可否认,普通学校已成为我国残疾学生接受教育的主要安置形式,并且今后将会有更多的残疾学生到普通学校接受教育。但是,我们也必须认识到,由于残疾学生某些特殊的生理缺陷,特殊教育学校仍将是某些残疾学生接受教育的合适场所。为此,各地需要在考虑本地区残疾学生现状的基础上,适时设置特殊教育学校,以便为这些学生提供合适的教育。与此同时,我们也应该思考在全纳教育改革背景下如何改革我们的特殊教育学校,发挥其在特殊教育专业人员和专业教学资源方面的优势,助力普通学校全纳教育改革。

---

① Brahm, N. (2008). What future for special schools and inclusion? Conceptual and professional perspectives. *British Journal of Special Education*, 35(3), 136–143.
② Anne, S. (2017). Inclusion: The role of special and mainstream schools. *British Journal of Special Education*, 44(3), 292–312.
③ Lani, F. (2019). On the necessary co-existence of special and inclusive education. *International Journal of Inclusive Education*, 23(7–8), 691–704.

第五章 西班牙全纳教育治理

1994年,由联合国教科文组织主办的世界特殊需要教育大会在西班牙萨拉曼卡召开。西班牙作为此次大会的举办国和全纳教育议程的发起国,在全纳教育发展方面取得的成绩历来为国际教育界所称赞。早在20世纪90年代中期,有研究者就指出在将残疾儿童安置到普通教室接受全纳教育方面,西班牙无疑是一个榜样。[1] 15年后,2009年全球全纳教育会议再次回到萨拉曼卡,主题是"面对差距:权利、话语与现实?重回萨拉曼卡"。[2] 2011年欧洲特殊教育与全纳教育发展署对欧盟国家实施全纳教育情况进行统计,西班牙有99.6%的残疾学生在普通学校接受全纳教育。[3] 西班牙的全纳教育何以频频成为国际全纳教育界关注的焦点?全纳教育在西班牙经历了怎样的发展历程?西班牙全纳教育改革与发展有何独特性?西班牙全纳教育的发展经验对我国随班就读工作有何启示?对于这些问题,本章进行了梳理。

第一节 西班牙全纳教育改革与发展的历程

西班牙历来重视残疾人的教育问题。1978年西班牙新宪法颁布,明确提出建立一个议会民主制国家,这为特殊教育领域改革提供了十分有利的社会环境。此后,西

---

[1] O'hanlon, C. (1995). Inclusive education in Spain and Greece. In Potts, P., Armstrong, F. and Masterton, M. (Eds.), *Equality and diversity in education: National and instructional contexts*. New York: Routledge, 117-130.

[2] Inclusion International. (2009). Global conference on inclusive education. http://inclusion-international.org/conference-on-inclusive-education/.

[3] European Agency for Development in Special Needs Education. (2011). Mapping the implementation of policy for inclusive education: An exploration of challenges and opportunities for developing indicators. Odense, Denmark: EADSNE.

班牙政府着力改革特殊教育,推行一体化教育,借鉴他国经验,探索适合自身发展的全纳教育模式。

一、早期特殊教育的发展(20世纪70年代之前)

与欧洲其他国家相比,西班牙早期特殊教育的发展主要得益于特殊教育者的研究和社会实践。在特殊教育专家的努力下,特殊教育逐渐得到国家重视。[①] 早在1550年,特殊教育教师弗雷德佩(Fray Pedro Ponce de Leon)就开始探究如何为听力障碍的儿童实施教学。随后,他的后继者朱莉安(Juan Pablo Bonet)于1620年在教学实践基础上写作了第一本聋哑人教科书《减少字母和教授聋哑人讲话的艺术》(Reduction de las letras y arte para ensenar a ablar los mudos)。1820年,乔斯里卡特(Jose Ricart)以个人名义建立了一所盲人学校,该学校于1839年被市议会收管。在乔斯里卡特等人倡议下,有关聋哑人的教育提案最终写进1857年的《公共教育法案》(Public Education Act)中,残疾人教育问题首次得到国家关注。该法案第6条规定:在特殊教育机构中,对聋哑儿童的教学必须根据实际情况进行修改,以适应这些儿童的特点。此外,为促进聋哑儿童教育发展,法案规定政府在每个大学区应至少建立一所聋哑人学校,让聋哑儿童有学可上。

20世纪早期,西班牙特殊教育的发展主要得益于三位特殊教育者的推动。1908年,弗兰思科(Francisco Pereira)在马德里建立了精神病疗养院—教育学院(school-sanatorium Psychiatric-Pedagogical Institute),该机构旨在为智力落后的儿童和青年人提供教育。1930年,弗兰思科又在马德里建立了查马丁教育精神病学研究所(Pedagogical Psychiatric Institute in Chamartin),该研究所主要致力于智力落后学生的自主性问题研究。[②] 1923年,玛利亚(Maria Soriano)出任非正常儿童学校中心(Escuela Central de Anormales)校长,她积极倡导家庭在残疾儿童教育中的重要作用,尤其是母亲对自己残疾孩子的教育态度。与此同时,她还积极参加欧洲教育论坛,一方面向其他国家推广自己的教育经验,另一方面积极学习和借鉴其他国家的有益经验。[③] 第三位特殊教育者卡门盖亚尔(Carmen Gayarre)本是一名大学教师,她的儿子

---

① Fernandez, R. (2011). *El camino hacia la integracion*. Tribuna Abierta, 79 - 90.
② Barrio, V. (2001). Francisco Pereira y su escuela sanatorio. *Revista de Historia de la Psicologia*, 22 (3 - 4), 275 - 288.
③ Fernandez, R. (2011). *El camino hacia la integracion*. Tribuna Abierta, 79 - 90.

出生后不久被诊断为患有唐氏综合征,于是她辞掉大学工作,积极投身于唐氏综合征儿童的教育事业。1958年,她在圣路易斯建立了一所青少年特殊教育学院(College of Special Education for Adolescents)。在这些特殊教育者和其他残疾人组织的努力下,残疾人教育问题最终被写进1945年《基础教育法案》(Primary Education Act)中。该法案第38条规定,政府应为聋哑和其他非正常儿童建立特殊教育机构,为他们提供必要的教育。

可见,早期西班牙特殊教育经历了自下而上的发展过程,这一过程中存在很多问题。但有两点值得注意:一是早期特殊教育发展过程中呈现的研究性与国际性特点对之后西班牙全纳教育发展产生了重大影响;二是特殊教育的相对不完善为之后的全纳教育改革减少了阻力,使得改革得以顺利进行。①

二、特殊教育的恢复和重建(20世纪70年代)

进入20世纪70年代,随着西班牙社会政治、经济等环境的改善,特殊教育迎来了一系列改革。1970年,政府颁布《教育与教育财政改革一般法》(Ley General de Educacióny Financiamiento de la Reforma Educativa)。该法案主要在两个方面对特殊教育做了规定:第一,首次使用特殊教育概念,并从国家角度承认特殊教育是国民教育体系的一部分,建立特殊教育学校对残疾儿童和青少年进行教育,以使他们可以正常生活。第二,根据学生残疾程度对其采取两种不同的安置方式,一种是将轻度残疾学生安置到普通学校附设的特殊班级中进行教育;另一种是将残疾程度较为严重的学生安置到特殊教育学校进行教育。同时,法案规定残疾学生和普通学生采用不同的课程体系。该法案基于医学模式将残疾学生安置到特殊教育学校,实行不同的课程体系。就推动特殊教育发展而言,该法案起到了重要作用。② 随后,为较好地实施1970法案中关于特殊教育的规定。1975年,国家教育与科学部建立了国家特殊教育中心(National Institute of Special Education),该中心的主要任务是管理国家特殊教育相关事宜,提高特殊教育质量。③ 次年,皇家法令(Royal Decree)建立皇家特殊教育联合会

---

① Emanuelsson, I., Haug, P., & Persson, B. (2005). Inclusive education in some western European countries. In Mitchell, D. (Ed.), *Contextualising inclusive education: Evaluating old and new perspectives*. London: Routledge/Taylor and Francis.
② Pastor, C. (1998). Integration in Spain: A critical view. *European Journal of Special Needs Education*, 13(1), 43-56.
③ Fernandez, R. (2011). *El camino hacia la integracion*. Tribuna Abierta, 79-90.

(Royal Association for Special Education,后改名为皇家残疾人委员会),其任务是协调特殊教育相关事宜,同时维持政府与私立特殊教育机构之间的沟通与联系。随着这一系列措施的出台,西班牙特殊教育体系逐渐建立起来并不断趋于完善,特殊教育逐渐得到普及。

1978年,随着弗朗哥独裁专制统治的结束,西班牙颁布了新的《西班牙宪法》(Spanish Constitution),该宪法第27条明确规定教育权是每一个公民的基本权利,国家有义务为所有公民提供教育资源。同时,宪法也提出保障残疾人权利,为其生活、教育等提供服务。同年,在新宪法的影响下,国家特殊教育中心制定了《国家特殊教育计划》(National Plan for Special Education)。[1]《国家特殊教育计划》的制定主要基于三个原则,即正常化、教育一体化及个别化,该计划在西班牙特殊教育发展与改革过程中起着承前启后的重要作用。它是首个由皇家教育与关心残疾人中心(Royal Institution for the Education and Care of Handicapped People)组织专家学者和社会代表制定的,一方面它对20世纪70年代西班牙特殊教育进行了总结,另一方面为80年代开始的一体化教育运动奠定了基础。[2] 该计划主要包括以下几方面内容:第一,阐明西班牙教育的二元制,即普通教育体制和隔离式特殊教育体制。第二,区别了残疾学生与学习困难学生等概念。第三,确立了特殊教育未来发展的四项重要任务,包括建立跨学科专家小组,指导特殊教育发展;为特殊教育发展提供资源;进一步发展普通学校附设特殊班级的规模;对特殊学校进行试验性改革。第四,通过识别、诊断以及评价等手段对残疾儿童实施早期干预。

20世纪70年代西班牙政府通过不断出台新政策、建立新部门以及制定特殊教育发展计划等为特殊教育发展注入新的活力。新政府的建立、新宪法的颁布以及特殊教育的逐渐普及,都为80年代一体化教育改革奠定了良好的发展基础。

三、推行一体化教育改革(20世纪80年代)

20世纪80年代是西班牙改革隔离式特殊教育、推行一体化教育和进行全纳教育

---

[1] Cardona, C. (2009). Current trends in special education in Spain:Do they reflect legislative mandates of inclusion? *The Journal of the International Association of Special Education*,10(1),4 - 10.

[2] Pastor, C. (1998). Integration in Spain:A critical view. *European Journal of Special Needs Education*,13(1),43 - 56.

改革试验的关键期。① 西班牙著名全纳教育专家巴利亚(Parrilla Angeles),是 20 世纪 70 至 80 年代特殊教育和一体化教育改革专家组的成员。她对西班牙 20 世纪 80 年代一体化教育改革背景作了较为全面的总结:第一,随着新宪法的颁布和社会工人党的上台执政,社会民主和平等意识高涨,民主与平等的思想影响着社会方方面面的改革;第二,社会对隔离式特殊教育不满的呼声越来越高,主张残疾学生到普通学校接受教育;第三,一些学校开始推行一体化教育试验,一体化教育作为一种新模式逐渐得到认可;第四,反对基于医学模式看待残疾学生,主张从社会角度看待残疾学生的特殊需要;第五,改善教育质量,尤其是特殊教育的质量;第六,多学科专家之间的合作在特殊教育发展中的作用逐渐得到重视。② 国内社会环境的日益改善和特殊教育领域出现的新变化,为 80 年代西班牙着手改革隔离式特殊教育、推行一体化教育创造了良好的社会氛围。

1982 年,社会工人党上台执政。同年,《残疾人社会一体化法》(Ley de Integración Social del Minusválido)颁布,该法案是西班牙改革隔离式特殊教育、发展一体化教育的奠基性法案。③ 法案就残疾人的生活、工作、教育、医疗、社会福利等方面进行了详细规定,为残疾人全面融入社会提供了依据。在残疾人教育方面,该法案主要涉及以下几个方面:第一,特殊教育与普通教育统归国家教育部管理。此前,虽然名义上两者都归教育部管理,但实际上特殊教育相关事宜一直由国家特殊教育中心管理,这不可避免地使得特殊教育处于从属地位,1982 法案对这一弊端进行了改革。第二,在借鉴美国最少限制环境原则的基础上,安置残疾学生到普通学校接受教育。第三,将 11 个外部支持小组(External Support Team)分派全国各地,指导一体化教育改革。外部支持小组始建于 1980 年,由教育学、心理学、医学、社会学等多领域专家组建而成。按照法案规定,这些外部支持小组的主要任务是帮助学校开展一体化教育,协助解决将残疾学生安置到普通学校过程中出现的问题,为残疾学生在普通学校接受合适的教育

---

① Luis, E. (2016). Inclusive education in Spain: Promoting advocacy by legislation. *Support for Learning*, 31(2), 164-176.
② Parrilla, A. (2007). Inclusive education in Spain: A view from inside. In L. Barton, & F. Armstrong (Eds.), *Policy, experience and change: Cross cultural reflections on inclusive education*. Dordrecht: Springer.
③ Verdugo, M. A., Jiménez, A., & de Urríes, F. B. J. (2000). Social and employment policies for people with disabilities in Spain. *European Journal of Social Security*, 2(4), 323-340.

提供指导。① 第四,实施8年全纳教育试验项目,旨在探索使残疾学生在普通教室接受平等的、有质量保障教育的安置方法。第五,鼓励各自治大区根据自身社会历史、文化、教育等实际情况,进行一体化教育改革。第六,重新定义残疾和特殊教育目标,认为残疾是由社会环境的不完善导致的,而非个人的原因。因此,政府应采取必要的手段(教育、工作、福利等)向残疾人传授必要的知识和技能,使每一个残疾人都可获得自主性的生活。《残疾人社会一体化法》采用社会模式看待残疾人的特殊需要,改善社会环境,帮助残疾人融入社会,极大地推动了特殊教育的改革。同时,8年全纳教育试验项目的开展为20世纪90年代全纳教育在西班牙全国范围内的实施奠定了基础。此外,该法案积极学习并借鉴国外全纳教育发展经验,如美国最少限制环境原则,对之后的法案产生了深远影响。

在《残疾人社会一体化法》出台后不久,1985年皇家法令制定并出台了《皇家特殊教育组织法》(Real Decreto de Ordenación dela Educación Especial),就如何具体实施一体化教育做出了相关规定。在西班牙全纳教育研究者看来,《皇家特殊教育组织法》的出台,标志着西班牙正式开始从隔离式特殊教育转向一体化教育。该法案是社会工人党执政以来在特殊教育领域的首个法案,其总原则是"避免隔离,将残疾学生安置到普通学校接受教育"。同时,该法案再次重申组建三类多学科小组,即多学科专家评价小组、教师支持小组和由语言学家、康复学家、心理学家等组成的治疗小组,指导各地区一体化教育改革。根据法案的总体安排,从1985—1986学年开始,各自治大区开始在本区推行学校一体化教育改革。

四、走上全纳教育发展道路(20世纪90年代至今)

1990年,西班牙政府颁布《教育系统组织法》(Ley Orgánica de Ordenación General del Sistema Educativo),开始推行全纳教育。《教育系统组织法》关于全纳教育方面的规定主要包括:第一,废除普通教育和特殊教育二元制教育体制,实行普通教育和特殊教育一元体制。第二,确立了全纳教育发展的两个原则,即完全性和多样性。完全性指对所有学生实施完全平等的教育,通过共同的教育,所有人都可以得到一份满意的工作;多样性指学校必须采取多样化手段满足学生的不同需求。第三,引进了1978

---

① Parrilla, A. (2007). Inclusive education in Spain: A view from inside. In L. Barton, & F. Armstrong (Eds.), *Policy, experience and change: Cross cultural reflections on inclusive education*. Dordrecht: Springer.

年英国《沃诺克报告》中的特殊教育需要概念,对先前的特殊教育概念进行修订。第四,强调多学科专家在鉴定学生多样化需要过程中的作用。第五,对所有学生实施共同课程(Diseno Curricular Base),不再区分普通教育课程和特殊教育课程。有关课程方面的改革是此法案中关于全纳教育最为重要的部分。为满足学生的多样化需求,教师在具体授课过程中可以根据学生特点对课程进行必要的调整,例如制定个人适应性课程(Individual Curricular Adaptations)。此外,法案还对资源教师、个别化教育计划、特殊教师培训、教学资源等作了具体规定。《教育系统组织法》颁布后,全纳教育在西班牙基本上得到普遍认可,法案中提出的完全性与多样性原则、实施共同课程、学习借鉴国际全纳教育改革经验等,都是推动西班牙全纳教育发展的重要因素。

进入 21 世纪后,西班牙全纳教育改革主要围绕为所有学生提供高质量的教育而展开。2002 年,政府颁布《教育质量组织法》(Ley Orgánica de Calidad en Educación),围绕教师培训、教育评价、课程改革等出台了一系列新举措。法案使用新概念"特别的教育需要"(Specific Educational Needs)取代 1990 法案的特殊教育需要概念。[1] 但由于政治因素,2002 法案中的措施并未完全付诸实践。为解决该问题,2006 年西班牙政府颁布了《教育组织法》(Ley Organica de Educacion),法案首次使用全纳(Inclusion)概念,并就如何进一步发展全纳教育进行了规定。第一,确立了两条总原则,即为所有学生提供高质量的教育和确保所有特殊需要学生可以平等地参与教育、文化等社会活动;第二,重新定义特殊需要学生类别,主要包括特殊教育需要者、学习困难者、天才以及后进入教育系统等四类学生;第三,赋予学校自主权利,以便实施全纳教育;第四,着重从三个方面进一步推进全纳教育实现可持续发展,即加大教育资源支持力度、根据学生需要对课程进行相关调整以及为中学生提供选修课程。《教育组织法》是进入新世纪以来,西班牙全纳教育领域最为重要的一部法案。新近的 2013 年《提升教育质量组织法》(Ley Organica para la Mejora de la Calidad en la Educacion)再次重申 2006 年《教育组织法》中关于提升教育质量的措施,并将提升教育质量作为未来西班牙各级各类教育改革的总目标。[2]

---

[1] Chiner, E., & Cardona, M. (2013). Inclusive education in Spain: How do skills, resources, and supports affect regular education teachers' perceptions of inclusion? *International Journal of Inclusive Education*, 17(5), 526 – 541.

[2] Lopez, M., & Mengual, S. (2015). An attack on inclusive education in secondary education: Limitations in initial teacher training in Spain. *New Approaches In Educational Reseach*, 4(1), 9 – 17.

第二节　西班牙全纳教育改革与发展的主要特点

从20世纪70年代特殊教育的恢复和重建、80年代推行一体化教育改革到90年代走上全纳教育发展道路,西班牙全纳教育改革与发展既表现出国际全纳教育改革的共性,如从隔离式特殊教育到一体化教育再到全纳教育的渐进式发展进程,同时也具有自身发展特性,使其区别于其他国家的全纳教育改革。

一、以国际化视野促进本土化全纳教育改革

西班牙全纳教育专家巴利亚在总结自己参与国家全纳教育改革经验时指出:"国际化思维,本土化行动"(Think global, Act local),理应成为各国全纳教育改革的题中之义。① 这主要是因为目前对什么是全纳教育、如何发展全纳教育等尚未达成共识。因此,坚持国际化视野可以促进各国全纳教育改革经验的交流与学习,有助于各国将国际经验融入到本土化行动中来。②

1923年,特殊教育专家玛利亚首倡家庭在残疾儿童教育中的重要作用,重视残疾儿童母亲的教育态度。为借鉴国际特殊教育领域最新研究成果和推广西班牙特殊教育发展经验,她积极参加欧洲教育论坛,这可视为西班牙向外学习与交流的先导。此后,这一做法被延续下来,并不断影响着西班牙全纳教育改革。1978年国家特殊教育中心将当时欧洲盛行的正常化和教育一体化原则写进《国家特殊教育计划》,用以指导国内特殊教育改革。1982年出台的《残疾人社会一体化法》借鉴美国最少限制环境原则,用以指导残疾学生的安置工作。1985年出台的《皇家特殊教育组织法》积极借鉴英国、意大利等欧洲国家改革一体化教育的相关举措,并将其融入到本国改革中来,促进一体化教育发展。③ 此后,为更好地学习和借鉴英国一体化教育改革经验,尤其是《沃诺克报告》中的一体化教育原则,西班牙邀请英国特殊教育专家亲临西班牙学校指

---

① Parrilla, A. (2007). Inclusive education in Spain: A view from inside. In L. Barton, & F. Armstrong (Eds.), *Policy, experience and change: Cross cultural reflections on inclusive education.* Dordrecht: Springer, 19 - 36.

② Booth, T., & Ainscow, M. (1998). *From them to us: An international study of inclusion in education.* London: Routledge, 1 - 2.

③ Luis, E. (2016). Inclusive education in Spain: Promoting advocacy by legislation. *Support for Learning*, 31(2), 164 - 176.

导一体化教育改革。随后,1989年国家教育与科学部颁布《教育系统改革白皮书》(White Book for Educational System Reform),将此次英国专家的相关建议写进白皮书。在"特殊教育需要"一章中,对英国《沃诺克报告》中关于特殊教育需要的相关原则和精神进行了较为全面的阐释。[1] 1990年正式将英国《沃诺克报告》中的"特殊教育需要"概念写进《教育系统组织法》中,用以指导国内全纳教育改革。西班牙不断与其他国家进行学习交流,一方面促进了本国全纳教育发展,另一方面也将西班牙全纳教育本土化经验推向国际舞台,为其他国家所知晓。1994年,世界特殊需要教育大会得以在西班牙萨拉曼卡召开,与此不无关系。此次大会的召开,一方面扩大了西班牙全纳教育的国际影响,另一方面也将其他国家发展全纳教育的有益经验传入西班牙。2009年全球全纳教育会议再次回到萨拉曼卡,再一次将西班牙全纳教育推向国际全纳教育界,成为全纳教育改革讨论的焦点。

从上述简短的论述中,可以总结出西班牙主要通过三种形式践行了全纳教育发展中的"国际化思维,本土化行动"原则:一是参加国际性会议;二是邀请国外专家亲临指导;三是举办国际性全纳教育会议。正是这些有效的举措,让西班牙全纳教育走在世界前列。

二、基于差别化原则推动各大区全纳教育发展

西班牙由17个自治区和2个自治市组成,各自治区的教育在国家教育部统一领导下实施自治。受自然地理、社会历史、经济发展等因素影响,各自治区之间发展差别很大。为有效促进自治区教育发展,在国家教育法案规定下各自治区可以根据自身实际情况进行适当调整,以使教育政策更适合于自治区实际情况。1982年的《残疾人社会一体化法》和1985年的《皇家特殊教育组织法》,都规定了各自治区可根据自身历史、文化、经济等条件制定本区一体化教育改革方案。[2]

在这一原则指导下,各自治区根据自身情况,出台相关政策改革本地区一体化教育,发展全纳教育。加泰罗尼亚(Catalonia)和巴斯克(Basque)地区,是西班牙较早进行一体化教育改革的两个自治区。1981年,加泰罗尼亚制定相关政策对特殊教育进

---

[1] Pastor, C. (1998). Integration in Spain: A critical view. *European Journal of Special Needs Education*, 13(1), 43-56.
[2] Garcia, J., Fidalgo, R., & Arias, O. (2006). The state of the art in learning disabilities in Spain. Proceedings of the 14th World Congress on LD, 178-189.

行了规定:特殊教育是指普通教育系统采取相关措施满足所有学生的需要,并且在加泰罗尼亚使用"多样性"而非"一体化"来指代残疾学生的教育。① 在推行一体化教育过程中,注重多方利益主体的参与,如普通学生家长、残疾学生家长、各学科专家、当地医疗人员、政府官员等。通过多元主体共同解决学校发展计划、社区参与学校教育等问题,有效地推进了当地学校一体化教育改革。巴斯克从 1982 年起就明确规定本地区的教育目标是接受差异。② 在这一指导思想下,巴斯克地区根据自身情况制定和出台了相关举措促进本区全纳教育发展:在普通学校开设特殊教育班级接纳残疾学生;在各地区设立特殊教育资源中心,支持各学校开展一体化教育;建立由多学科专家组成的专业小组,为各学校改革提供专业化咨询;在普通学校建立资源教室,增加相关辅助人员;缩小有残疾学生班级的规模;为特殊教育教师开设相关培训课程;注重家长在学校全纳教育发展中的作用。③ 马德里(Madrid)自治区的全纳教育改革目标是:为处境不利儿童提供平等的教育机会、保障所有学生的教育质量以及采取相关措施满足特殊需要学生的需求。④ 在这一教育目标下,马德里自治区积极通过项目式试验的方法在本大区推广全纳教育改革,同时注重多学科专家和专业小组的指导。⑤

三、通过项目式试验推广全纳教育

《残疾人社会一体化法》提出了著名的 8 年全纳教育改革试验项目。该项目在全国各自治区展开,通过部分学校试验的方式将部分残疾学生安置到普通教室接受教育。然而,由于当时西班牙经济发展不景气,相关资源难以跟进,致使该项目并未完全付诸实践。进入 20 世纪 90 年代,尤其是在《教育系统组织法》颁布后,发展全纳教育

---

① Gine, C. (1986). La educación especial y la integración de los ninos disminuidos en Cataluna. In: RODRIGUEZ, J. A. (Ed.), *Integración en EGB: Una nueva escuela*. Madrid: Fundación Banco Exterior.

② Departamento De Educación Y Cultura Del País Vasco. (1982). EuskalHerriko Hezkuntza Berezirako Egitamua (Plan de Educación Especial para el PaísVasco) Order of 2 September, B. O. del País Vasco, 7 October, from http://www.hezkuntza.ejgv.euskadi.eus/r43-2459/es/contenidos/informacion/dig_publicaciones_innovacion/es_curricul/competencias_basicas.html.

③ 黄志成.西班牙的全纳教育[J].全球教育展望,2001(3):74-77.

④ Casanova, M. A. (2002). *La atención a la diversidad en la Comunidad de Madrid, in Actas del II Congreso de Educación Especial y Atención a la Diversidad de la Comunidad de Madrid*. Madrid: Publicaciones de la Consejería de Educación.

⑤ Bermejo, V., Castro, F., Martinez, F., & Gongora, D. (2009). Inclusive education in Spain: Developing characteristics in Madrid, Extremadura and Andalusia. *Research in Comparative and International Education*, 4(3),321-333.

成为这一时期西班牙教育改革的主要目标。但碍于国家经济发展缓慢,政府并没有过多资金来支持学校发展全纳教育。这一时期全纳教育的发展,主要得益于各自治区内高等教育机构所发起和推广的全纳教育试验项目。这些试验项目并非出于官方要求,而是研究者自发组织的,但这些试验性改革为之后西班牙全纳教育发展提供了宝贵经验。[1] 如马德里自治大学的教育专家将英国发展全纳学校的《全纳索引》(Index of Inclusion)翻译成西班牙语,并开始在部分学校推广,并基于西班牙学校的实际情况,就如何发展全纳学校进行了系统研究。[2] 马拉加大学教师麦来(Melero)与当地学校合作研究如何发展全纳教育,旨在建立一个无排斥的学校。[3] 西班牙教育专家苏思(Susinos)和塞维利亚大学相关学者在加泰罗尼亚等地区,与当地学校一起发起了"学习社区"(Comunidades de Aprendizaje)项目。该项目持续了十余年,旨在通过建立地区学校网络,将传统的学校转变成接纳所有人的教育社区。由于该项目的推广,全纳教育理念在加泰罗尼亚和巴斯克地区的中小学得以生根发芽,成为指导学校改革的主要原则。[4] 这些连接各大学专家学者和当地学校实践的项目式试验,尽管是各地区孤立开展的探索性改革,但将全纳教育从宏大理论转为地方行动,既避免了整齐划一式的全纳教育发展方式,又保证了各地区可以根据自身情况发展全纳教育的实际需要。兴于20世纪80至90年代的全纳教育项目式试验改革,在西班牙全国营造了一种积极发展全纳教育的氛围,使全纳教育的理念日益为社会大众所认可,为全纳教育改革和发展提供了良好的社会基础。[5]

四、重视多学科专家之间的合作研究

研究发现,西班牙全纳教育发展与教育科学研究密不可分。从世界范围内来看,全纳教育是一场政治运动,各国全纳教育改革多受本国残疾人权利运动的影响。但在

---

[1] Parrilla, A. (2007). Inclusive education in Spain: A view from inside. In L. Barton, & F. Armstrong (Eds.), *Policy, experience and change: Cross cultural reflections on inclusive education*. Dordrecht: Springer.
[2] Echeita, G., & Sandoval, M. (2002). Educación Inclusiva o educación sin exclusions. *Revista de Educación*, 327, 31–48.
[3] Melero, L. (2004). *Una escuela sin exclusiones*. Málaga: Aljibe.
[4] Elborj, C., et al. (2001). *Comunidades de aprendizaje: Fransformar la educación*. Graó.
[5] Parrilla, A. (2007). Inclusive education in Spain: A view from inside. In L. Barton, & F. Armstrong (Eds.), *Policy, experience and change: Cross cultural reflections on inclusive education*. Dordrecht: Springer.

西班牙全纳教育发展进程中,科学研究所起的作用显然大于政治运动,这主要体现在推行全纳教育项目式试验和注重多学科专家间的合作研究等方面。

早在1978年,西班牙国家特殊教育中心在其制定的《国家特殊教育计划》中就提出要组建由多学科专家组成的专业小组,用以支持特殊教育改革。随后,1980年西班牙政府建立了11个由教育学、心理学、医学、社会学等多领域专家组成的外部支持小组(又名多专家小组)。在1982年《残疾人社会一体化法》颁布后,这11个专家小组分赴各地指导学校发展一体化教育,协助解决残疾学生安置到普通学校时出现的难题和挑战,为残疾学生在普通学校接受合适的教育提供指导。为支持8年全纳教育试验项目,1985年在《皇家特殊教育组织法》中,提出各地区需建立三类专家小组指导本地区一体化教育改革和全纳教育试验。之后,1990年西班牙颁布的《教育系统组织法》以及2006年的《教育组织法》都十分重视多学科专家小组在学生多样化需要方面的诊断、鉴定以及评价过程中的作用。因此,全纳教育在西班牙的每一步发展都离不开教育研究的支持,尤其是多学科专家之间的合作研究。在西班牙,尽管有99.6%的特殊教育需要学生在普通学校接受全纳教育,这一比例高于欧盟许多国家,但西班牙全纳教育研究者从研究视角出发,仍认为西班牙目前的全纳教育并非真正的全纳教育,而更像是一体化教育。[①] 从某种程度上来看,这是西班牙全纳教育专家的自谦,但也反映出科学研究在西班牙全纳教育发展中的作用和地位。

第三节 讨论与思考

本节在深入分析西班牙全纳教育发展历程及其经验的基础上,就如何更好地促进我国随班就读发展进行以下几点思考。

一、加强国际交流与合作,把我国随班就读推向国际舞台

自20世纪80年代以来,随班就读在我国得到了长足发展,目前已基本形成了"以随班就读和特殊教育班为主体,以特殊教育学校为骨干"的发展格局,随班就读已成为我国残疾儿童教育安置的主要形式,是我们发展全纳教育的重要方式。[②] 与此同时,

---

① Echeita, G. (2013). Inclusion y exclusion educativa de nuevo. Voz y quebranto. Revista Iberoamericana Sobre Calidad. *Eficacia y Cambio En Educacion*, 11(2), 100-118.
② 邓猛.推进中国全纳教育发展,健全随班就读支持保障体系[J].中国特殊教育,2014(2):21—22.

随着随班就读实践的不断发展,一些问题逐渐暴露出来,如随班就读质量不高、随班就读师资难以保障以及随班就读支持保障体系不完善等。① 要解决这些问题,一方面应立足国内随班就读发展现实,另一方面也应放眼国际,为我国随班就读注入新鲜血液。基于此,笔者认为可以做以下几方面的工作:第一,积极参加国际性特殊教育和全纳教育会议,让我国随班就读走出国门,积极与其他国家进行交流对话,提升我国随班就读的国际影响力。笔者在参加2016年欧洲全纳设计会议和2017年欧洲教育年会期间,当提及我国随班就读时,与会代表表示对随班就读了解甚少,许多研究者表示首次听到随班就读。他们指出,随班就读作为中国的本土化产品,应该与各国分享。第二,以随班就读为主题举办相关国际会议或是申请承办国际特殊教育、全纳教育等会议。通过举办随班就读等国际会议,可以使各国特殊教育、全纳教育专家学者近距离了解我国随班就读的发展现状,分享我们安置特殊需要儿童的经验与教训。

二、完善我国随班就读政策体系建设,为随班就读工作提供政策保障

任何教育改革的推进都需要政策保障。在四十余年发展进程中,意大利出台了四十余项与学校一体化相关的法案、通知和政府公告等。在这些政策中,既有专门针对学校一体化实践的,也有从整个社会出发围绕学校一体化实践而制定的相关配套政策。在我国30余年的残疾儿童随班就读探索中,最重要的问题是随班就读政策建设不足,这极大地制约了我国随班就读的实践推进与理论建设。

政策建设不足具体表现在三个方面:第一,政策缺乏针对性。我国不同的法律文件(如《残疾人保障法》《残疾人教育条例》《关于"十五"期间进一步推进特殊教育改革和发展的意见》《国家中长期教育改革和发展规划纲要(2010—2020年)》《特殊教育提升计划(2017—2020年)》)都对随班就读有所涉及,但相关规定往往出现在诸政策文本的特殊教育条目之下,随班就读被视为特殊教育的一种形式,缺乏针对性。目前唯一一部专门针对随班就读的国家级政策文件是1994年国家教委出台的《关于开展残疾儿童少年随班就读工作的试行办法》。第二,政策条款滞后。随着我国随班就读实践的发展,《关于开展残疾儿童少年随班就读工作的试行办法》中的部分条款已不再契合当前随班就读实践环境和残疾学生的现实需求,无法为其发展提供适切指导。第三,政策合力不足。围绕随班就读所出台的政策多局限于教育领域,鲜有从社会其他

---

① 华国栋.残疾儿童随班就读现状及发展趋势[J].教育研究,2003(2):65—69.

领域对随班就读进行思考的。

鉴于此,应从以下两方面着手加强我国残疾儿童随班就读政策建设。第一,加强残疾儿童随班就读政策建设。在制定残疾儿童随班就读政策时,必须打破随班就读是特殊教育下位概念的思维,应从我国整个教育政策体系出发思考残疾儿童随班就读政策,将其看作是我国教育政策的一部分。在制定残疾儿童随班就读政策过程中,必须统筹考虑其与普通教育和特殊教育之间的关系,明确普通教育和特殊教育在残疾儿童随班就读政策中的角色与作用,妥善处理三者之间的关系。如此,残疾儿童随班就读政策才可突破特殊教育范畴,调动各层次教育力量参与到随班就读实践中来,进而促进随班就读的可持续化发展。第二,将残疾儿童随班就读政策置于整个社会之中加以考量,围绕残疾儿童随班就读政策出台配套社会政策。这要求残疾儿童随班就读政策制定部门与医疗卫生、社会保障、公共交通、住房以及就业等部门共同规划,形成合力,借此使残疾儿童随班就读政策突破教育领域,走向社会公共领域,最终在全社会营造一种包容性、接纳性的"全纳文化"。

三、根据我国各地区发展实际,确立随班就读区域差别化发展原则

差别化发展是西班牙全纳教育改革与发展过程中始终贯彻的一个重要原则,在1982年《残疾人社会一体化法》和1985年《皇家特殊教育组织法》等法案中,都旗帜鲜明地提出各大区在发展全纳教育时必须考虑本区文化、历史、经济等因素。在此基础上,因地制宜地制定符合本区的全纳教育发展计划。

我国幅员辽阔,受自然地理与社会历史等因素影响,各地区发展存在一定差异。这种差异的存在,不可避免地会对各地区随班就读的发展造成或正或负的影响。相关研究表明,在我国有些经济较为发达的省市,其学校基础设施建设和师资等方面已经达到或甚至超过西方发达国家学校标准,但在有些经济欠发达地区,学校办学条件还相对比较差,更不要谈为残疾学生提供合适的无障碍设施设备了。[①] 面对我国各地区之间的发展差异和学校发展现状,各地区在随班就读实践中,一方面应贯彻国家的相关规定,另一方面也要结合本地区发展实际进行准确定位,有针对性地采取相关举措,推进随班就读工作。如在经济较为发达的地区,在解决了残疾学生进入普通班级的问题后,应注重如何向残疾学生提供有质量保障的教育;而在学校资源欠缺地区,首要工

---

① 彭霞光.中国特殊教育发展现状研究[J].中国特殊教育,2013(11):3—7.

作是保障残疾学生有学可上,保障他们可以坐到普通教室和正常学生一起接受教育。因此,在这些经济欠发达地区,当务之急是加强校舍建设和改善师资条件,使每一个残疾学生可以坐到普通班级里接受教育。之后再转向改善学校教学质量方面,推动随班就读健康发展。需要指出的是,因地制宜地发展随班就读,并不是将我国随班就读人为地划分等级,也不存在孰优孰劣的问题。相反,各地区因地制宜地发展本地区随班就读,可以切实保障残疾学生的教育权利,是对残疾学生的一种尊重。否则,生搬硬套地采取一刀切的发展方式,不仅不会促进随班就读发展,反而会使业已存在的随班混读等不良现象愈演愈烈。

四、鼓励多学科专家之间的合作,促进随班就读理论与实践的发展

将有特殊教育需要的儿童安置到普通教室接受教育,是一件十分复杂的工作。相关研究指出,一个有特殊教育需要的儿童要想在普通学校接受适宜的教育,需要同时满足多方面条件,如良好的师资、合适的班级规模、科学的个别化教育计划、相关专业人员的协助以及现代科学技术的辅助等。[①] 为有效满足上述条件,真正做到随班就读,需要多学科专家之间的通力合作。西班牙全纳教育的改革与发展,充分说明了这一点。从西班牙特殊教育的恢复与建立,到推行一体化教育改革和发展全纳教育,鼓励多学科专家之间的合作始终是国家政策所极力提倡的。基于此,本研究认为应从理论和实践两个维度出发,鼓励多学科专家间的合作,实现随班就读可持续化发展。

从理论层面来看,目前随班就读研究存在两个问题:第一,随班就读研究局限于教育学科领域,其他学科专家的关注度不够;第二,在教育学科领域内,随班就读研究者多来自特殊教育领域,而教育学科其他领域的专家学者对此研究较少。在此,我们需区分两种多学科研究方式:第一种是某一学科内的专家学者,从其他不同学科出发对某一问题进行研究;第二种是不同学科专家针对某一问题的研究。目前,我国随班就读研究多局限于第一种多学科研究方式,即特殊教育领域的专家学者从哲学、医学、心理学、社会学等不同学科出发,对随班就读展开研究,但第二种多学科研究方式,即多学科专家共同研究随班就读的局面尚未形成。从残疾儿童教育发展历程来看,不同领域——哲学、医学、心理学、社会学等——的专家学者对其发展作出了巨大贡献。基于此,为有效应对特殊教育需要儿童随班就读过程中出现的问题与挑战,应鼓励多学

---

① 肖非.中国的随班就读:历史·现状·展望[J].中国特殊教育,2005(3):3—7.

科专家参与到随班就读研究中来,为促进随班就读发展提供多学科视角。[①] 这种合作研究,既可以从多学科视角出发促进随班就读理论发展,也可以扩大随班就读的影响力,让更多有志于推动随班就读发展的专家学者参与进来。

就实践发展而言,目前我国的随班就读处在由规模到质量转变的发展关键期。如何应对这一转变,实现随班就读可持续化发展,是当前重要的研究课题。基于多学科专家合作策略,一方面各地区教育部门可充分利用本地区高等教育机构的多学科专家聚集优势,成立随班就读专家指导小组,就本地区随班就读过程中出现的具体问题展开研究;另一方面鼓励地区内高等教育机构与当地中小学开展随班就读质量提升项目,充分调动高等教育机构内的专家资源,通过项目式合作推动中小学随班就读工作的开展。

[①] 肖非,傅王倩. 多学科合作是特殊教育发展的必由之路——兼论"医教结合"的特殊教育发展政策[J]. 现代特殊教育,2015(8):3—8.

第六章 德国全纳教育治理

2012 年,欧盟委员会发布了一份关于各成员国特殊教育与全纳教育发展状况的报告,其中德国全纳教育比例位居欧洲倒数第二;[1]2020 年,欧洲特殊教育与全纳教育发展署公布了 2018 年度欧盟各成员国各学段全纳教育比例的报告,德国由于全纳教育比例过低,没有出现在报告中。[2] 2015 年的德国贝特斯曼基金会(Bertelsmann-Stiftung)调查报告显示,德国中小学全纳教育比例约为 28%。[3] 德国全纳教育比例较低这一问题,一直是国际全纳教育学界讨论的焦点话题。[4][5] 由此而来的首要问题便是:在欧盟各成员国中,德国的全纳教育比例为何如此之低?随之而来的另一个问题是:在国际全纳教育背景下,德国是如何进行全纳教育改革的?围绕这些问题,本章通过分析德国全纳教育的改革与发展状况,意在审视和梳理其改革的经验与不足,进而丰富学界关于全纳教育改革的认识与思考。

---

[1] European Union. (2012). Education and disability/special needs. Retrieved from http://www.nesse.fr/nesse/activities/reports/activities/reports/disability-special-needs-1).
[2] European Agency for Special Needs and Inclusive Education. (2020). European agency statistics on inclusive education:2018 dataset cross-country report. Odense, Denmark.
[3] Klemm, K. (2015). Inklusion in Deutschland. In Daten und Fakten. Gütersloh:Bertelsmann-stiftung. Retrieved from https://www.bertelsmann-stiftung.de/fileadmin/files/BSt/Publikationen/GrauePublikationen/Studie IBUpdate Inklusion 2015.pdf.
[4] Teresa, S., & Dorte, B. (2018). Special needs education and inclusion in Germany and Sweden, *ALTER*, *European Journal of Disability Research*, 12(3),127 – 139.
[5] Thomas, B., & Daniel, Ö. (2019). "The system shows us how bad it feels":Special educational needs assessment in North Rhine-Westphalia, Germany. *European Journal of Special Needs Education*,34(5),678 – 691.

第一节 德国全纳教育改革与发展的历程

一、战后特殊教育的重建与完善(20世纪70年代)

1948年,联邦德国设立教育和文化部长常设会议(Standing Conference of the Ministers of Education and Cultural Affairs),负责协调各州之间的学校组织结构、课程改革等相关教育事宜。1955年,《杜塞尔多夫协议》(Düsseldorf Agreement)进一步肯定该会议在全国教育改革与发展中的作用,规定各州应执行教育和文化部长常设会议在教育方面的规定。[①] 1971年,《汉堡协议》(Hamburg Agreement)对联邦德国的学校结构进行了规定,其中明确规定了普通学校和特殊教育学校的双轨制教育体系,并对二者的区别进行了说明。1972年,教育和文化部长常设会议通过了《关于特殊教育学校组织结构的建议》(Empfehlung zur Ordnung des Sonderschulwesens,以下简称1972《建议》),对特殊教育组织结构、课程设置、教学安排等做了统一规定。根据联邦德国学生的实际情况,1972《建议》规定设置10类不同类型的特殊教育学校,为不同种类的残疾学生提供教育:盲学生学校、聋学生学校、视障学生学校、听力障碍学生学校、智障学生学校、身体残疾学生学校、不良学生学校、学习困难学生学校、语言缺陷学生学校、行为问题学生学校。1972《建议》关于德国特殊教育学校类型的规定,是此次会议的重中之重,对德国特殊教育的发展产生了深远影响。同时,也被学者认为是阻碍德国全纳教育改革的主要原因之一。

1972《建议》提出时,正值教育和文化部长常设会议讨论联邦德国完全中学改革的时期。研究者指出,当1972《建议》提出建立10种类型的特殊教育学校时,有人提出异议,希望将特殊教育学校的改革融入到当时的完全中学改革议程中去,将残疾学生安置到普通学校接受教育。但这一提议,遭到了反对,主要理由可以归纳为以下四点:第一,教育领域的讨论和实践都表明现在讨论该问题还为时过早;第二,特殊教育学校拥有专业的师资、特殊的教学方法以及辅助性教学资源,残疾学生在这里可以接受到适合的教育,而普通学校现有的安排能否满足残疾学生的教育需求,仍需要相关研究来进行论证;第三,尽管完全中学改革旨在为学生提供多样化学校选择,但是否安置残

---

① Friedeburg, L. (1989). *Bildungsreform in Deutschland: Geschichte und gesellschaftlicher Widerspruch*. Frankfurt am Main: Suhrkamp.

疾学生到普通学校取决于普通学校能否提供相关的专业支持;第四,现在关于完全中学的改革还没有达成一致,相关问题还没有得到解决,因此现在讨论特殊教育问题还不现实。① 整个20世纪70年代,是联邦德国特殊教育的重建和完善期,以教育和文化部长常设会议为核心的主体出台了系列旨在发展特殊教育的法案,使得联邦德国的特殊教育体系得以迅速重建起来,并趋向完善。此外,受欧洲其他国家一体化教育改革的影响,这一时期联邦德国的一些学者也提出改革特殊教育并发展一体化教育,但这些提议大都被否决了,未能得到决策层面的支持。②③

二、一体化教育的试验与确立(20世纪80至90年代)

早在1973年,德国教育委员会就建议各州在条件允许的情况下安置残疾学生到普通学校就读,并为其提供必要的支持。然而,这一建议并未得到很好地执行。进入20世纪80年代,国内外环境的变化都迫使德国必须进行特殊教育改革。④ 在国际层面,将越来越多的残疾学生安置到普通学校就读的主流学校运动正在欧美各国如火如荼地进行着;在国内,残疾学生家长运动不断高涨,他们主张打破特殊教育与普通教育的二元隔离,要求普通学校接受残疾儿童就读。在此背景下,德国各州开始进行一体化教育试验,安置少量残疾学生到普通学校就读。由于德国教育和文化艺术事业主要由各州负责,因此80年代各州的一体化教育试验发展得很不均衡。有些州积极出台法案鼓励普通学校接收残疾学生,开展一体化教育试验⑤,如1986年萨尔州(Saarland)出台一体化教育法案,明确规定普通学校有接收残疾学生的义务与责任,并尽可能地为残疾学生提供必要的支持和保障;相反,一些州则明确反对一体化教育,如直到1996年,巴登-符腾堡州(Baden Wurttemberg)仍明确规定残疾学生没有进入普

---

① Powell, J. J. W. (2016). *Barriers to inclusion: Special education in the United States and Germany*. New York: Routledge, 163-164,164,174-175,171,151.
② Deutscher, B. (1973). *Zur pädagogischen förderung behinderter und von behinderung bedrohter kinder und jugendliche*. Bonn: Bundesdruckerei.
③ Hüfner, K., Jens, N. Helmut, K., & Gottfried, P. (1986). *Hochkonjunktur und flaute: Bildungspolitik in der bundesrepublik Deutschland 1967-1980*. Stuttgart: Klett-Cotta.
④ Powell, J. J. W. (2016). *Barriers to inclusion: Special education in the United States and Germany*. New York: Routledge, 163-164,164,174-175,171,151.
⑤ Andreas, H. (2009). Models of inclusion: Germany. In Mithu Alur, Vianne Timmons (Eds.), *Inclusive education across cultures: Crossing boundaries, sharing ideas*. New Delhi: SAGE.

通学校接受教育的权利。① 1988年,为进一步推动各州的一体化教育试验与改革,教育和文化部长常设会议建议对各州的特殊教育进行适当改革,丰富残疾学生的安置形式,鼓励普通学校接收残疾学生;特殊教育资源的分配应根据学生的残疾情况而定,而非根据学校类型。

1990年10月,民主德国正式加入联邦德国,分裂40多年的两个德国重新统一。国内政治环境的改善,为各州正在进行的一体化教育改革提供了有利条件,将残疾学生安置到普通学校就读的趋势更加明显。在此背景下,1994年教育和文化部长常设会议出台了《关于德意志联邦共和国学校特殊教育的建议》(Recommendation on Special Education in the Schools of the Federal Republic of Germany,以下简称1994《建议》),该法案是1972《建议》出台22年后德国特殊教育领域的又一具有里程碑意义的法案。② 第一,在一体化教育原则指导下,1994《建议》对德国特殊教育的目标、原则、组织结构等都进行了重新规定;第二,实现了从重视特殊教育学校和特殊教育师资到重视残疾学生的转变,前者往往一味强调特殊教育学校和特殊教育师资在特殊教育发展过程中的作用,忽视残疾学生的特殊教育需要,后者则将残疾学生放置到特殊教育发展的核心地位,为残疾学生发展提供多元化资源支持;第三,以不同的组织形式为残疾学生提供特殊教育支持,如早期预防性中心、普通学校、特殊学校、普通学校的特殊班级、康复治疗中心、职业教育培训中心等,特殊教育学校不再是残疾学生唯一可以接受特殊教育支持的形式;第四,对残疾的理解从医学模式开始向社会模式转变,这主要体现在政策术语方面,"特殊教育需要"(special educational needs)取代"残疾学生需要在特殊学校接受教育"(need for education in special schools)成为官方的标准用语。1994《建议》的出台,为德国改革特殊教育、发展一体化教育绘制了一幅蓝图,为之后的全纳教育改革奠定了坚实基础。

三、全纳教育改革提上议程(21世纪)

2000年,全纳教育这一概念被引入德国,围绕特殊教育与全纳教育改革的问题

---

① Barbara, S. H. (1998). Parents, politics and the public purse: Activists in the special education arena in Germany. *Disability & Society*, 13(5), 683–707.
② Andreas, H. (2009). Models of Inclusion: Germany. In Mithu Alur, Vianne Timmons (Eds.), *Inclusive education across cultures: Crossing boundaries, sharing ideas*. New Delhi: SAGE, 299–317.

逐渐成为人们讨论的焦点话题。①② 2001年,德国出台《社会福利准则索引》(Social Welfare Code IX),规定国家不能仅为残疾人提供一些社会福利和照顾,更重要的是为残疾人自主参与社会活动消除障碍,保障其平等的参与机会。该法案的出台,再一次将德国隔离式的特殊教育体制置于舆论中心,以残疾学生家长和残疾人联合会为主的组织纷纷要求开放普通学校,为残疾学生进入普通学校就读提供条件。与此同时,2000年PISA测试结果公布,德国学生较差的表现引起德国社会各界人士关于教育体制的讨论。德国教育体系中按能力分类的中学教育体制成为此次讨论的焦点话题,有研究指出这种中学分类体系是产生教育不平等的根源,是部分学生学业表现不佳的主要原因。③ 为此,需要改革现有的中学分类体系,保障教育的公平性。在这次讨论中,隔离式特殊教育也受到关注,学者呼吁改革特殊教育与普通教育的双轨制。④ 随后,教育和文化部长常设会议发布了《国家教育报告》(National Report on Education),其中对特殊教育面临的问题进行了总结:多重因素阻碍特殊教育发展,缺乏特殊教育发展的相关数据,以及各州之间特殊教育发展差异较大。报告中关于特殊教育的结论引发了特殊教育界的广泛讨论,学者认为必须采取举措改革目前德国的特殊教育,防止特殊教育倒退到20世纪70年代时的状态。⑤

2006年,联合国发布《残疾人权利公约》,倡导各国改革特殊教育,发展全纳教育。在德国,《残疾人权利公约》再次引发公众对现行隔离式特殊教育的讨论,这次讨论直指德国按能力分类的中学教育体制和隔离式的特殊教育体系,认为这与公约倡导的原则相违背,与民主社会的精神相违背。⑥ 对此,教育和文化部长常设会议在2008年重

---

① Hinz, A. (2002). Von der integration zur inklusion — Terminologisches spiel oder konzeptionelle weiterentwicklung? *Zeitschrift für Heilpädagogik*, 53, 354–61.
② Hinz, A. (2003). Die debatte um integration und inklusion — grundlage für aktuelle kontroversen in behindertenpolitik und Sonderpädagogik? *Sonderpädagogische Förderung*, 48, 330–47.
③ Baker, D. P., & Gerald, K. L. (2005). *National differences, global similarities: World culture and the future of schooling.* Stanford, CA: Stanford University Press.
④ Andreas, H. (2009). Models of inclusion: Germany. In Mithu Alur, Vianne Timmons (Eds.), *Inclusive education across cultures: Crossing boundaries, sharing ideas.* New Delhi: SAGE, 299–317.
⑤ Avenarius, H., Hartmut, D. Hans, D. Klaus, K. Eckhard, K. Matthias, R. Heinz-Elmar, T. Horst, W., & Manfred, W. (2003). *Bildungsbericht für deutschland: Erste befunde.* Opladen, Germany: Leske+Budrich, 234.
⑥ Pfahl, L., & Powell, J. J. W. (2014). Subversive status: Disability studies in Germany, Austria, and Switzerland. *Disability Studies Quarterly*, 34(2), 1–13.

新修订1994《建议》,贯彻落实《残疾人权利公约》中的相关意见与建议。2009年,德国签署《残疾人权利公约》。2010年,教育和文化部长常设会议出台了一份行动报告,即《关于在学校教育中执行2006年12月13日联合国〈残疾人权利公约〉中在教育和法律方面的规定》(Educational and Legal Aspects in the Implementation of the United Nations Convention of 13 December 2006 on the Rights of Persons with Disabilities in School Education)。该行动报告直指德国特殊教育,明确提出所有学生(不管残疾与否)都有权进入普通学校接受教育。在该行动报告指导下,各州纷纷出台本州行动报告,为残疾学生进入普通学校创造条件。[1]《残疾人权利公约》所引发的关于特殊教育与全纳教育的讨论,极大地推动了全纳教育思想在德国的传播,推动了德国全纳教育的改革与发展。[2] 受此影响,2011年教育和文化部长常设会议出台《学校为残疾儿童和青少年提供全纳教育》(Inclusive Education of Children and Young People with Disabilities in Schools),进一步明确普通学校应为残疾学生提供全纳教育,并提供相应的资源保障。在教育和文化部长常设会议出台的《德意志联邦共和国的教育体系,2014/2015》(The Education System in the Federal Republic of Germany 2014/2015)报告中,再次强调将全纳教育作为今后德国教育改革的主要方向,并为有特殊教育需要的学生提供必要的支持。

第二节 德国全纳教育改革与发展过程中的问题与挑战

自20世纪70年代德国开始进行全纳教育改革以来,在政府、残疾人联合组织以及家长联合会等多方努力下,德国采取了一系列举措,旨在调整传统的双轨制教育体系,将越来越多的残疾学生安置到普通学校就读,并为其提供必要的资源支持。然而不可否认,受种种因素的阻碍,德国全纳教育改革进程缓慢,至今德国的全纳教育仍未取得实质性发展。截止到2015年,仅有28%的残疾学生在普通学校接受全纳教育,是

---

[1] Janka, G. (2021). Demand-oriented and fair allocation of special needs teacher resources for inclusive education — Assessment of a newly implemented funding model in North Rhine-Westphalia, Germany. *International Journal of Inclusive Education*, 25(6), 705–719.

[2] Powell, J. J. W., Benjamin, E., & Jonna, M. B. (2016). Awareness-raising, legitimation or backlash? Effects of the UN convention on the rights of persons with disabilities on education systems in Germany. *Globalisation, Societies and Education*, 14(2), 227–250.

欧洲乃至世界上残疾学生隔离程度最高的国家之一。①② 在全纳教育逐渐被世界各国认可并成为一项全球教育改革议程的背景下,德国缘何仍坚持其隔离的、分层的特殊教育系统,将大部分残疾学生安置在特殊教育学校,而对全纳教育"置之不理"?

一、传统价值观、教育思想以及同质分流的教育体制的阻碍

在德国,所有儿童接受四年基础教育(各州之间略有差异,如柏林是六年),四年后学生们被分流到三种不同类型的中学:主体中学(Hauptschule)、实科中学(Realschule)、文科中学(Gymnasium)。德国这种按不同的学校类型将学生组织成同质化的学习小组的做法有着悠久的历史传统。③ 几个世纪以来,德国这种按能力将学生划分为同质化学习小组的做法已被视为一种文化,影响着德国教育的方方面面。这种区别化对待非但没有遭到反对,反而逐渐为人们所接受和认可,并被视为一项"积极区别对待政策"(positive discrimination)。④ 尽管随着德国教育体制的演化,三轨制不再是彼此封闭的,有了一些制度化的转轨通道,但是三轨制的教育体制没有被撼动,仍延续着分流的传统。⑤ 自德国统一以来,尽管进行了多次教育改革,但都没有涉及教育结构的改革。如 2001 年 PISA 测试结果公布,德国学生较差的表现使得当局决定改革基础教育中的分流体制,但最终不了了之,只是对其进行了小修小补。⑥ 因此,有学者指出,在德国人们对关于教育体制改革的讨论保持沉默,并逐渐演变为一种禁忌。⑦ 在这种分流教育体制的影响下,残疾学生理所应当地被单独归为一类,即隔离式特殊教育。此外,受普通教育中的分流思想影响,德国特殊教育学校分为 10 种不同

---

① Teresa, S., & Dorte, B. (2018). Special needs education and inclusion in Germany and Sweden. *ALTER, European Journal of Disability Research*, 12(3), 127-139.
② Powell, J. J. W. (2009). To segregate or to separate? The institutionalization of special education in the United States and Germany. *Comparative Education Review*, 53(2), 161-87.
③ Werning, R. (2006). Lerngruppenintegration. In K.-H. Arnold, U. Sandfuchs, & J. Wiechmann (Eds.), *Handbuch Unterricht*. Bad Heilbrunn: Klinkhardt, 351-359.
④ Czock, H., & Frank-Olaf, R. (1984). Der heimliche lehrplan der diskriminierung. *Päd extra*, 12(10), 34-39.
⑤ 郑也夫. 德国教育与早分流之利弊[J]. 清华大学教育研究,2012(6): 6-15.
⑥ Andreas, H. (2009). Models of inclusion: Germany. In Mithu Alur, Vianne Timmons (Eds.), *Inclusive education across cultures: Crossing boundaries, sharing ideas*. New Delhi: SAGE, 299-317.
⑦ Andreas, H. (2009). Models of Inclusion: Germany. In Mithu Alur, Vianne Timmons (Eds.), *Inclusive education across cultures: Crossing boundaries, sharing ideas*. New Delhi: SAGE, 299-317.

的类型,残疾学生依据自身需要选择适合自己的学校类型。因此,尽管自20世纪70年代开始就有关于改革隔离式特殊教育发展全纳教育的讨论,但这些讨论对国家教育改革和实践的影响甚微,全纳教育改革进程缓慢。

二、各州之间教育发展的不平衡

德国教育和文化艺术事业主要由各州负责,联邦政府主要负责教育规划和职业教育,并通过各州教育和文化部长常设会议协调全国的教育工作,在中小学教育、高等教育以及成人教育和进修方面,主要立法和行政管理权属于各州。德国这种各州在文化和教育上的文化主权(cultural sovereignty)使得各州之间在教育体制方面存在一定的差异,致使学者认为德国16个州产生了16套不同的教育体制。[①] 尽管德国陆续出台了1972《建议》和1994《建议》,且于2009年签署了《残疾人权利公约》,2011年又出台了《学校为残疾儿童和青少年提供全纳教育》,但这些法案对于各州并没有很大的强制作用。由于各州都拥有在教育事务方面的自主权,因此各州在改革特殊教育和发展全纳教育方面存在着巨大的差异,最终致使德国在全纳教育发展方面进程缓慢。例如,许多州继续根据残疾类型对特殊儿童进行分类,并将他们安置在相应的特殊教育学校,而少数几个州已经限制使用"缺陷"等术语,而改称为"有特殊需要的儿童"或"需要特殊教育的儿童"。[②]

三、发达的特殊教育体系

德国自20世纪70年代便开始全纳教育改革,安置残疾学生到普通学校就读,但其改革进程异常艰难,其中发达的特殊教育体系是德国全纳教育改革过程中面临的主要障碍之一。[③] 许多学者指出德国特殊教育系统完善,构建了世界上分化最细的特殊教育学校系统,是世界上特殊教育最为发达的国家之一。[④] 这种发达的特殊教育体系对全纳教育改革的阻碍主要表现在三个方面。

第一,完善的特殊教育学校分类体系。从小学到初中再到职业教育,德国建立起

---

① Below, S. (2002). *Bildungssysteme und soziale ungleichheit*. Opladen: Leske & Budrich.
② 赵梅菊,雷江华.德国特殊教育发展的特点[J].现代特殊教育,2012(1):58—60.
③ Teresa, S., & Dorte, B. (2018). Special needs education and inclusion in Germany and Sweden. *ALTER, European Journal of Disability Research*, 12(3),127-139.
④ Pfahl, L., & Powell, J. J. W. (2014). Subversive status: Disability studies in Germany, Austria, and Switzerland. *Disability Studies Quarterly*, 34(2),1-13.

了一套十分完善的特殊教育学校体系。在小学和中学阶段,建立起了 10 类不同类型的特殊教育学校,为不同种类的残疾儿童提供教育;中学毕业后,残疾学生可以到特殊职业教育学校继续教育,这些特殊职业教育学校旨在为残疾学生提供职业准备和工作培训。这种完善的特殊教育学校分类体系深受德国普通教育中传统的分流制度的影响,严重阻碍了全纳教育发展。一方面,残疾学生一旦进入特殊教育学校体系,就很难再进入普通学校系统。研究表明,小学阶段尚有残疾学生在普通学校接受教育,但是四年之后的中学分流制度,常常造成残疾学生无合适的中学可上。因为分流后的中学的同质化水平很高,残疾学生很难融入到这些不同类型的中学中去,从而使得全纳教育在从小学向中学阶段的过渡中出现断层,有的中学如文科中学拒绝接受残疾学生。另一方面,完善的德国特殊教育学校集聚了大量的特殊教育资源,这种资源的集聚导致残疾学生有时只能到特殊教育学校就读,因为普通学校缺乏相关教学资源,无法为残疾学生提供合适的教育教学。

第二,特殊教育专业人员的专业性与话语权。德国历来重视各种职业的专业性,这一传统为特殊教育教师发挥其专业性提供了文化土壤。在德国,特殊教育教师凭借其专业性拥有很高的社会地位,并且收入很高,甚至在某些州特殊教育教师的收入都高于文科中学的教师。[①] 这种专业性给特殊教育教师带来的社会地位和高收入使得特殊教育教师极力维护隔离式特殊教育学校,反对将残疾学生安置到普通学校。对此,有学者断言:不是残疾学生,而是特殊教育教师更需要特殊教育学校。[②] 此外,特殊教育教师在残疾学生教育方面的专业性,直接导致特殊教育教师主导着德国残疾儿童教育的话语权。他们从自身专业性出发,公开反对将残疾学生安置到普通学校就读,并提出特殊教育学校是最适合残疾学生接受教育的场所,理由如下:特殊教育学校拥有教育残疾学生所需的各种资源,可以为残疾学生提供合适的教育;普通学校缺乏相关资源支持且普通教师不具备特殊教育教学能力;将残疾学生安置到普通学校会影响到其他学生的学习成绩。[③] 特殊教育教师关于残疾学生教育的专业论断主导着德国教育界对残疾学生教育的话语权。特殊教育教师的专业性产生特殊教育话语权,

---

[①] Powell, J. J. W. (2016). *Barriers to inclusion: Special education in the United States and Germany.* New York: Routledge, 163-164,164,174-175,171,151.

[②] Hänsel, D. (2003). Die sonderschule: Ein blinder fleck in der schulsystemforschung. *Zeitschrift für Pädagogik*, 49(4), 591-609.

[③] Powell, J. J. W. (2016). *Barriers to inclusion: Special education in the United States and Germany.* New York: Routledge, 163-164,164,174-175,171,151.

特殊教育话语权进而又巩固了特殊教育教师的专业性,这种关于特殊教育的专业性与话语权严重阻碍了德国全纳教育改革的推进。

第三,特殊教育领域测试量表的过度使用。德国特殊教育发达的另一个表现是各种测试量表的广泛使用,以及在此基础上对残疾学生实施的分流教育。如前所述,德国有10种不同类型的特殊教育学校,残疾学生进入每一种类型的特殊教育学校都需要经过严格的测试。为了科学地鉴别学生的残疾类型,德国特殊教育学校研制了多种测试方式,如学校成绩测试、智力测试、读写测试、行为测试等。① 尤其需要指出的是,残疾学生参加测试进行鉴别是其获得特殊教育资源的前提和必备条件,即进行鉴别以获得资源,不进行鉴别就没有资源。这种鉴别-资源的机制导致许多残疾学生选择特殊教育学校就读。这也就不难理解为何德国一直在推行全纳教育改革,但是残疾学生到特殊教育学校就读的人数反而越来越多,这与其过度使用测试量表息息相关。②

四、对全纳教育质量的过度重视

在德国,《基本法》(Basic Law)规定所有残疾学生均可到普通学校就读,但前提条件是普通学校必须有能力为残疾学生提供合适的教育,否则普通学校有权拒绝接受残疾学生。③ 同时,德国联邦宪法法院(German Federal Constitutional Court)也明确规定普通学校在具备相应的教学资源、技术支持和财政保障时,才可以接受残疾学生到普通学校就读。一般而言,普通学校在具备如下条件时可以接受残疾学生到校就读:合格的特殊教育教师、残疾学生个别化教育计划、无障碍设施、普通教师与特殊教育教师的合作教学。然而,现实情况是普通学校往往不具备上述这些条件,并据此来拒绝残疾学生到普通学校就读。这种对全纳教育质量的高要求对残疾学生而言固然重要,但若将"高质量"作为一种拒绝接受残疾学生的条件,全纳教育也就徒有其名了。德国对全纳教育质量的过度重视与其国内发达的特殊教育体系密不可分。

如前所述,在德国对于残疾学生形成了一套独特的专业话语体系和应对举措,众

---

① Thomas, B., & Daniel, Ö. (2019). "The system shows us how bad it feels": Special educational needs assessment in North Rhine-Westphalia, Germany. *European Journal of Special Needs Education*, 34(5), 678–691.

② Teresa, S., & Dorte, B. (2018). Special needs education and inclusion in Germany and Sweden. *ALTER, European Journal of Disability Research*, 12(3), 127–139.

③ Hans-Peter, F. (2003). Germany. In Jan De Groof and Gracienne Lauwers (Eds.), *Special education yearbook of the European association for education law and policy*, 167–170.

多的特殊教育从业人员和种类繁多的特殊教育学校,为残疾学生提供了多重选择。在此背景下,德国在特殊教育方面的财政投入较欧洲其他国家偏高,这就导致普通学校在发展特殊教育方面常常面临财政不足、师资不足、设备不足等问题。加之德国在PISA测试中较差的表现,从国家到地方再到学校,都将学生成绩作为重要的考核目标。基于此,将残疾学生安置到普通学校无疑面临一个棘手的问题,即残疾学生的到来是否会影响普通学生的成绩,是否会影响学校教育质量。因此,无论是政府还是学校都将全纳教育质量看得十分重要,即普通学校是否具备了相关资质来接收和教育残疾学生,同时,残疾学生在普通学校能否得到合适的教育。一方面是国家对特殊教育学校的大力支持,使普通学校缺乏必要的支持来发展全纳教育;另一方面是普通学校对全纳教育质量的过度重视。在这两方博弈之下,作为全纳教育主要受众的残疾学生往往陷入两难境地,即进入特殊教育学校可以接受有质量保障的教育,进入普通学校则面临无法满足自身特殊教育需要的困难,结果是许多残疾学生会选择特殊教育学校而非普通学校。因此,尽管普通学校出于对残疾学生身心发展考虑,一味地强调教育质量,但实质上却是在高质量教育的幌子下将残疾学生排斥在普通学校大门之外。

第三节 德国全纳教育改革与发展过程中的主要经验

德国全纳教育改革先后经历了战后特殊教育的恢复与重建、一体化教育的试验与建立以及新近全纳教育全面改革的历史演变。德国根据自身教育传统所确立的全纳教育改革方式,使其在欧洲乃至世界全纳教育改革界独树一帜。这也就不难理解为何德国全纳教育比例较低,到2015年仅有28%的残疾学生在普通学校接受全纳教育。尽管德国在全纳教育改革过程中仍面临许多问题与挑战,但也积累了丰富的改革经验。

一、在国际全纳教育法案指导下推广全纳教育理念,逐步完善全纳教育政策体系

首先,积极宣传国际全纳教育法案相关精神,推广全纳教育理念。德国全纳教育改革在很大程度上得益于国际全纳教育法案的推动,尤其是2006年联合国颁布的《残疾人权利公约》,极大地推动了德国由特殊教育到全纳教育的转变。[①] 如前所述,分流

---

① Powell, J. J. W., Benjamin, E., & Jonna, M. B. (2016). Awareness-raising, legitimation or backlash? Effects of the UN Convention on the Rights of Persons with Disabilities on education systems in Germany. *Globalisation, Societies and Education*, 14(2), 227-250.

教育传统在德国根深蒂固，且与全纳教育理念格格不入，因此德国全纳教育改革进程缓慢。随着《残疾人权利公约》的颁布以及之后德国签署《残疾人权利公约》，隔离式特殊教育教育逐渐受到公众的批评，尤其是来自残疾儿童家长以及相关残疾人组织的指责。由此改革特殊教育发展全纳教育的呼声日益高涨，《残疾人权利公约》中所宣扬的全纳教育理念逐渐得到德国社会各界的认可，将残疾学生安置到普通学校就读逐渐上升为各州政府的议事议程。[1]

其次，根据《残疾人权利公约》等国际法案推动全纳教育改革，逐步完善全纳教育政策体系。在《残疾人权利公约》推动下，德国开始重新审视已有的全纳教育相关法案，并在公约精神下对已有法案进行调整，同时出台新的全纳教育法案。如，2008年教育和文化部长常设会议重新修订了1994《建议》，贯彻落实《残疾人权利公约》中的相关意见与建议；2010年教育和文化部长常设会议出台了一份行动报告，即《关于在学校教育中执行2006年12月13日联合国〈残疾人权利公约〉中在教育和法律方面的规定》，该行动报告直指德国特殊教育，明确提出所有学生(不管残疾与否)都有进入普通学校接受教育的权利；2011年教育和文化部长常设会议出台《学校为残疾儿童和青少年提供全纳教育》，进一步明确普通学校应为残疾学生提供全纳教育，并提供相应的资源保障。与此同时，各州也在《残疾人权利公约》指导下，制定本州全纳教育政策，推动全纳教育改革与发展。

二、转变特殊教育学校职能，使其成为普通学校全纳教育发展的合作者

德国全纳教育比例不高，但德国的全纳教育质量在国际全纳教育学界享有盛誉，这其中特殊教育学校的作用功不可没。如前所述，德国的特殊教育体系发达，建有10种不同类型的特殊教育学校，每一类特殊教育学校都配有专业的特殊教育教师、专业化的教学仪器、康复医疗设备等。这些装备精良的特殊教育学校，一方面服务于本校的残疾学生，另一方面服务于本地区的普通学校，是普通学校发展全纳教育的密切合作者。特殊教育学校在与普通学校合作过程中，逐渐转变自身单一的特殊教育职能，成为本地区的全纳教育资源中心，为地区内的普通学校提供支持和服务。首先，发挥资源中心的职能。在《残疾人权利公约》影响下，德国特殊教育学校逐渐加大与普通学

---

[1] Powell, J. J. W., Benjamin, E., & Jonna, M. B. (2016). Awareness-raising, legitimation or backlash? Effects of the UN Convention on the Rights of Persons with Disabilities on education systems in Germany. *Globalisation, Societies and Education*, 14(2), 227-250.

校的合作,凭借其特殊教育资源集聚性这一特点,特殊教育学校逐渐成为地区普通学校发展全纳教育的资源中心。一方面,特殊教育教师作为资源教师到普通学校为残疾学生开展特殊训练,协助普通教师开展相关教学活动;另一方面,当某些残疾学生确因某些特殊教育需要难以继续普通学校的学习时,可以暂时转移到特殊教育学校,由特殊教育教师对其进行专业教育,待条件允许时再返回普通学校就读。其次,发挥培训中心的职能。各国全纳教育发展均表明,高质量的教师是全纳教育成功的关键。德国为保障普通学校残疾学生的全纳教育质量,对教师特殊教育和全纳教育方面的素养要求极高。一方面,通过职前教师教育,对普通教师进行全纳教育方面的培养;另一方面,主要是通过在职培训提升普通教师的全纳教育素养,这其中特殊教育学校起到了十分重要的专业教育培训职能作用。普通教师定期到特殊教育学校开展相关特殊教育培训,了解不同残疾类型学生的特殊教育需要,提升其特殊教育和全纳教育素养。此外,特殊教育学校也开展对家长的培训,使家长了解残疾儿童的身心发展特征,学习基本的残疾儿童干预训练方法,为残疾儿童提供一个良好的家庭教育环境。

三、建立全纳教育支持保障体系,提升全纳教育发展质量

德国全纳教育发展的另一个经验是建立了一套较为完整的全纳教育支持保障体系,具体而言可总结为以下三个方面。首先,在输入层面,主要从政策体系、教师教育以及资源保障三个方面着手进行改革。具体表现为:德国逐渐完善了从小学到中学再到职业教育各个阶段的全纳教育政策体系,在普通职前教师教育和在职教师培训中融入特殊教育与全纳教育内容,提升普通教师的全纳教育素养,完善全纳教育资金投入机制,根据残疾学生需求分配资源。[①] 其次,在过程层面,主要是为保障前期所投入的各种资源可以顺利实施,进而实现预期效果所采取的系列举措。在德国,过程层面采取的主要举措是充分发挥特殊教育学校的作用,在教师合作教学、特殊教育教师巡回指导、普通教师在职培训等方面为普通学校发展全纳教育提供多元化支持。最后,在结果层面,主要是指在输入和过程环节顺利进行的基础上所取得的系列预期成效。在德国,为科学合理地评价残疾学生的学业表现,普通学校建立了一套完整的全纳教育评价体系,用以评价和检测学校全纳教育实施状况。此外,在职业教育方面,德国针

---

① Janka, G. (2021). Demand-oriented and fair allocation of special needs teacher resources for inclusive education — Assessment of a newly implemented funding model in North Rhine-Westphalia, Germany. *International Journal of Inclusive Education*, 25(6), 705–719.

对不同类型的残疾学生建立了不同类型的残疾人职业学校,普通学校的残疾学生在中学毕业后可以选择相关的职业教育学校进行继续教育。

第四节 讨论与思考

本节就如何借鉴德国全纳教育发展经验,更好地推动我国残疾儿童随班就读实践的发展,做出如下思考。

一、进一步完善我国残疾儿童随班就读政策体系,为随班就读改革与发展提供政策支持

教育改革的推进需要政策来保障。在德国全纳教育改革发展进程中,从中央到各州相继出台了一系列旨在改革特殊教育发展全纳教育的法案。尤其是在《残疾人权利公约》的影响下,德国更是密集地出台了一系列全纳教育法案,从师资建设、课程改革、课堂教学、学生评价、资源保障等方面对如何改革全纳教育进行了全面系统的规定。

在我国 30 余年的残疾儿童随班就读实践探索中,最重要的问题是随班就读政策体系建设不足,这极大地制约了我国随班就读的实践推进与理论建设。[①] 对此,可从以下方面着手:第一,加强残疾儿童随班就读政策建设。一方面,从我国整个教育政策体系出发思考残疾儿童随班就读政策,将其看作是我国教育政策的一部分;另一方面,必须统筹考虑残疾儿童随班就读政策与普通教育和特殊教育之间的关系,明确普通教育和特殊教育在残疾儿童随班就读政策中的角色与作用。如此,才能使残疾儿童随班就读政策突破特殊教育范畴,调动各层次教育力量参与到随班就读实践中来,进而促进随班就读的可持续化发展。第二,将残疾儿童随班就读政策置于整个社会之中加以考量,围绕残疾儿童随班就读政策出台配套社会政策。这要求残疾儿童随班就读政策制定部门与医疗卫生、社会保障等部门共同规划,形成合力,最终在全社会营造一种包容性、接纳性的"全纳文化"。

二、进一步发挥特殊教育学校专业优势,助力普通学校随班就读的改革与发展

随着大量的残疾学生到普通学校就读,普通学校一时间根本难以做出相应的改

---

① 贾利帅.意大利学校一体化政策发展的历史、经验与思考[J].外国教育研究,2018(6):116—128.

变,为这些残疾学生提供适切的、高质量的教育资源。对于这一难题,各国都不约而同地将目光投向了特殊教育学校。在德国,特殊教育学校与普通学校积极开展合作,逐渐转变自身单一的特殊教育职能,成为本地区的全纳教育资源中心,为地区内的普通学校提供支持和服务。

在我国,普通学校已成为残疾学生接受教育的一种重要安置形式,并且今后将会有更多的残疾学生到普通学校接受教育。但是,我们也必须认识到,由于残疾学生某些特殊的生理缺陷,特殊教育学校仍将是某些残疾学生接受教育的合适场所。为此,各地需要在考虑本地区残疾学生现状的基础上,适时设置特殊教育学校,以便为这些学生提供合适的教育。与此同时,我们也应该思考在全纳教育改革背景下如何改革我们的特殊教育学校,发挥其在特殊教育专业人员和专业教学资源方面的优势,助力普通学校全纳教育改革。

第七章 中国随班就读治理

我国残疾儿童随班就读工作的开展已逾半个多世纪,取得了很大的成绩,一方面有效地提高了我国残疾儿童少年义务教育入学率,极大地促进了残疾儿童少年的身心发展及与社会的融合,另一方面促进了社会大众教育观念的改变,使我们对教育的功能、教育的价值有了新的认识和思考。[①] 据教育部最新统计资料显示,我国残疾学生随班就读人数由2013年的19.1万人增加到2019年的39.05万人,增幅达104.45%,6年来残疾学生在普通学校就读的比例均超过50%。从数量上来说,目前我国残疾儿童随班就读已成为特殊教育的主体。然而,随班就读在改革与发展过程中也存在一些问题与挑战,如随班就读教师缺乏特殊教育与全纳教育相关专业技能、普通学校班额过大、普通学校随班就读支持保障体系尚不完善等。我国随班就读面临的这些问题与挑战,是今后发展随班就读过程中需要予以克服的。与此同时,我们应该看到这些问题与挑战的存在并不表明我国随班就读发展出现了倒退,相反,正是这些问题与挑战的存在,才使得我国在改革与发展随班就读的道路上锐意改革、不断创新。

第一节 中国随班就读改革与发展的历程

随班就读政策的提出与我国当时社会的主要矛盾息息相关,是在数百万残疾儿童的入学需求与教育资源供给有限的情况下为残疾儿童提供教育的一种"实用的也是无可奈何的选择"。[②] 全国残疾人抽样调查表明,1987年我国有学龄残疾儿童800多万,

---

[①] 肖非.中国的随班就读:历史·现状·展望[J].中国特殊教育,2005(3):3—7.
[②] Deng, M., & Poon-Mcbrayer, K. F. (2004). Inclusive education in China: Conceptualization and realization. *Asia-Pacific Journal of Education*, 24(2), 143-157.

而当时有限的特殊教育资源和比较落后的经济发展状况根本无法满足所有学龄残疾儿童的入学需求。① 随班就读政策即在这一历史背景下提出。根据我国随班就读政策不同时期的特点,可将其改革与发展分为四个阶段。

一、随班就读实践的自发式发展

在我国,随班就读实践先于随班就读政策的提出,是一种民间自发式的教育实践。相关研究指出,早在20世纪50年代,四川大巴山的农村小学就存在接收残疾儿童随班就读的教育安置形式。② 在20世纪70年代后期,我国东北、北京等地就已经有聋人在普通学校毕业的记载。改革开放初期,在国家普及义务教育的背景下,东北的一些学校开始将智力发展障碍儿童安置到普通班级中进行随班就读。③ 这些早期自发式的随班就读实践,为之后随班就读实验的开展和随班就读政策的提出提供了宝贵的经验。

二、随班就读政策的正式提出

1986年9月,国务院转发了《关于实施义务教育法若干问题的意见》的通知,最早提出了特殊教育的三种办学形式,"办学形式要灵活多样,除特设特殊教育学校外,还可在普通小学或初中附设特殊教学班。应该把那些虽有残疾,但不妨碍正常学习的儿童吸收到普通中小学上学"。虽然此时尚未在政府文件中正式使用"随班就读"一词,但政府已表达出对将残疾儿童纳入普通学校就读这种安置形式的认可与提倡。④ 在随班就读由自发式发展到上升为一项教育政策的过程中,随班就读试验发挥了重要作用。随班就读试验最初始于盲童和聋童,1987年黑龙江省海伦市首先进行了聋童随班就读试验,之后在北京、江苏等地也开展了类似的随班就读试验。同年12月,国家教委在《全日制弱智学校(班)教学计划(征求意见稿)》中明确提出,让"大多数轻度智力落后儿童在普通学校随班就读"。"随班就读"首次在国家层面文件中被使用。1988年,《中国残疾人事业五年发展纲要(1988—1992年)》中提到:"普通班中要吸收肢残、轻度弱智、弱视和重听等残疾儿童随班就读。"同年在第一次全国特殊教育工作会议

---

① 肖非.中国的随班就读:历史·现状·展望[J].中国特殊教育,2005(3):3—7.
② 华国栋.残疾儿童随班就读现状及发展趋势[J].教育研究,2003(2):65—69.
③ 朴永馨.融合与随班就读[J].教育研究与实验,2004(4):37—40.
④ 李拉.我国随班就读政策演进30年:历程、困境与对策[J].中国特殊教育,2015(10):16—20.

上,把在普通教育机构招收特殊学生进行随班就读正式作为发展特殊教育的一项政策。同时指明了随班就读的未来发展方向,即"坚持多种形式办学,逐步形成以一定数量的特殊教育学校为骨干,以大量的特教班和随班就读为主体,进行残疾儿童少年教育的新格局"。① 1989 年,国家教委委托北京、河北、江苏、黑龙江、山西、山东、辽宁、浙江等省市,分别进行视力和智力残疾儿童少年的随班就读试验。当时试验的主要目的是探索农村地区推行随班就读的可行措施,解决广大偏远地区残疾儿童的受教育问题。试验内容包括三个方面:随班就读的对象、随班就读的师资和随班就读的教育教学安排。关于随班就读的对象,试验希望解决的问题有:何种残疾程度的视力残疾儿童、智力残疾儿童适合随班就读?如何评估随班就读对象的残疾程度?如何组织残疾儿童入学?关于随班就读的师资,试验希望解决的问题有:如何做好教师的思想发动工作?如何组织必要的业务培训和指导?需要帮助学校解决哪些具体困难?关于随班就读的教育教学安排,试验希望解决的问题有:在教学内容、教学要求、教学方法、教学评估等方面如何适当安排既照顾残疾学生特点又不影响整体教学质量的正常教学?② 自 1990 年起,国家教委先后五次召开了全国性的随班就读工作现场会或研讨会,探讨试验中的问题,推广试验成果,进行经验交流与总结。同时,国家在 1990 年《残疾人保障法》和 1994 年《残疾人教育条例》中,再次以法律形式对随班就读进行了明确规定。由自发式发展到开展随班就读试验再到成为一项教育政策,随班就读逐渐走上了一条正常化发展轨道。

三、随班就读政策的逐步完善

伴随着随班就读试验在全国范围的展开和随班就读实践的逐步规范化,为进一步总结经验,促进随班就读规范化发展,1994 年国家教委出台了首部国家级随班就读政策文件:《关于开展残疾儿童少年随班就读工作的试行办法》。这份文件围绕随班就读的对象、教学、教师培训、家长工作以及教育管理等问题进行了相关说明。它的出台有力地促进了全国各地随班就读实践的开展,进一步规范了随班就读工作。随后,1996 年国家教委会同中国残疾人联合会发布了《全国残疾儿童少年义务教育"九五"实施方案》,其中再次明确了随班就读在发展特殊教育安置残疾学生方面的重要作用和地位,并且明确指出我国要"普遍开展随班就读,乡(镇)设特教班,30 万以上人口,残疾儿童

---

① 肖非.中国的随班就读:历史·现状·展望[J].中国特殊教育,2005(3):3—7.
② 肖非.中国的随班就读:历史·现状·展望[J].中国特殊教育,2005(3):3—7.

少年较多的县设立特殊教育中心学校,基本形成以随班就读和特教班为主体,以特殊教育学校为骨干的残疾儿童少年义务教育格局"。1998年出台的《特殊教育学校暂行规程》对在特殊教育学校中读书的残疾儿童向普通学校转学的问题做出了规定与说明。2001年发布的《关于"十五"期间进一步推进特殊教育改革和发展的意见》中,提出要建立随班就读教学管理制度、普通学校建立资源教室、特殊教育学校提供巡回指导服务以及编制随班就读指导手册等。2003年,由教育部和中国残联印发的《全国随班就读工作经验交流会纪要》中,对十多年来的随班就读实践进行了总结,充分肯定了其在普及残疾儿童少年义务教育中的重要性,对于发展我国特殊教育乃至推动整个基础教育工作具有十分重要的意义和作用。2006年,随班就读首次被写进新修订的《中华人民共和国义务教育法》。2008年修订的《中华人民共和国残疾人保障法》中,将随班就读政策延伸至普通教育的各个阶段。伴随这些政策的颁布与实施,随班就读政策作为一项安置残疾学生的教育举措逐步步入规范化、完善化发展轨道。

四、随班就读政策由"单一规模取向"到"质量与规模双重取向"的转型

截止到2019年,残疾儿童在校生79.46万人,其中49.15%的残疾儿童在普通学校就读。[1] 经过30余年发展,随班就读工作取得的最大成绩是使我国的学龄残疾儿童有了更多的入学机会,残疾儿童接受义务教育的入学率有了大幅度的提高。[2] 但不可否认,我国随班就读政策发展也存在一些问题和不足,这其中尤以随班就读质量不高为甚。实践层面的总结和研究层面的反思,都表明我国随班就读政策亟须实现由"单一规模取向"到"质量与规模双重取向"的转型。多年来,"不断扩大随班就读规模"几乎成为所有的随班就读的政策指向,如2010年《国家中长期教育改革和发展规划纲要(2010—2020年)》、2014年《特殊教育提升计划(2014—2016年)》与2017年《第二期特殊教育提升计划(2017—2020年)》等。但与此同时,我们也看到"质量与规模双重取向"的随班就读政策在我国已初露端倪,逐渐成为随班就读政策发展的主要指导思想。如《特殊教育提升计划(2014—2016年)》中提到"全面推进全纳教育,使每一个残疾孩子都能接受合适的教育",这是全纳教育首次在国家政策文本中出现,表明了国家为残疾学生提供有质量保障的教育的努力。此后,在2017年《第二期特殊教育提升计

---

[1] 中华人民共和国教育部. 2019年全国教育事业发展统计公报[EB/OL]. (2020-05-20)[2022-11-10]. http://wap.moe.gov.cn/jyb_sjzl/sjzl_fztjgb/202005/t20200520_456751.html.
[2] 华国栋. 残疾儿童随班就读现状及发展趋势[J]. 教育研究,2003(2):65—69.

划(2017—2020年)》和新修订的《残疾人教育条例》中,单一扩大随班就读规模逐渐让位于全面提高随班就读质量,这一转变清晰地反映在这两个文件的各项条款之中。2019年颁布的《中国教育现代化2035》也将提升残疾儿童随班就读质量作为未来教育改革的重点,并作为实现教育现代化的重要组成部分予以重视。2020年6月教育部发布《关于加强残疾儿童少年义务教育阶段随班就读工作的指导意见》,指出要强化依法治教理念,更加重视关爱残疾学生,坚持科学评估、应随尽随,坚持尊重差异、因材施教,坚持普特融合、提升质量,实现特殊教育公平而有质量的发展,促进残疾儿童少年更好地融入社会生活。因此,从上述国家颁布的系列随班就读政策中可以看出,随班就读已从单方面关注"有学上"到同时关注"有学上"和"学得好",表明我国随班就读政策指向已开始发生转变,向着兼顾"质量和规模"的方向发展。

第二节 中国随班就读改革与发展过程中的问题与挑战

经过半个多世纪的不断探索与革新,随班就读作为残疾儿童的教育安置形式之一,已具有相当规模和影响力,在三种残疾儿童常规的教育安置形式(随班就读、特教班、特殊教育学校)之中,随班就读已居于主体地位。但是,在随班就读取得成绩的同时,随班就读质量不高这一问题逐渐成为各方关注的焦点话题。一些学者指出,目前我国随班就读实践中存在不同程度的"随班混读"和"随班就坐"现象,这极大地影响了残疾学生的教育质量。从笔者的调研和相关学者研究中可以发现,造成我国随班就读质量不高的原因有教育理念的落后、随班就读教师缺乏相关专业技能、普通学校班额过大等问题。与此同时,需要指出的是,随班就读作为一种新的安置残疾学生的教育形式,其改革与发展并无太多的经验可资借鉴,只能在实践中不断摸索。因此,在探索过程中出现这样或那样的问题并不是说明我们的探索失败了,相反,我们应该看到正是这些问题或挑战的存在,才使我们不断地进行改革与创新,进而推动我国随班就读实现高质量的、可持续化发展。

一、教育观念的落后

我国教育学者华国栋[①]指出,我国随班就读工作没有得到人们普遍的重视,主要

---

① 华国栋.残疾儿童随班就读现状及发展趋势[J].教育研究,2003(2):65—69.

原因在于教育理念的落后,进而导致随班就读质量不高。在社会上,仍有一部分人认为残疾儿童应该到特殊教育学校学习,不应该到普通学校学习,因为普通学校主要面向的是普通学生而非残疾学生。虽然在国家相关政策推动下,一些残疾学生已被安置到普通学校进行随班就读,但是残疾学生没有得到应有的重视。这主要是由于,一方面,普通学校往往将残疾学生随班就读相关工作视为学校的一项额外工作予以对待,在一些学校领导看来,残疾学生教育本应是特殊教育学校来承担的,现在将他们安排在普通学校是一种额外的工作负担;另一方面,学校领导的这种"将残疾学生随班就读视为一种额外工作的观念"影响了部分随班就读教师。普通学校的教师是残疾学生随班就读的主要实施者,但是一些普通教师也将班上残疾学生的工作视为一种额外的工作负担,这在不同程度上导致部分残疾学生随班就坐现象的发生。上述这些传统观念严重阻碍了随班就读工作的开展,并且这种隐性观念的阻碍往往甚于硬件设备和师资方面的阻碍,因为这些观念无时无刻不在影响着普通学校的日常教学活动,影响着随班就读的发展和质量的提高。

二、随班就读政策滞后、规定模糊、定位错位

随班就读政策的确立为随班就读发展指明了方向,解决了大量的残疾儿童接受义务教育和就近入学等问题,并间接促进了教育公平理念的深入人心。但是,随着我国随班就读实践的不断发展,随班就读政策存在的不足逐渐显现,并在某种程度上已经阻碍到了随班就读工作的开展。总体来看,我国目前随班就读政策存在三方面的问题。

第一,随班就读政策滞后于随班就读实践的发展。随着越来越多的残疾学生到普通学校进行随班就读,随班就读实践较之前已有了很大的不同,如随班就读人数增多、随班就读教师群体扩大等。但是,伴随着随班就读实践的发展,相关政策的调整和跟进却略显不足,相关政策缺乏或是已明显滞后于随班就读实践的发展,如与随班就读相关的经费投入制度、学校管理制度、质量监督和评估制度等都已过时或尚未建立。政策方面的滞后,会给随班就读实践的开展造成很多问题,进而导致无"法"可依、无"章"可循、无"理"可据。以随班就读教师培养相关政策为例,随着残疾学生随班就读规模的不断扩大,对随班就读教师的需求也与日俱增。但是,一个突出的问题是随班就读教师的专业性严重不足,这甚至已成为阻碍随班就读发展的主要原因。但是,目前尚未出台随班就读教师培训的相关政策,已有的规定只是强调在已有教师教育培训

项目中增加特殊教育与全纳教育课程,但并没有对随班就读教师的培训、资格标准等做出明确规定。

第二,随班就读相关政策规定的模糊性。政策的明确性是政策有效执行的关键,也是政策执行者的行动依据。政策的明确性是指政策具有明确的达成目的和明确的实现方式,可以告诉执行者政策是什么、如何实现等。从这个角度审视我国随班就读相关政策,可以发现我国随班就读相关政策的规定不是十分明确,如有研究者指出无论在各类特殊教育的政策文件中,都无一例外提及"扩大随班就读规模""大力发展随班就读"等宣传性、号召性的语词,而鲜见更加具体的、可执行的政策,对执行目标、执行手段、执行监督、政府责任、政策灵活度等都缺乏明确的规定和具体的说明。[①] 彭霞光[②]以2006年修订的《义务教育法》为例对与随班就读相关规定的模糊性进行了研究,她指出2006年修订的《义务教育法》尽管规定"普通学校应当接收具有接受普通教育能力的残疾适龄儿童、少年随班就读,并为其学习、康复提供帮助",但据此可以解读为,残疾儿童去普通学校普通班就读并非每个残疾儿童都能享有的教育权利,不具有普惠性,而只是那些"具有接受普通教育能力的"适龄残疾儿童的一种教育权利。而且到目前为止,未出台"具有接受普通教育能力"的国家标准,因此,大量没有接受普通教育能力的残疾儿童只能进特教学校,甚至有接受普通教育能力的残疾儿童也可以鉴定为"无能力"接受普通教育,被普通学校拒之门外。

第三,随班就读政策定位发生错位。随班就读属于普通教育范畴还是特殊教育范畴,是一个十分重要的问题,因为这决定了随班就读的归属。从国际全纳教育发展来看,随班就读是全纳教育在我国的一种实践形式。在国际全纳教育界,全纳教育更多时候被视为普通教育的一种,若以此来看的话,我国随班就读也应属于普通教育的一种。但是,就我国随班就读现状来看,无论是从实践层面还是从政策层面,随班就读都被视为特殊教育的一种形式。在实践层面,与随班就读相关的事宜往往由特殊教育学校推动,而普通教师也往往将残疾学生的教育问题视为本应该是特殊教育学校要做的事情;在政策层面,就目前与随班就读相关的政策条款,多数出现在特殊教育政策文件中或是特殊教育一节中,如《国家中长期教育改革和发展规划纲要(2010—2020年)》《特殊教育提升计划(2014—2016年)》和《第二期特殊教育提升计划(2017—2020年)》等。将随班就读视为特殊教育的一种形式,无疑不利于随班就读工作的开展。因为这

---

① 李拉.我国随班就读政策演进30年:历程、困境与对策[J].中国特殊教育,2015(10):16—20.
② 彭霞光.中国全面推进随班就读工作面临的挑战和政策建议[J].中国特殊教育,2011(11):15—20.

给随班就读蒙上了一层"特殊性的面纱"。可现实是随班就读是在普通学校进行的一种教育形式,但由于这一层"特殊性的面纱",随班就读被认为是特殊教育的事情,这就使得随班就读出现了身份认同危机,到底是特殊教育(可是却在普通学校里)还是普通教育(与随班就读相关的政策大都在特殊教育文件中),进而陷入了一种尴尬的境地。

三、普通教师缺乏特殊教育与全纳教育相关专业素养

我国普通学校教师普遍缺乏特殊教育与全纳教育相关知识和技能,是造成随班就读质量不高的重要原因。有学者指出在我国的教师教育中,至今没有要求普通教育教师必须接受特殊教育的学习,必须选修一定的特殊教育学分。这导致我国绝大多数普通教师根本就不具备基本的特殊教育知识。一个没有学过特殊教育相关知识和技能的随班就读教师,在工作中毫无疑问会遇到很多的困难。[①] 之所以会出现这种情况,与我国现行的教师教育体制机制息息相关。就职前教师教育培训而言,经过系统的职前培养的随班就读教师少之又少,绝大多数即将走向随班就读教师工作岗位的教师很少系统学习过特殊教育与全纳教育相关课程,因为目前我国除十几所大学(包括部属高等师范大学和地方师范大学)开设有特殊教育专业以外,在普通师范院校中很少涉及有关特殊教育的内容。而就职后培训而言,相关研究指出多数随班就读教师没有接受过相关特殊教育与全纳教育培训,即使是经过了一段时间的职后培训,也很难要求这些教师掌握足够的特殊教育与全纳教育相关理论和教育残疾儿童所需的各种技能,如语言训练技能、盲文读写技能等。

四、普通学校班额过大

就目前我国普通学校的班额而言,平均人数在50人左右,有的甚至在60到70人左右。在如此大的班额中再安置1到2个残疾学生,无疑会给普通教师带来一定的工作压力和负担。就笔者的调研和相关研究者的研究可以看出,普通教师有时候都忙不完班上普通学生的事情,很难再分出时间和精力来关注和照顾班上的一两个残疾学生。这样,一些残疾学生可能会出现"无人照管"的情况。

五、随班就读支持保障体系不健全、不完善

教育学者肖非指出,一个有特殊教育需要的儿童要在普通学校接受到合适的教

---

① 肖非.中国的随班就读:历史·现状·展望[J].中国特殊教育,2005(3):3—7.

育,需要满足多方面的条件,比如良好的师资、小规模的班级、程序合法的个别化教育计划、专业人员的多方面协助等。可如前所述,这些条件目前在我国普通学校还远没有实现。现阶段我国普通学校随班就读支持保障体系建设还存在一些问题,缺乏系统的、持续的支持和帮助。这亟需国家出台相关政策,进一步完善我国残疾儿童随班就读支持保障体系。

第三节 讨论与思考

从我国随班就读实践和相关政策来看,未来会有越来越多的残疾学生到普通学校就读。不可否认,当下我国随班就读工作的确存在一些问题和挑战,但这并不是说我们的随班就读失败了,相反,这说明我们的随班就读在发展,因为事物的发展总是曲折的,但未来可期。基于此,从我国随班就读发展实际出发,本节就如何完善我国随班就读工作提出若干意见和建议。

一、加强随班就读政策建设

第一,在制定残疾儿童随班就读政策时,必须从我国整个教育政策体系出发思考残疾儿童随班就读政策,将其看作是我国教育政策的一部分;必须统筹考虑残疾儿童随班就读政策与普通教育和特殊教育之间的关系,使残疾儿童随班就读政策突破特殊教育范畴,调动各层次教育力量参与到随班就读实践中来,进而促进随班就读的可持续化发展。第二,将残疾儿童随班就读政策置于整个社会之中加以考量,围绕残疾儿童随班就读政策出台配套社会政策,最终在全社会营造一种包容性、接纳性的"全纳文化"。

二、完善随班就读教师职前和职后培训体系

《残疾人保障法》以及国务院办公厅转发的《关于进一步加快特殊教育事业发展意见的通知》等相关政策文件都明确指出,要在普通师范院校和有条件的综合性院校等开设特殊教育课程或者讲授有关特殊教育内容,各级教育行政部门要加强随班就读教师和巡回指导教师的培训。其目的不仅在于使在岗的随班就读教师的特殊教育素养得到提高,而且也使新入职的普通教师能了解一些特殊教育的基础知识,进而保障随

班就读的质量。① 基于此,可以从以下两个方面出发,进一步完善随班就读教师培训体系:在职前教师教育阶段,开设特殊教育与全纳教育相关课程,且有条件的院校可将此类课程设为必修课程,逐步将特殊教育与全纳教育相关知识纳入到教师资格证考试中去;在职后教师培训阶段,提高特殊教育与特殊教育相关课程内容比例,并且有针对性地开设不同种类残疾学生教育培训项目,在提高普通教师相关理论水平的同时培养其相关操作技能,以应对班上残疾学生的特殊教育需要。

三、建立健全随班就读支持保障体系

早在21世纪之初,就有研究者指出我国随班就读支持保障体系不健全,影响随班就读质量。近年来,与随班就读相关的各项政策文件中都明确提出要逐步建立健全我国残疾儿童随班就读支持保障体系,提升残疾儿童在普通学校所受教育的质量。正如肖非教授指出的那样:一个有特殊教育需要的儿童要在普通学校接受到合适的教育,需要满足多方面的条件,比如良好的师资、小规模的班级、程序合法的个别化教育计划、专业人员的多方面协助等。当前就如何建立一个科学的、完善的随班就读支持保障体系,尚缺乏一个共识。本研究认为随班就读支持保障体系建设是一个"在路上的过程",即是一个不断完善的过程,要随时根据变化发展随班就读实践,不断完善随班就读支持保障体系。基于此,本研究认为现阶段我国随班就读支持保障体系应注重以下几个方面的建设:第一,进一步完善随班就读相关政策,明确随班就读的政策属性,为其发展提供一个清晰的方向;第二,普通学校要逐步完善各种条件,以满足残疾学生的特殊教育需要,如加强资源教室建设、设置专业化的资源教师或特殊教育教师岗位、注重与残疾学生家庭合作等;第三,重视特殊教育学校在普通学校发展随班就读过程中的作用,充分利用特殊教育学校的资源优势,促进随班就读发展。

---

① 彭霞光.中国全面推进随班就读工作面临的挑战和政策建议[J].中国特殊教育,2011(11):15—20.

下篇

教师的视角

下篇主要从教师视角出发探究如何治理全纳教育。毋庸置疑,政策的制定只是第一步,之后的执行与评价也相当重要,因为现实中国家制定的政策往往都是出于好的目的,但在之后的执行过程中却变了味,可能没有很好地解决问题。因此,作为表达国家意志力的政策,不能仅仅被理解为是一个自上而下的过程(国家的视角),同时也应被看作是一个自下而上的过程(底层的视角)。基于此,与中篇从国家视角理解全纳教育改革与发展不同,这部分则从教师视角来解构和建构国家全纳教育政策,探究旨在促进所有学生在普通学校接受高质量的、适合他们特点的、平等的国家全纳教育政策是否实现了这一目标,在多大程度上实现了这一目标,这一目标是否符合本国教育发展实际。围绕这些思考,从理解理论出发建构了一个六维分析框架,每一个维度设置一个问题,用以探究教师视角下的全纳教育治理。这6个问题如下:

解释维度:您是如何理解全纳教育的?
应用维度:在工作中,您是如何践行全纳教育的?
认知维度:全纳教育实施过程中的促进和阻碍因素分别有哪些?
共情维度:从您的经历出发,谈谈您班上/学校里残疾学生的境况?
批判维度:您认为应该如何安置残疾学生?
演绎维度:自您参加工作以来,全纳教育发展情况如何?

第八章 意大利教师眼中的学校全纳教育治理

本章主要是从意大利中小学教师视角出发,探究国家层面的全纳教育政策是如何在学校层面实施的。笔者借助在意大利中小学所收集的数据资料,从解释、应用、认知、共情、批判与演绎六个维度勾勒出意大利中小学全纳教育治理现状(关于访谈对象和访谈提纲等问题,详见附录)。

第一节 全纳教育是什么

在解释维度上,全纳教育的含义包括六个主题,即价值观、对象、变化过程、额外支持、安置形式以及一体化教育与全纳教育的区别;每个主题又包含一些子主题(见表8-1)。

表8-1 解释维度:全纳教育是什么

维度	主题	子主题
解释	价值观	教育面向所有学生
		尊重学生的差异性
		给予每个学生同样的学习机会
		一种好的教育形式
		尊重/发现学生的潜力
		每一个学生都可获得进步
	对象:有特殊教育需要的学生	残疾学生
		外国学生
		难民儿童
		其他情况:单亲家庭学生、孤儿等

续 表

维度	主题	子主题
	变化过程	从环境到学生
		改变现在的教育安排
	额外支持	支持教师
		其他支持性资源
	安置形式	教室里的一个座位
		从家到学校
	一体化教育与全纳教育的区别	残疾学生适应学校安排还是学校满足学生需要
		没有额外支持还是有额外支持

一、价值观

第一个主题是将全纳教育视为一种值得追求的价值观,学校方方面面的工作都应以这些价值观为指导。在这一主题下共包含六个子主题,分别为:教育面向所有学生、尊重学生的差异性、给予每个学生同样的学习机会、一种好的教育形式、尊重/发现学生的潜力、每一个学生都可获得进步。在意大利中小学调研过程中发现,将全纳教育视为一种值得追求的价值观经常被中小学教师提及,源于教师们对自身所在学校的实践总结。

(一) 教育面向所有学生

第一个子主题是教育要面向所有学生。调研中教师们一再强调,全纳教育是一种指向所有人的教育形式,不论学生残疾与否,所有学生都应该被包容和接纳。在实际教学过程中,教师对所有学生负责,而不是只对某些学生负责。全纳教育作为一种面向所有学生的教育这一观点,反映在多位教师的访谈中。

全纳教育是指为所有学生提供教育机会,而不仅仅针对残疾学生,所有的学生都应该接受全纳教育,学习同样的课程。

(普通小学,普通教师-2)

全纳教育是面向所有人的教育,在实际教学中指向班级里的所有学生,而非为残疾学生提供的一种特殊的教育。

(普通小学,普通教师-8)

（二）尊重学生的差异性

第二个子主题是在学校日常教学实践中要尊重学生间的差异性,提倡因材施教,反对用一个标准去衡量所有的学生。基于这一价值取向,学生间的差异性不再被视为一种发展障碍,相反,它成为课堂上一种有价值的教学资源。为此,教师应该尊重学生的差异性,利用学生间的差异促进学生身心发展。正如教师所言：

全纳教育是一种尊重学生差异性的教育,因为我们每一个人都不一样,每一个人都有自己擅长的和不擅长的方面。作为教师,我们要充分利用学生间的差异性开展教学,将差异变成一种有价值的教学资源。

（普通中学,普通教师-11）

差异性是一种普遍存在的现象,我和你之间、我和他之间、你和他之间、他和她之间等,我们每一个人都是一个独特的个体。全纳教育就是这样一种尊重每个人差异性的教育,在我们学校我们尊重每一个学生的差异,并且会利用学生间的差异开展日常教学活动。

（普通小学,支持教师-9）

（三）给予每个学生同样的学习机会

第三个子主题是教师在日常教学过程中要给予每个学生相同的学习机会,不因学生残疾或是有其他类型的特殊教育需要而忽视学生。"机会",在访谈中不断地被学校教师所强调。在他们看来,有时候不是学生能力不足,而在于教师没有为他们的发展提供适当的机会。例如,有些教师为了保证课堂教学进度,很少让班上的智力障碍学生回答问题,因为他们担心这些学生会拖慢课堂教学进度。对此,一些教师明确表示反对态度,他们认为在课堂上教师需要给每一个学生提供同样的发展机会。正如教师所言：

我认为全纳教育很重要！全纳教育意味着为每一个学生的发展提供相同的发展机会,不论学生残疾与否。我们不能因为班上某些学生是残疾学生就忽视他们的声音,不让他们参与到课堂教学中来。因为,机会对每一个人的发展都太重要了。

（普通小学,普通教师-4）

机会对学生的发展太重要了。之前,我们将残疾学生安置在特殊学校,他们失去了很多发展的机会。现在全纳教育提倡把所有学生安置在一起接受教育,是一件很有意义的事情。因为,他们有了同样的学习机会。作为教师,在课堂上要为每一个学生的发展提供同样的机会,给他们展示自己能力的舞台。

(普通中学,支持教师-17)

(四)一种好的教育形式

第四个子主题是将全纳教育视为一种好的教育形式,一种值得追求的教育形式。之前,残疾学生被安置在特殊教育学校,根据残疾类型进行分班。由于班上的同学都是残疾学生,他们长期生活在这样的环境里并不利于他们身心发展。全纳教育是一种面向所有学生的教育,在安置形式方面提倡所有学生在一起接受教育。这样,一方面残疾学生可以和正常学生进行交往,为他们之后步入社会做准备,另一方面也可以使正常学生正确地认识残疾学生,理解残疾学生,利于他们在今后的学习生活中对残疾人持一种正确的态度。因此,在教师们看来,全纳教育是一种好的教育形式。

全纳教育是一种好的教育形式,之前的隔离式特殊教育将残疾学生安置在一起接受教育,他们周围都是残疾学生,这样的环境不利于残疾学生的发展。全纳教育倡导将所有学生安置在一起接受教育,将之前在特殊教育学校的学生安置到普通学校里,这是一种好的教育形式,一种值得追求的教育形式。在这样的环境里,不论是残疾学生还是正常学生,他们都可以获得很好的发展。

(普通小学,支持教师-15)

(五)尊重/发现学生的潜力

第五个子主题是将全纳教育视为发现学生潜力的一种教育形式。调研中,教师强调每一个学生都是一座待开发的宝藏,问题在于我们如何科学合理地发掘学生这座宝藏。潜力,是在教师访谈中出现的一个高频词。教师们认为每一个学生都存在发展的潜力,问题是作为教师的我们如何去发现学生的潜力。全纳教育为教师发现学生潜力提供了指导,因为全纳教育倡导尊重每一个学生,为每一个学生发展提供机会。

每一个学生都有发展的潜力,问题在于我们如何发现学生的潜力。全纳教育就是发现学生潜力的一种好的教育形式,它不因学生的残疾而忽视学生,它尊重每一个学生发展的机会,并为学生的发展提供资源和支持。

(普通小学,普通教师-2)

潜力,对一个人的发展很重要,问题在于我们如何去发现潜力。全纳教育就是这样一种发现学生潜力的好的教育方式,它尊重每一个学生的特点,针对每个学生因材施教。

(普通中学,普通教师-12)

(六) 每一个学生都可获得进步

第六个子主题是在全纳教育中每一个学生都可获得进步。全纳教育的初衷是为每一个学生的发展提供适切的教育,帮助学生实现其人生价值。在访谈中,教师将全纳教育视为学生身心发展的助推器,在为学生提供适合的教育后,每个学生都可获得进步。就进步而言,教师一再强调每个学生与自己比较,而非学生间的比较。在教师看来,每一个学生都是独特的个体,比较两个不同的个体毫无意义。例如,当你比较班级里一个盲生和一个正常学生的数学成绩时,你想说明什么,什么也说明不了。因为他们两个人存在太多的不同,我们怎么能抹去这些不同点,单单去看他们的数学成绩呢?相比之下,教师认为进步在于自己与自己比较,在于今天的自己与昨天的自己进行比较,如今天比昨天多认识了一个单词、一种小动物,这都是进步。我们以往的教育太看重学生间的比较,却忽视了每个学生的发展。与此不同,全纳教育理念下每一个学生都是一个独特的个体,都可获得进步,如教师所言:

> 班级里的每一个学生都是独特的个体,全纳教育为他们的发展提供适当的支持。在这样的环境里,每一个学生都可以获得进步。当然了,学生间的进步可能有差异,但重要的是每个学生都在进步,都在发展。每一个学生与昨天的自己相比,每天都获得了新知识、新技能,这就是一种成功。
>
> (普通小学,支持教师-3)

二、对象:有特殊教育需要的学生

第二个主题是将全纳教育看作为某一类有特殊教育需要的学生提供的一种教育形式,主要包括残疾学生、外国学生、难民儿童、单亲家庭学生以及孤儿等。与前述将全纳教育视为面向所有学生的主题相比,第二个主题更多地关注班级里的某一类特殊群体。在教师看来,班级里的这类群体之所以特殊是因为相比于正常学生,他们有某些特殊的需要,而全纳教育就在于为这部分学生提供特殊支持。

(一) 残疾学生

如前所述,意大利在学校一体化运动中逐渐关闭了所有特殊教育学校,目前仅有少量特别严重的残疾学生在当地医疗康复中心接受康复教育,其他所有类型的残疾学生都在普通学校接受全纳教育。在调研中,几乎每个班级都有1至3个有特殊教育需要的学生,他们大多属于某一类残疾学生。访谈中发现,教师认为班上的残疾学生因为有某种特殊需要,所以常常无法跟上班级教学进度,而全纳教育就是为这些残疾学

生提供支持与帮助的一种教育形式。正如教师所言:

> 全纳教育就是为残疾学生提供帮助与支持的,现在我们学校有35名残疾学生,如视力残疾学生、多动症学生、智力障碍学生等。因为他们每个人都有独特的教育需要,所以他们与普通学生不一样。他们所需要的特殊支持,普通学生是不需要的。学校里的教师尽他们最大力量帮助这些残疾学生,我们这所学校是这个地区最好的全纳学校。
>
> (普通中学,校长-7)

> 因为每个班上都有若干个残疾学生,所以需要教师实施全纳教育。全纳教育主要就是为这些患有残疾的学生提供必要的支持和帮助,以使他们可以正常学习。在我们学校自闭症学生居多,教师大部分时间都是针对这些学生进行全纳教育。
>
> (普通小学,校长-1)

> 我的班上有2名残疾学生,在我看来全纳教育主要是为他们提供帮助与支持的。当然了,全纳教育也帮助班上的其他学生,为他们的学习提供支持。但就目前来看,全纳教育主要是指向残疾学生的教育。
>
> (普通小学,支持教师-10)

(二) 外国学生

第二个子主题将全纳教育视为针对外国学生的教育。近年来,随着越来越多的人移民意大利,意大利中小学移民学生数量日益增多。意大利中小学课堂上的授课语言主要是意大利语,有少数科目使用英语授课,但大多数移民学生的第一语言不是意大利语,所以语言就成了他们进入意大利中小学学习的一大障碍。为此,有的学校专门在学校开设语言班,为第一语言不是意大利语的学生提供必要支持。在意大利一些中小学教师看来,全纳教育主要是指向这些移民学生的,是为他们融入课堂提供的一种教育形式。一些教师表达了这样的观点:

> 在我们学校有一些外国学生,他们是跟着父母移民到我们国家的。他们不会讲意大利语,这样上课就无法跟上教师的讲课。我们专门成立了一个小组,为这些外国学生提供帮助和支持。在我看来这就是全纳教育,一种帮助这些外国学生融入我们学校的教育形式。
>
> (普通小学,校长-1)

> 全纳教育有多种含义。我们大多数情况在说全纳教育的时候,都指向残疾学生。但其实,全纳教育也指向外国学生。比如,我们学校就有几名外国学生,他们不懂意大

利语,对我们的文化了解得也不多。为此,我们为他们提供一些额外支持和帮助,以使他们可以快速地融入到我们的班级中来,在我看来这就是一种全纳教育。

(普通小学,普通教师-5)

(三) 其他有特殊教育需要的学生

除了残疾学生和外国学生外,调研中教师还提到一些学生,如孤儿、单亲家庭的孩子、难民的孩子等。出于各种原因,这些学生在学校中常常表现得不合群或是比较内向,参加班级活动不是很积极。为此,教师常常在课堂之外的时间对这些学生进行单独辅导,以心理辅导为主,以帮助他们更好地融入班级生活。教师认为,这种以帮助他们融入学校生活的教育就是一种全纳教育。

我们学校有个单亲家庭的孩子,他性格很内向,平时与其他学生不怎么交流,我们猜想可能是家庭原因导致的。为了更好地帮助这名学生融入班级活动中来,我们课下会和他谈心,让其他学生主动和他做游戏。现在他逐渐开始参加班级活动了,也比以前爱笑了。在我看来这就是全纳教育的一种形式,全纳教育不一定非要帮助学生提升学业成绩,这种帮助学生身心发展的也属于全纳教育。

(普通小学,普通教师-4)

三、变化过程

第三个主题是将全纳教育视为一个变化过程,一个在路上的过程。在这种视角下,全纳教育不再是一种固定不变的教育形式,而是随着学生的发展而不断发展变化的一种教育形式。该主题主要包括两个子主题,分别为从环境到学生的变化以及学校需要变革以适应学生的变化。该主题更多的是从一种历史视角出发理解全纳教育,因为从隔离式特殊教育到一体化教育再到目前的全纳教育,意大利在残疾学生教育方面走过了一段很长的历史。作为意大利全纳教育改革的实际参与者和见证者,意大利全纳教育这段改革史对意大利中小学教师理解全纳教育产生了重要影响。

(一) 从环境到学生

第一个子主题是将全纳教育视为从环境到学生的一个转变过程。20世纪70年代开始的学校一体化运动,倡导将残疾学生安置到普通学校接受教育。在这一运动之下,大量特殊教育学校纷纷关门,残疾学生被安置到普通学校接受教育。但囿于当时的学校安排和师资情况,许多残疾学生只是被安置到普通学校,实现了物理环境的一体化,但对学生是否真的融入到班级生活之中关注不够。这种情况一直持续到20世纪 90 年代末。进入 21 世纪,意大利中小学对学生的关注增加,通过提供各种支持帮助残疾学生融入到班级中来。全纳教育不再只是关注物理环境的全纳化,更关注学生的全纳化。

我从教已经 30 多年了,我经历了全纳教育从关注环境到关注学生的转变过程。起初,我们只是把残疾学生安置到普通教室,并没有为他们提供多少支持和帮助。后来,我们逐渐为班级里的残疾学生提供支持资源,帮助他们学习,如支持教师、心理治疗师等。再后来,我们开始针对每个学生制订个别化教育计划,为他们定制专门的教育项目。可以说,并不是所有学生在班级里都可以接受到良好的教育。为此,我们需要围绕每个人提供个性化服务。所以,全纳教育是一个过程,一个从关注物理环境到关注学生的过程,我们知道自己做得还很不够,还需要继续努力。

(普通小学,普通教师-4)

我们之前的全纳教育追求的是将残疾学生安置到普通学校,因为特殊教育学校都关闭了,残疾学生只能到普通学校来接受教育。但后来,随着越来越多的残疾学生到普通学校来接受教育,我们不再满足于只是将学生安置在教室里,而开始关注这些学生的学习情况了。根据学生的需要,我们会给学生安排资源教师、制订个别化教育计划、提供教育项目等。是的,现在全纳教育更多地关注学生个体了。

(普通小学,支持教师-16)

(二)改变现在的教育安排

第二个子主题是将全纳教育看成是逐渐改变现在的教育安排,以满足学生多样化的教育需要。如前所述,在全纳教育刚刚开始阶段,多指向将残疾学生安置到普通学校,对残疾学生是否可以融入到班级学习与生活中的关注较少。由于普通学校在此之前并未接收过残疾学生,所以当大量残疾学生在短时间内被安置进来时,普通学校常常是束手无策。随着意大利全纳教育改革的进一步推进,普通学校原有的教育安排与日益增多的残疾学生的特殊教育需要之间的矛盾日益凸显,亟须做出相应变革,以满足残疾学生的特殊教育需要。在此背景下,普通学校逐渐开始在课程设置、师资配置、教学方法、环境建设等方面做出相应变革,为残疾学生更好地在普通学校学习与生活提供一个优良的环境。需要注意的是,学校的变革不是一朝一夕可以完成的,它更多的是一个渐进发展的过程。与此同时,变革的含义多种多样,需要结合具体环境做具体分析。在教师看来,学校的变革主要包含以下几个方面。

全纳教育,一种学校思维转变的过程:

从全纳教育来看,我们逐渐转变了我们的思维。每个班级都包含不同需求的学生,他们每个人各不相同,都有自己的个性化教育需要。例如,虽然盖洛加(化名,一名残疾学生)是一名残疾学生,有多重的特殊教育需要,但是我们可以说,其他学生也有自己的个性化需要,不管他们残疾与否。之前我们对这些残疾学生关注不够,现在我们需要转变这种思维,需要学校和他所在的班级做出相应的调整,以帮助他更好地学习和生活。是的,我们仍有很多需要做的,但是首先我们的思维必须要转变过来,接下来就是实施了。

(普通小学,支持教师-3)

全纳教育,学校与班级进行调整以满足学生需要的过程:

全纳教育,首先是改变物理环境,之后逐渐转变到关注每个学生,关注他们的特殊教育需要。在这个转变过程中,学校与班级都需要做出必要的调整。我们知道刚开始的全纳教育并不是如此,我们刚开始的时候对残疾学生的关注不够,关注的是残疾学生到普通学校的就读数字。现在,是时候改变我们的思维了。我们的学校与班级,需要做出相应的调整,以满足学生的特殊教育需要。

(普通小学,支持教师-10)

对我而言,全纳教育就是学校与班级都做出相应的调整来满足残疾学生的特殊教育需要。我们不能认为只要残疾学生坐到了普通教室中就可以了,我们更需要为每一个残疾学生提供机会,使他们得到发展。而这需要我们学校和班级做出相应的改变。

(普通小学,支持教师-15)

全纳教育,一种社会态度转变的过程:

自1992年完全全纳教育法案出台后,全纳教育在我们意大利逐渐得到越来越多人的认可。正如你所知道的那样,这个法案不仅仅指向学校,而且指向整个社会,提倡整个社会来关注残疾人,给残疾人的工作、学习、日常生活等提供必要的帮助。因此,全纳教育不仅仅需要学校做出相应的改变,也需要社会在做出相应的转变。

(普通小学,支持教师-3)

四、额外支持

第四个主题是将全纳教育看作一种额外支持,即为帮助残疾学生更好地在普通学校进行学习和生活,学校为残疾学生提供额外的支持性资源。这个主题主要包含两个子主题,分别是支持教师和其他支持性资源。将全纳教育视为一种额外支持的观点在调研中很普遍，这在某种程度上反映了医学模式的影响。教师的出发点多立足于他们无法胜任特殊教育或是无法满足班上残疾学生的某种特殊教育需要，因此需要额外的支持来帮助他们。

（一）支持教师

第一个子主题是将全纳教育视为支持教师所提供的教育。支持教师这一角色的设立，是意大利全纳教育发展过程中的一大特色，之后被许多国家所学习和借鉴。支持教师作为一种专业人员，在意大利全纳教育改革与发展过程中发挥着十分重要的作用，他们与普通教师一起对班级里的残疾学生进行教学。值得注意的是，调研中发现常常是普通教师首先提及支持教师的作用，将其视为全纳教育发展过程中的一大促进者。普通教师的关注点往往是自身不具备特殊教学能力，难以胜任相关工作，而由于支持教师接受过特殊教育专业培训，所以支持教师可以更好地应对残疾学生的教育需求。关于支持教师在全纳教育实施过程中的作用，大部分普通教师都有所提及。

难以想象如果我们班里没有了支持教师的帮助，我该如何应对班上的残疾学生。因为我是普通教师，没有参加过专业的特殊教育培训，因此在教育残疾学生方面，我的知识明显不足。在这方面，支持教师给了我很大帮助，帮助我在班级里实施全纳教育。在我看来，全纳教育的实施需要额外的支持，这其中支持教师便是最重要的一种支持。

（普通小学，普通教师-8）

全纳教育是为残疾学生配备支持教师的一种教育形式。我们普通教师没有接受过专业的特殊教育培训，在教育残疾学生方面常常显得能力不足。这时候，支持教师可以很好地帮助我们教育这些残疾学生，因为他们有专业背景，懂得如何教育残疾学生。

（普通小学，普通教师-13）

从上述这两位普通教师的陈述中可以看出，他们在将全纳教育视为支持教师的工作时都突出了两点：一是自身不具备教授残疾学生的能力，二是支持教师接受过特殊教育专业培训，因而可以胜任残疾学生教学工作。就意大利全纳教育发展来看，设立支持教师的初衷是帮助普通学校更好地实施全纳教育，更好地满足学生的特殊教育需要。然而，随着全纳教育的进一步发展，支持教师的作用逐渐被曲解、被窄化。在调研中发现，一些普通教师直接将教育残疾学生的责任转移给支持教师，甚至有时明确提出让支持教师和残疾学生一起到班级之外进行相关活动。在一些学校甚至出现了支持教师是"二等教师"的现象，支持教师主要是残疾学生的教师而不是普通学生的教师。这种对支持教师作用的曲解,致使一些学校出现支持教师转岗的现象。支持教师由于无法实现身份认同,在可能的条件下纷纷转成普通教师,这造成近年来意大利支持教师数量不足,严重阻碍了意大利全纳教育的发展。关于意大利支持教师的转岗情况,在全纳教育阻碍因素一节再做深入解释,在此不再赘述。

(二) 其他支持性资源

第二个子主题是其他支持性资源。如前所述,意大利在废除国内特殊教育学校后,残疾学生被统一安置到普通学校接受教育。由于残疾学生的特殊教育需要多种多样,普通学校单靠普通教师难以胜任这些残疾学生的教学工作。除上述提到的支持教师之外,意大利中小学还采取了多种举措来促进学校全纳教育的发展。笔者在调研中了解到,教师将这些额外的支持性资源看作是全纳教育的具体体现,具体包括心理治疗师、语言康复师、学生生活助理、各种现代化教育技术、相关教育项目等。

全纳教育就是使用现代化技术帮助学生更好地学习,尤其是残疾学生。因此,在课堂上我们尽量使用各种技术手段帮助班上残疾学生更好地融入到课堂教学中来。例如,多媒体教室、电子白板等。

(普通小学,支持教师-3)

自从全纳教育实施以来,我们学校的残疾学生也逐渐多起来了。原有的教学安排难以满足残疾学生的多重性教育需要,加之我们也缺乏特殊教学相关技能,为此,我们学校进行了改革,设置了语言治疗师、学生生活助理来帮助残疾学生适应学校的生活。除此之外,我们还针对残疾学生成立了一些教育支持性项目,为残疾学生提供额外支持。

(普通中学,校长-7)

五、安置形式

第五个主题将全纳教育视为一种物理安置形式,主要包含两个子主题:教室里的一个座位和从家到学校。从历史视角来看,一体化教育旨在将残疾学生从特殊教育学校安置到普通学校接受教育,但是这个意义上的安置多局限在物理层面,普通学校并未做出相应的改变,残疾学生需要主动去适应普通学校的教学安排;而全纳教育则突破了物理层面的安置,更多地强调学校为残疾学生做了什么、改变了什么,进而可以使残疾学生在普通学校更好地学习与生活。在调研中,一些教师认为目前部分中小学的全纳教育实践并不是真正意义上的全纳教育,更多的是一种一体化教育。因为在这些学校残疾学生只是被安置到了普通教室,他们并未得到适当的学习支持。将残疾学生安置到普通学校只是全纳教育的第一步,接下来,学校需要为残疾学生提供必要的支持。

(一) 教室里的一个座位

第一个子主题是将全纳教育视为普通教室里的一个座位。由于残疾学生的残疾类型多种多样,特殊教育需要也多种多样,普通学校往往难以满足这些残疾学生的所有需求。即便是具备专业技能的支持教师,也不能保证可以应对各种类型的残疾学生。在这种情况下,全纳教育对某些残疾学生而言就仅仅是普通教室里的一个座位而已,他们虽然身在普通教室,但却未能真正融入到教师的课堂教学中来。这时,全纳教育只是一个位置,如教师所言:

例如,我们学校有一名残疾学生,他需要一块特殊的场地来帮助他进行康复性训练。但是,学校无法提供这样的场地。由于他的身体需要,要在教室里为他安装一张特别的床,在他累的时候可以休息,但这几乎不可能。这所学校有350名学生,没有多余的空间为他提供这些支持性资源。另一名残疾学生,他需要一位专业的语言治疗师来帮助他进行发音练习,但是我们学校没有这样的专业人员。他现在只能说简单的单词,如"爸爸"和"妈妈"。这些单词还都是他之前在特殊教育学校里学到的,到了我们学校之后没有学到新单词。对这两个学生而言,尽管他们被安置到了我们学校,但是我们并未真正为他们提供全纳教育。对他们而言,只是坐在普通教室里而已。

(普通小学,校长-1)

全纳教育并不是你所看到的那样,有些残疾学生仅仅是从特殊教育学校转移到了普通学校。在特殊教育学校这些残疾学生还可以得到比较专业的支持,但是到了普通学校反而得不到有效的支持。因为我们普通学校缺乏必要的专业人员和设备,所以有些残疾学生只是坐在普通教室里,学习到的东西很少。

(普通中学,支持教师-17)

(二) 从家到学校

第二个子主题是从家到学校。意大利采取了激进的全纳教育改革,在短时间内将几乎所有的残疾学生都安置到普通学校接受教育。面对如此多的残疾学生,普通学校一时间并没有做好相应的准备。由此致使一些残疾学生的父母将其孩子带回家自己教,但由于家长们缺乏必要的知识,最终他们还是选择将自己的孩子送到普通学校接受教育。但是,如前所述,普通学校也并未做好相应准备。一些残疾学生只是实现了从家庭到学校的位置的转换,而对于其自身学习的帮助并不大。调研中一些教师坦言,目前意大利一些地区中小学所开展的全纳教育实践并不是真正的全纳教育,只是将残疾儿童从家接到了学校而已。

就目前情况来看,全纳教育仅仅是班级里的一个座位而已。正如你看到的,家长把他们的孩子从家送到我们学校,我们在教室里给他安排一个座位,这就是全纳教育。不,这不是全纳教育,但很多学校都是这样的。

(普通小学,校长-1)

人们认为把学生从家带到学校就是全纳教育,这是一种错误的认识!把学生从家带到学校并不是全纳教育,但这样的认识却很普遍,有一些地区也是这样做的,全纳教育就只是一把椅子和一张桌子而已。

(普通小学,校长-1)

六、一体化教育与全纳教育的区别

第六个主题是从比较视角对比全纳教育和一体化教育的异同,进而界定何为全纳教育。这一主题主要包括两个子主题:残疾学生适应普通学校的教学安排还是学校调整相关安排满足残疾学生的特殊教育需要,以及有无为残疾学生提供额外支持。在全纳教育发展过程中,一个很重要的问题便是如何正确区分全纳教育与一体化教育,进而促进全纳教育的发展。就调研来看,一些学校名义上是在实施全纳教育,其实质是一体化教育。这些学校往往只是做到了将残疾学生安置到普通教室这一步,对是否为残疾学生提供了相关支持以及相关支持能否满足残疾学生教育需求等方面关注不够。这种教育安排,其实是一种一体化教育,并不是真正意义上的全纳教育。从这个比较视角出发,部分教师对比了全纳教育与一体化教育的区别与联系。

(一)残疾学生适应学校安排还是学校满足学生需要

在一体化教育视角下,更多关注的是残疾学生被安置到普通学校,而对残疾学生是否在普通学校接受到合适的教育以及普通学校是否为残疾学生提供相关支持等关注不多。全纳教育,既要关注残疾学生是否被安置到了普通学校,也关注残疾学生在普通学校是否接受到了合适的教育。调研中,教师普遍以残疾学生适应学校还是学校调整教学安排适应学生为据,界定一体化教育与全纳教育。

一体化教育与全纳教育不同。在一体化教育下,你仅仅是把残疾学生安置到了普通教室,但是你不关心该名残疾学生是否学到了知识。是的,残疾学生可以根据自己的能力决定是否参加班级里的活动。因此,一体化教育的焦点在于安置残疾学生到普通教室。例如,以我们班的一名残疾学生为例。在一体化教育下,班级的教学安排是固定的,该名残疾学生需要自己调整自己去适应班级的教学安排;而在全纳教育下,我们改变思考的方式,出发点是每个学生都不一样,都有自己的个性化教育需求,因此,班级需要改变教学安排去满足该名残疾学生的需要。这首先是思维方面的转变,其次是要落实到具体教学实践中。

(普通小学,支持教师-3)

(二) 没有额外支持还是有额外支持

第二个子主题是有无额外支持。就全纳教育本身而言,全纳教育指向所有学生,旨在为所有学生提供适合的教育。然而在具体实践中,全纳教育多指向残疾学生,具体表现为是否为残疾学生提供额外支持。在教师看来,一体化教育重在物理形式的安置,即将残疾学生安置到普通学校;而全纳教育则重在为残疾学生提供适当的支持,满足残疾学生的特殊教育需要。如一位教师所说:

在我刚刚参加工作的时候,那时候还是一体化教育,残疾学生是在普通教室学习,但是我们对其关注不多,学校也没有为这些残疾学生提供什么必要的支持。但之后,随着全纳教育的发展,我们逐渐开始关注残疾学生的学习情况,逐渐为残疾学生配备支持教师、心理资源师,围绕残疾学生的学习特点设立相应的教育项目等,现在残疾学生在学校可以获得很好的发展。

(普通小学,普通教师-5)

第二节 如何在教学中践行全纳教育

应用维度,即教师如何在教学实践中推行全纳教育,主要包含四个主题:合作、全纳教学、带出教室和辅助性支持;每个主题又包含若干个子主题(见表8-2)。总体来看,多主体间合作实施全纳教育是中小学教师采取的主要教学方法。这也反映出全纳教育改革的复杂性。作为一种新的教育理念,全纳教育进入普通学校必然会对普通学校原有的教育生态产生一定的影响,如普通教师的课堂教学、教学评价,普通学生的学习环境,普通学生家长的态度等。为此,需要充分调动各方主体参与全纳教育实施,为全纳教育的顺利实施提供条件。同时,全纳教学、带出教室和辅助性支持三种方法也是意大利中小学教师在推行全纳教育过程中经常使用的。

表 8-2　应用维度：如何在教学中践行全纳教育

维度	主题	子主题
应用	合作	普通学生与残疾学生的合作
		支持教师与普通教师的合作
		学生家长与学校的合作
		地区学校之间的合作
		老教师与新教师的合作
		学校与身患残疾的社会名人的合作
	全纳教学	灵活的教学方法
		灵活的教学内容
		灵活的评价方式
		多样化的学习活动
	带出教室	意大利语或是数学项目的需要
		满足学生的个别化教育需要
		新任支持教师的需要
	辅助性支持	技术支持
		重组班级

一、合作

第一个主题是合作，包括六个子主题：普通学生与残疾学生的合作、支持教师与普通教师的合作、学生家长与学校的合作、地区学校之间的合作、老教师与新教师的合作以及学校与身患残疾的社会名人的合作。从上述六个子主题中可以看出合作主体的多样性和广泛性。作为一种新的教育形式，全纳教育的实施涉及一系列主体的利益，其中相关主体之间可能还存在利益冲突。因此，全纳教育的实施需要多方主体之间的通力合作。

（一）普通学生与残疾学生的合作

第一个子主题是普通学生与残疾学生之间的合作。当将残疾学生安置到普通学校时，与残疾学生接触时间最久的是其同班的普通学生。因此，必须充分发挥普通学生的作用，帮助残疾学生更好地融入到学校的生活和学习中来。访谈中，教师普遍反映应积极引导残疾学生与普通学生之间的合作，从而促进全纳教育的实施。一般而言,当残疾学生被安置到普通班级时,教师会首先向班级学生介绍该名残疾学生的残疾情况,让普通学生了解该名学生的特殊教育需要。正如教师所言,如果不向普通学生介绍该名残疾学生的残疾情况,就会导致班上其他学生与这名残疾学生进行"比较",从而阻碍全纳教育的实施。

  我认为残疾学生与普通学生之间的合作是实施全纳教育的一种重要方法。首先,我们应该让全班学生从学习和了解残疾知识做起。因为如果学生不理解什么是残疾,他们就会和那些残疾学生进行比较,从而阻碍全纳教育的实施。例如,我认为很重要的一点是需要让其他学生知道班上这名残疾学生的残疾情况,因此需要给予特别的照顾。与此同时,我会在日常教学活动中积极引导班上普通学生去和残疾学生开展合作学习,让他们互相帮助对方。在这样一个互帮互助的环境里,残疾学生可以真正地融入到班级生活中来。有时候,当我们教师不在场时,普通学生可以帮助残疾学生解决一些基本问题。我们教师不可能每时每刻都与这名残疾学生待在一起,所以我们需要普通学生加入进来,一起帮助残疾学生。

(普通小学,普通教师-4)

  我们有一名残疾学生,起初班上的普通学生都会帮助他、关心他。现在,他们已经不再只是帮助他了,而是和这名残疾学生合作。在各种班级活动中,让这名残疾学生也参加,和大家一起合作完成相关任务。我觉得合作比帮助往前走了一步,在合作关系中,为了完成共同的任务他们都在贡献各自的力量,我觉得这对全纳教育的实施很有利。

(普通小学,支持教师-3)

(二)支持教师与普通教师的合作

  第二个子主题是支持教师与普通教师之间的合作。如前所述,在普通学校设立支持教师一职是意大利全纳教育改革过程中的一个重要举措。由于支持教师接受过专业的特殊教育培训,因此可以胜任残疾学生的教学。但是随着全纳教育的不断发展,支持教师已不再仅仅为残疾学生提供教学支持,而是指向班级里的所有学生。普通教师也不仅仅只对班上的普通学生负责,在日常教学中也需要改变教学方式满足残疾学生的特殊教育需要。概言之,普通教师与支持教师一起进行教学,共同对学生施教。访谈中,多数教师提到普通教师与支持教师的合作教学是实施全纳教育的一种重要方式,合作的内容包括共同设计教学计划、共同开展课堂教学等。

  一般而言,每位教师每周的教学时长是22个小时,备课是2个小时。在这2个小时的备课时间里,我会与支持教师合作,共同计划下周即将开展的教学活动。这对我们而言很重要,因为我们各有所长,在合作中我们可以交流意见,制订出一份比较好的教学计划。

(普通小学,普通教师-5)

在某些情况下,不需要特别地强调我是支持教师你是普通教师,我们都是教师。例如,我(支持教师)比较擅长历史,我们可以交换一下,我去教历史,你(普通教师)来照顾班上的残疾学生,这些都不是问题。我认为关键是我们要经常交流,合作开展班级教学,这样全纳教育实施起来就比较容易了。

(普通小学,支持教师-6)

班级上有3名残疾学生没有残疾证,但是他们每个人都有特殊的教育需要,需要我来照顾他们。与此同时,我也照顾班级上的其他学生。同时,班级上的普通教师也照顾残疾学生。我们不会把各自的职责分得特别清,我们支持教师和普通教师一起开展班级活动,一起照顾班上的孩子们。

(普通小学,支持教师-15)

(三) 学生家长与学校的合作

第三个子主题是学生家长与学校之间的合作。在当下,家长在学校教育中的作用越来越凸显。如何有效促进家长与学校之间的合作对于全纳教育的顺利开展意义重大。访谈中,教师一再强调残疾学生家长的重要性。为有效开展全纳教育,学校首先需要密切与残疾学生家长的合作。因为如果残疾学生家长不同意,普通学校针对残疾学生设立的一些教育项目便无法开展。在残疾学生家长看来,普通学校的教师不具备特殊教育能力,担心这些所谓的"个别化教育项目"会对其孩子造成伤害。因此,许多教师在访谈中强调必须要取得残疾学生家长的信任,得到他们的认可,这样才有利于开展与全纳教育相关的各类项目。此外,由于残疾学生在家和在学校的行为表现可能存在差异,只有当教师全面了解残疾学生在家的行为表现时,才有利于制订科学合理的个别化教育计划。这需要残疾学生家长提供相关信息,配合学校教师制订相关教学计划。因此,密切家长与学校之间的合作对于全纳教育的顺利开展意义重大,正如教师所言:

现在家长在我们学校发展中的作用越来越大了,尤其是在我们学校实施全纳教育相关政策时,残疾学生家长的作用很大。作为教师,我们需要与残疾学生家长保持良好的关系,取得他们的信任,否则我们很多项目将无法实施。因为这些针对残疾学生的教育项目需要家长的同意,如果家长不配合我们,我们就无法开展工作。因此,信任是第一步,接下来的合作就容易进行。目前,与残疾学生家长合作是我们发展全纳教育的一个重要方法。

(普通中学,普通教师-11)

(四)地区学校之间的合作

第四个子主题是地区内学校之间的合作。在调研中,学校教师普遍反映每所学校残疾学生的残疾类型不一样,但总体来看,每所学校中某一类残疾学生会占据主体地位,比如A学校以自闭症学生居多,B学校以智力障碍学生居多。因此,A学校可能在自闭症方面的教育项目、教学安排以及师资培训等方面更有优势,而B学校在智力障碍方面可能更有优势。为充分发挥各学校的资源优势,笔者所调研的地区建立了一个学校网络(school network),在残疾学生教育教学方面互通有无,分享教学资源。例如,有关自闭症的培训会集中安排在A学校,而有关智力障碍的培训会安排在B学校。这样,每所学校都可以最大化地发挥自身优势,在合作网络中贡献自己的力量,实现资源的最大化利用。正如一名校长所言:

我所在的地区建立了一个学校网络,这样我们可以分享一些资源和培训课程。例如,有学校组织了关于自闭症的培训课程,其他学校的教师都来这所学校参加自闭症的培训;一些学校组织了其他残疾类型的培训,我们的教师也可以去参加这些学校培训课程。这样,我们可以实现学校之间的合作,发挥我们各自的优势。

(普通小学,校长-1)

(五)老教师与新教师的合作

第五个子主题是老教师与新教师之间的合作。调研中一些支持教师反映,尽管他们在特殊教师教育项目中学习了相关知识和技能,但在首次面对班级上的残疾儿童时,常常感到力不从心。一位新任支持教师表示特殊教育理论与特殊教育实践是两件截然不同的事情,大学里学到的很多知识在真正教授残疾学生时常常无用武之地。对此,一些学校采取了一对一帮扶举措,帮助新教师快速转变角色,适应课堂教学环境。在一对一帮扶活动中,最常见的是一位老教师带一位新教师。老教师往往实际教学经验丰富,对教学过程中出现的各种问题较为熟悉,而新教师往往欠缺实际经验,但在理论知识储备方面比较丰富。两者的合作,一方面有助于老教师更新自己的理论知识,另一方面可以帮助新教师汲取一些实际教学经验。正如一位支持教师所言:

我刚参加工作时,面对班级里的残疾学生常常感到手足无措,感觉自己学的知识都用不上。幸运的是在一位老教师的帮助下,我可以快速转变角色,适应课堂教学环境。这位老教师的教学经验很丰富,在教授残疾学生方面有自己一套完善的教学方法。她把这些都告诉了我,这样使我少走了很多弯路,我真的很感激她。与此同时,我也把我在大学课堂里接受到的最新的关于全纳教育的知识分享给这位老教师,她说这些知识对她重新认识学校里的全纳教育实践很有启发。

(普通小学,支持教师-6)

(六) 学校与身患残疾的社会名人的合作

第六个子主题是学校与身患残疾的社会名人之间的合作。调研中一些教师反映,有些残疾学生感觉自己和其他学生不一样,学习热情不高,对自己未来的期望很低。他们认为激发这些残疾学生的斗志和对生活的希望是全纳教育的第一步。否则,即使学校在发展全纳教育方面做出了很多努力,如果学生不配合,这些举措也很难发挥应有的作用。为此,教师采取了各种方式激发学生斗志,其中与身患残疾的社会知名人士的合作是许多学校采取的策略之一。学校通过邀请相关身患残疾的知名人士来校做报告,与学生面对面交流,讲述他们的成长经历,为残疾学生树立一个良好的榜样,进而激发学生的学习热情和拼搏精神。一名中小学校长在访谈中提到了这种榜样法,并肯定了这种方法的有效性:

在我们学校活动中,我们会经常邀请身患残疾的知名人士来校做报告,让残疾学生与他们进行面对面交流。例如,我们最近邀请了著名的艺术家佛朗斯科,他是一名残疾人,但他同时也是意大利知名的艺术家。他没有双腿和双臂,他用嘴画画。另一个是安德里亚,他是一名自行车运动员,他半身瘫痪且只有一条腿。这些身患残疾的知名人士经常会给我们的学生做演讲,讲述他们的励志故事。每次报告之后,我能感觉到学生都被他们感染了。尤其是一些残疾学生,他们有些以这些名人为榜样,立志要做到像他们那样。

(普通小学,校长-1)

二、全纳教学

第二个主题是全纳教学,包含四个子主题,分别是灵活的教学方法、灵活的教学内容、灵活的评价方式以及多样化的学习活动。全纳教学与传统教学不同,传统教学针对残疾学生的做法往往是提供额外的、特殊的教学方法,这些教学方法往往只针对残疾学生,而全纳教学则为所有学生提供多样化的学习选择。全纳教学理念下,每一个学生都是特殊的,教师的教学不再是针对某一个或是某一类学生,而是指向班级里的所有学生。但在教师实际教学中,全纳教学往往被理解为一种单独针对残疾学生的教学方法,笔者在调研中发现这是很普遍的认识。教师往往立足于学生的特殊教育需要,进而选择适合学生的教学方法、评价方式等,满足学生的个性化教育需求。著名全纳教育专家弗兰妮(Florian)指出,全纳教学其实广泛存在于教师的日常教学实践中,关键在于教师如何合理地将这些教学方法应用到实际教学过程中去。[①] 例如,在教学评价方面,设置不同的评价方式和标准,让学生根据自身能力去选择适合自己的评价方式,而非采用一种统一的方式或标准去衡量所有学生。

(一)灵活的教学方法

第一个子主题是灵活的教学方法。在调研中,灵活的教学方法是大多数教师实施全纳教育最常选择的方法之一。由于每个班级里都有1到3个有特殊教育需要的残疾学生,所以教师针对班上普通学生的教学方法往往无法满足这些残疾学生的需求。为此,普通教师与支持教师常常需要对已有的教学方法进行灵活化的改变,使之适应残疾学生的个性化需要。需要指出的是,在创新教育教学方法的过程中,教师表示自己也从中学到了许多知识,对自己的专业发展很有意义。灵活化的教学方法没有统一的模式,往往是根据每一个学生的特点,教师结合自身教学经验设计的一种教学方法。如教师所言:

我带过许多班级,这些班级里都有残疾学生。你很难用教授普通学生的方法去教授这些残疾学生,他/她们可能听不懂。所以我常常和我们学校的支持教师一起,开发一些灵活化的教学方法,帮助这些残疾学生理解我所教授的内容。

(普通中学,普通教师-11)

我很喜欢我们班上这几名残疾学生,他/她们给我们班带来了很多欢乐。我能感觉到这些残疾学生有时候无法理解我所教授的内容。所以,我经常课下采用小组法、同伴法等帮助他/她们理解我课上所教授的东西。这不仅对这些学生有益,我在这个过程中也成长了很多,使我对个别化教学、因材施教等教育理念有了新的认识。我想这对我以后的教学会很有帮助。

(普通小学,普通教师-14)

---

① Florian, L., Young, K., & Rouse, M. (2010). Preparing teachers for inclusive and diverse educational environments: Studying curricular reform in an initial teacher education course. *International Journal of Inclusive Education*, 14(7), 709-722.

(二)灵活的教学内容

第二个子主题是灵活的教学内容。全纳教学反对把同样的内容教授给所有学生,倡导根据学生需求选择合适的教学内容。由于残疾学生的特殊性,残疾学生与普通学生的理解能力可能存在一定的差异,这时如果向他/她们教授同样的教学内容,可能会导致一些学生无法理解。为此,需要教师根据学生的能力适当安排灵活化的教学内容,开发适合学生学习的教学内容板块,从而促进学生的发展。一位教师的访谈很好地反映了如何将灵活的教学内容这一方法应用到全纳教育实践中。

支持教师-3:针对如何教学生认识日期和安排计划,我为我们班上的这名残疾学生设计了灵活的教学内容。我为他制作了一个日历,在这个日历上,我会写上该名残疾学生一天的活动安排,例如早餐到校了该做什么,下午做什么,什么时间学习数学、意大利语,什么时间午餐,等等。

访谈者:只是针对这名残疾学生的吗?

支持教师-3:是的,但如果其他学生对这个日历感兴趣,也可以用的。其他学生可能听教师讲一节课就可以理解日期了,但是这名残疾学生不行。为此,我让班里的其他学生帮助这名残疾学生。例如,今天是21号,昨天是20号,明天是22号,这样告诉这名残疾学生,他可能无法理解。我会让学生提醒他昨天早晨到学校首先做了什么,中午做了什么,今天中午该做什么,每当他记不起时就会去翻那个日历,在此过程中我让其他学生告诉他日期,这样久而久之他就学会了日期。与此同时,还学会了安排自己一天的活动。我觉得这个针对这名残疾学生的教学内容很适合他,他也很高兴。

(普通小学,支持教师-3)

(三)灵活的评价方式

第三个子主题是灵活的评价方式。这一个子主题承接上一个子主题,灵活的教学内容必然决定了多样化的评价方式。如前所述,残疾学生与普通学生间的差异性必然导致他们所学内容存在一定的差异。因此,采用统一的评价方式评价学生很难反映出学生的真实水平。为此,访谈中教师反映会在学校统一的评价标准之下对现有的评价方式进行适当调整,以符合残疾学生的发展特点。对于不同的评价方式是否会造成教育不公平这一问题,教师们普遍认为根据学生特点而定制的教育评价方式不仅不会造成不公平,反而是教育公平的一种表现。如果用一个统一的标准来评价班级里的普通学生和残疾学生,反而对二者都不公平,因为这种整齐划一的评价方式很难反映出学

生的真实水平,因此,需要根据学生特点灵活化教育评价方式,进而对学生能力做出科学的判断。正如教师所言:

> 班级上的残疾学生都有属于他们的评价方式,有时候可能试卷一样,但采用不同的方式来测验。例如,我们会为视力障碍学生制作布莱叶盲文版试卷。总之,我们会根据学生特点,灵活化我们的测试和评价方式。
>
> (普通小学,普通教师-14)

(四)多样化的学习活动

第四个子主题是创建多样化的学习活动。随着班级里学生来源和学生需求的多元化,传统的以教师讲授为主的一对多式课堂教学越来越难以满足学生身心发展的需要,这种矛盾在残疾学生身上表现得更为明显。在意大利,几乎每一个班上都有若干个不同类型的残疾学生,如自闭症、视力障碍、智力障碍、多动症等,传统的讲授式教学已经难以适应现在的课堂教学需要。在调研中教师们普遍反映,会针对班级上的残疾学生特点创建不同的学习活动。这些活动多基于课堂上原有的教学活动,但依据残疾学生特点做适当调整。需要指出的是,这些多样化的学习活动并非只针对残疾学生开放,而是面向全体学生。在调研中,教师提到的多样化学习活动主要有如下几类:

> 我教授的班级里有几个残疾学生,他们有时候跟不上正常教学活动,所以我需要单独为他们创建一些学习活动,例如小组讨论、一对一帮扶、游戏活动等。这些活动主要以小班授课的方式展开,把课堂上的内容转化为游戏或是小故事,讲给这些学生听,这样他们很感兴趣。
>
> (普通小学,支持教师-15)

> 在我们学校,我们创建了很多工作坊,这些工作坊包含各个学科,由普通教师和支持教师合作发起。很多在班上跟不上课堂教学的残疾学生都来参加这些工作坊。在这些工作坊里,教师们会根据参加学生的特点灵活设计教学内容,最大化地帮助这些学生获得身心发展。
>
> (普通小学,支持教师-6)

> 在我们学校有一个学习项目是开放式实验室,这个项目主要由支持教师发起和组织。这些开放式实验室包括演讲实验室、城市历史实验室、运动实验室等。在支持教师帮助下,残疾学生根据自己的需要参加其中一个或是几个实验室。同时,也欢迎班上其他学生参加,鼓励他们共同开展实验活动。如在厨房实验室,他们一起做饭,在此

过程中他们学习到了什么是火、盐、糖等。

（普通中学，普通教师-11）

三、带出教室

第三个主题是带出教室，主要包括三个子主题：意大利语或是数学项目的需要、满足学生的个别化教育需要以及新任支持教师的需要。全纳教育的初衷是将残疾学生安置到普通教室与普通学生一起接受教育，目的就是打破之前特殊教育中的隔离。但在调研中发现，将残疾学生从普通教室带出单独进行授课的现象很普遍，成了学校推行全纳教育实践一种公认的、有效的方式。这种现象，被一些意大利学者称为学校内部隔离现象，即在普通学校内部另开一所微型特殊教育学校，只面向残疾学生。①② 尽管学者极力反对这种现象，认为这严重阻碍了意大利全纳教育的改革与发展，是一种倒退，但不可否认的是，这种将残疾学生带出教室单独进行教学的现象在中小学全纳教育实践中很常见，并被一些教师视为必要的方式。笔者在尊重访谈资料的基础上，将此主题单列出来进行论述，从而全面反映意大利中小学全纳教育实践。在这个主题之下，我们将会看到国家层面的教育政策在实际执行中是如何被地方化的，如何被重新建构。

（一）意大利语或是数学项目的需要

第一个子主题是意大利语或是数学项目的需要。在访谈中，大多数教师都提到了意大利语和数学这两个科目，多数残疾学生被带出去教室也是在这两类课上。带出去授课的理由包括：一是这两个科目较难；二是残疾学生有其他项目需要学习。从表面上看，教师将残疾学生带出去是为学生考虑，因为即使坐在教室也无法理解教师的教学。但其反映的深层次问题是，这两个科目是学校里比较重要的两个科目，残疾学生在教室里可能会扰乱课堂秩序，影响教师教学计划，进而耽误其他学生的学习。关于这个观点，多位教师在访谈中均有提及，他们多用"捣乱""影响普通教师上课"等负面词汇来形容残疾学生在这些课上的行为表现。正如教师所言：

我们班上有一名残疾学生无法理解数学课和意大利语课，所以在上这两节课时，我会带该名学生出去单独进行教学。与此同时，他也有自己的学习项目，需要被带出

---

① Fabio, D. (2017). *Special educational needs and inclusive practices*. Rotterdam: Sense, 41-45.
② D'Alessio, S. (2012). Integrazione scolastica and the development of inclusion in Italy: Does space matter? *International Journal of Inclusive Education*, 16(5), 519-534.

去。在其他科目,如音乐、体育、地理等,该名学生可以留在班级里,和大家一起学习。

(普通小学,支持教师-16)

我们班上的残疾学生在意大利语和数学课上有困难,难以跟上教师的课堂教学。所以,在上这两节课时我们经常带其出去进行其他项目学习。

(普通小学,普通教师-2)

(二)满足学生的个别化教育需要

第二个子主题是满足学生的个别化教育需要。这个子主题主要是从残疾学生自身需要和不打扰其他学生两个方面考虑的,故而将残疾学生带出去进行教学。教师反映,有些残疾学生确因自身因素无法长时间待在教室,因此出于对学生身体考虑,会将残疾学生带出教室。全纳教育倡导将残疾学生与普通学生安置在一起接受教育,但是教师们认为这必须建立在尊重双方意愿的基础上,有些残疾学生喜欢单独学习,我们需要为这些学生创造一个环境而非将其安置到普通教室。此外,有些残疾学生被带出教室是因其扰乱了教师正常的教学秩序,致使其他学生无法正常上课。调研中,教师们给出了他们将残疾学生带出进行授课的原因,如:

是的,残疾学生和普通学生一起待在教室学习是好的。但是,这必须具体情况具体分析。对我来说,如果我们班上的残疾学生不想待在教室里,我需要把他带出教室进行教学。教师需要在他待在教室的时间和他待在教室外的时间之间找到一个平衡点,当他想要出去的时候,你需要带他出去,因为这是他的权利。例如,我们学校有一名小女孩,她是一名残疾儿童,她就无法待在教室,因为她只要一进教室就制造出各种噪音,并且表现得很不想待在教室的行为。这时,你就不可以强迫她待在教室。同时,如果她一直制造噪音也会影响其他学生的学习。所以,最后只有把她带出去单独进行教学。

(普通小学,普通教师-5)

我们班有一名自闭症儿童,有时候她不想待在教室,如果你坚持还让她待在教室,她就会大哭大闹起来。这时候,我会带她出去一段时间,等她情绪稳定了,我们再回来。

(普通小学,支持教师-16)

有时候在班里,有时候在班外,一般而言这名残疾学生在班里和班外待的时间一样长。当然了,这主要取决于这名学生的情绪,有时候他情绪很不好,就必须带他出去,因为他不能长时间待在教室里。

(普通小学,支持教师-9)

我们班的这名残疾学生需要足够大的空间来学习,还需要特殊的教学材料。例如,她需要一台电脑进行学习,而其他学生不需要;有时候她需要康复性活动,所以我会带她出去,这样对她比较好。

(普通小学,支持教师-10)

我们班上有名自闭症儿童,比较严重。有时候必须把他带出教室外面单独进行授课,因为他有时候会制造出很大的噪音,这严重影响了其他学生正常上课,也使得教师无法继续授课。

(普通中学,普通教师-12)

(三) 新任支持教师的需要

第三个子主题是新任支持教师的需要。调研中一些支持教师反映,由于在学校全纳教育实践中主要由他们来承担残疾学生的教学,所以他们有时会根据学生需要将学生带出教室进行授课,有时也会根据教师自身需要将残疾学生带出教室进行教学。后一种情况,多发生在新任支持教师身上。由于他们刚刚参加工作,对残疾学生教学还不是很熟悉,有时候在普通教室里难以有效地对残疾学生进行施教,甚至有时候残疾学生还会扰乱课堂教学秩序。所以,大多数新任支持教师会选择将残疾学生带出教室进行单独教学。需要指出的是,这个现象主要发生在新任支持教师身上,但在入职满一年后,当他们熟悉了如何应对残疾学生时,基于这些原因将残疾学生带出教室进行授课的现象会逐渐减少。正如一位支持教师所言:

作为一名支持教师,开始的时候我会带我们班的残疾学生出去单独进行授课。因为刚开始担任支持教师,我不知道如何教授他们,不知道如何配合普通教师教授这些残疾学生,所以我选择把残疾学生带出教室。慢慢地,通过其他教师的帮助和我自己的探索,我知道如何教授这些残疾学生了,我带他们出来的时间便会越来越少。

(普通小学,支持教师-10)

四、辅助性支持

第四个主题是辅助性支持,包括两个子主题:技术支持和重组班级。由于残疾学生的特殊教育需要,教师常常借助技术手段辅助课堂教学,如电子白板、iPad、多媒体等。这个主题并不是很普遍,可能是由于现在中小学信息化水平较高,教师已不再将这些技术性支持看作一种额外的支持,而是已经将其自然地融入到自己的日常教学中了。同时,调研中发现提及该主题的多是普通教师,他们往往提及自己不具备特殊教育专业素养,无法胜任残疾学生教学,所以需要额外的技术手段支持。而支持教师较少提及在教学中应用技术性手段,认为全纳教育更多的是一种教育理念,目的在于接纳和包容学生,促进学生身心发展。因此,她们认为教师与残疾学生之间的交流是一些先进技术手段无法替代的,在教学中更偏向于面对面的交流。总体而言,不论是支持教师还是普通教师,都提到一些辅助性技术确实有助于全纳教育实践的开展,会将一些技术应用到课堂教学中来。如教师所言:

在课堂上,我会带着我的白板,一方面我在课堂上讲一遍,另一方面我会在白板上给班里的残疾学生再讲一遍。因为这个白板可以触屏,所以我们班里的这名残疾学生对此很感兴趣,当他听不懂我讲的内容时会用手去点击屏幕。我觉得这个白板帮助了我很多,有时候我会把要学习的内容做成动画形式,让这名学生自己点击。他很喜欢这种教学方式。

(普通小学,普通教师-2)

此外,也有教师从班级学生构成方面对实施全纳教育给出了自己的看法。调研中一些教师表示,现在随着班级中学生个性化需要的多元化,残疾学生、国外学生、难民学生、单亲家庭的孩子等各种类型的学生都被安置到了普通教室,教室内学生构成十分复杂。与此同时,现在一些普通学生也表现出很多问题,如上网成瘾、酗酒、打架等。因此,在全纳教育实施过程中我们必须考虑到学生需求的多元化和学生来源的多元化。在安置这些学生时,需要对班级内学生的构成进行重组,避免将残疾学生、国外学生、单亲家庭的孩子等都放在一个班级,而是应该控制学生构成比例。这样,经过优化的班级组织,更有利于全纳教育实践的开展。如教师所言:

从我的教学经历来看,最好的方式是每个班安置20个学生,且这20个学生都是普通学生,没有不良问题。然后,再把2个有特殊教育需要的学生安置到这个班级来,可以是残疾学生、国外学生、难民学生等,但数量必须控制在2个以内。这样的班级构成有利于教师开展课堂教学,否则如果有特殊教育需要的学生太多的话,教师根本无法进行教学,也不利于学校开展全纳教育。

(普通小学,校长-8)

第三节 阻碍全纳教育发展的因素

认知维度,就是阻碍和促进全纳教育发展的因素有哪些。鉴于在这个维度教师的回答比较多元化,因此将分两节分别阐述阻碍因素和促进因素。本节主要阐述阻碍全纳教育发展的因素,包含六个主题,分别为普通教师、有特殊教育需要的学生、支持教师、学校、政府以及普通学生;每个主题又包含若干个子主题(见表8-3)。

表8-3 认知维度:阻碍全纳教育发展的因素

维度	主题	子主题
认知:阻碍全纳教育的因素	普通教师	缺乏特殊教学相关专业能力
		对有特殊教育需要的学生持一种消极态度
		让支持教师到教室外授课
		明确划分教学责任
		先前的教学习惯
		害怕犯教学错误
	有特殊教育需要的学生	不良行为
		残疾程度较高
		残疾学生数量太少
		学生家长不配合
		无法适应较难学科的学习
		个性化教育需要
	支持教师	消极的感受
		经常调换工作
		缺乏特殊教学相关专业能力
		只对残疾学生负责
	学校	缺乏相关资源(如资金、空间、专业人员等)
		班额太大
	政府	政府减少支持教师的财政拨款
	普通学生	误解有特殊教育需要的学生的行为

一、普通教师

第一个主题是普通教师,包括六个子主题:缺乏特殊教学相关专业能力、对有特殊教育需要的学生持一种消极态度、让支持教师到教室外授课、明确划分教学责任、先前的教学习惯以及害怕犯教学错误。

(一) 缺乏特殊教学相关专业能力

第一个子主题是普通教师缺乏特殊教学相关专业能力。在调研中,普通教师频繁地提及缺乏特殊教学专业能力,是阻碍自身实施全纳教育的主要阻碍因素。对于残疾学生的特殊性,教师往往需要具备专业的特殊教学技能,而普通教师一般只是在教师教育阶段学习过特殊教育与全纳教育相关理论知识,对具体操作不是很了解。与此同时,缺乏特殊教学专业能力也成了普通教师推卸教学责任的一个重要借口。他们往往在陈述自身缺乏特殊教学专业技能后,将班级里残疾学生的教学责任抛给支持教师,原因在于支持教师接受过专业的特殊教育培训,具备相关技能。如一位普通教师所言:

我不具备教授残疾学生所需的教学能力,因为我在大学阶段没有学习过相关知识,所以,我不知道如何教授我们班上的那位残疾学生。但是,我们班的支持教师学习过相关专业知识和技能,她可以教授残疾学生。

(普通中学,普通教师-11)

我是一名普通教师,我没有接受过特殊教育专业培训,我不具备相关教学技能。所以,我无法胜任残疾学生的教学。

(普通小学,普通教师-14)

此外,调研中一些支持教师也表达了类似的观点。她们认为普通教师没有接受过特殊教育专业培训,因此缺乏相关技能。在课堂教学中,普通教师往往只对班上的普通学生负责,对残疾学生关注不够。如一位支持教师所言:

这名残疾学生的同学很欢迎这名残疾学生,经常和她一起玩。她的这些同学可能都比教师好些,因为这个班的普通教师不喜欢残疾学生。可能是由于这位教师没有接受过专业的特殊教育培训,不知道如何教授这名残疾学生。

(普通小学,支持教师-15)

(二) 对有特殊教育需要的学生持一种消极态度

第二个子主题是普通教师对有特殊教育需要的学生持一种消极态度。调研中,一些支持教师反映,学校里有部分普通教师对残疾学生持一种消极态度。主要原因可能是这些普通教师不知道如何教授这些残疾学生,而这些残疾学生在班上又经常会扰乱课堂教学秩序,导致教学无法正常进行。如一位支持教师所言:

许多普通教师不喜欢学校将残疾学生安置到他们的班级里。这些普通教师不喜欢残疾学生,他们担心这些残疾学生会影响他们正常的教学,使他们无法完成教学计划。

(普通小学,支持教师-16)

（三）让支持教师到教室外授课

第三个子主题是普通教师让支持教师到教室外单独对残疾学生授课。从调研的情况来看，普通教师让支持教师出去授课的原因可以分为三类：第一类是普通教师不具备特殊教学技能，因此希望支持教师和残疾学生一起到教室外进行单独教学，这样既不影响班上大多数学生的正常授课，也不影响残疾学生的个别化教学；第二类是普通教师认为支持教师具备相关专业技能，到教室外单独进行教学可以更有助于残疾学生的学习；第三类是普通教师认为自己所教的科目较难，残疾学生无法理解，所以建议支持教师到教室外单独教授残疾学生一些其他的知识。

支持教师-16：一些普通教师喜欢残疾学生，一些不喜欢残疾学生。

访谈者：为什么呢？

支持教师-16：因为一些普通教师认为他们不具备相关教学能力，其实他们是怕我和残疾学生打乱她的教学计划。因为残疾学生会制造一些动静出来，有时候我需要帮助残疾学生安静下来，这时候普通教师就不高兴了，她觉得我们扰乱了她的课堂教学。有时候，普通教师会直接要求我们出去进行教学。

（普通小学，支持教师-16）

有时候我觉得支持教师和残疾学生需要出去，到教室外进行教学。因为这里有些科目很难，残疾学生无法理解。这样的话，这名学生待在教室会感到无聊，所以我倾向于支持教师和这名学生出去。

（普通小学，普通教师-4）

（四）明确划分教学责任

第四个子主题是普通教师明确划分教学责任。在调研中发现，普通教师往往视班级是自己的班级，视普通学生为自己的学生，而支持教师和残疾学生往往被排除在外。这就导致在普通教师与支持教师的关系中，普通教师往往占据主导地位，而支持教师处于从属地位。因此，有些普通教师直接将残疾学生的教学责任转移给支持教师，认为自己只对普通学生负责。这种职责分工与全纳教育理念是相违背的，但却一直被一些普通教师视为理所当然。如支持教师所言：

一些普通教师认为他们是普通学生的教师，不认为自己是残疾学生的教师，不把这些残疾学生包括在内。所以，他们常常把教授残疾学生的责任扔给我们支持教师，认为我们就是这些残疾学生的教师，需要对这些残疾学生负责。这就是一些普通教师的想法。

（普通小学，支持教师-16）

(五) 先前的教学习惯

第五个子主题是普通教师先前的教学习惯。调研中一些支持教师反映,普通教师已有的一些教学习惯逐渐成为阻碍学校发展全纳教育的主要因素,如保持原有的教学方法不变、使用之前的教案、没有将残疾学生的特殊教育需要考虑进其教学计划中、认为残疾学生不属于自己的学生、认为支持教师应该对残疾学生负责等。在这些已有习惯和思维模式的影响下,普通教师往往仍旧保持着之前的教学计划,没有把残疾学生包括进来,这就导致一些残疾学生仅仅是身体坐进普通教室,但却并未接受到有质量保障的教育。如支持教师所言:

> 我认为问题在于这个班的普通教师没有把这名残疾学生视为自己的学生,她还保持着之前的教学习惯,没有把这名残疾学生放到她的教学计划中。因此,她没有改变自己的教学方法,这名残疾学生根本无法跟上她的教学,因为她讲得太快了。但是,遗憾的是这名教师对此并不关心,还是按照之前的做法在进行着。

(普通小学,支持教师-6)

(六) 害怕犯教学错误

第六个子主题是普通教师害怕犯教学错误。这个子主题并不是很普通,只是被若干位教师提及,但是为了充分展现教师的观点,在此对该子主题进行阐释。在调研中,提及该子主题的教师多是任教时间较长、教学经验相对丰富的教师。例如,一位有着10年支持教师经历、4年普通教师经历的教师表示,在10年支持教师生涯中,她和很多位普通教师合作过,她认为有些普通教师不喜欢支持教师和残疾学生待在普通教室,因为这些普通教师害怕在支持教师面前犯教学错误,不喜欢在支持教师面前表现出自己教学能力不足。因此,一些普通教师常常让支持教师和残疾学生出去单独进行教学活动。如这位教师说道:

> 在我和一些普通教师合作过程中,我发现并不是这些普通教师不能接受残疾学生,而是不能接受在我面前犯教学错误。我认为这是普通教师自己的问题,担心在支持教师面前犯错误,怕支持教师说自己能力不足,因此就让我和班里的残疾学生出去,这是不科学的。

(普通小学,普通教师-4)

二、有特殊教育需要的学生

第二个主题是有特殊教育需要的学生,包含六个子主题:不良行为、残疾程度较高、残疾学生数量太少、学生家长不配合、无法适应较难学科的学习以及个性化教育需要。在如何界定全纳教育时,多数教师将全纳教育视为一种值得追求的教育价值观,但在具体实践中许多教师是从医学模式出发来理解残疾的,将残疾学生视为全纳教育发展的阻碍因素,这一点在这个主题下表现得很突出。

(一) 不良行为

第一个子主题是有特殊教育需要学生的不良行为。在调研中,不论是普通教师还是支持教师,都将残疾学生产生的不良行为视为阻碍全纳教育发展的主要因素。不可否认,一些残疾学生,如自闭症学生、多动症学生等确实会在课堂上制造出一些噪音,进而影响课堂教学。教师们普遍认为,全纳教育的初衷是希望所有学生都可以获得良好的发展,但不能因为将残疾学生安置到普通教室,而影响其他学生的正常学习。因为这与全纳教育的初衷是相违背的。一些教师的访谈反映了他们对残疾学生不良行为的态度:

对于一些残疾学生,全纳教育几乎不可能。例如,几年前我还是一名支持教师时,我们班上有一个女孩,她不能待在教室里。因为一到教室,她就大哭大闹起来,这导致教师无法正常教学,学生无法正常上课。所以,我和她经常待在教室外,很少在教室里。她哭闹的声音太大了,我们必须得出去。

(普通小学,普通教师-4)

有时候残疾学生确实是一个问题,因为他们会产生一些很大的噪音,进而影响我的教学。如果班上的残疾学生不制造噪音还好,但是如果残疾学生持续制造噪音,我就会让支持教师和这名残疾学生出去单独进行教学活动。

(普通中学,普通教师-11)

(二) 残疾程度较高

第二个子主题是残疾学生残疾的程度较高。教师普遍反映,对于低度和中度残疾程度的学生,他们认为可以安置在普通教室接受全纳教育,但是对于一些残疾程度较为严重的残疾学生,他们认为不适宜安置在普通教室接受教育。因为这类残疾学生往往需要特别的医护人员和专业的康复治疗设备,而普通学校往往不具备这些资源,如果将这类残疾学生安置到普通教室,反而不利于这部分残疾学生的成长。如教师所言:

在我们学校,有几个学生的残疾程度很重,学校能为这些学生做的很少,这样的情况我觉得安置在我们普通学校并不是很好,建议去医疗机构。

(普通小学,普通教师-2)

对于残疾程度较为严重的学生而言,让他们待在普通教室是很困难的。我们班的这个残疾学生就是从不讲话,也不理解我们的教学。在普通教室对他而言并不是一件好事。

(普通小学,支持教师-10)

(三) 残疾学生数量太少

第三个子主题是残疾学生数量太少。意大利在学校一体化运动中废除了特殊教育学校,将所有残疾学生安置到普通学校接受教育。但是不可否认,相比于普通学生,残疾学生的数量仍属于少数。在调研中发现,每所普通学校都有若干残疾学生,但是数量不是很多。分散到每个班级,有的班有1至2个,有的班没有。因此,相比于班上99%的普通学生,低于1%的残疾学生往往被教师忽视。如教师所言:

我们学校有一些残疾学生,但是数量不是很多。你知道的,我们是普通学校,绝大多数学生都是普通学生。在教师教学中,我们的课程教学大多针对的是普通学生,而班里1个或是2个残疾学生常常容易被忽视。主要是残疾学生数量太少,没办法开展教学。

(普通中学,普通教师-12)

此外,由于每所学校残疾学生数量不多,地区内的残疾学生分散在不同的学校,所以无法保证每所学校都有相应的专业医护人员、康复仪器等供残疾学生使用。调研中一些教师强调,由于残疾学生数量较少,近年来政府减少了全纳教育支出,这样更加不利于学校发展全纳教育。如教师所言:

学校里残疾学生并不是很多,每个班也不多,有的还没有。所以,不可能每所学校都会为残疾学生配备专业康复人员。并且政府这几年逐渐减少了全纳教育支出,因为他们说学校残疾学生人数不多,不需要这么多钱。

(普通小学,普通教师-4)

(四) 学生家长不配合

第四个子主题是残疾学生家长不配合学校。如前所述,在学校全纳教育发展过程中,家长扮演着越来越重要的角色。因此,学校全纳教育的顺利开展离不开家长的参与和支持。调研中一些教师反映,残疾学生家长有时候不配合学校,不信任教师,所以导致一些针对残疾学生的教育项目无法开展。此外,一些残疾学生家长不承认自己孩子存在缺陷、不向学校报告孩子在家中的表现、将家访的支持教师拒之门外。残疾学生家长的这些不配合行为是阻碍学校发展全纳教育的重要因素,如调研中一位教师反映：

> 我不认为学校可以单独发展全纳教育，我们需要学生家长的参与和支持，尤其是残疾学生的家长。例如，有时候考虑到残疾学生的特殊需要，我们支持教师需要把残疾学生带出教室进行单独授课，这样做是为了残疾学生好，但是他们的家长无法接受这一事实，也不听我们的解释。这导致我们很多项目无法开展。我们学校也很难，有时候需要家长配合调查一下孩子的发展状况，确认一下孩子的残疾程度，好针对残疾学生制订教育计划，但是家长认为我们不是专业的医疗机构，无权鉴定他们孩子的残疾程度，因此就不给我们提供相关信息。

（普通小学，普通教师-5）

（五）无法适应较难学科的学习

第五个子主题是残疾学生无法适应较难学科的学习。调研中许多普通教师持这一观点，这些学科包括数学、意大利语等较难的学科，并强调如果残疾学生在教室无法理解课堂教学内容，继续待在班级里对残疾学生而言就是一种浪费时间的行为。与此同时，一些普通教师也指出，由于残疾学生听不懂课堂教学，可能还会产生烦躁或是其他一些不良行为，进而影响课堂教学的正常进行。所以，普通教师常常建议残疾学生到教室外进行活动。这直接导致普通教师将残疾学生的教育责任转嫁给了支持教师。与教师将全纳教育视为一种值得追求的价值观相比，实践中教师的行为往往很具排斥性，他们在教学过程中很少或是没有兼顾残疾学生的特殊教育需要，如一位教师所言：

> 是的，我认为我们课堂的教学很难，班里的残疾学生根本无法理解，对他们而言太难了，比如说数学和意大利语。在这些课上，残疾学生听不懂，有时候还会制造出一些噪音。所以，我会建议我们班的支持教师带残疾学生出去进行其他活动。这样对残疾学生也是一件好事。

（普通中学，普通教师-12）

（六）个性化教育需要

第六个子主题是残疾学生的个性化教育需要。随着班级里学生来源的多样化，学生的特殊教育需要也日趋多元化，教师需要在其教学中考虑学生的多样化需求。对此，一些教师指出我们仅仅是一名教师，无法满足所有学生的需求。例如，一些残疾学生的残疾程度很严重或是需要一些特别的专业技能才可教授，我们普通学校的教师是无法胜任的，如一位校长所言：

> 每个学生都有自己的需要，残疾学生有一些特殊教育需要，如有的不能待在教室，

有的需要专业的医护人员的照料,有的需要定时做康复,我们只是一所普普通通的学校,并不能同时满足学校里残疾学生的种种需要。

(普通中学,校长-7)

从教师的访谈中,我们可以看出医学模式在中小学全纳教育实践中仍然很普遍。受这种残疾模式的影响,教师往往视残疾学生的特殊教育需要为一种教学障碍,将无法推行全纳教育的责任推给残疾学生。

三、支持教师

第三个主题是支持教师,包括四个子主题,分别为消极的感受、经常调换工作、缺乏特殊教学相关专业能力以及只对残疾学生负责。在意大利全纳教育发展进程中,支持教师的设立是意大利全纳教育发展历程中的一大举措,是推动全纳教育发展的重要促进因素。但是随着全纳教育的进一步发展,支持教师的负面作用逐渐显现,成为阻碍学校发展全纳教育的一大因素。

(一) 消极的感受

第一个子主题是支持教师消极的感受。调研中一些支持教师表达了对学校全纳教育的一种消极悲观的看法。经过深入交谈后,笔者发现支持教师这些消极悲观的负面情绪,主要是与普通教师不和谐的合作关系造成的。在一些学校,支持教师被视为专门为残疾学生设立的岗位,只对残疾学生负责,不需要对普通学生负责。相反,普通教师只对普通学生负责,不需要对残疾学生负责。这种泾渭分明的划分致使一些支持教师被视为"二等教师"和"特殊教师",从而导致一些支持教师形成错误的职业认同。这种现象之前也曾被意大利全纳教育学者指出,被视为阻碍全纳教育发展的重要因素。[①] 无独有偶,在调研中这种现象仍很普遍,如一位教师所言:

我认为全纳教育的发展很大程度上取决于教师。我不认为我可以向你解释,因为这是一种个人感受,必须要经历过才能有所感觉。例如,有时候我去教室,普通教师在门口等着我,然后对我说你和班上的这名残疾学生在教室外活动吧,因为今天的科目对残疾学生太难了,这位学生无法理解。为什么呢? 我也是这个班里的教师,我不仅仅教残疾学生,也教授其他学生。这使我很不好受,我认为这不是全纳教育。因此,我

---

① Devecchi, C., Dettori, F., Doveston, M., Sedgwick, P., & Jament, J. (2012). Inclusive classrooms in Italy and England: The role of support teachers and teaching assistants. *European Journal of Special Needs Education*, 27(2), 171-184.

决定离开支持教师的岗位,转为普通教师。因为我认为我无法实践自己的全纳教育,所以我决定转岗。

(普通小学,普通教师-4)

我之前是支持教师,在2016年新学期开学的第一天,班上的教师要和学生见面,一共有3位教师,分别为A、B、C,我是C。班主任A教师在向班里的学生介绍的时候说,这学期我是你们的班主任,要教你们数学,B教师教授你们美术。然后,这位班主任就停止了。那我呢,我也是他们班的教师啊。在班主任看来,我不是他们班的教师,我是残疾学生的教师。

(普通小学,支持教师-6)

从上述访谈中我们可以发现,支持教师与普通教师不良的合作关系导致支持教师常常产生消极的负面情绪,甚至有时候从支持教师岗位转到其他岗位上去。在支持教师与普通教师的合作中,普通教师往往占据着主导地位,有时候普通教师不经意间的举动会使支持教师产生消极情绪,使其产生错误的职业认同。

(二) 经常调换工作

第二个子主题是支持教师经常调换工作。调研中发现,支持教师调换工作现象十分普遍,多数情况是从支持教师转为普通教师。调换的原因也各种各样,如支持教师被视为特殊教育教师无法形成自我认同、支持教师被视为"二等教师"等。支持教师频繁地调换工作岗位对学校全纳教育发展而言,是一个重要的阻碍因素。因为支持教师往往接受过专业的特殊教育培训,调离支持教师岗位后,对学校残疾学生教学会产生一些消极影响,甚至造成部分残疾学生没有支持教师。此外,支持教师频繁转换也会对残疾学生身心发展产生一定程度的伤害。如一些教师反映,有些残疾学生刚刚适应支持教师的教学,支持教师突然转岗或是离职,使得残疾学生一时间无法接受,对其心理造成了一定程度的危害。与此同时,残疾学生需要再重新适应新的支持教师,如此循环往复,不利于学校全纳教育的发展,如一些教师在访谈中提到的那样:

首先一个阻碍因素就是支持教师。因为我们学校经常缺少支持教师,他们总是频繁地更换工作。支持教师这样总是换工作,对残疾学生不好,因为有时候残疾学生刚刚适应了一名支持教师,这位教师突然间走了或是转成普通教师了。这位残疾学生就没有教师了,又需要重新给他分一名支持教师,他们又需要彼此适应好长一段时间。

(普通中学,普通教师-11)

现在的支持教师总是频繁地换工作或是换学校。以前，一名支持教师会工作很久，会一直教授一名残疾学生，直到这名学生毕业，这样对教师和学生都好。现在情况变了，学校给残疾学生分配了支持教师，没过多久这名支持教师就换工作了，这对残疾学生而言不是一件好事。

（普通小学，普通教师、校长-8）

（三）缺乏特殊教学相关专业能力

第三个子主题是支持教师缺乏特殊教学相关专业能力。调研中一些支持教师反映，对于轻度和中度残疾的学生，他们还可以教授，但对于重度的或是有一些很特别的教育需要的残疾学生是无法教授的。一些残疾程度较为严重的残疾学生，需要特别的康复治疗和专业的医护人员，支持教师是无法胜任的。对此，一些教师提及造成这种现象的主要原因是现在支持教师的培训时间缩短了，之前成为一名支持教师需要4年的培训，而现在只需要1年的培训就可以了，这不可避免地会影响支持教师专业技能的发展。一些教师的访谈，表达了这种想法：

我们学校有一名残疾学生，之前在康复机构，有专门的康复人员帮她做康复治疗，她逐渐会说话了，会说一些简单的单词和短句了。但是自从被安置到我们学校后，她的语言能力没有多少提升，因为我们学校的支持教师不懂这项康复技能，无法教授这名残疾学生。

（普通小学，校长-1）

学校在发生变化，学校里支持教师的专业技能不够，无法胜任某些残疾学生的教学。之前，要成为一名支持教师需要4年，还要满足其他一些要求。现在，只需要1年，你参加大学里的一项考试就可以了，这太简单了。所以，现在一些支持教师无法胜任一些残疾学生的教学了。

（普通小学，校长-8）

（四）只对残疾学生负责

第四个子主题是支持教师只对残疾学生负责。调研中，不论是支持教师还是普通教师，都认为支持教师应该对残疾学生的教学负责，普通教师的主要职责在于普通学生。因此，在调研中经常可以看到残疾学生与支持教师一起在教室外单独进行教学活动，有些研究者认为这种现象无异于在普通学校里又另开设了一所特殊教育学校。造成这种现象的原因有很多，其中一个主要原因是普通教师与支持教师之间过于明确的职责分工，即支持教师负责残疾学生，普通教师负责普通学生，成为意大利全纳教育发

展进程中亟须解决的一个问题。在调研中,支持教师负责残疾学生的情况频频被提及:

是的,在我们学校支持教师只对残疾学生负责,不需要对其他学生负责。其他学生主要由普通教师来教。

(普通小学,校长-1)

我主要负责残疾学生的教学,在教室外单独教授残疾学生的意大利语与数学。此外,我们还在教室外做一些其他教育项目。普通教师主要是对普通学生进行教学。

(普通小学,支持教师-15)

四、学校

第四个主题是学校,包括两个子主题:缺乏相关资源(如资金、空间、专业人员等)及班额太大。如前所述,特殊教育学校在一体化运动中被废止,几乎所有的残疾学生都被安置在普通学校接受教育。为此,意大利的全纳教育改革在国际全纳教育与特殊教育学界被称为"激进的改革"。[①] 然而,这一激进的改革并非没有问题,在之后的发展过程中这一改革方式的问题逐渐显现出来,在学校方面表现得尤为突出。

(一) 缺乏相关资源(如资金、空间、专业人员等)

第一个子主题是普通学校缺乏相关教学资源。对于残疾学生的特殊教育需要,教师们普遍认为普通学校缺乏教授残疾学生所需的特殊教育资源,如康复设备、专业康复师、活动空间、资金等。相比于普通学校,教师们则认为特殊教育学校的残疾学生教学资源较为丰富,可以满足残疾学生的特殊教育需要。虽然随着特殊教育学校的废止,残疾学生被安置到了普通学校,但相应的教学资源并没有一起随残疾学生进入普通学校,这就导致残疾学生缺乏必要的教学资源,而得不到很好的发展。因此,调研中许多教师反映他们也想为残疾学生提供合适的教育,但囿于资源限制而无法实施,如教师所言:

例如,我们学校有一个残疾学生,之前在康复机构,在康复师的帮助下可以讲一些基本的单词和短语。安置到我们学校之后,由于我们缺少这方面的专业人员,这名学生的语言能力没有多大提升,现在能说的那几个单词都是之前学的。另外,他需要在普通教室安置一张床来躺着,因为他不能长时间坐着。但是不可能,我们没有那么大

[①] 贾利帅.激进的改革:意大利全纳教育发展历程评析[J].中国特殊教育,2017(6):25—32.

的空间,教室里还有很多普通学生呢。

(普通小学,校长-1)

我们学校现在的空间不够,难以满足残疾学生的活动需求。游泳馆也不大,没有安装供残疾学生使用的设施,残疾学生在里面会很危险。不过我们学校有一些空间供残疾学生使用,我知道有些学校根本没有供残疾学生使用的空间,很多残疾学生只能在走廊里活动。

(普通小学,支持教师-16)

(二) 班额太大

第二个子主题是普通学校班额太大。在调研中,一些教师反映现在学校班额过大不利于学校全纳教育的发展。就调研的学校来看,意大利中小学班额在20到25人之间,每个班有1至2名有特殊教育需要的学生。一些教师提及,面对班上二十多个普通学生已经很不容易,这时候又在班级里安置残疾学生,是根本无法兼顾的。如一些教师在访谈中提及:

班里有20多个学生,有很多事情需要做。然而,现在又往班里安置了几个残疾学生,班额太大了,不利于这些残疾学生的发展。

(普通小学,支持教师-6)

现在的班额比之前大了很多,把残疾学生放进普通教室不一定是一件好事。因为班额太大,普通教师根本无暇顾及这些残疾学生。所以,一些残疾学生仅仅是坐到了普通教室,没有接受到好的教育。

(普通小学,校长-8)

五、政府

第五个主题是政府,包括一个子主题,即政府减少支持教师的财政拨款。政府对全纳教育的影响主要在政策层面,近年来意大利政府针对全纳教育出台了系列举措,旨在促进学校全纳教育的发展。但是,调研中一些教师反映许多政策都是空头支票,对学校全纳教育实践影响甚微。而另一个现象则被越来越多的教师所提及,即政府近年来逐渐减少对支持教师的财政拨款,致使学校支持教师的数量逐年减少,有些残疾学生没有支持教师或是一位支持教师负责多名残疾学生。如一些教师在访谈中提及:

是的,来自政府的钱逐年在减少,对支持教师的支出越来越少。

(普通小学,普通教师-5)

在过去,政府给学校很多钱用来发展全纳教育,学校因此可以聘任支持教师来帮助残疾学生。现在政府在支持教师方面的支出变少了,所以支持教师数量也减少了。现在许多残疾学生需要由普通教师来负责,他们既没有时间又缺乏专业能力。是的,这是目前发展全纳教育的一个问题。

(普通小学,普通教师-13)

现在钱越来越少了,政府一直在减少全纳教育方面的支出,尤其是在支持教师方面。政府的理由很简单,因为残疾学生家庭数量很少,所以要减少相关财政支出。这是不合理的,因为残疾学生需要支持教师,现在学校的支持教师明显不够,有时候1位支持教师需要辅助多名残疾学生。

(普通小学,普通教师-4)

六、普通学生

第六个主题是普通学生,包括一个子主题,即普通学生误解有特殊教育需要学生的行为。这个主题被一些教师所提及,考虑到学生间同伴的影响,本研究将其单列出来进行阐释。从我们的学校经历来看,同学是我们在校期间和我们待在一起最久的伙伴,同学之间的影响往往会伴随一个人的一生。因此,我们不可以低估同学之间的影响。访谈中,一些教师反映由于普通学生无法理解残疾学生的一些行为表现,进而对残疾学生产生一种偏见或是错误的认识。此外,还有普通学生模仿残疾学生的行为,在课堂上制造一些怪异的噪音。因此,一些教师反映必须加强对普通学生关于残疾知识的教育,帮助普通学生形成正确的残疾观。关于普通学生误解残疾学生行为的例子,在教师访谈中不断被提及,如:

有时候我们班的残疾学生会在班上制造出一些噪音,其他普通学生会去模仿。有时候我给残疾学生做一些简单的试题,一些普通学生会举手示意让我过来,并问我为什么他(残疾学生)可以使用简单的试卷。后来我逐渐意识到有必要对普通学生普及一些残疾知识,否则普通学生这些不科学的想法既会影响残疾学生,也不利于普通学生自身的发展。

(普通小学,普通教师-13)

第四节 促进全纳教育发展的因素

本节主要探讨促进全纳教育发展的因素。根据意大利中小学教师的访谈,促进全纳教育发展的因素包含六个主题,分别为支持教师、普通教师、学校、有特殊教育需要的学生、普通学生以及全纳文化;每个主题又包含若干个子主题(见表8-4)。

表8-4 认知维度:促进全纳教育发展的因素

维度	主题	子主题
促进全纳教育发展的因素	支持教师	积极的态度
		与残疾学生家长合作良好
		丰富的全纳教育知识
		运用全纳教学
		好的教师教育项目
	普通教师	积极的态度
		运用全纳教学
		与支持教师合作良好
		曾经是一位支持教师
		正确认识全纳教育
	学校	将全纳教育视为学校工作的一部分
		全纳教育工作小组
		全纳教育项目
	有特殊教育需要的学生	尽早将残疾学生安置到普通学校
		学生家长的强力支持
	普通学生	理解和帮助有特殊教育需要的学生
	全纳文化	学校是一个家庭/为了所有人的学校

一、支持教师

第一个主题是支持教师,包括五个子主题,分别为积极的态度、与残疾学生家长合作良好、丰富的全纳教育知识、运用全纳教学以及好的教师教育项目。调研中,支持教师一再被提及,被认为是促进学校全纳教育发展的主要因素。从意大利全纳教育发展历程来看,支持教师自设立之日起就被视为意大利发展全纳教育的一大重要举措,在残疾学生教学、学校全纳教育年度发展计划制订、学生个别化教育计划制订、家校合作等方面,支持教师发挥了重要作用。就已有关于支持教师的研究和调查情况来看,尽管支持教师在发展过程中存在一些问题,甚至在某些学校被视为阻碍全纳教育发展的因素,但不可否认,支持教师仍被视为意大利全纳教育发展进程中的一大创举,推动着意大利学校全纳教育的改革与发展。

(一) 积极的态度

第一个子主题是支持教师积极的态度。从已有研究来看,教师的态度被视为影响全纳教育发展的一个主要因素,教师对全纳教育的态度直接决定了学校全纳教育实践发展的程度。如果学校教师对学校发展全纳教育和对被安置在普通学校的残疾学生持一种积极乐观的态度,无疑会极大地推动学校全纳教育的发展。调研中大多数教师都提及支持教师对全纳教育的积极态度,是学校发展全纳教育的主要动力。支持教师对全纳教育的积极态度,会促使支持教师积极参与学校各项关于全纳教育发展的举措,努力帮助残疾学生融入普通学校生活。支持教师对全纳教育的积极态度,在教师访谈中不断被提及,如:

我觉得我们学校全纳教育的发展在很大程度上得益于支持教师,他们都很专业,懂得如何教授残疾学生。但是我认为最重要的是他们的热情,是他们对全纳教育那种认可度和那种积极的态度。感觉他们每一个人都很支持全纳教育,都很爱学生。我相信,未来我们的全纳教育会越来越好。

(普通中学,普通教师-11)

我很爱残疾学生,也很支持全纳教育。但是我发现我们学校有一些普通教师并不是很喜欢残疾学生,甚至很害怕残疾学生出现在他们的班里,我对此很疑惑。为什么呢?每一个学生都应该被平等地对待。如果我们对残疾学生持一种欢迎的态度,对全纳教育抱有一种积极的态度,我想学校的全纳教育会发展得很好。

(普通小学,支持教师-15)

(二) 与残疾学生家长合作良好

第二个子主题是支持教师与残疾学生家长合作良好。调研中,意大利中小学教师一再强调与残疾学生家长合作是否良好,是影响学校全纳教育能否顺利实施的关键。因为在学校全纳教育实施过程中,有很多事情需要残疾学生家长的参与和配合。相比于普通教师,支持教师与残疾学生家长接触得更为密切,交流得更为频繁。残疾学生个别化教育计划制订、学校教育项目制定、残疾学生发展记录等方面,都需要支持教师与家长的合作,需要家长提供相关信息。因此,支持教师与残疾学生家长良好的合作关系,有助于学校全纳教育实践的发展,如一位教师所言:

我与我们班残疾学生的家长合作很好。我们在很多方面进行合作,为学生提供帮助。在与残疾学生家长合作方面,其实不需要家长在技术方面给我多少帮助,但是需要他们信任我。因为在教育方法方面,残疾学生与普通学生有些差异,比如有时候我需要把残疾学生带到教室外进行单独授课。这时候需要得到家长的理解,否则他们会认为这是一种歧视。

(普通小学,支持教师-6)

在提及与残疾学生家长合作时,很多支持教师都提到了将残疾学生单独带出教室进行教学这一问题。因为全纳教育倡导将残疾学生安置到普通学校,与普通学生一起接受教育。而将残疾学生单独带出教室这一行为与全纳教育理念相违背,尽管残疾学生被带出的原因多种多样,前已述及,但这一行为如果得不到残疾学生家长的理解和支持,很可能会导致残疾学生家长的反对。因此,支持教师需要及时与残疾学生家长进行沟通,将残疾学生在普通学校的情况及时告诉其家长,针对残疾学生所采取的各种教育项目要得到其家长的理解与支持。否则,相关教育项目的开展将会很困难。因此,支持教师所提及的合作,更多指向的是得到残疾学生家长的理解与配合而非技术方面的支持,这一点需要引起我们的注意。

(三) 丰富的全纳教育知识

第三个子主题是支持教师拥有丰富的全纳教育知识。在调研过程中,研究者可以感受到不论是普通教师还是支持教师,对全纳教育都很熟悉和了解。以支持教师为例,调研中的绝大多数支持教师对意大利全纳教育的改革和发展历程、各个时期出台的全纳教育和特殊教育支持、相关配套政策等很熟悉。对全纳教育相关理论知识和政策的了解,对于学校制订全纳教育相关发展计划帮助很大。此外,一些支持教师对意大利全纳教育研究者的研究也很熟悉,在访谈中时常提到一些相关研究。如一些教师所言:

是的,在20世纪70年代初全纳教育刚刚开始的时候,我们国家还有特殊教育学校,例如盲校、聋校等。但是,从1977年开始,我们开始大量地将残疾学生安置到普通学校,让残疾学生与普通学生一起接受教育;我们还为残疾学生提供了支持教师,帮助他们学习。现在超过99%的残疾学生在普通学校学习。

(普通小学,支持教师-3)

20世纪70年代之前,我们还有特殊教育学校。70年代之后,基本上所有残疾学生都到普通学校学习了,普通学校面对所有学生开放。当然了,这个过程还存在很多问题,需要时间来解决,甚至有时候还很困难。同时,我们为残疾学生配备了支持教师,他们在教育残疾学生方面投入了大量的时间。

(普通小学,支持教师-16)

现在情况变了,和以前不一样了。现在残疾被视为班级里一种宝贵的教学资源,因为我们每个人都不一样。我们从一体化走向了全纳。我很喜欢我们国家的全纳教育研究者安德里亚,他是著名的全纳教育和特殊教育研究专家,他的很多观点对我理解全纳教育帮助很大。从他的书里我知道全纳教育是一种权利,在全纳教育环境里每个人都可以得到发展,都受到尊重。

(普通小学,支持教师-10)

(四) 运用全纳教学

第四个子主题是支持教师运用全纳教学。如前所述,全纳教学作为一种发展全纳教育的方法,在意大利中小学全纳教育实践中被广泛采用。与传统的将残疾学生视为特殊群体并为其提供特殊的教学方法不同,全纳教学指向所有学生,旨在根据学生特点优化已有教学,为学生学习提供多样化选择,如灵活的教学方式、教学内容、评价方式等。访谈中,多位教师提及了全纳教学:

我们意大利有一套国家教育评价标准,用以评价各个阶段学生的学业发展情况,但是我们并不会原封不动地拿这一套评价方式去评价残疾学生,这是不公平的。因为在设计这套评价方式的时候并没有考虑残疾学生的特殊需求,所以现在拿这套方式去评价残疾学生是不合适的。我们会根据残疾学生特点对这套评价方式进行适当的调整,如延长时间、制作布莱叶盲文版试卷等使其适应学生的特点。同时,支持教师会根据学生的能力水平对试卷的题目进行适当调整,使试卷符合学生的发展水平。总之,我们不可以用一套评价方式去评价所有学生,需要多样化的评价方式。

(普通小学,校长-1)

有时候我会和班里的残疾学生还有几个普通学生出去进行小组活动,我们几个人在一起完成一个小游戏或是小项目。这对残疾学生和普通学生都有益处,他们在其中都可以获得发展。

(普通小学,支持教师-16)

(五) 好的教师教育项目

第五个子主题是好的教师教育项目。调研中,一些学校的校长和普通教师指出良好的支持教师教育项目,对学校发展全纳教育十分有利。支持教师作为意大利中小学全纳教育发展过程中的一个重要角色,在残疾学生教学、个别化教育计划制订、学校全纳教育项目制定等相关教学活动中发挥着重要作用。为此，支持教师需要具备相关的特殊教育与全纳教育教学素养，从而服务于学校全纳教育的发展。访谈中，一些普通教师认为大学阶段好的教师教育项目，对支持教师专业能力发展影响重大。通过参加这些好的教师教育项目，支持教师掌握了特殊教育与全纳教育教学素养，知晓了如何与普通教师合作开展残疾学生教育教学等。如一位普通教师所言：

> 我们班支持教师的专业能力很强，能很好地应对班上残疾学生的特殊教育需要，这主要得益于她所参加的教师教育项目。这位支持教师知道如何与我合作开展残疾学生的教育教学、如何科学地制订残疾学生个别化教育计划等。是的，这都得益于她所参加的好的教师教育项目。

（普通小学，普通教师-4）

二、普通教师

第二个主题是普通教师，包括五个子主题：积极的态度、运用全纳教学、与支持教师合作良好、曾经是一位支持教师以及正确认识全纳教育。在本章"阻碍全纳教育发展的因素"一节的论述中，普通教师被视为一个主要阻碍因素。然而，不可否认的是，相比于学校里的支持教师，普通教师仍然是学校教学队伍的主力军。因此，普通教师对全纳教育的态度对学校全纳教育发展影响巨大。从调研情况来看，大多数普通教师对全纳教育持一种积极态度，在日常教学实践中通过各种方式推动全纳教育的发展。

（一）积极的态度

第一个子主题是普通教师积极的态度。无论是支持教师还是普通教师，都将对全纳教育的积极态度视为促进全纳教育发展的首要因素。在他们看来，只有首先拥有了积极的全纳教育态度，才会在日常教育教学实践中积极实施全纳教育。此外，普通教师对全纳教育的积极态度也会对支持教师的全纳教育态度产生一定的积极影响。例如有支持教师在调研中反映，如果班上的普通教师对全纳教育持一种积极态度，与残疾学生相关的工作就比较容易开展，普通教师也会积极参与其中，帮助残疾学生融入班级活动中；但如果班上的普通教师对全纳教育持一种消极态度，那支持教师在班上开展全纳教育会很困难，因为普通教师可能视残疾学生为一种阻碍，让其和支持教师出去单独进行教学活动。此外，在调研中普通教师很少直接提及自己对全纳教育的积极态度，更多的是在日常教学活动中反映出自己对全纳教育的积极态度。普通教师对全纳教育的积极态度，在一些教师访谈中都有所体现：

我们班的普通教师很支持我的工作,在她平时的备课过程中,会询问我关于班上残疾学生的情况,然后针对这名残疾学生设计一些教学活动。我觉得残疾学生在我们班的生活和学习都很好,这很大程度上得益于我们班上普通教师对全纳教育工作的支持,她是非常认可全纳教育的,而且认为全纳教育有益于所有学生。她对全纳教育的这种积极和接受的态度,我认为对于全纳教育发展太重要了。

(普通小学,支持教师-16)

这名残疾学生在我们班生活得很好,他有一位支持教师。你知道的,支持教师不能一直在他身边,当支持教师不在他身边的时候,我会去帮助他。帮助他理解课上没有听懂的东西。平时在教学过程中,我会让他参与进来,让他积极参与我们的教学活动。我很高兴他在我们班,也很乐意教授他。

(普通中学,普通教师-12)

(二)运用全纳教学

第二个子主题是普通教师运用全纳教学。关于全纳教学的定义,前已概述,在此不再赘述。在此,主要讨论一下支持教师和普通教师在具体教学活动中对全纳教学的理解。就全纳教学而言,支持教师一般在具体教学活动中将其理解为一种专门针对残疾学生的教学方法,如带出教室、设计不同的学习内容等,可以视为一种"额外的教学方法",在这个意义上,支持教师很大程度上在普通学校扮演着特殊教师的角色。而对普通教师而言,他们往往认为全纳教学就是改变自己已有的教学方法,在教学活动中设计不同的教学内容或方法,以此来满足残疾学生的特殊教育需要。因此,我们需要区分这两种关于全纳教学的不同的理解。关于全纳教学,如一位普通教师所言:

是的,我会在我的教学活动中运用全纳教学。以前我们班上没有残疾学生,现在班上有残疾学生了,我会在设计教学活动时考虑班上残疾学生的特点,在教学内容和教学方法方面做出适当调整或是增加一些其他的方法,这样既能满足普通学生的需要,也能照顾到班上的残疾学生。

(普通小学,普通教师-2)

(三)与支持教师合作良好

第三个子主题是普通教师与支持教师合作良好。多国全纳教育实践证明,普通教师与支持教师之间的良好合作有利于学校全纳教育的发展,具体体现在合作设计教学计划、合作开展教学、合作设计全纳教育项目等方面。确定普通教师与支持教师良好合作这个主题不难,难点在于将此主题置于支持教师类别下还是普通教师类别下。从调研情况来看,提及合作的多是支持教师,并且从支持教师的访谈中可以发现往往是普通教师主导着合作,例如"普通教师领导着我们之间的合作""普通教师控制着合作的进度"等。为此,本研究将普通教师与支持教师之间的合作置于普通教师类别下。关于二者的合作,教师在访谈中多有提及,如:

我们班上的普通教师主要对整个班级学生的教学负责,残疾学生主要由我来负责。我与班上的普通教师合作得很好,我们常常一起设计教学计划和组织教学活动。但是每次我都是负责配合普通教师,主要安排都由普通教师来定,我的任务是配合她实施这些计划。同时,在计划中把班上残疾学生的特殊教育需要考虑进来。

(普通小学,支持教师-3)

(四) 曾经是一位支持教师

第四个子主题是普通教师曾经是一名支持教师。这个子主题在访谈中被一些教师提及,尤其是曾经担任过支持教师的普通教师。如前所述,普通教师缺乏特殊教育与全纳教育相关专业技能是阻碍其实施全纳教育的一大因素,在调研中被大多数普通教师提及。然而,曾经是支持教师现在转岗到普通教师岗位的教师纷纷表示,支持教师的这段经历对于其实施全纳教育很有帮助。因为成为支持教师需要接受特殊教育与全纳教育专业培训,掌握相关专业技能,所以当一名支持教师转成普通教师时,支持教师的专业培训和工作经历,为其开展全纳教育工作提供了坚实基础。在日常教学活动中,转岗来的普通教师可以有效应对残疾学生的特殊教育需要。正如一位曾经是支持教师现在是一名普通教师的访谈者所提及的那样,曾经支持教师的经历为其现在实施全纳教育提供了很大的帮助。

我不知道,但是我喜欢成为一名支持教师,但后来我觉得自己真正的梦想是成为一名普通教师。因此,当我们学校普通教师岗位出现空缺的时候,我就从支持教师转为一名普通教师。当作为支持教师时,我接受过全纳教育相关培训,现在我可以很好地帮助我们班上的残疾学生。在平常的教学过程中,我会利用我之前学的知识帮助残疾学生融入到我的教学活动中来。我觉得,支持教师那段经历对我现在帮助很大。

(普通小学,普通教师-2)

(五) 正确认识全纳教育

第五个子主题是普通教师正确认识全纳教育。人们如何理解一个事物,决定了人们对这个事物的态度和将要采取的行动。对全纳教育而言,教师如何理解这一教育理念至关重要,因为这会直接影响教师对全纳教育的态度以及接下来对全纳教育所采取的行动。例如,教师如何看待班上的残疾学生,是将其视为一种宝贵的教育资源还是一名扰乱课堂的残疾学生。不同的理解会产生相异的结果,如果将残疾学生视为课堂里的一种宝贵的教育资源,认为每一个学生都是不一样的,都有其自身特点,那么教师在教学中会积极将该名残疾学生纳入到教学中来;如果将班上的残疾学生视为一名扰乱课堂秩序的学生,那么教师会想方设法将该名残疾学生排斥在外。因此,正确地、科学地理解全纳教育是实施全纳教育的第一步,也是最重要的一步。访谈中,一位教师提到科学理解全纳教育对其实施全纳教育的益处。

无论是在学校层面还是在班级层面,都有很多阻碍全纳教育发展的因素,但同时也有很多促进全纳教育发展的因素。在促进全纳教育的因素中,我觉得教师正确理解全纳教育很重要,尤其是普通教师正确理解全纳教育对学校全纳教育发展很重要。普通教师首先要相信全纳教育,认为全纳教育是一件对所有学生都好的事情,有利于所有学生的发展,这样普通教师在日常教学活动中才会去推动全纳教育的发展。例如,你作为一名移民学生来到我们班上,我该如何看待你呢?我该如何向家长介绍你呢?如果我认为全纳教育是一件好事,我会认为你的到来对我们班而言是一件好事情,你带来了不同的文化,可以让学生了解你的文化。在家长会上,我会告诉家长我们班来了一位新同学,他来自中国。他可以给我们班的学生讲中国文化,对我们开阔眼界很有帮助,这样的解释家长也很认同。但是如果我认为你的到来增加了我的工作负担,因为我可能需要为你单独讲授意大利语,这会浪费我的时间,同时其他学生和我在一起的时间可能会减少,而且如果我向家长解释你的到来耽误了我很多时间,他们估计会反对。你看,我如何理解全纳教育直接影响我对全纳教育的态度和接下来的行动。因此,正确理解全纳教育很重要。

(普通小学,普通教师-5)

三、学校

第三个主题是学校,共包含三个子主题:将全纳教育视为学校工作的一部分、全纳教育工作小组以及全纳教育项目。普通学校作为全纳教育的主阵地,在全纳教育发展过程中扮演着十分重要的角色。这在意大利显得尤其重要,因为意大利自20世纪70年代开始推行学校一体化以来,大量特殊教育学校被关闭,几乎所有的残疾学生都被安置在普通学校接受教育。在某种程度上,普通学校成了残疾学生接受教育的唯一安置形式。因此,考察学校层面促进全纳教育的因素,对全纳教育改革与发展意义重大。

(一) 将全纳教育视为学校工作的一部分

第一个子主题是学校将全纳教育视为学校工作的一部分。当笔者首次进入意大利中小学时,学校教室里、操场上、走廊上,以及学校的其他地方都可以看到残疾学生和普通学生一起玩耍的场面。在这里,残疾学生被当作普通人来对待,对其他学生而言这是一种常态。在与教师的访谈中,可以看到全纳教育在普通学校已被视为学校工作的一部分,而不是额外的部分。在学校年度发展计划、教师培训、教学计划等学校方方面面的工作中,全纳教育都被列入其中。全纳教育不是普通学校的一项额外的工作或是一种额外的负担。与此同时,全纳教育也被视为政府教育计划中的一部分。一位教师的访谈反映了这一现象:

全纳教育在我们学校很正常,是我们学校工作的一部分。以前,我们认为残疾学生是一种负担,全纳教育是一项额外工作,有些教师对此很抗拒。现在,随着全纳教育的发展,全纳教育不再被认为是一项额外的工作,而是一项普通的工作,是学校工作的一部分。在我们学校会议上及学校发展计划里,全纳教育都被作为一项普通工作列入其中。我认为这样很好,就应该将全纳教育视为一项普通的工作,这样才能真正推动全纳教育的发展。

(普通小学,普通教师-5)

(二) 全纳教育工作小组

第二个子主题是普通学校里的各种全纳教育工作小组。如前所述,在意大利残疾学生被安置在普通学校接受教育。由于残疾学生的特殊教育需要,残疾学生往往需要相关专业人员的帮助与支持,才可以在普通学校顺利地开展学习与生活。访谈中,几乎所有教师都提及普通学校为发展全纳教育而设立的各种专业性的工作小组,如教师助理小组,由学校教师助理组成,主要负责残疾学生的非教学活动,帮助残疾学生午餐、午休等;专业教学小组,由教育专家和心理专家组成,主要负责为学校发展全纳教育、教师如何教授残疾学生提供咨询,帮助学校和教师解决全纳教育发展过程中的相关问题。此外,每所学校根据自己学校学生的特点成立了不同类型的专业小组,如有的学校移民学生比较多,专门成立了跨文化支持小组。这些全纳教育专业小组通过参与学校全纳教育相关举措的制定,为学校管理者和教师实施全纳教育建言献策,日益成为意大利中小学发展全纳教育的一大特色。在访谈中,一些教师提到了这些专业小组的积极作用。

在我们学校,由心理咨询师和教育专业者组成的教学支持小组对我们学校发展全纳教育起了很大作用。他们都是专业人士,在我们学校制订全纳教育发展计划和相关项目时,他们给予了很大的帮助,为我们提出了很多有益的意见和建议。他们还会指导教师如何应对班级里的残疾学生,帮教师改善他们的教学方法、评价方式等。

(普通小学,校长-8)

我们学校有3个小组在促进全纳教育的发展,其中有2个与全纳教育息息相关。第一个是跨文化支持小组,由我负责。因为我们学校现在来自其他国家的学生越来越多,他们在学习过程中会遇到各种困难,我们小组的目的就是帮助他们融入到学校和班级生活中来。还有一个小组是残疾学生支持小组,这个小组主要负责残疾学生,他们为残疾学生提供专业上的支持。有时候还会帮助普通教师优化教学计划,目的在于更好地保障残疾学生的教育。

(普通小学,普通教师-5)

(三) 全纳教育项目

第三个子主题是普通学校设立的全纳教育项目。为促进全纳教育发展,意大利中小学在学校层面设立了系列全纳教育项目,如与知名残疾人士见面会、远足、邀请社会人士参加学校体育比赛、校园开放日等。通过这些项目,旨在激励残疾学生,让社会大众更多地了解残疾学生,进而在全社会创设一种包容和全纳的氛围。关于全纳教育项目,访谈中教师提到这些项目大大推动了学校全纳教育的发展。

在我们学校,我们平时会组织很多全纳教育项目,例如远足和一些工作坊,在这些活动中我们鼓励所有学生都参与,在其中找到适合自己做的任务,以发掘每个人的潜能。我们想告诉残疾学生,你和其他学生一样,也可以贡献自己的力量。

(普通中学,普通教师-11)

我们学校组织了一些工作坊来发展学生的能力,所有学生都可以参加。比如我们这次工作坊的目的是画一间房子:你如果擅长画正方形,你可以选择画窗户和门;你如果擅长画圆圈,你可以去画屋顶;你如果擅长涂色,你可以给房子涂颜色。在这个活动中,残疾学生也找到了他们自己擅长的方面,然后贡献了自己的力量。最终,我们一起完成了一幅房子的画。每个人都很开心。我觉得这就是全纳教育,在做项目的过程中,每个人都贡献自己的力量。

(普通中学,普通教师-12)

四、有特殊教育需要的学生

第四个主题是有特殊教育需要的学生,包括两个子主题:尽早将残疾学生安置到普通学校和学生家长的强力支持。

(一)尽早将残疾学生安置到普通学校

第一个子主题是尽早将残疾学生安置到普通学校。就目前意大利中小学全纳教育实践而言,残疾学生是全纳教育的主要对象。因此,调研中的一些教师认为应尽可能早地将残疾学生安置到普通学校接受教育。一些教师提到,在儿童的世界里没有残疾二字,残疾主要是由我们成人建构出来的。尽可能早地将残疾学生安置到普通学校,一方面可以使残疾学生与普通学生尽早地建立联系,加强双方的联系,另一方面普通学生可以尽早地将残疾学生视为和自己一样的同伴,将所谓的"残疾"看作一种普通,从而为普通学生之后接纳残疾学生奠定基础。关于这一点,在一些教师的访谈中均有所提及,如一位教师所言:

> 是的,越早将残疾学生和普通学生放到一起越好!在幼儿园时,普通幼儿不会将他的残疾同伴看作不一样,因为他们根本就不知道什么是残疾。对他们而言,残疾的同伴也是正常的。如果从幼儿园开始,普通幼儿就开始接触残疾同伴,那么他们之后可以很好地接纳这些残疾伙伴。如果将残疾学生安置到普通学校的时间推迟得太晚,例如到中学阶段。一些普通学生会取笑残疾学生,并且可能会排斥这些残疾学生。所以,我认为越早将残疾儿童放到普通学校越好。

(普通小学,普通教师-13)

对于到底何时将残疾学生安置到普通学校这一问题,并没有一个统一的答案,有些可能适合在幼儿园阶段,有些可能适合在小学阶段,这要看残疾学生的具体情况。从调研情况来看,大部分教师认为幼儿园阶段就可以将残疾儿童安置进来,尽早地培养残疾儿童和普通儿童之间的感情,这对二者之后的发展都有益。

(二)学生家长的强力支持

第二个子主题是残疾学生家长的强力支持。如前所述,全纳教育作为一种新的教育理念,当将其应用于普通学校时,必将触及多方主体的利益。这其中,残疾学生家长是一个不可忽视的主体,因为普通学校针对残疾学生所采取的系列举措,大部分需要残疾学生家长的支持与配合。例如,在学校制订残疾学生个别化教育计划时,需要家长提供残疾学生在家情况,甚至有时候需要教师进行家访,进而全面掌握残疾学生在家情况,这些都需要家长的支持与配合。此外,支持教师有时候需要将残疾学生带出教室单独进行教学,这也需要残疾学生家长的理解,否则可能会被残疾学生家长视为一种歧视。例如,调研中一位支持教师就说过,她将班上的残疾学生带出教室进行教学,这名残疾学生将此事告诉了他的父母,次日他的父母来校对此表示不理解,认为这是一种歧视行为。在与校长等人沟通之后,该残疾学生家长对此有了一定的了解,逐渐开始配合学校采取的系列举措。关于残疾学生家长的支持与配合,如一位教师所言:

残疾学生家长在我们学校发展全纳教育过程中很重要,许多事情需要他们的支持和理解,因为我们围绕残疾学生所进行的好多项目都需要家长的同意。这时候,如果家长积极配合我们学校的话,那么我们的全纳教育实施起来会很顺利。

(普通小学,校长-1)

五、普通学生

第五个主题是普通学生,包含一个子主题,即普通学生理解和帮助有特殊教育需要的学生。在学校,与残疾学生相处时间最久的是残疾学生的同班同学,他们一起上课,一起游戏玩耍,一起吃饭,甚至一起作伴回家。因此,普通学生对残疾学生的态度、理解以及反应对残疾学生在普通学校的学习与生活影响重大。访谈中,绝大多数教师都提及他们会在班上倡导普通学生理解和帮助班级里的残疾学生。普通学生会帮助残疾学生去卫生间、一起做游戏、讲解试题等,在这些日常交流活动中,残疾学生与普通学生之间形成了融洽的伙伴关系,这对于残疾学生在普通学校的学习和生活意义重大,如一位教师所言:

我认为我们班上的普通学生和残疾学生的关系很好,班上的普通学生经常帮助这名残疾学生,如帮助他理解课堂上难题、帮他去卫生间、帮他打饭等,这些看似很小的事情却说明普通学生很接纳这名残疾学生。所以,这名残疾学生在我们班很快乐,刚开始来的时候还会哭,不想待在班里。现在他很喜欢待在班里,和大家一起玩耍。我觉得其他学生帮了很大的忙。

(普通小学,支持教师-3)

六、全纳文化

第六个主题是全纳文化,包括一个子主题,即学校是一个家庭或是为了所有人的学校。关于这个主题并没有教师单独提及,而是在整理完所有促进全纳教育发展因素后,研究者本人脑海中跳出的一个想法,并最终决定将全纳文化这一主题作为最后一个问题来论述。当我首次进入意大利中小学开展调研时,在我与校长、普通教师、支持教师、教师助理以及学生的交流中,我能感受到他们所有人对残疾学生的那种包容和接纳。在他们看来,学校就是一个大家庭,每一个人在此都可以受到关注和照顾。在这里,没有残疾与普通之分,只有一个个独立的个体,一个个活生生的人。在结束意大利中小学调研和整理访谈的过程中,我从教师们的访谈中再次感受到了这种我称之为全纳文化的氛围。在意大利中小学全纳教育已发展成为一种文化,一种全纳文化,正是这种文化,潜移默化地影响并推动着意大利全纳教育的发展。

第五节 残疾学生在学校/班级里境况如何

在共情维度,让教师从自身经历出发,谈谈班上/学校里残疾学生的境况,旨在了解残疾学生在学校的学习和生活情况。为全面把握残疾学生在普通学校的学习和生活情况,本研究将受访者的经历分为两个阶段,即学生时期和教师时期,分别对这两个阶段进行研究。

第一阶段,学生时期。当在幼儿园、小学、中学以及大学就读时期,所在学校或是班级里是否有残疾学生;若有,这些残疾学生的学习和生活状况如何。

第二阶段,教师时期。当成为一名正式的教师后,所在学校或班级里是否有残疾学生;若有,那么这些残疾学生的学习和生活状况如何。

在第一个阶段,即学生时期,共有一个主题,即残疾学生在普通学校境况不佳;在第二个阶段,即教师时期,共有三个主题,分别为坐在普通教室里但没有学习、一个转变的过程以及坐在普通教室里并进行了学习。每个主题之下又包含了一些子主题(见表8-5)

表8-5 共情维度:残疾学生在学校/班级里境况如何

维度	主题	子主题
共情		学生时期
	残疾学生在普通学校境况不佳	所有残疾学生都在特殊班级(老教师)
		残疾学生没有支持教师(年轻教师)

续 表

维度	主题	子主题
共情	教师时期	
	坐在普通教室里但没有学习	像一颗蔬菜一样坐在教室里
		影响教师课堂教学
		缺少相关教学资源：学习材料和专业人员（支持教师缺乏相关技能）
		将残疾学生带出教室
	一个转变的过程	从一个捣乱者到大家的朋友
		残疾学生获得支持教师辅导的时间越来越少
		一些残疾学生逐渐失去了支持教师的辅导
	坐在普通教室里并进行了学习	残疾学生获得了很好的发展
		残疾学生与班里其他学生关系良好

一、残疾学生在普通学校境况不佳

在学生时期,有一个主题,即残疾学生在普通学校境况不佳,包括两个子主题,分别为所有残疾学生都在特殊班级和残疾学生没有支持教师。在具体讨论这两个子主题之前,有两点需要说明一下。一是,并不是所有的教师在学生时期其学校或是班级里都有残疾学生,只有10位教师提及在他们学生时期学校或是班级里有残疾学生。二是,第一个子主题,即所有残疾学生都在特殊班级,多是由一些老教师提出的,他们年龄都在50岁以上;第二个子主题,即残疾学生没有支持教师,多是由年轻教师提出的,他们年龄在50岁之下。关于这两点,在各个子主题下会进行进一步的阐释。

（一）所有残疾学生都在特殊班级

第一个子主题是所有残疾学生都在特殊班级。调研中的一些教师提及在20世纪70年代,虽然意大利已经开始了全纳教育改革,残疾学生逐渐被安置在普通学校接受教育,但残疾学生在普通学校的境况并不是很乐观。一些年龄稍大的教师提到,当时很多残疾学生被安置到了普通学校,但是他们并没有被安置到普通教室,而是被集中安置到了特殊班级,这无异于在普通学校单独开设了一所微型特殊教育学校。如一位教师的年龄是56岁,1968—1973年间在读小学,她指出当时普通学校的残疾学生都被集中安置到特殊班级,并没有被安置到普通班级,这些学生在特殊班级的境况很不好。

从现在来看,我上小学的时候我们国家刚刚开始进行全纳教育改革。当时我记得学校里有一些残疾学生,但是他们不像今天一样都被安置在不同的年级里,与普通学生一起学习。那时候,我记得所有残疾学生都在一起,在一个班级里学习,有的6岁,有的10岁,有的可能更大一些,所有有问题的学生都在这个班级里学习。我记得这个班级不是很好,残疾学生在里面不是很开心。

(普通小学,校长-1)

同样的情况,也被其他年龄相仿的教师提及。如一位教师年龄为57岁,1967—1972年间在读小学;一位教师年龄为56岁,1968—1973年间在读小学。这两位教师提到了相同的情况,即20世纪70年代初被安置到普通学校的残疾学生并没有在普通教室和普通学生一起接受教育,而是被集中安置到一个特殊班级里接受教育。

(二) 残疾学生没有支持教师

第二个子主题是残疾学生没有支持教师,这个子主题多由年龄在50岁以下的教师提及。在普通学校设立支持教师,是意大利全纳教育改革过程中的一大创举,后被其他国家学习和借鉴。该举措始于1977年学校一体化政策,政策规定普通学校设立支持教师,帮助并支持残疾学生在普通学校的学习和生活。但是在调研中,一些教师普遍反映在他们学生时期班上的残疾同学并没有支持教师,这些残疾同学有时候处于无人管的境况。如一位教师年龄为48岁,1980—1983年间在读小学,她的班上有一位残疾同学,但是并没有相关支持,她谈道:

当我在读小学的时候,我们班上有一位残疾同学,但是他并没有支持教师帮助他,学校也没有相关的项目。他看上去在班里很孤独,我们也没有人和他玩耍。

(普通中学,普通教师-12)

在分析完学生时期教师的访谈资料后,有两个问题值得进一步讨论:第一,残疾学生去哪里了?第二,为什么有些地区的普通学校到了20世纪80年代还没有支持教师?意大利全纳教育改革采取的是一种激进的方式,自1977年改革后,几乎所有的特殊教育学校都被关闭,所有残疾学生被安置到普通学校。但在实践层面,并不是如此。相关研究指出,一些地区的普通学校无法安置残疾学生,或者即使安置了这些残疾学生,也未能为这些残疾学生提供相应的支持。因此,很多残疾学生在普通学校并没有接受到合适的教育,甚至有些只是坐在普通教室里,但没有学习。这导致一些残疾学生家长直接将其孩子接回家自己教育,因为在普通学校根本无人顾及他们的孩子。这也就不难理解为什么特殊学校取消了,但这些残疾学生并没有到普通学校去,而是在家接受教育。

在教师时期,共有三个主题,分别为残疾学生坐在普通教室里但没有学习、一个转变的过程和坐在普通教室里并进行了学习。从调研中教师反映的情况来看,残疾学生在普通学校的境况不是静止不变的,而是处在一个不断发展变化的过程中。与此同时,本研究在此讨论的是残疾学生在普通学校的一般情况,不能代表全部情况,个别残疾学生在普通学校的情况需要具体问题具体分析。

二、残疾学生坐在普通教室里但没有学习

第二个主题是残疾学生坐在普通教室里但没有学习,包含四个子主题,分别为像一颗蔬菜一样坐在教室里、影响教师课堂教学、缺少相关教学资源和将残疾学生带出教室。需要指出的是,残疾学生坐在教室里但没有学习这一主题多指向刚刚被安置到普通学校的残疾学生或是残疾程度较为严重的残疾学生。随着残疾学生在普通学校时间的增长,他们在普通学校的学习和生活会逐渐好转起来。

(一) 像一颗蔬菜一样坐在教室里

第一个子主题是残疾学生像一颗蔬菜一样坐在教室里。调研中多位教师提及这种现象,并且这种现象多指向刚刚进入普通学校学习的残疾学生。从家或是康复机构到普通学校,对残疾学生而言是一个新的环境。陌生的环境加上残疾学生自身的特殊教育需要,往往使他们产生一种陌生感。有些教师提到,一些残疾学生刚进入普通教室时常常坐在那里,很少与支持教师和其他学生交流,如一位教师所言:

刚开始的时候,普通学校的学习和生活对残疾学生而言很难。他们刚刚来到普通学校,一切都很陌生,所以他们像蔬菜一样待在教室,不和别人交流。

(普通小学,普通教师-14)

我们班上这名残疾学生的残疾程度很严重,她很少讲话,也很少和我交流。是的,从她来到这个班级到现在,她一直都是如此,不交流,只是坐在教室里。有时候她想要出去的时候,我会带她出去。我觉得她在普通学校没有学到什么东西,可能也听不懂教师讲的东西。

(普通小学,支持教师-6)

(二) 影响教师课堂教学

第二个子主题是残疾学生影响教师课堂教学。与上一个主题一样,这个主题也

多与刚进入普通学校学习的残疾学生和残疾学生的残疾程度较为相关。他们由于刚进入普通教室,难以适应新环境,加上自身的特殊需要,因此有时候会制造一些不良行为,如喊叫、在教室乱走、触碰周围的同学等。这些在教师看来就是不良行为,是影响课堂教学的重要因素。因为有时候教师需要停止正在进行的教学活动,安抚残疾学生或是带残疾学生到教室外。长此以往,一些教师认为这会严重阻碍课堂教学进度,对其他学生而言也是一种不公平。关于此,在一些教师访谈中得到了体现,如:

我们班上有一名自闭症很严重的学生,他经常会去触碰他周围的同学,有时候甚至还会去拥抱其他同学。并且,他不仅课下这样,有时候教师在讲课的时候,他突然起来就去拥抱其他同学。这一方面影响了其他学生学习,另一方面也影响了教师的正常教学。这是很不好的,并且他自己也不学习。

(普通小学,支持教师-10)

我们班上有一名盲生,他经常在课堂上大喊大叫,这很影响课堂教学。我认为应该把他安置到特殊教育学校,在那里他可以得到适合的教育。现在在这里,他无法接受到适合的教育,情况不是很好。

(普通中学,普通教师-11)

(三) 缺少相关教学资源

第三个子主题是普通学校缺乏相关教学资源。如前所述,残疾学生具有特殊教育需要,往往需要专业的医疗人员、康复人员或是专业康复设备,而普通学校往往并不具备这些资源。因此,一些残疾学生,尤其是残疾程度较为严重的残疾学生,在普通学校无法得到良好的应对,往往只是坐在普通教室,但并未接受教育。关于这一点,调研中有多位教师提及,具体可参见本章第三节"阻碍全纳教育发展的因素",在此不再赘述。

(四) 将残疾学生带出教室

第四个子主题是将残疾学生带出教室。调研中一些教师反映,基于种种原因,残疾学生会被支持教师带出教室单独进行教学。这些原因主要包括残疾学生自身需要、普通教师的要求、支持教师的需要、一些全纳教育项目的需要等。关于此内容,在教师如何实施全纳教育小节已有论述,在此不再赘述。

三、一个转变的过程

第三个主题是一个转变的过程,包括三个子主题,分别为从一个捣乱者到大家的朋友、残疾学生获得支持教师辅导的时间越来越少和一些残疾学生逐渐失去了支持教师的辅导。

(一) 从一个捣乱者到大家的朋友

第一个子主题是残疾学生从一个捣乱者到大家的朋友。如前所述,残疾学生在普通学校的状态不是静止不变的,而是随着时间的推移逐渐发展变化的。从调研的情况来看,大部分教师提及残疾学生在普通学校的变化时,多指向变好的趋向。教师指出,随着残疾学生在普通教室里的时间越来越长,慢慢与班上的其他学生、普通教师、支持教师等变得熟悉起来。刚进入班级时的那种陌生感逐渐淡化,随之而来的是残疾学生对周围环境的熟悉感以及来自周围同学和教师的关怀感。在此过程中,残疾学生逐渐适应了普通学校的生活。尽管有时候残疾学生由于自身特殊教育需要会制造一些噪音或是扰乱正常的教学环境,但这种情形变得越来越少,随之而来的是残疾学生与周围同学和教师的关系越来越密切。周围同学对班上残疾学生的接纳度和包容性越来越高,可以理解残疾学生的一些特殊行为。残疾学生在普通学校的这一转变,被多位教师提及,如一位教师所言:

刚开始的时候这名残疾学生仅仅坐在班级里,他完全听不懂教师在讲什么,并且他还有一定的暴力倾向,经常触碰周围同学,使周围同学无法正常上课。随着这名残疾学生在教室的时间越来越长,班上的同学逐渐理解了他的特殊教育需要,开始和他玩耍、交朋友。我与班上的普通教师每次课间和课后都给他进行单独辅导。现在是他在这个班级的第二年,情况比刚来的时候好多了。现在他有好多朋友,下课的时候经常会和大家一起玩耍。

(普通小学,支持教师-15)

(二) 残疾学生获得支持教师辅导的时间越来越少

第二个子主题是残疾学生获得支持教师辅导的时间越来越少,这个主题多由年龄在55岁及以上的教师提及。根据这些教师的反映,这个子主题与支持教师在意大利中小学的处境息息相关。如前所述,近年来意大利政府在支持教师方面的财政支出逐年下降,导致学校用于支持教师的资金减少,使普通学校的支持教师数量下降。在此之前,一个支持教师通常负责2到3名残疾学生,近年来随着支持教师数量的减少,每名支持教师负责残疾学生的数量逐年增加,现在一些普通学校的一名支持教师甚至负责7名左右残疾学生。随着支持教师负责残疾学生数量的增加,残疾学生获得支持教师辅导的时间越来越短,这不可避免地危及到残疾学生在普通学校全纳教育的质量。

如一位支持教师所言：

> 现在残疾学生越来越难以融入到普通班级里了。为什么呢？因为残疾学生获得的支持越来越少，尤其是获得支持教师的帮助变少了。之前，我们学校有很多支持教师，每位支持教师负责2名残疾学生，每名残疾学生可以获得很充足的支持。现在学校可用于支持教师的资金变少了，支持教师数量也少了，每名支持教师要负责好几名残疾学生，这哪能忙得过来啊，所以残疾学生获得支持教师辅导的时间越来越少。

（普通小学，支持教师-9）

（三）一些残疾学生逐渐失去了支持教师的辅导

第三个子主题是普通学校里一些残疾学生逐渐失去了支持教师的辅导，这个子主题与上一个子主题紧密相连。随着普通学校支持教师数量的减少和全纳教育相关政策的调整，普通学校里残疾学生获得支持教师支持的时间逐渐减少，以至于在一些普通学校一些残疾学生得不到支持教师的帮助。近年来，这种现象在意大利中小学愈演愈烈。调研中一些普通教师对此种现象反应很强烈，他们指出以往班级里的残疾学生主要由支持教师负责，他们配合支持教师。现在情况不同了，有些残疾学生获得支持教师辅导的时间变少了或是直接没有支持教师的辅导，这就致使残疾学生的教学任务完全落到了普通教师身上。对此，普通教师表示残疾学生在校教育质量会受到影响，一方面班级里还有很多普通学生，分配给残疾学生的时间有限；另一方面普通教师对自己是否具有教授残疾学生的专业技能表示担心。关于这种现象，教师在访谈中会有所提及：

> 过去的学校很有钱，现在钱不多了，没有足够的钱来聘任足够的支持教师了。以前学校里的残疾学生都有支持教师负责，并且每名残疾学生获得支持教师的时间也比较长。现在不是了，支持教师少了，残疾学生获得支持的时间越来越少，以至于一些残疾学生没有支持教师的帮助。这就导致照顾残疾学生的任务落到了我们普通教师的身上，我们既需要照顾普通学生，又需要照顾残疾学生。还有一点，我们没有接受过专业的特殊教育培训，不具备相关专业技能，这是一个很大的问题。

（普通小学，普通教师-13）

四、坐在普通教室里并进行了学习

第四个主题是残疾学生坐在普通教室里并进行了学习，包括两个子主题，分别为残疾学生获得了很好的发展和残疾学生与班里其他学生关系良好。随着残疾学生在普通教室里的时间越来越长,与周围同学和任教教师的关系越来越融洽,残疾学生不仅仅只是坐在普通教室里,不再是班级里的捣乱者,相反,残疾学生逐渐与大家成为朋友。这种变化,极大地促进了残疾学生的身心发展。

(一) 残疾学生获得了很好的发展

第一个子主题是残疾学生在普通学校获得了很好的发展。从调研中教师反映的情况来看,残疾学生的发展主要体现在两个方面:一是残疾学生的学业成绩,二是残疾学生的社会性能力。随着残疾学生在普通学校里的时间越来越长,一方面与支持教师和普通教师越来越熟悉,可以在这些教师的支持和帮助下开展学习活动;另一方面随着残疾学生与周围同学的关系越来越密切,在和周围同学的交流互动中,残疾学生的语言表达能力、社会性交往能力等都可获得发展。如一位教师所言:

> 对我们班上这名残疾学生而言,我认为待在普通学校里是好的,她刚来的时候不太好,现在随着时间的增加,她在班里越来越好,上课可以听懂一些内容了,学习成绩也比之前好了很多。尤其重要的是,她现在可以和其他同学自由交流了,并且还有了自己的朋友,这对培养她的社会性能力很有帮助。

(普通小学,普通教师-5)

(二) 残疾学生与班里其他学生关系良好

第二个子主题是残疾学生与班里其他学生关系良好。这个子主题与上述几个子主题密切相关,随着在普通学校里的时间增加,残疾学生与班里其他同学的关系愈加密切,这有利于残疾学生身心的健康发展。一位教师的访谈说明了这个情况:

> 现在这名残疾学生在我们班特别好,和每一个同学的关系都很好。有时候她不能拿纸或是笔,周围的同学会主动帮助她。班上的同学把她当作小妹妹一样来照顾,她和她的小伙伴相处得很好。

(普通小学,支持教师-15)

第六节 如何安置残疾学生

在批判维度上,对于应该如何安置残疾学生共有三个主题,分别为安置在普通教室外加带出教室一段时间、安置在特殊教育学校和其他;每个主题又包含若干个子主题(见表8-6)。

表8-6 批判维度:如何安置残疾学生

维度	主题	子主题
批判	安置在普通教室＋带出教室一段时间	安置在普通教室
		残疾学生身心可获得健康发展
		没有特殊教育学校
		残疾学生在特殊教育学校无法获得发展
		带出教室一段时间
		满足残疾学生的特殊性教育需要
		避免打扰其他学生正常上课
		支持教室(Sostegno di aula)有相关的教学资源
	安置在特殊教育学校	残疾学生的残疾程度较为严重
		普通学校教师的专业能力和教学资源都很有限
		特殊教育学校有更多专业的教师和学习资源
		普通教室里已经存在很多问题
		残疾学生的残疾种类多种多样
		学习一项技能以应对未来生活
	其他	依据残疾学生的残疾程度而定
		普通学生加上1到2个残疾学生组成的班级

一、安置在普通教室外加带出教室一段时间

第一个主题是将残疾学生安置在普通教室外加带出教室一段时间,这种安置形式在调研中几乎被所有教师所提及。它主要包括两部分:一是残疾学生大部分时间在普通教室度过;二是在某些时间段残疾学生需要被带出教室进行单独教学或是进行其他活动。调研中教师们一致认为残疾学生应当被安置在普通教室接受教育,但是在表达完该观点后,几乎所有教师会补充一句:"但是有时候你需要将残疾学生带出教室进行单独教学或其他活动。"尽管这只是补充的一句话,但却对我们理解第一种安置形式至关重要。基于此,本小节将此主题分为两个部分进行论述,即安置在普通教室和带出教室一段时间,以期全面系统地展示意大利中小学教师在这种安置形式上的观点。

(一) 将残疾学生安置在普通教室

第一种安置形式的第一部分是将残疾学生安置在普通教室,教师共列举了三方面理由,分别为残疾学生在普通教室里身心可获得健康发展、没有特殊教育学校以及残疾学生在特殊教育学校无法获得发展。需要指出的是,当问及教师何种安置形式有益于残疾学生发展时,大部分教师的第一反应就是将残疾学生安置到普通教室,并给出了他们的理由。

第一个理由是残疾学生在普通教室里身心可获得健康发展。调研中教师普遍认为普通教室像一个小型社会,将残疾学生安置到普通教室有益于残疾学生社会性能力的发展。同时第二个理由是对普通学生而言也是一件好事,有益于他们对有特殊教育需要学生的认识。这个理由,在一些教师的访谈中有所体现。

首先,可以促进残疾学生的身心健康发展。

> 我认为应该将残疾学生安置在普通教室里接受教育,因为普通教室就像一个小社会一样,残疾学生在普通教室里可以获得身心方面的发展,为其之后步入社会做准备。同时,普通学生也可以较早地接触到残疾学生,理解并尊重残疾学生,这对他们之后进入社会尊重残疾人也有所帮助。
>
> (普通小学,普通教师-14)

其次,对普通学生发展也有益处。

> 是的,我完全赞同把残疾学生安置到普通教室里。将残疾学生放到普通教室,教室里还有其他普通学生,普通学生可以较早地接触到残疾人,使他们认识残疾。并且在与残疾学生交往过程中,养成主动帮助残疾学生的习惯,尊重残疾学生,爱护残疾学生。这些品质,在他们之后走向社会是很重要的。
>
> (普通小学,普通教师-13)

第二个理由是没有特殊教育学校,所以残疾学生只能到普通学校就读。这个理由并不是很普遍,但是调研中一些教师将此视为意大利将残疾学生安置到普通学校的主要原因。提及该理由的教师多指出在意大利特殊教育学校在20世纪70年代逐渐被废止,残疾学生只能到普通学校就读。至于这是不是一个正确的举措,下文会有相关论述。关于该理由,如一位普通教师所言:

> 现在我们国家没有特殊教育学校了,我记得特殊教育学校存在于20世纪70年代,后来就被禁止了。所以,现在残疾学生只能到普通学校接受教育。
>
> (普通小学,普通教师-4)

第三个理由是残疾学生在特殊教育学校无法获得发展,这个理由多由曾经在特殊教育学校或是机构工作过的教师提出。从他们之前在特殊教育学校或机构的工作经历出发,这些教师认为我们应该把所有学生安置在普通学校里一起接受教育,因为残疾学生在特殊教育学校无法获得发展。在特殊教育学校,周围都是残疾学生,不利于残疾学生发展。此外,当残疾学生从特殊教育学校毕业后步入社会,他们往往很难适应社会。一位曾经在特殊教育机构工作过的教师,说明了这种情况:

我之前在一家特殊教育机构工作,在那里的都是残疾学生,各种各样的残疾学生。他们发展得不是很好,因为周围都是残疾学生,他们有的甚至还模仿其他学生。你知道的,社会不是这样的,他们长期待在特殊教育学校里就与社会隔离了。等他们日后进入社会,是无法适应社会的。

(普通小学,支持教师-9)

(二) 带出教室一段时间

在教师回答完将残疾学生安置到普通教室之后,接着一句话往往是有时候我们需要把残疾学生带出教室一段时间进行单独教学或是进行其他活动。在询问为何要将残疾学生带出教室时,教师主要给出了三点理由:满足残疾学生的特殊教育需要、避免打扰其他学生正常上课以及支持教室(Sostegno di aula)有相关教学资源。需要指出的是,关于将残疾学生带出教室这一现象,前面已有过相关论述,在此重点说明这三点主要是从安置形式主题出发考虑的。

第一个理由是满足残疾学生的特殊教育需要。从调研中教师反映的情况来看,这些特殊教育需要包括:身体方面的需要、心理方面的需要、学习环境方面的需要、学习任务的需要以及其他方面的需要。尤其需要指出的是,从教师的反馈来看,将残疾学生带出教室是为了残疾学生好,对残疾学生有利;如果不带残疾学生出去,继续让残疾学生待在教室,对残疾学生而言是一件坏事,不利于残疾学生的发展。而关于带残疾学生出去是否具有负面影响,调研中很少有教师提及这一点。如一些教师所言:

我认为让残疾学生待在普通教室里是一件好事,对残疾学生发展也有利,但是有时候需要将残疾学生带出教室一段时间,因为有时候残疾学生由于自身需要不能长时间待在教室。这样的话,带出教室对残疾学生而言是一件好事情。

(普通小学,支持教师-16)

通常来说,我们班上残疾学生在教室外和教室里的时间是相等的。因为有时候由于他自己的需要,要带他出去放松一下;有时候是教学需要,带出去进行单独的教学活动。

(普通小学,支持教师-15)

大概有75%的时间待在普通教室里面学习。但有时候因为我们班上这名残疾学生需要大声朗读课文,声音很大,所以需要去教室外进行单独教学。

(普通小学,支持教师-3)

第二个理由是避免打扰其他学生正常上课。如前所述,一些残疾学生由于自身特殊需要,在普通教室会制造一些噪音、大声讲话、随意触碰或是拥抱周围的同学,这些在教师看来是"捣乱"的行为会打断教师的正常教学活动。当这种现象发生的时候,最有效也最直接的方法往往是支持教师将制造噪音的残疾学生带出教室,进而保障其他学生的正常上课。保护大多数学生的利益,是教师在面对残疾学生产生不良行为时的第一反应,如一些教师所言:

我们班上有一名残疾学生,她和班上的同学关系很好,经常一起玩耍。但是有时候上课的时候,她突然会发出一些怪异的声音,并且声音还很大。这种声音严重影响了我上课和学生听讲。当这种情况发生的时候,我会让支持教师带这名残疾学生到教室外,让她安静一下。有时候,是她自己主动提出要出去,这时候我们需要尊重她的意愿,强行让她待在教室,这是不对的。

(普通小学,普通教师-5)

三年前我还是一名支持教师的时候,我们班上有一名残疾学生,她就不能待在普通教室,她一直想出去。我们每天在普通教室的时间只有3到4个小时,其余时间都在外面。如果一直让她待在教室,她会制造一些噪音,发出一些奇怪的声音,这不利于教师上课。而且如果她一直这样,其他同学可能也会烦她,因为她让其他学生无法正常学习。所以,我经常带她出去单独进行教学。

(普通小学,普通教师-4)

第三个理由是支持教室有相关教学资源。在意大利中小学调研过程中,支持教室(在我国称为资源教室)不断被教师所提及。根据教师的介绍,意大利每所中小学都有若干个支持教室,这些教室配备专门的教师和专门供残疾学生使用的教学性辅助资源。当残疾学生不想待在普通教室里,或是难以适应普通教室的教学时,支持教师会将残疾学生带到学校的支持教室里进行单独教学或其他活动。如一位教师对支持教室在教育残疾学生方面的作用进行了描述:

是的,我们学校的做法是将残疾学生放到普通教室进行学习,但有时候需要将残疾学生带出教室到支持教室进行教学,因为用于教授残疾学生的许多教学资源都在支持教室,而普通教室是没有的。比如,有一些残疾学生需要电脑进行辅助教学,但是普通教室是没有的,这时候就要到支持教室。还有一些康复性设备、教学用具都在支持教室。另外,普通教室空间有限,也放不下这些东西。

(普通小学,支持教师-6)

二、安置在特殊教育学校

第二个主题是将残疾学生安置在特殊教育学校,包含六个子主题,分别为残疾学生的残疾程度较为严重、普通学校教师的专业能力和教学资源都很有限、特殊教育学校有更多专业的教师和学习资源、普通教室里已经存在很多问题、残疾学生的残疾种类多种多样以及学习一项技能以应对未来生活。在深入分析该主题之前,有两点需要说明一下。首先,在调研中教师提及该主题的频率没有第一个主题频繁,并且提及该主题只有6位教师。其次,提及这个主题的这6位教师有一个共同的特点,即对特殊教育很了解。例如,有几位教师之前是特殊教育学校教师,曾在特殊教育学校工作过;有几位教师年龄较大,在他们还是学生的时候,意大利还存在特殊教育学校;有几位教师对特殊教育比较了解。对特殊教育的了解使得这6位教师认为,将残疾学生安置在特殊教育学校更为科学合理。与此同时,需要指出的是,尽管这6位教师认为应该将残疾学生安置到特殊教育学校接受教育,但这并不意味着他们反对意大利的全纳教育改革,反而有几位教师甚至很支持目前的改革实践。

(一)残疾学生、普通教师与特殊教育学校

前三个子主题,即残疾学生的残疾程度较为严重、普通学校教师的专业能力和教学资源都很有限以及特殊教育学校有更多专业的教师和学习资源,在调研中频繁地被几位教师提及,并且这三个子主题穿插在一起,所以在此一并进行阐释。这几位教师认为一些残疾程度较为严重的残疾学生不适宜被安置到普通学校,因为普通学校的教师往往缺乏特殊教育专业素养,难以胜任残疾学生教学,并且有时候普通学校也缺乏残疾学生所需的特殊类教学资源,所以这些残疾学生无法在普通学校获得良好的发展。基于此,他们认为应该将残疾学生安置到特殊教育学校,因为特殊教育学校既有专业的特殊教育教师,又有供残疾学生学习的特殊类教学资源。如教师所言:

我之前在一家特殊教育机构工作,这个机构里有各种各样的残疾学生。在这里,这些学生有专业的教师和丰富的特殊类教学资源,这都有利于这些残疾学生的发展。但是我现在所在的普通学校,我发现残疾学生在这里发展得并不是很好,有些普通教师缺乏特殊教育专业素养,不知道如何教授残疾学生,另外这所学校也缺乏一些残疾学生教学所需的资源,导致一些残疾学生只是坐在教室里,但没有进行学习。因此,我认为应该将那些残疾程度较为严重的残疾学生安置到特殊教育学校。

(普通小学,普通教师-14)

例如,我们学校有一位残疾程度很严重的残疾学生,他之前在一家特殊教育机构,在那里他有专业的语言治疗师和专业的仪器设备,所以他学会了说一些简单的词语,如妈妈、爸爸、汽车等。但来到我们学校之后,感觉他并没有什么进步,反而还有些退步了。我们学校没有专业的语言治疗师,也没有专业的设备,我感觉什么也做不了,只能让他坐在教室里。我认为,应该把他安置到特殊教育学校去。

(普通小学,校长-1)

(二)普通教室里已经存在很多问题

第四个子主题是普通教室里已经存在很多问题,所以建议将残疾学生安置到特殊教育学校接受教育。调研中一些教师反映,现在教室里学生的构成很复杂,有来自外国的学生,有来自难民家庭的儿童,有离异家庭的儿童,有单亲家庭的儿童,等等。这些学生中有的会带着各种问题来到教室,如有的整日闷闷不乐,有的沉迷于电子游戏,有的性格比较孤僻等。在这样一个构成已经十分复杂的教室里,再将残疾学生安置进去,在教师看来并不是一件明智的事情。因为将残疾学生安置进来不仅可能会对其他学生产生负面影响,也可能会影响残疾学生自身的发展,如一位教师所言:

现在教室里的学生跟以前不一样了,来源很多样化,有外国学生、难民的孩子、单亲家庭的孩子等。这些学生有时候会有一些问题,如我们班上有个单亲家庭的学生整日不和其他同学讲话,总是一个人,而有的学生天天沉迷于电子游戏,无心学习。这时候再将残疾学生放进来,我感觉并不是一件好事情,可能把他们放到特殊教育学校会好一些。在那里,他们可以得到好的教育,也有专业的教师教授他们知识和技能。

(普通小学,支持教师-9)

(三)残疾学生的残疾种类多种多样

第五个子主题是残疾学生的残疾种类多种多样,普通学校对于残疾学生的特殊教育需求无法完全满足,所以最好将残疾学生安置到特殊教育学校进行统一管理和教学。调研中不论是普通教师还是支持教师,都提及自身在应对残疾学生时感觉到自身专业能力的不足。这种情况在面对多种类型残疾学生时表现得更为严重,例如,一些支持教师讲到尽管他们在大学支持教师项目中接受过全纳教育和特殊教育的专业培训,但面临普通学校里多种类型的残疾学生时常常还是束手无策,因为培训并没有涉及所有类型的残疾学生。因此,当将各种类型的残疾学生安置到普通学校时,囿于各方面原因,如教师专业能力、学校相关教学资源、学校相关无障碍设施建设等,残疾学生的全纳教育质量并不十分理想。基于此,有些教师认为应该将残疾学生安置到特殊教育学校接受专业的特殊教育,正如一位教师所言:

在过去,普通学校的状况很好,残疾学生也不是很多,所以残疾学生在普通学校可以得到很好的照顾。现在情况不同了,学校里的普通学生本身就有很多问题,教师常常需要花费大量时间来处理这些问题。同时,随着各种类型的残疾学生的到来,普通教师和支持教师往往更难以应对了。即使作为接受过专业培训的支持教师也并不能应对所有类型的残疾学生,每一类的残疾学生都需要专业人员来进行单独教学,这对普通学校来说不太可能。所以,有时候我觉得是否把残疾学生统一安置到特殊教育学校会好一点呢?

(普通小学,校长-8)

(四)学习一项技能以应对未来生活

第六个子主题是残疾学生在特殊教育学校可以学习一项生存技能,而在普通学校残疾学生是无法学习到生存技能的。这个子主题主要是针对普通中学里的残疾学生而言的,普通中学里的残疾学生年龄一般是14—15岁。调研中,根据教师的反馈,中学班级里的残疾学生往往难以跟上教师教学进度。由于中学教学难度的增加,很多残疾学生往往听不懂教师课堂上所教的内容,因此大多数时间只是坐在普通教室里而已。对此,一些教师认为小学阶段将残疾学生安置到普通学校,有益于残疾学生的发展。但是随着残疾学生年龄的增长,尤其是中学阶段的残疾学生应该被安置到特殊教育学校,因为这些残疾学生在普通学校无法学习,而在特殊教育学校可以学习到相关技能,这对残疾学生今后的生活意义重大。一些教师提及在特殊教育学校,学校会开设相关职业教育课程,如制造糕点、披萨、冰淇淋等,残疾学生可以结合自身情况学习几项相关技能,为其步入社会提供帮助,而这些是普通学校无法提供的。如调研中一位教师所说:

中学阶段,可能比较难,一些残疾学生可能无法理解教师课上所讲的内容,所以有时候他们往往只是坐在班级里。我认为中学阶段应该把残疾学生安置到特殊教育职业学校,在那里他们可以学到一些生存技能。据我所知,这些学校会教授如何制作面包、披萨、冰淇淋等,这些制作技术对残疾学生今后的生活很有帮助。相比于把他们放到普通学校,我认为放到特殊教育职业学校会更好一些。我们班之前就有一名残疾女孩,在中学时她去了当地的一所特殊教育职业学校学习制作技能,我觉得这就很好。

(普通小学,普通教师-13)

三、其他

第三个主题是其他,包含两个子主题,即依据残疾学生的残疾程度而定和普通学生加上1到2个残疾学生组成的班级。受学校一体化教育实践的影响,调研中很多教师认为将残疾学生安置到普通学校是一件理所当然的事情,少部分(6位)教师主张将残疾学生安置到特殊教育学校接受教育。此外,还有一小部分教师主张依据残疾学生残疾情况进行安置。对这些教师而言,不加区分地将残疾学生统一安排到普通学校或是特殊教育学校是不科学的,科学的做法应该坚持具体情况具体分析,即根据残疾学生的残疾程度安置残疾学生。可将轻度和中度残疾学生安置在普通学校,而将残疾程度较为严重的学生安置在特殊类教育机构,为其提供专业的教育支持。如教师所言:

是的,对于把残疾学生放到普通学校还是特殊教育学校进行教育,我认为不可以一概而论,具体要看残疾学生的具体情况,有一些是不适合放到普通学校的。比如说我知道这个地区有些学校的残疾学生其实不适合待在普通学校,他们的残疾程度很严重,在学校也学不到东西。这种情况,我认为放到特殊教育机构可能要好些。所以,不能统一地把残疾学生安置到普通学校,要结合残疾学生的情况而定。

(普通中学,普通教师-11)

我认为目前我们处理残疾学生的做法不是很科学,将所有残疾学生都放到普通学校其实对有些残疾学生来说并不是一件好事。这也就是现在普通学校里有很多残疾学生常常被支持教师带出教室进行单独教学的原因,说明这些学生可能不适合普通班级。一些残疾学生适合待在普通教室里,一些残疾学生不适合待在普通教室里,所以我们应该根据残疾学生的具体情况进行处理。

(普通小学,支持教师-6)

第七节　全纳教育历史发展情况如何

演绎维度,即全纳教育历史发展情况,共包含三个主题,分别为1977年之前全纳教育发展不容乐观、1977年到2000年全纳教育发展越来越好和2000年至今全纳教育发展越来越差;每个主题又包含若干个子主题(见表8-7)。在演绎维度,本研究主要想从历史角度考察意大利全纳教育的发展情况。作为学校全纳教育的实际执行者,中小学教师对学校全纳教育发展有着最为深切的感触。从一线中小学教师视角切入,可以发现国家层面的全纳教育政策在学校层面是如何具体执行的、执行效果如何以及执行过程中有哪些问题等。这种来自一线教师的声音,可以更好地帮助我们了解国家视角下的全纳教育政策是否恰当和科学,是否如其所言促进了学校全纳教育的发展。通过对一线中小学教师的探究,进而对比教师视角下的全纳教育和国家视角下的全纳教育,可以帮助我们勾勒出一幅意大利全纳教育发展的全景图。为了全面把握意大利全纳教育发展历程,本研究在调研过程中将教师的经历分为前后连续的两段,即学生时期和教师时期。在学生时期,让教师回忆学生时代在其学校和班级里是否有残疾学生,若有,则这些残疾学生生存境况如何;在教师时期,让教师自参加工作以来对其所在学校全纳教育发展做一个评估,评价学校全纳教育发展状况。最后,综合教师的回答,尝试勾勒出意大利中小学全纳教育发展状况。需要指出的是,本研究归纳总结出的意大利全纳教育发展情况代表了大部分教师的观点,但并不能涵盖所有教师的观点。与此同时,研究归纳出来的关于意大利全纳教育的发展情况是一般情况,并不能完全反映意大利全纳教育发展的整体情况。

表8-7　演绎维度:全纳教育历史发展情况如何

维度	主题	子主题
演绎	不容乐观:1977年之前	残疾学生在特殊教育学校或是特殊班级
		安置在普通学校的残疾学生没有支持教师
	越来越好:1977年到2000年	所有学生在一起学习
		越来越多的政策开始关注全纳教育
		开始给残疾学生分配支持教师
		为残疾学生提供相关学习支持(如学习项目、仪器设备等)
		一种强烈的全纳文化

续表

维度	主题	子主题
	越来越差：2000年至今	用于全纳教育的资金越来越少
		支持教师数量越来越少
		支持教师频繁更换
		分配支持教师的原则从依据学生需要到依据资金数量

一、不容乐观：1977年之前

第一个主题是1977年之前全纳教育发展不容乐观，共包括两个子主题，分别为残疾学生在特殊教育学校或是特殊班级和安置在普通学校的残疾学生没有支持教师。这个主题主要是年龄较大的教师提及，1970年前后他们还在上小学或是中学。这些教师关于这段时间的回忆，为我们了解和把握1977年之前意大利全纳教育发展情况提供了宝贵的一手资料。

（一）残疾学生在特殊教育学校或是特殊班级

第一个子主题是残疾学生在特殊教育学校或是特殊班级。20世纪70年代，意大利开始进行全纳教育改革，残疾学生逐渐被安置到普通学校接受教育，但是仍有大量残疾学生由于自身原因被普通学校拒绝而继续在特殊教育学校学习。与此同时，被安置到普通学校的残疾学生的境况也并不是很乐观。由于当时普通学校尚未做好充足准备来应对突如其来的残疾学生，所以当时很多普通学校的残疾学生被集中安置在学校特设的特殊班级里学习。一些年龄较大的教师回忆道，当时他们学校的残疾同学并没有和他们一起待在普通教室里，而是被集中安置到了一个特殊班级里。如一位56岁的教师，1968—1973年间在读小学，她指出当时普通学校的残疾学生都被集中安置在一起，并没有被安置在普通班级里，这些学生在特殊班级里的境况很不好。

从现在来看，我上小学的时候我们国家刚刚开始进行全纳教育改革。当时我记得学校里有一些残疾同学，但是这些残疾学生不像今天一样都被安置在不同的年级里，与普通学生一起学习。那时候，我记得所有残疾学生都在一起，在一个班级里学习，有的6岁，有的10岁，有的可能更大一些，所有有问题的学生都在这个班级里学习。我记得这个班级不是很好，残疾学生在里面不是很开心。

（普通小学，校长-1）

同样的情况,也被其他年龄相仿的教师提及。如一位58岁的教师,1969—1973年间在读小学,她回忆道：

在过去,没有全纳教育项目。残疾学生待在家里或是特殊教育学校。后来我们学校有残疾同学了,但是这些同学不和我们一起上课,他们单独在另一间教室里学习,他们和我们不一样,有的看不见,有的还要坐轮椅。我们下课也不和他们一起玩耍,感觉他们没有朋友。

(普通中学,普通教师-11)

(二) 安置在普通学校的残疾学生没有支持教师

第二个子主题是安置在普通学校的残疾学生没有支持教师,这个子主题多由年龄在50岁以下的教师提及。在普通学校设立支持教师,是意大利全纳教育改革过程中的一大创举,后被其他国家学习和借鉴。此政策始于1977年学校一体化改革,该政策规定普通学校设立支持教师,帮助和支持残疾学生在普通学校的学习和生活。但是在调研中,一些教师普遍反映在他们学生时期他们班上的残疾同学并没有支持教师,班上的残疾同学有时候处于无人管的境况。如一位48岁的教师,1980—1983年间在读小学,她的班上有一位残疾同学,但是并没有相关支持。

当我在读小学的时候,我们班上有一位残疾同学,但是他并没有支持教师帮助他,学校也没有相关的项目。他看上去在班里很孤独,我们也不和他玩耍。

(普通中学,普通教师-12)

二、越来越好:1977年至2000年

第二个主题是1977年至2000年,意大利全纳教育发展越来越好,共包括五个子主题,分别为所有学生在一起学习、越来越多的政策开始关注全纳教育、开始给残疾学生分配支持教师、为残疾学生提供相关学习支持(如学习项目、仪器设备等)和一种强烈的全纳文化。1977年意大利颁布了《关于学生评估、取消复考以及调整学校教育标准的规定》。该法案是意大利改革一体化教育、确立全纳教育的里程碑式法律,开启了学校一体化运动。通过此法案,特殊教育学校完全被普通学校整合,所有残疾学生(不论残疾程度如何)进入普通小学和中学(6—14岁)接受教育,任何普通学校不得以任何理由拒绝残疾学生注册。调研中,大多数教师提及自1977年之后,明显感觉学校全纳教育发展得越来越好,从国家到学校出台了一系列举措推动全纳教育发展,如分配支持教师、为残疾学生建立有针对性的教育项目、普通学校无障碍设施环境的建设等。

在此,我们可以援引一位教师的访谈来展现1977年之后意大利的全纳教育发展情况,该教师60岁,教龄41年,1977年开始参加工作。

是的,如果我们说残疾学生,那就要从1977年开始。这一年我成为一名教师,从这一年开始我感觉到学校的全纳教育越来越好了。政府、社会组织以及学校都特别重视残疾学生的全纳教育,残疾学生都来普通学校学习,在这里,学校尽可能给他们提供好的条件,帮助他们学习和生活。在之后的教学过程中,残疾学生在普通学校的状况越来越好,我觉得他们都很开心,也愿意待在学校里。

(普通小学,普通教师-5)

(一)所有学生在一起学习

第一个子主题是所有学生在一起学习,这主要是指自1977年之后特殊教育学校被废止,几乎所有残疾学生陆续被安置到普通学校和普通学生一起接受教育。尽管各地区间存在一定的差异性,但是自1977年起将残疾学生安置到普通学校接受教育已成为意大利全纳教育改革的主要趋势。如一名教师所描述的那样,自1977年之后,各类残疾学生逐渐被安置到普通学校接受教育。

是的,在20世纪70年代初期还有很多特殊学校,例如盲校、聋校等,但是在1977年后,这些特殊学校逐渐被关闭,各种各样的残疾学生开始被放到普通学校接受教育。残疾学生和普通学生在一起学习,并且学校还为这些残疾学生分配了支持教师。当然,这仅仅是指小学,中学在1988年才开始全纳教育。

(普通小学,支持教师-3)

(二)越来越多的政策开始关注全纳教育

第二个子主题是国家越来越关注全纳教育,为全纳教育发展提供政策保障。调研中,许多教师提及自1977年之后国家层面不断出台与全纳教育相关的政策,从资源、师资、基础设施建设等方面保障全纳教育的实施。在访谈中,教师提及的全纳教育政策或与全纳教育相关的政策有《关于审查幼儿园、中小学以及艺术类学校招聘方法、采取适当措施改善教师质量》《关于国家宪法等法案中相关问题的判决》《关于社会援助、全纳和残疾人权利的框架》等。在这些政策支持下,意大利中小学的全纳教育得以顺利开展。如一位教师所言:

相比于之前,1977年之后国家出台了很多政策来发展全纳教育,尤其是1992年的完全全纳教育政策(即《关于社会援助、全纳和残疾人权利的框架》),号召全社会来关心残疾人,为残疾人融入社会创造条件。在学校,我们也针对残疾学生制定了各种举措,帮助残疾儿童在普通学校更好地学习和生活。是的,我觉得国家的重视,尤其是相关国家政策的出台对我们发展全纳教育起了很大的推动作用。

(普通小学,普通教师-5)

(三) 开始给残疾学生分配支持教师

第三个子主题是普通学校开始为残疾学生分配支持教师,残疾学生在普通学校所受教育的质量得到保障。无论是亲身经历还是从书本上看来,抑或是听教龄较长的教师说起,调研中几乎所有教师都提及了这个子主题。前文已多次提到过,在普通学校设立支持教师岗位,为残疾学生提供支持,是意大利全纳教育发展过程中的一大创举,被许多国家模仿。在学校里的支持教师,一方面与普通教师合作开展教学,帮助全班学生更好地理解课堂教学内容;另一方面又针对残疾学生开展单独的教学活动,为残疾学生设计教育项目等,为残疾学生在普通学校更好地学习与生活提供支持。意大利中小学全纳教育实践表明,支持教师在学校全纳教育发展方面的作用很大,有力地促进了学校全纳教育的实施。如有教师所言:

从1977年开始,学校全纳教育变得越来越好,国家出台了相关全纳教育政策,学校为残疾学生设立了一些特别的教育项目,等等。这其中,给残疾学生分配支持教师最为重要,这些支持教师具有专业的特殊教育背景,可以很好地帮助残疾学生在普通学校里开展学习。这些支持教师专门负责残疾学生的教育,所以残疾学生在普通学校生活得很好。

(普通中学,普通教师-11)

从1977年开始,普通学校开始给残疾学生分配支持教师,之后越来越多的支持教师被分配给残疾学生,这些支持教师都具有专业的背景,可以很好地帮助残疾学生适应普通学校的学习和生活。在意大利全纳教育的发展中,支持教师的贡献很大。

(普通小学,普通教师-5)

但是如前所述,支持教师政策的实施在各地区间存在一定的差异性。该政策始于1977年学校一体化改革,规定普通学校设立支持教师,帮助并支持残疾学生在普通学校的学习和生活。但是在调研中,个别教师反映在他们学生时期他们班上的残疾同学并没有支持教师,班上的残疾同学有时候处于无人管的境况。

(四) 为残疾学生提供相关学习支持(如学习项目、仪器设备等)

第四个子主题是普通学校为残疾学生提供相关学习支持,帮助残疾学生更好地适应普通学校的学习和生活。如前所述,1977年之后国家针对全纳教育出台了一系列相关政策,这些政策为学校发展全纳教育提供了有力支持和保障。在这些政策支持下,意大利中小学围绕全纳教育制定了相应发展举措,如设立特殊类教育项目、建造无障碍设施环境、添置康复性仪器设备等。以普通学校设立相关教育项目为例,为了更好地促进残疾学生发展,普通学校设立了各种教育项目帮助残疾学生融入学校生活,为残疾学生的学习和生活创造条件。

(五) 一种强烈的全纳文化

第五个子主题是普通学校里形成了一种强烈的全纳文化,这个子主题主要是在调研中、和教师的访谈中以及后续整体访谈资料过程中,由研究者自己总结出来的。当我首次进入意大利中小学进行调研,与校长、普通教师、支持教师、教师助理以及学生的交流时,我能感受到他们所有人对残疾学生的那种包容和接纳。在他们看来,学校就是一个大家庭,每一个人在此都可以受到关注和照顾。在这里,没有残疾与普通之分,只有一个个独立的个体,一个个活生生的人。在我结束意大利中小学调研,整理访谈的过程中,我从教师们的访谈中再次感受到了这种我将之称为全纳文化的氛围。在意大利中小学里,全纳教育已发展成为一种文化,一种全纳文化,正是这种文化,潜移默化地影响并推动着意大利全纳教育的发展。

三、越来越差:2000 年至今

自 1977 年意大利颁布《关于学生评估、取消复考以及调整学校教育标准的规定》起,全纳教育在意大利成为一项重要的国家议程,国家围绕全纳教育出台了多项与之相关的教育政策。在国家全纳教育相关政策支持下,意大利各地中小学积极发展全纳教育,将残疾学生安置到普通学校接受教育,并为他们提供相应的支持保障,如支持教师、学习项目、无障碍环境等。然而,全纳教育这种良好的发展态势在 2000 年左右逐渐停止,并朝着越来越差的方向发展。为了更好地呈现这一发展态势的转变,在此引用笔者与一位教师的访谈来说明这种转变。该名中学教师 48 岁,教龄 19 年,自 1999 年参加工作,1999 年至 2005 年是一名支持教师,2005 年至今是一名普通教师。我们的对话如下:

普通教师-12:是的,我们很重视全纳教育,很重视残疾儿童,但是最近,全纳教育在我们国家不如之前受重视了。从 1980 年到 2000 年,普通学校有很多支持教师,现在学校的支持教师越来越少,工作时间也变短了。但是从整个欧洲来看,我们意大利的全纳教育还是很好的,是一个榜样。

访谈者：也就是说从1980年到2000年，支持教师与残疾学生待在一起的时间很多？

普通教师-12：是的，那时候每名支持教师负责的残疾学生少，所以和每个残疾学生待在一起的时间很长，可以很好地帮助残疾学生学习和生活。

访谈者：然后呢？

普通教师-12：然后，2000年之后，普通学校的支持教师数量越来越少，每名支持教师需要负责的残疾学生数比之前多了。

访谈者：为什么呢？

普通教师-12：因为我们的政府总是更换，这件事是由政府决定的，不同的政府有不同的政策，没有稳定性可言。

访谈者：所以在这种情况下，支持教师不像之前那样了？

普通教师-12：是的。现在学校的支持教师不如之前多，残疾学生反而比之前多了，这样每名支持教师就需要负责比之前多的残疾学生，因此，每名残疾学生得到支持教师辅导的时间就大大减少，大不如从前了。同时，国家用于发展全纳教育的资金也越来越少，而学校也相应地减少了全纳教育部分的支出。所以，我感觉近些年我们的全纳教育不如之前好了，可以说是越来越差了。

(普通中学，普通教师-12)

从这段比较长的访谈片段中，我们可以发现2000年之后意大利全纳教育越来越差，表现在多个方面，如支持教师数量下降、政府在全纳教育方面的支出越来越少、学校全纳教育相关支出下降等。值得指出的是，2000年之后意大利全纳教育越来越差这个事实被多位教师提及，并且支持教师数量的变化是他们做出这个论断的主要依据。基于此，本研究得出第三个主题，即2000年至今，意大利全纳教育发展越来越差，共包括四个子主题，分别为用于全纳教育的资金越来越少、支持教师数量越来越少、支持教师频繁地更换和分配支持教师的原则从依据学生需要到依据资金数量。在详细阐述这个主题之前，有一点需要澄清，即选择2000年作为意大利全纳教育发展情况的一个分界点主要是基于访谈内容。如前所述，意大利各地区间全纳教育发展存在一定的差异性，武断地将2000年作为一个分界点去划分意大利全纳教育发展阶段是不可取的，因此，本书中的2000年分界点不具有普遍性，不可任意推广。

（一）用于全纳教育的资金越来越少

第一个子主题是用于发展全纳教育的资金越来越少，这个子主题在调研中几乎被所有教师提及。在意大利,尽管全社会都认可残疾学生有接受全纳教育的权利,但由于近年来意大利经济不景气,全纳教育政策在实际执行中出现了诸多问题。例如,由于经济下滑和经济紧缩政策,政府对公立学校的财政支出急剧下降。在全纳教育领域,由于国家相关财政支出的下降,学校也减少了用于发展全纳教育实践的费用支出。随着资金的减少,普通学校的支持教师数量近年来呈下降趋势,普通学校专门为残疾学生设立的教育项目的数量也有所下降。这些全纳教育发展举措的减少,不可避免地对残疾学生教育产生一些负面影响。如一些教师所提及的:

现在,我明显感觉到全纳教育有些倒退了,不如之前发展得好。因为现在公众很担心全纳教育会花费很多钱,尤其是聘用支持教师会花去很大一部分钱,所以政府近年来逐渐减少发展了学校全纳教育的资金,而学校也相应地减少了相关支出,全纳教育不像之前那样受欢迎了。

(普通小学,普通教师-5)

就是钱的问题!这些年,我们一直在减少全纳教育的资金,因为我们很缺钱。在政府看来,因为残疾学生的家庭只占20%,没有那么多,所以政府就减少了全纳教育的支出,我认为这是一件很愚蠢的事情。由于资金的减少,每年支持教师越来越少,相关项目越来越少,相关康复仪器设备越来越少,总之全纳教育发展不如之前好了。

(普通小学,普通教师-4)

(二)支持教师数量越来越少

第二个子主题是支持教师数量越来越少,残疾学生人均支持时间减少。如前所述,国家用于全纳教育的支出下降,学校层面用于发展全纳教育实践的资金也随之减少,这引发的直接影响便是普通学校里支持教师数量出现下降。调研中,多位教师提及这些年他们所在学校支持教师数量明显在减少,不利于学校全纳教育的发展。在之前,每名支持教师大概负责2名残疾学生,这种情况下每名残疾学生可以获得支持教师较长时间的支持和辅导,但是随着支持教师数量的下降,现在每名支持教师大概需要负责4名残疾学生,有的甚至多达6名,这不可避免地导致每名残疾学生获得支持教师支持和辅导时间的下降。此外,由于缺乏支持教师,一些针对残疾学生的教育项目不得不被搁置起来。关于支持教师数量下降的负面影响,可以从教师的访谈中看出来:

现在威尼托大区的全纳教育不如从前了,支持教师数量在减少。我刚开始做支持教师的时候,主要负责一名残疾学生,一个星期我可以辅导22个小时左右。后来我负责2名残疾学生,再后来我负责4名残疾学生,我和他们待在一起的时间越来越短了。现在我负责4名残疾学生,每个星期我和每名残疾学生在一起的时间大概6个小时。6个小时太短了,你都很难和学生培养好的关系。我需要经常到不同的班级去辅导不同的残疾学生,每次时间都很短。我认为在这样短的时间里,无法为残疾学生提供有效的支持,由于时间较短,很多教学无法展开,这样对残疾学生的教育是不好的。但是你如果只能和他们每个人待6个小时,你能做什么呢?

(普通小学,支持教师-6)

(三)支持教师频繁更换

第三个子主题是支持教师频繁地更换工作岗位,致使残疾学生经常更换支持教师。在调研中,有6名受访者曾经是支持教师,现在是普通教师。在意大利中小学,支持教师更换工作岗位已经越来越频繁。按照法律规定,一名教师想要成为一名正式的资源教师,往往要等20年到25年。为此,超过三分之一的资源教师在履行完合同所规定的5年服务期后纷纷转成普通教师或是另谋他职。此外,调研中一些曾经是支持教师现在是普通教师的教师反映,由于支持教师有时候会受到一定的歧视,被视为"二等教师",往往因难以形成正确的身份认同而转岗。支持教师频繁转岗,对普通学校里的残疾学生影响极大。之前,支持教师陪伴残疾学生的时间较长,很多支持教师从残疾学生刚入小学一直陪伴到该名残疾学生小学毕业,这种长时间的陪伴无论对残疾学生还是支持教师而言都十分有益。后来,随着支持教师转岗率的增加,支持教师与残疾学生在一起的时间逐渐变短,最直接的一个结果是残疾学生需要经常更换支持教师。残疾学生可能刚刚和现在的支持教师认识,建立了一定的友谊,但是随着支持教师的转岗,该名残疾学生需要重新适应新的支持教师,这对残疾学生而言影响很大。如教师所言:

现在支持教师经常地变换工作岗位,在过去,一名支持教师会长时间地跟着一名残疾学生,有时候从其入学到毕业。但是现在情况不是这样了,支持教师总是在换,有的残疾学生一年要换2名支持教师,这样对残疾学生和支持教师都不好,双方都需要重新适应对方,我觉得这对残疾学生的影响会更大一些。

(普通小学,校长-8)

(四)分配支持教师的原则从依据学生需要到依据资金数量

第四个子主题是分配支持教师的原则从依据残疾学生特殊教育需要到依据资金数量,将资金而非学生需要看作是分配支持教师的重要标准。在调研中,一些教师反映近些年来在支持教师分配方面的标准发生了变化,不再以人为中心,而逐渐开始以物(即资源)为中心。如一名教师,她之前是一名支持教师(13年教龄),2016年转为一名普通教师,另一名自1997年参加工作,有着22年教龄的普通教师,她们都不约而同地指出这些年支持教师的分配标准发生了变化:

例如15年前,我们可以决定是否为残疾学生分配支持教师,我们完全以残疾学生的特殊教育需要为标准,进行支持教师的分配。如残疾分轻度、中度和重度,对于轻度的残疾学生,支持教师辅导3到5个小时,中度的是12个小时,重度的是22个小时。现在不是这样了,如果你的残疾程度不是很重,那么你不需要支持教师。这个规定太愚蠢了,为什么15年之前这样的学生需要支持教师,15年后的今天就不需要支持教师了呢?我认为就是钱的问题,政府看重的是钱,而不是残疾学生的特殊教育需要。

(普通小学,普通教师-4)

在过去,学校有钱,所以会给残疾学生分配支持教师;现在学校钱不多了,所以有些残疾学生就没有支持教师。没有支持教师的残疾学生的教学任务就完完全全落到了普通教师身上。这样做很不好,因为普通教师往往缺乏与特殊教育相关的教学技能,加上班上还有其他普通学生,所以没有支持教师的残疾学生的处境并不是很好。

(普通小学,普通教师-13)

第九章　中国教师眼中的学校全纳教育治理

本章主要从中国中小学教师视角出发,探究国家层面的全纳教育政策是如何在学校层面实施的。借助在中国中小学所收集的数据资料,从解释、应用、认知、共情、批判与演绎六个维度勾勒出中国中小学全纳教育治理现状(关于访谈对象和访谈提纲等问题,详见附录)。需要指出的是,由于全纳教育这一词语译自西方,非本土产物,加之传播方面的原因,所以在调研中有些中小学教师并未听说过全纳教育这一词语。如前所述,随班就读作为我国发展全纳教育的重要方式,已为中小学教师所接受和认可,考虑到中国语境和学校发展实际情况,在本章中全纳教育和随班就读交叉使用,含义相同,都指残疾学生在普通学校接受高质量的、适合他们特点的、平等的教育。

第一节　全纳教育是什么

解释维度,即全纳教育是什么,共包含六个主题,分别为价值观、安全与安静、自我发展、一个转变的过程、特殊支持以及物理安置。此外,每个主题下又包含一些子主题(见表9-1)。

表9-1　解释维度:全纳教育是什么

维度	主题	子主题
解释	价值观	一种对学生好的教育
		一种人文主义教育
		一种没有歧视的教育
		一种重视学生潜能的教育

续 表

维度	主题	子主题
	安全与安静	残疾学生安全地待在普通教室
		残疾学生不给班上其他学生制造危险
		残疾学生不影响教师正常教学
	自我发展	普通学校缺乏相关特殊支持
		普通教师缺乏相关专业能力
		普通教师因忙于普通学生教育而无暇顾及残疾学生
	一个转变的过程	普通教师需要改变态度和教学方法来满足学生的特殊教育需要
		残疾学生需要改变自身适应普通班级
	特殊支持	特殊教育教师
		特殊教育学校
	物理安置	残疾学生在普通教室找一个座位

一、价值观

第一个主题是价值观,教师认为全纳教育是一种值得追求的价值观,包括四个子主题,分别为一种对学生好的教育、一种人文主义教育、一种没有歧视的教育和一种重视学生潜能的教育。

(一)一种对学生好的教育

第一个子主题是教师认为全纳教育是一种对所有学生都好的教育形式,是一种值得追求的教育形式。在调研中,大多数教师认为全纳教育是一种好的教育形式,尤其是对残疾学生而言。在以往,残疾学生往往集中在特殊教育学校,残疾学生的周围都是一些残疾学生,这种环境不利于残疾学生的身心发展。在全纳教育背景下,残疾学生被安置到普通学校接受教育,残疾学生可以与普通学生交往,这对残疾学生和普通学生双方都是一件好事。残疾学生与普通学生在一起接受教育,一方面有利于残疾学生言语、社会性能力等方面的发展,另一方面也有益于普通学生认识和了解残疾学生,为普通学生形成接纳和包容残疾人的意识奠定基础。如教师所言:

全纳教育是一种好的教育形式,对所有学生都好,不管你是正常学生还是残疾学生。特别是之前残疾学生都被放到特殊教育学校接受教育,这样对残疾学生不好,因为他们待在一个相对封闭的环境中,与社会隔绝了。在全纳教育下,残疾学生可以到普通学校学习,这对残疾学生和普通学生都是一件好事情,既可以帮助残疾学生发展自身的社会性能力,也可以让普通学生及早地认识和了解残疾。

(特殊教育学校,特殊教育教师-3)

(二) 一种人文主义教育

第二个子主题是全纳教育是一种人文主义教育,它以人为中心,关注人的发展。调研中多位教师提及现在的教育太看重分数,将分数看得高于一切,忽视了学生的身心健康发展,是一种分数取向的教育。在这种分数取向的教育之下,残疾学生很难得到关注。相比之下,全纳教育是一种人文主义教育,它更多关注的是学生的身心发展,倡导平等地对待所有学生。在这种教育观下,让残疾学生走出特殊教育学校,到普通学校接受教育,这本身就是一种人文关怀,一种以学生为中心的教育观。关于这一点,一位教师讲道:

全纳教育是一种以学生为中心的教育,更加关注学生身心发展。在这种教育观下,残疾学生可以到普通学校学习,被正常对待。之前不是这样的,残疾学生大都在特殊教育学校学习,很少有机会到普通学校学习。在那种以分数为中心的教育观下,残疾学生不受欢迎。但是,全纳教育的出现开始逐渐改变这一以分数为中心的现状,这是一件值得高兴的事情。

(普通小学,普通教师-10)

(三) 一种没有歧视的教育

第三个子主题是将全纳教育视为一种没有歧视的教育,在这种教育观下所有学生都可以得到适切的教育。调研中一些教师反映,一些被安置在普通学校的残疾学生有时候会受到歧视,得不到班级教师的平等对待。在唯分数的背景下,有些教师认为残疾学生不具备学习的能力,所以对这些残疾学生关注较少,而将更多的精力放到普通学生身上。这种对待残疾学生的方式就暗含歧视的意味,对残疾学生而言也是一种不公平。相比之下,全纳教育提倡平等地对待班上所有的学生,为每一个学生提供平等的发展机会,如一位教师所言:

全纳教育是一种对所有学生而言都好的教育,它的目的是为所有学生提供一种合适的教育,是一种没有歧视的教育。有些教师在教学中明显歧视残疾学生,因为他们认为残疾学生无法理解书本上的东西,所以对残疾学生关注很少。这与全纳教育理念是相违背的,全纳教育倡导公平地对待每一个学生,不因学生的能力而歧视任何学生。

(普通小学,普通教师-15)

(四) 一种重视学生潜能的教育

第四个子主题是将全纳教育视为一种重视学生潜能的教育，为学生发展提供平等的发展机会。与以往的教育不同，教师认为全纳教育倡导公平地对待每一个学生，将学生之间的差异看作是一种宝贵的教育资源，教师在日常教学活动中要善于发现学生身上的优点，并结合学生特点进行适切的教育。每一个学生都是一座宝藏，都存在发展的潜能，作为教师需要重视学生的潜能，为其发展创造条件，如教师所言：

全纳教育意味着我们不能只看到学生的缺点和不足，我们更应该关注学生的特点，每一个学生都有自身发展特点，都存在发展的潜力。作为教师，我们应该重视学生的潜能，将学生自身的潜能看作一种宝贵的教学资源进行开发。这是全纳教育所积极倡导的。

（普通小学，普通教师-11）

在分析中国中小学教师如何理解全纳教育的过程中，有两个特点值得说明一下。第一，教师在陈述全纳教育时，往往喜欢采用一种比较的视角来理解全纳教育，即将全纳教育与以往的某些教育理念进行比较，进而总结出全纳教育是什么，如将全纳教育与唯分数论进行比较。第二，教师在阐释完何为全纳教育后，往往会加上一句话——"现在实现全纳教育还很难，可能在未来会实现"。这句话几乎被所有教师所提及，这一方面反映了教师对全纳教育理念的向往，另一方面也反映了教师对学校现实的无奈。总之，全纳教育作为一种新的教育理念，是人类教育发展的目标，对于全纳教育，我们永远在路上。

二、安全与安静

第二个主题是安全与安静，包括三个子主题，分别为残疾学生安全地待在普通教室、残疾学生不给班上其他学生制造危险和残疾学生不影响教师正常教学。学生的安全一直是学校重点关注的问题之一，随着越来越多的残疾学生被安置到普通学校，关于学生的安全问题被再次提及。在调研中，教师提及一些残疾学生在被安置到普通教室后，受多方面因素的影响，残疾学生有时候会做出危害其他学生身体安全的行为，如用椅子击打周围同学、用嘴咬同学等，这些危险行为使得开展随班就读的学校往往更加关注学生安全问题。基于此，一些教师从安全角度出发来理解和看待全纳教育。

（一）残疾学生安全地待在普通教室

第一个子主题是残疾学生安全地待在普通教室。调研中，大多数普通教师认为残疾学生自身存在某种特殊问题,因此,教师认为对这些在普通教室里的残疾学生来说,第一位的也是最重要的是这些残疾学生安安全全地待在普通教室。基于各方面原因,安置在普通教室的残疾学生往往无法跟上教师的教学。基于此,调研中很多教师对残疾学生的要求或者期望,是希望他们可以安全地坐在教室里,健健康康地来,安安全全地走,如一位教师所言:

  现在,学生的安全是学校的首要任务。当学校决定把这名残疾学生放到我的班级里时,学校领导告诉我首要任务就是保证学生的安全,不论是这名残疾学生还是其他学生,一定不能发生安全方面的问题。是的,实际上这名残疾学生应该待在特殊教育学校,但是现在按照国家政策被放到了普通学校来接受全纳教育。什么是全纳教育?全纳教育就是你安全地坐在我的教室里,不要出事,不要影响班级秩序,这就是全纳教育。

(普通小学,普通教师-17)

(二) 残疾学生不给班上其他学生制造危险

  第二个子主题是残疾学生不给班上其他学生制造危险,不影响其他学生的正常学习,这其中的其他学生往往指班级里的普通学生。许多教师提及不仅残疾学生的安全问题十分重要,而且正常学生的安全问题也是一个十分重要的问题。在将残疾学生安置到普通学校后,正常学生的处境比之前"更加危险了"(教师语)。调研中,多数教师仍持一种医学模式来看待残疾学生,他们认为残疾学生的问题主要在于残疾学生自身,一旦出现问题往往将原因归在残疾学生身上,将他们视为待医治的对象。当残疾学生被安置到普通学校时,他们往往被视为危险的来源,会对其他学生的人身安全产生威胁。因此,确保其他学生安全成了普通教师的另一大任务,如一位教师所言:

  是的,全纳教育不仅针对残疾学生,也针对普通学生。我们需要保证残疾学生处在一个安全的环境中,同时我们也需要保证普通学生处在一个安全的环境中。正如你所知,残疾学生的某些行为具有危险性,如乱咬人、乱扔东西等,这对普通学生而言是一个很大的安全隐患。之前我们没有遇到过这个问题,因为班级里没有残疾学生。现在在国家全纳教育政策下,班上有了残疾学生,我们就需要对普通学生的安全负责,预防残疾学生做出危险的行为。是的,这就是我所理解的全纳教育,就是让处在普通学校的残疾学生少制造一些麻烦。

(普通小学,普通教师-24)

(三) 残疾学生不影响教师正常教学

第三个子主题是残疾学生不影响教师的正常教学,这个子主题被多数普通教师所提及。调研中许多普通教师提到将残疾学生安置到他们的教室后,这些残疾学生会对他们的课堂教学产生一些负面影响,如打断教师的教学、制造出一些噪音影响课堂秩序等。如前所述,教师在提高学生分数和班级平均分方面承受着很大的压力,如果班级里的残疾学生总是影响教师的课堂教学,这不可避免地会影响教师的教学进度,进而影响学生的学习成绩。基于此,普通教师认为将残疾学生安置到普通教室虽然是一件十分有益的事情,但绝对不可以影响班级正常的教学。在这些教师看来,全纳教育就是将残疾学生安置到普通教室,同时这些残疾学生也不影响教师的正常教学,如一位教师所言:

> 不幸的是,我们班上有一名自闭症的学生。你知道的,我有很多工作需要做,如批改作业、备课等。而且,我根本不懂自闭症,更不知道如何教授自闭症的学生。在国家全纳教育政策下,这名学生被放到了我的班级里。好的,在我看来全纳教育就是这名自闭症学生安安静静地待在他的座位上,不要影响其他学生,也不要影响我的正常教学。尤其是不要影响我的课堂,因为我每节课都有明确的教学任务,一旦被打断,可能就无法完成既定的教学任务。之前,这名残疾学生就打断过我的课堂,致使我无法按时完成教学任务。

(普通小学,普通教师-25)

三、自我发展

第三个主题是将全纳教育视为残疾学生的自我发展,包括三个子主题,分别为普通学校缺乏相关特殊支持、普通教师缺乏相关专业能力以及普通教师因忙于普通学生教育而无暇顾及残疾学生。这个主题多是从残疾学生在普通学校的发展的视角来理解全纳教育的,在教师看来,全纳教育不应仅仅是将残疾学生从特殊教育学校转移到普通学校,在普通学校为残疾学生找一个座位,而更应该注重残疾学生在普通学校的发展,为其发展提供必要的支持。然而,囿于各方面原因,调研中教师多将全纳教育视为一种残疾学生的自我发展。

(一) 普通学校缺乏相关特殊支持

目前,普通学校并没有专门设立资源教师一职,这一职位多由其他教师兼任,并且有时兼任的教师对特殊教育和全纳教育了解得并不是很多。调研中,这一情况被许多教师所提及。此外，普通学校为更好地帮助残疾学生适应普通教室的学习和生活，往往与当地的特殊教育学校合作，由特殊教育学校定期指派巡回教师指导普通学校开展全纳教育工作。然而，随着越来越多的残疾学生被安置到普通学校就读，普通学校原有的教育安排无法满足残疾学生的特殊教育需要，而仅有的特殊教育学校的支持也略显不足。在这种情况下，一些被安置到普通学校的残疾学生无法得到必要的支持，自身需求无法得到满足。因此，他们在普通学校能否得到发展很大程度上需要依靠自己的能力，如一位教师所言：

现在我们学校的残疾学生越来越多了，但是学校在帮助残疾学生适应学校生活和学习方面做得还不是很充分。学校并没有专门的特殊教育教师，现在学校的资源教师也是由其他教师兼任的。因此，班上有残疾学生的教师对特殊教育和全纳教育并不是很了解。所有这些都导致现在学校里的残疾学生多是一种自我发展，也就是说普通学校同意接收残疾学生，在教室也给这些学生安排了座位，但是学生能否学习，主要就看学生自己的了。目前，在我看来，全纳教育就是学生的一种自我发展，一种自己靠自己发展的教育。

（特殊教育学校，特殊教育教师-1）

（二）普通教师缺乏相关专业能力

第二个子主题是普通教师缺乏相关专业能力，无法教授残疾学生，因此残疾学生多处于自我发展状态。调研中，几乎所有普通学校的教师都提及这一点，即缺乏特殊教育和全纳教育相关专业能力，无法胜任残疾学生的教学。在职前教师教育阶段，所开设的课程中没有与特殊教育相关的课程，在职教师教育培训中也鲜有相关的培训内容，这导致普通学校教师严重缺乏教授残疾学生所需的相关专业技能。当将残疾学生安置到他们的班级时，这些教师往往有心无力，无法为残疾学生发展提供专业的支持，只能通过多关心和多照顾等手段帮助残疾学生适应普通教室的学习与生活，至于残疾学生能学到多少、学到什么程度，则只能靠其自身能力了。如一位教师所言：

现在全纳教育就是把残疾学生安置到普通教室，但是我们能做的很少。因为我们作为普通教师，没有接受过特殊教育和全纳教育相关的培训，无法教授班上的残疾学生。因此，班上的残疾学生需要自学，靠自己的能力来理解教师课上所讲的内容。是的，当下的全纳教育就是这样。

（普通小学，普通教师-21）

(三) 普通教师因忙于普通学生教育而无暇顾及残疾学生

第三个子主题是普通教师忙于普通学生,无暇顾及残疾学生,从而使得残疾学生处在一种自我发展的境遇之中。除了普通教师不具备教授残疾学生所需的专业能力之外,多数教师提及他们的大部分时间都在忙于处理与普通学生相关的事务,没有时间顾及班里仅有的1到2名残疾学生。如一位教师所言:

> 全纳教育是好的,但是现在我认为我们仅仅是把残疾学生放到了普通学校,普通学校并没有为这些残疾学生提供应有的支持,所以这些残疾学生大多需要自己在班级里自学,靠自己跟进教师的教学,是一种自我发展。正如你所知,现在每个班都有50名左右的学生,在学生如此多的班级里放进来一名残疾学生,普通教师根本无法顾及这名残疾学生,更多的是给学生多些关心和照顾,在学业方面则几乎帮不了什么。我们想帮残疾学生,但是苦于没有能力,更多是忙于普通学生的教育。所以,现阶段的全纳教育多是靠残疾学生自我发展。

(普通小学,全纳教育管理者-9)

四、一个转变的过程

第四个主题是将全纳教育视为一个转变的过程,包括两个子主题:普通教师需要改变态度和教学方法来满足残疾学生的特殊教育需要以及残疾学生需要改变自身适应普通班级。

(一) 普通教师需要改变态度和教学方法来满足残疾学生的特殊教育需要

第一个子主题是普通教师需要改变态度和教学方法来满足残疾学生的特殊教育需要,这个子主题说明全纳教育意味着普通学校需要做出相应调整来发展全纳教育。在调研中,多数教师认为全纳教育需要普通教师改变自身的态度和教学方法。改变对残疾学生的态度,是实施全纳教育的第一步,也被教师认为是全纳教育的核心要义。他们认为态度决定行动,只有首先在思想上接纳和包容残疾学生,普通教师才可以在之后的教学活动中将残疾学生纳入进来,考虑他们的特殊教育需要。有一些教师对残疾学生持一种消极态度,将班上的残疾学生视为"困难的学生",这些学生被认为可能会扰乱课堂、影响课堂教学秩序以及危及其他学生的人身安全。这些对残疾学生持消极态度的教师不愿接收残疾学生到他们班上来学习。基于此,教师认为全纳教育是一个转变的过程,首先需要转变的就是普通教师的态度,使其从消极排斥转变为积极接纳和包容,如一位教师所言:

正如你知道的那样,现在社会中有一些人对残疾人是持一种消极态度的,不太愿意和他们交流与接触。实际上,这种消极的态度在我们学校也存在,如有一些教师不愿意学校把残疾学生放到他们的班级中。当学校把残疾学生放到他们的班级中时,他们表现出明显的不高兴和不情愿。因此,在我看来,全纳教育就是要转变教师的态度,转变教师的消极态度,使教师对残疾学生持一种积极乐观的态度,是的,这就是我认为的全纳教育。

(普通小学,全纳教育管理者-7)

此外,教师也提出仅仅转变态度还不是真正的全纳教育,还需要教师采取行之有效的举措来帮助残疾学生在普通学校更好地学习和生活。因此,改变教学方法,以适应残疾学生的特殊教育需要,也被视为是全纳教育的核心要义之一,如教师所言:

仅仅将残疾学生放到普通教室,这不是全纳教育,全纳教育不是一张桌子、一把椅子、一个座位而已。全纳教育需要教师做出相应的改变,首先是态度,要对残疾学生持一种积极的态度。其次是行动,就是要改变以往的教学方法,在设计教学时应将残疾学生考虑进来,考虑他们的特殊教育需要,这就是我认为的全纳教育。

(普通小学,普通教师-24)

(二)残疾学生需要改变自身适应普通班级

第二个子主题是残疾学生需要改变自身来适应普通班级。调研中,一些教师反映全纳教育不仅仅意味着普通学校需要做出相应的调整,被安置到普通学校的残疾学生也需要做出相应的调整来适应普通学校。教师指出,普通学校的主要学生群体是普通学生,现有的教育安排多指向普通学生。当将残疾学生安置到普通学校时,无论是对普通学生还是对残疾学生本身而言都是一件好事情,但是我们要认识到在短时间内让普通学校做出相应的变革是很困难的,这需要一个过程。基于此,教师认为作为全纳教育的主体,残疾学生本身也需要做出改变来适应普通学校的教学安排,如教师所言:

毋庸置疑,在全纳教育背景下普通学校的教师需要改变自身的态度和教学方法等来满足残疾学生的特殊教育需要。然而,这并不意味着残疾学生就不需要做出改变了。就全纳教育而言,作为全纳教育主体的残疾学生也需要做出相应的改变来适应其所在班级的教学。需要知道的是,现在的全纳教育主要是原来在特殊教育学校的残疾学生被放到了普通学校来接受教育,并不是说把普通学校的教师放到特殊教育学校去教授残疾学生。因此,残疾学生需要调整自身来适应普通学校的教学安排,这也是全纳教育的重要含义之一。

(特殊教育学校,全纳教育管理者-1)

五、特殊支持

第五个主题是将全纳教育视作为残疾学生提供特殊的支持和帮助,主要包括两个子主题,分别为特殊教育教师和特殊教育学校。调研中,中小学教师提出普通学校往往缺乏残疾学生所需的特殊教学设备和器材,难以满足残疾学生的特殊教育需要。为此,一部分教师将全纳教育视作为残疾学生提供特殊的支持和帮助:第一,为残疾学生提供特殊教育教师。"不具备特殊教育专业素养""难以胜任残疾学生教学""之前从未接触过残疾学生",上述这些回答不断地出现在教师的访谈中,多数普通学校的教师都认为自身不具备教授残疾学生的教学技能,难以为残疾学生提供合适的教育教学。教师认为旨在为残疾学生提供合适的、有质量保障的全纳教育需要专业的师资,而目前看来普通学校教师并不具备这一专业素质。因此,需要为安置在普通学校的残疾学生提供专业的师资,在目前这种情况下,特殊教育教师是最好的选择。许多普通教师认为全纳教育就是为残疾学生提供特殊教育教师。第二,将部分残疾学生安置到普通学校。调研中,多数教师反映普通学校并不完全具备给残疾学生提供有质量保障的教育的条件,如教师不具备特殊教育教学技能、学校部分设施并未达到无障碍化标准、学校教育教学在设计过程没有考虑到残疾学生的多样化需求等。在普通学校还不完全具备相应资质的条件下,将残疾学生安置到普通学校接受教育可能会对残疾学生产生一定的负面影响。一些教师指出,对于自闭症程度比较严重的学生或是盲生而言,普通学校可能不是最佳的选择。一方面,学校教师难以胜任自闭症学生的教学,且普通学校教师中可以熟练运用布莱叶盲文法的少之又少,这样可能会导致部分残疾学生无法接受到相应的教育教学;另一方面,自闭症程度比较严重的学生有时会做出一些异常行为,这可能会对其他学生的人身安全造成一定的影响。基于上述考虑,一些教师主张将部分残疾程度严重的残疾学生或是不适宜待在普通学校的残疾学生安置到特殊教育学校。在他们看来,安置到特殊教育学校可能更有利于这部分学生的身心发展,全纳教育不一定非要将残疾学生安置到普通学校,如果残疾学生可以在特殊教育学校得到更加合适的教育,那么这也是全纳教育。

六、物理安置

第六个主题是将全纳教育看作一种物理安置,即将残疾学生安置到普通学校,为残疾学生在普通教室找一个座位。将全纳教育视为一种物理安置,是一种很普遍的看法,之所以有这种看法,原因有很多,如普通教师缺乏相关专业技能、班额过大、教师难以照顾到班上的残疾学生、学校层面缺乏相关支持举措等。因此,对一些残疾学生而言,所谓的全纳教育就仅仅是在普通教室有一个座位、一张桌子和一张椅子,如一位教师所言:

全纳教育就是将残疾学生安置在普通教室和其他学生一起学习。我们能够给残疾学生提供一张桌子和一张椅子,但是有时候很难保证可以为他们提供合适的教育,有时候他们仅仅是坐在班级里,学习不到多少东西。因为一是我们班里学生太多,没有太多时间关注残疾学生;二是我不太懂如何教授残疾学生。

(普通小学,普通教师-16)

第二节 如何在教学中践行全纳教育

应用维度,即教师如何在教学实践中推行全纳教育,共包含三个主题:道德性方法、合作和全纳教学;每个主题又包含一些子主题(见表9-2)。根据我国目前随班就读政策与实践情况,在对该维度进行分析之前,有两点需要特别说明一下。首先,目前开展随班就读的普通学校并没有专门设置资源教师或是特殊教育教师一职,多是由普通教师兼任,因此,照顾和教育残疾学生的责任主要由普通教师来承担。其次,多数普通学校的教师缺乏教授残疾学生所需的特殊教育和全纳教育专业素养,这使他们在日常教学中面对班上的残疾学生时常常束手无策,进而导致"随班混读"或是"随班就坐"。可以看出在这个维度上,教师在教学中常常采用一种所谓的"道德性方法"来推行全纳教育,以帮助班上的残疾学生。调研中很多教师反映,他们很想帮助班上的残疾学生,但常常是苦于能力不足,不知如何做,因此,通常的做法便是给予这些学生更多的爱、关心和责任等。而所谓的全纳教学这一方法,也多是教师在实践中自己总结出来的,甚至有时候所谓的全纳教学成了一种放任自流的幌子,对班上的残疾学生反而有害无益。

表 9-2 应用维度：如何在教学中践行全纳教育

维度	主题	子主题
应用	道德性方法	多些关心
		多些责任心
		多些注意
		多些鼓励
		为残疾学生指派优秀的和有经验的教师
	合作	同伴支持
		普通教师与普通学生家长的合作
		普通教师与残疾学生家长的合作
		普通教师与特殊教育教师的合作
	全纳教学	灵活的评价方式
		灵活的教学目标
		根据学生兴趣而教

一、道德性方法

第一个主题是道德性方法，包括五个子主题：多些关心、多些责任心、多些注意、多些鼓励以及为残疾学生指派优秀的和有经验的教师。这个主题下所提及的方法在调研中被频繁地提及，被教师用来推行全纳教育。关于为何用"道德性方法"这个名称来指代这个主题，有几点需要说明。在调研过程中，常常听到教师们所说的"两难困境"。从受教育权利视角来看，教师们普遍同意将残疾学生安置到普通学校，并且他们也很乐意接纳这些学生，但是现实的情况是他们常常无法为这些残疾学生提供合适的教育。究其根本，在于这些教师不具备教授残疾学生的专业技能，因怕出事，所以宁肯不教，也不想去"惹事"。但是，作为教书育人的教师，有学生而不教，常常会使这些教师陷入两难的境地，即一方面想教，另一方面又不会教。面对这个"两难困境"，这些教师往往采取的策略是对这些学生多些关心和照顾，以求心安理得。正如一位教师所说的那样："我们班上有一名残疾学生，我们班上的同学都很照顾他，由于他有中度的自闭症，我也不懂如何教他，所以我对他基本上不做学业上的要求。但是又不能眼看着他天天坐在那里，因为我觉得道德上说不过去，毕竟我是教师，所以我常常对他多些关心和照顾，学业上我帮不了他，希望可以在情感上给他多些温暖，让他感受到我们对他的爱,这样我也会好受些。"其实,从某种程度上来说,这位教师的观点代表了大多数教师的看法,出于教书育人的责任感,不具备教授残疾学生专业技能的普通教师往往会在情感上对班上的残疾学生多些关心和照顾,以求道德上的心安理得,通常的做法包括:多些关心、多些责任心、多些注意、多些鼓励。基于此,本研究将这种方法统称为"道德性方法",如一些教师所言:

  我不太了解特殊教育以及教授残疾学生的教学方法。对于我们班上的那名残疾学生,我能做的就是给她多些关心和照顾,尽可能让她感受到我们对她的爱。此外,当她取得进步时,不管是大是小,我会当着全班同学的面给她颁发一张奖状,通过这种方式来鼓励和激励她。是的,这就是我在我们班推行全纳教育的方式。如果你要我总结具体是如何做的,对不起,我不知道如何总结,因为我确实不知道。但是我知道的是我需要给她更多的爱、更多的关心、更多的鼓励。

(普通小学,普通教师-6)

  在我看来,发展全纳教育最好的方法就是热爱班上的残疾学生,尽可能地去接纳残疾学生。正如你所知道的那样,身为一名普通学校的教师,我没有接受过特殊教育和全纳教育相关培训,因此不懂如何正确教授这些残疾学生。我能做的就是给这些残疾学生更多的爱、关心和照顾,让他们在班上高兴快乐成长。

(普通小学,普通教师-8)

  我们班上有一名残疾学生,我对她的关心和照顾要比对其他学生多很多。我经常给她讲海伦·凯勒的故事,用这个故事来鼓励和激励她,让她树立信心;让她明白尽管她身患残疾,但仍需要笑对生活。这就是我在我们班推行全纳教育的方式,如果你想要我说一些科学的方法,我可能讲不出来,也确实不知道,我能做的就是多给她一些关心和照顾。

(普通小学,普通教师-13)

  此外,一些学校负责全纳教育的管理者提到,由于学校缺乏特殊教育教师,并且普通教师不具备特殊教育和全纳教育专业素养,因此常常将残疾学生安置到有经验的教师的班级里,让这些教师来教授残疾学生。但从调研的情况来看,尽管将残疾学生安置给有经验的教师看似是一种比较好的方法,但是现实情况是这些教师的经验更多地指向如何教授普通学生,而是否适用于残疾学生则另当别论。因此,在某种程度上,这种安置方式也是学校在面对"两难困境"时所采取的"权宜之计"。让有经验的教师教授残疾学生看似是一种好的处理方法,但其实并没有带来多少实质性的改变,而更多的是学校将责任转嫁给了教师,且是所谓的"有经验的教师"。尽管这种方式治标不治本,但在调研过程中却很普遍,如一些管理者所言:

是的,我们学校没有特殊教育教师。当有残疾学生来我们学校就读时,我们会选择有经验的教师的班级,把残疾学生安置进去。让有经验的教师来帮助残疾学生,因为学生在有经验的教师的班级里可以受到更多的关心和照顾,这对残疾学生来说是一件好事。

(普通小学,全纳教育管理者-9)

陈老师是一位有经验的教师,残疾学生在她的班级里很开心很快乐。因为陈老师很是爱护和关心她班上的残疾学生,因此,当学校来了新的残疾学生时,我们会优先考虑将残疾学生放到陈老师的班级里。

(普通小学,全纳教育管理者-7)

二、合作

第二个主题是合作,包括四个子主题:同伴支持、教师与普通学生家长的合作、教师与残疾学生家长的合作以及普通教师与特殊教师的合作。

(一)同伴支持

第一个子主题是同伴之间的支持与合作,这一方法被教师频繁地提及。具体做法是为班上的残疾学生分配几位普通学生,让这些普通学生轮流来照顾。如教师所言:

当她(残疾学生)来到我们班时,我为她安排了一位学习好的学生,让这位学生帮助和照顾她。正如你所知道的那样,我们班现在有50位正常的孩子,加上这位残疾学生,一共是51位学生。我每天要处理很多事情,根本没有时间来照顾这位残疾学生,所以为她安排一位好学生,是一种很有效的方式,既可以帮助这位残疾学生的学习,也可以帮助她更快地融入到我们的班级中。

(普通小学,普通教师-14)

我让班上的普通学生轮流和这名残疾学生玩耍,并且多多照顾她,比如说帮她打饭、擦桌子,帮助她去卫生间。主要是我事情太多,分身乏术,没有时间来照顾她。让同班同学来照顾她是一个很好的方法,也很普遍,很多教师都这样做。在同学们的帮助下,她很快就融入到我们班级中了,现在和大家相处得很好!

(普通小学,普通教师-24)

如前所述,同伴之间的支持和帮助是普通教师频繁使用的一种方法,对于残疾学生更好地融入班级有一定的积极作用。但关于这种方法有两点值得关注。第一,普通教师在将教育残疾学生的责任变相地转嫁给普通学生,这些普通教师的理由往往是"我很忙,没有时间来照顾班上的残疾学生"(访谈教师语),所以他们很理所应当地将残疾学生转移给普通学生,让普通学生来照顾残疾学生。也因为如此,一些普通教师在设计或是安排教学计划时,往往很少或是不考虑班上的残疾学生。第二,这种同伴支持能否帮助残疾学生解决学业上的困难?毋庸置疑,残疾学生和普通学生之间相互支持与合作可以促进双方社会性能力的发展,但是学业方面呢?普通学生能否帮助残疾学生在学业方面取得进步呢?而现实情况是教师都不具备教授残疾学生的专业素养,更何况普通学生呢?因此,在这里我们需要质疑同伴支持这种方法的目的究竟何在。很显然,这种方法在很大程度上成了一些普通教师转移自身责任的幌子,无论是从眼前还是长远来看,都不利于残疾学生的发展。而这种方法对普通学生是否会产生一定的负面影响,这里不做深入探究,可以作为后续研究的一个重要课题进行探讨。

(二) 普通教师与普通学生家长的合作

第二个子主题是普通教师与普通学生家长之间的合作。国际全纳教育相关研究表明,家长在全纳教育改革与发展过程中扮演着十分重要的角色,特别是残疾学生的家长。然而,在我国情况却有些不一样,是普通学生家长而非残疾学生家长扮演着十分重要的角色。调研中,多数教师提及能否与普通学生家长沟通好,是发展随班就读的关键。主要原因在于普通学生家长占比较大,而残疾学生家长确实很少。因此,如果普通学生家长不配合,普通学校就很难推行随班就读。一些教师提及,前几年随班就读刚刚实施的时候,当普通学生家长得知自己孩子班上安置了一名残疾学生时,这些家长首先想到的是这名残疾学生会不会影响到自己的孩子。由于担心这名残疾学生会影响到自己孩子的学业,班上普通学生的家长联合起来给学校施压,最终学校被迫将这名残疾学生重新送回特殊教育学校。因此,教师们普遍认为在目前这种环境下,能否与普通学生家长进行良好的沟通,并得到他们的理解和支持,是推行随班就读的关键一步。如一位教师所言:

是的,你必须常常将班级上残疾学生的表现告诉那些普通学生的家长,告诉他们班上的残疾学生表现很好,没有影响到他们孩子的学习。是的,这真的很重要。我经常会给普通学生家长发信息,告诉他们班上这位残疾学生表现很好,让他们不需要担心他们孩子的学习。如果你没有及时与普通学生家长进行沟通,没有得到他们的理解与合作,他们可能会联合起来阻止将残疾学生放到班级里来,因为他们认为残疾学生可能会影响到他们孩子的学习。其实,我也可以理解这些家长的心情,因此我会经常与他们保持联系,征得他们的理解和支持,这样更有利于我开展工作。

(普通小学,普通教师-21)

(三) 普通教师与残疾学生家长的合作

第三个子主题是普通教师与残疾学生家长之间的合作。调研中,普通教师与残疾学生家长合作这一主题并不多见。许多普通教师提及残疾学生家长多属于工人阶层,他们忙于工作,没有过多的时间来过问他们孩子在学校的学习和生活情况;另外一些教师则认为有些残疾学生家长仅仅将普通学校视为一个托儿所或是看护孩子的地方而已,他们不怎么关心孩子能否在普通学校学习到知识。不过,也有一些残疾学生家长积极与学校教师合作,帮助自己的孩子更好地融入到班级生活中。在调研中,一位教师提到她班上的残疾学生的父亲经常与她合作,积极参与班里组织的各项活动,就是为了帮助他的孩子更快更好地融入到班级生活中。如这位教师所言:

她(残疾学生)的父亲非常好,其他残疾学生的家长应该向她的父亲学习。与我们学校其他残疾学生家长不同,她的父亲经常来学校询问他女儿的学习和生活情况。与此同时,向我询问相关意见和建议,看如何能更好地帮助他女儿在学校学习和生活。你知道的,其实我很忙,但是她父亲这么积极、热心,深深地感动了我,所以我很乐意帮助他的女儿。

(普通小学,普通教师-6)

(四) 普通教师与特殊教育教师的合作

第四个子主题是普通教师与特殊教育教师之间的合作。如前所述,由于普通学校缺乏必要的特殊教育资源,如特殊教育教师和相关康复性设备等,所以邀请特殊教育学校教师到普通学校进行指导或是与特殊教育教师合作开展残疾儿童教学,是许多普通学校采取的策略之一。尽管随班就读已成为我国残疾儿童接受教育的主要形式,但是目前主要的特殊教育资源仍集聚在特殊教育学校,普通学校现有的特殊教育资源难以满足残疾学生的特殊教育需要。因此,与特殊教育教师合作开展全纳教育,是普通学校开展全纳教育的一种重要方式,如一位教师所言:

我对特殊教育和全纳教育相关知识了解很少,也不懂如何教授残疾学生,因此我需要与特殊教育教师合作,才能帮助班上的残疾学生。每个星期,有2到3名特殊教育教师来我们学校,指导我们如何进行残疾儿童教学,如何帮助残疾儿童。正如你所知道的那样,特殊教育教师经过专业的培训,知道如何教授残疾学生,而我们没有接受过相关培训,所以不懂。我难以想象如果没有这些特殊教育教师的指导和帮助,我该如何教授班上的残疾学生。

(普通小学,普通教师-10)

目前,在普通学校缺乏必要的特殊教育资源的情况下,普通教师与特殊教育学校的教师开展合作,是发展全纳教育的一种有效方式,但不是根本之策。为了从根本上改善和提升普通学校的随班就读质量,为残疾学生提供合适的、高质量的教育,政府应该出台相关政策以完善普通学校随班就读支持保障体系。就笔者的调研情况来看,首先需要在普通学校设置专门的特殊教师或是资源教师岗位,由接受过特殊教育专业培训的人员担任,不能再由普通教师兼任;其次是在现有教师教育基础上进行适当改革,尽可能在培训课程中体现特殊教育和全纳教育内容,让将要走向普通学校教师岗位的学生掌握所需的专业技能。

三、全纳教学

第三个主题是全纳教学,包括三个子主题:灵活的评价方式、灵活的教学目标和根据学生兴趣而教。我们需要注意的是,该主题下教师所提及的方法都是教师在日常教学实践活动中自我探索和总结出来的,并非来自专业的培训。此外,使用这些方法的是少数教师,大部分教师面对班级上的残疾学生常常是束手无策。如一位教师使用灵活的评价方式来帮助班级上的残疾学生:

我们学校共有7名残疾学生,其中有几名可以参加学校统一的测试,有几名不能。考虑到这种情况,并结合残疾学生的特殊教育需要,我们让教师根据每个残疾学生的特点对试卷进行了适当修改,以符合残疾学生的发展特点。是的,你不能用一个统一的标准来对待普通学生和残疾学生,需要差别化对待。在我们的教学实践中,采用灵活的评价方式是一种很好的方式。

(普通小学,全纳教育管理者-20)

在调研中,有经验的陈老师指出,在教授班上残疾学生时主要是基于他们的兴趣而教。她认为每个学生都有其兴趣点,教师需要善于抓住学生的兴趣,然后基于学生的兴趣进行教育教学。如她所言:

我班上的那名残疾学生很善于识记,我认为她的记忆力很好。当我们学习古诗词的时候,她可以很快地记住,比班上大部分学生都快。因此,我有时候会额外教给她一些古诗词,她对这个也很感兴趣。现在她可以背诵好多首古诗词,我经常会让她在课上给大家背古诗词。我觉得每一个学生都有自己的兴趣点,作为教师,我们要善于把握学生特点并因材施教。

(普通小学,普通教师-9)

同时,陈老师的这种方法也得到了学校其他教师和管理者的认可,甚至被当作该区的典型向全区进行推广,如该区的一名特殊教育教师所言:

陈老师是一名有经验的教师,她在我们区很出名。一方面她富有爱心,对残疾学生很好,因此她班上的残疾学生发展得很好;另一方面也是最重要的是,陈老师会根据学生的兴趣进行教育教学,比如说现在她班上的这名残疾学生就是这样,发展得很好。我们都认为陈老师的经验值得在全区推广。

(特殊教育学校,特殊教育教师-3)

第三节 阻碍全纳教育发展的因素

认知维度,即阻碍和促进全纳教育发展的因素有哪些,分两部分加以阐述。阻碍全纳教育发展的因素包含七个主题,分别为普通教师、学校、残疾学生、国家政策、学校领导、普通学生和文化;每个主题又包含若干个子主题(见表9-3)。

表9-3 认知维度:阻碍全纳教育发展的因素

维度	主题	子主题
认知:阻碍全纳教育发展的因素	普通教师	忙于普通学生工作
		正常工作+额外工作
		有限的全纳教育知识
		缺乏相关教学技能
		一个人扮演多种角色
		第一次遇到残疾学生
		来自身体和心理方面的巨大压力
		消极的态度

续表

维度	主题	子主题
	学校	缺乏学校层面的资源教师
		全纳教育是普通学校的一项额外工作议程
		缺乏全纳教育工作认定标准
		班额过大
		有限的空间
		固定的评价标准
	残疾学生	不良行为
		无法理解教学内容
		数量较少
		家长的不合作
		有或无残疾证
	国家政策	教师教育项目
		缺乏相关配套政策
		考试指向的政策安排
	学校领导	缺乏有关全纳教育的知识
	普通学生	家长的反对
	文化	普通学校是普通学生学习的地方
		特殊教育学校对残疾学生发展更有利

一、普通教师

第一个主题是普通教师,包括八个子主题:忙于普通学生工作、正常工作＋额外工作、有限的全纳教育知识、缺乏相关教学技能、一个人扮演多种角色、第一次遇到残疾学生、来自身体和心理方面的巨大压力以及消极的态度。如前所述,目前普通学校并没有专门设立资源教师这一岗位,而从调研中可知资源教师多由其他教师兼任,这就导致普通教师几乎完全担负起了残疾学生的教育工作。毋庸置疑,普通教师在促进学校全纳教育发展过程中扮演着一个十分重要的角色,但与此同时,他们也扮演着阻碍者的角色。普通教师担负着普通学生和残疾学生的教育教学工作,在调研中几乎所有被访教师都提及全纳教育很难推进,因为无论是学校层面还是自身层面都缺乏必要的支持保障措施。此外,普通教师在回答其他问题时也会不同程度地提及阻碍全纳教育的因素,所以在普通教师这个主题之下有很多子主题,并且有时候各子主题之间存在不同程度的重合。为了全面系统地展示教师对这一问题的看法,本研究基本上依据教师的回答来界定各个子主题,有时候为了保障数据呈现的全面性,会出现相似或是部分重合的子主题,但总体来看各个子主题之间的区分还是比较清楚的。

(一) 忙于普通学生工作

第一个子主题是普通教师忙于普通学生工作,无暇顾及班级里的残疾学生。就调研来看,每个班级的学生数量在50名左右,面对如此多的学生,教师每天需要处理大量的工作,如备课、检查作业、与学生家长交流、参加学校相关会议活动等。所有这些工作使得普通教师的一天异常忙碌,在此情况下普通教师很难再分身去关心和照顾班上的残疾学生,如一位教师所言:

> 我们班上有46名学生,我每天有2到3节课。除此之外,在每天早上(7:30—8:30)、中午(12:00—13:30)和下午(15:00—16:00),我需要辅导学生,帮助他们解决课堂上没有听懂的内容。我每天都需要检查班上学生的作业,解决学生家长的问题,还要参加学校的相关会议、活动等。每天一到学校就有一大堆事情等着去做,所以有时候确实没有时间和精力去照顾班上的那两名残疾学生。
>
> (普通中学,普通教师-18)

诸如此类的片段在访谈转录稿中有很多,在调研过程中几乎所有普通教师都提及自己忙于普通学生工作,没有时间去关注残疾学生,因此残疾学生常常只能是"随班就坐"。

(二) 正常工作+额外工作

第二个子主题是正常工作+额外工作。如前一个子主题所述,普通教师常常忙于普通学生的工作,无暇顾及班级里的残疾学生,因为在普通教师看来,他们的主要工作对象是普通学生,而班级上的残疾学生是他们的额外工作。调研中多数教师对此有所提及。这份"额外工作"对普通教师而言无疑会加重他们的负担,甚至使他们产生消极态度,如一位教师所言:

> 我每天已经要做很多工作了,如备课、批改作业等,因为班里的普通学生很多。现在你往我班里放几名残疾学生,不用说这肯定会加重我的工作负担,因为这本身就不是我的工作,是一份额外的工作。例如,有时候班上的残疾学生会在你上课的时候跑出去,这时候你必须停下来去外面找他,因为你如果不去的话,出了事情你是要负责的。
>
> (普通小学,普通教师-21)

(三) 有限的全纳教育知识

第三个子主题是有限的全纳教育知识。调研中多数年轻教师指出,他们在大学期间参加的教师教育项目中涉及的全纳教育和特殊教育知识很有限,多数情况下与全纳教育相关的课程只是一门选修课,形同虚设;而教龄稍微长一些的老教师中有很多人根本就没有听说过全纳教育。这就导致普通学校的教师对国家全纳教育相关政策不是很熟悉,一些教师甚至对本校有关全纳教育的相关举措也不甚了解,如一些普通学校专门为残疾学生设立了资源教室,以在课余时间对他们进行必要的辅导和康复性训练,但在访谈中一些教师甚至不知道何为资源教室,也不知道自己所在的学校竟然还有资源教室。同样地,前一个子主题提及的普通教师将与残疾学生相关的工作视为额外工作,也是全纳教育知识不足的一个表现。因为全纳教育指向所有学生,既包括普通学生也包括残疾学生,将与残疾学生相关的全纳教育工作看作一种额外的工作,这本身就说明普通教师对全纳教育不是很了解。一些教师的访谈,反映了他们有限的全纳教育知识这一现状:

普通学校一些教师不知道什么是全纳教育,有些教师不理解我们为什么要把残疾学生安置到普通学校,他们认为应该把残疾学生放到特殊教育学校。是的,如果他们根本不懂全纳教育,他们就很难去支持全纳教育,甚至可能还会去反对这一举措。

(特殊教育学校,校长-2)

什么是全纳教育,你能告诉我怎么写吗?

(普通中学,普通教师-17)

什么是资源教室?我不知道,你说什么,我们学校还有资源教室?我怎么不知道啊!

(普通小学,普通教师-16)

(四) 缺乏相关教学技能

第四个子主题是普通教师缺乏相关教学技能。一方面,普通学校教师缺乏全纳教育相关知识;另一方面,由于普通学校没有固定的资源教师,教授残疾学生的责任往往落在了普通教师身上,但即使在这样的困境之下,普通学校教师仍然没有放弃班上的残疾学生。调研中一些教师反映,他们会通过自学或是与特殊教育教师合作的方式来弥补自身在全纳教育知识方面的缺陷,尽自己最大的力量去教授班级上的残疾学生。但是不可否认,由于缺乏必要的教学技能,普通教师在面临班上的残疾学生时常常束手无策,不知所措,如一些教师所言:

我确实不知道如何教授班上的这名残疾学生,从来没有人告诉我该如何教授残疾学生。你知道的,我是很想教这名残疾学生的,这是我作为一名教师的责任,也是我的义务,我打心底里想去帮助这名残疾学生。但现实是我什么也做不了,因为我不知道该如何做。同时,我也怕做错什么,再对这名残疾学生造成什么伤害,如果真要是这样的话,这名残疾学生的家长肯定要来找我理论的,这会很麻烦,所以我有时候选择什么也不做,但其实我不想这样的。

(普通小学,普通教师-10)

我的天!我想每位教师都会想去教他的学生的。对我来说,我也想去教他(残疾学生),但是我真不知道如何教他,我很害怕自己做错什么,进而对他产生伤害。你知道的,我的初衷是好的,但如果因我能力不足而出了什么事情,我会自责的,而且他的父母也会来学校找我理论,这将是一件大麻烦事!所以,有时候我会采取不作为的策略,但其实我也不想这样的。

(普通小学,校长-23)

作为一名普通教师,我从来没有接受过与全纳教育和特殊教育相关的培训,这是一个很大的问题。因为现在国家倡导把越来越多的残疾学生安置到普通学校,但是普通学校却没有能力来教授这些残疾学生,普通教师不懂如何教授这些残疾学生,这对残疾学生来说不是一件好事情。在我们学校,校长很关注这些残疾学生的教育工作,也总是让我们多去帮助他们,但是由于缺乏相关技能,所以我们往往能做的且做得最多的也就是多关心他们。但是仅仅关心是不够的,我们需要相关技能,需要懂得如何去教授他们,这才是关键。

(普通小学,普通教师-19)

教学,本是一件美好的事情,因为它帮助学生成长,但是当提及残疾学生时教学会变得复杂起来,尤其是在教师没有接受过相关培训时。就教师而言,每一名教师都想去教授自己的学生,但是如果缺乏相关的专业技能,那么教学可能会对学生造成一定的伤害,进而引发系列问题。这时,教学就变了味。目前,普通学校的教师就面临这样的困境,想教却不会教,不敢教。这亟须国家和学校制定相关举措来帮助普通学校里的教师,给他们提供相关专业培训,让他们可以胜任相关教育教学工作。

(五)一个人扮演多种角色

第五个子主题是普通教师一人扮演多种角色。在调研中,有教师指出要同时完成多项工作:需要教数学,需要管理学校的资源教室,需要负责二年级 4 个班的教学事务。这意味着他同时是数学教师、全校资源教师、学校全纳教育管理者、二年级主任，即他一个人同时扮演着4种角色。这名教师不是个案，在调研中很普遍。在这样的工作安排中，与残疾学生相关的工作往往会成为边角料，得不到应有的重视。教师提及更多的是学校的全纳教育工作是由普通教师兼职的，主要工作仍然是普通学生的工作，如一名教师所言：

> 首先我是一名普通教师，是一名教授普通学生的教师，其次才是兼职的资源教师。作为一名教师，我知道我需要对班上所有学生负责，既包括普通学生，也包括残疾学生。但有时候我需要做出一个决定：谁是最重要的，谁需要优先被考虑？多数情况下我会选择占比99%的普通学生作为优先考虑的对象，因为我是一名普通教师，我不能把大部分时间花费在班上那一两名残疾学生身上。这并不意味着我不想教授那些残疾学生，而是因为我是一名普通教师，我的首要任务是教授普通学生。
>
> （普通小学，全纳教育管理者-7）

（六）第一次遇到残疾学生

第六个子主题是普通教师第一次遇到残疾学生。尽管我国开展随班就读已逾半个世纪，但调研中一些教师反映他们学校这几年才开始接收残疾学生就读。甚至一些教师提到自己初次看到残疾学生时很害怕，尤其是看到一些残疾学生在做出奇怪的动作时。缺乏残疾方面的专业知识，致使一些教师对残疾持有某种刻板印象，认为残疾会给自己带来"麻烦"。如一些教师所言：

> 我快要退休了，学校往我班上放了一名残疾学生，这是一个问题。我做教师37年了，这是我第一次在普通学校里遇到残疾学生，让我去教残疾学生有些难，因为我根本不懂得如何教授残疾学生。当我第一次看到残疾学生来我班上时，我甚至还有些害怕。
>
> （普通小学，普通教师-21）

> 从小学到初中、高中，再到本科、研究生，我都没有遇到过残疾学生，我在学校外面也很少见到残疾人。当我在这所学校工作时，我开始遇到残疾学生，这是我第一次看到残疾学生。我其实有点害怕他们，也不知道如何教他们，这对我来说是一个问题。
>
> （普通小学，普通教师-16）

（七）来自身体和心理方面的巨大压力

第七个子主题是来自身体和心理方面的巨大压力。沉重的工作负担、教师缺乏相关教学技能、第一次遇到残疾学生等因素，将普通学生、残疾学生以及普通教师都置于十分危险的境遇。对普通学生而言,他们的学习可能会因残疾学生的存在而受到一定程度的负面影响;对残疾学生而言,由于普通教师没有时间来照顾他们,加上普通教师缺乏相关教学技能,因此一些残疾学生仅仅是随班就坐,无法进行有效的学习;而对普通教师而言,他们需要教授所有学生,但是现实中他们不得不主要对普通学生负责,因为各种考核和评价都指向普通学生的成绩,如果班级分数降低或是在评比中处于劣势,来自学校领导、普通学生家长等相关利益主体的质询会铺天盖地地向普通教师扑来。所有这些因素杂糅在一起,不可避免地会使普通教师产生巨大的压力和负担感,如一位教师所言:

对我们普通教师来说,班里有一名残疾学生会给我们带来身体和心理方面的巨大压力,因为你需要为班上的残疾学生做些什么。如果班上没有残疾学生,你就不用做这些额外的工作了。要知道并不是每个班上都有残疾学生的。如果其他班上没有而我班上有,我的压力会更大;如果我班学生的成绩因此下降,那我感觉要崩溃了。最主要的还不是残疾学生,而是普通学生的家长,他们时刻在关注他们孩子的成绩,要是哪次考试没考好,我的压力会很大的。

(普通小学,普通教师-21)

正如这位教师所言,最大的压力不是来自残疾学生,而是来自普通学生家长。当下,我们教育仍是选拔性的,"唯分数"的取向依然存在,这意味着分数在当前学生评价过程中仍占据着举足轻重的地位。所以,学生成绩的好坏会关系到学生之后能否顺利进入到一个好初中、好高中和好大学。而学生家长对此是十分关注的。此外,我们需要认识到并不是每一个班级里都有残疾学生,如果某个班被安置了一名残疾学生,而恰好这个班学生的成绩下降了,那么在很大程度上普通学生家长会将原因归在这名残疾学生身上,此时普通教师将会面临巨大的压力。普通学生家长在我国随班就读发展过程中扮演着十分重要的角色,可促进也可阻碍全纳教育的发展,关于此问题会在下面的主题中进行深入讨论。

(八)消极的态度

最后一个子主题是普通教师对全纳教育的消极态度,这个子主题很少有教师明确提及,但却普遍反映在教师的访谈之中。从上述阻碍因素的考察中可以发现,一些普通教师对将残疾学生安置到普通学校这一举措持反对或是保守态度,因为该举措无疑会增加他们的工作负担,尤其是在班上普通学生成绩出现下降的时候,普通教师可能会因此遭到学校领导和普通学生家长的质询。

二、学校

第二个主题是学校层面的阻碍因素,包括六个子主题:缺乏学校层面的资源教师、全纳教育是学校的一项额外工作议程、缺乏全纳教育工作认定标准、班额过大、有限的空间和固定的评价标准。在思考学校层面的阻碍因素时,尤其需要注意一点,即国家对特殊教育的重视。近年来,为促进特殊教育发展,我国相继出台了一期和二期特殊教育提升计划等文件,这些文件虽都有提及全纳教育,但重心仍是发展特殊教育。这些文件的出台,一方面说明我们现在仍将全纳教育归在特殊教育范畴之下进行思考,另一方面意味着相关特殊教育资源会进一步集聚到特殊教育领域。这些政策文件释放的信号不同程度地影响着普通学校全纳教育的发展。

(一) 缺乏学校层面的资源教师

第一个子主题是缺乏学校层面的专职资源教师。这个子主题其实在论述上一个教师主题时已经有所提及,即目前普通学校的资源教师多由普通教师兼任,普通学校并没有专职资源教师来帮助残疾学生。在这里之所以重申这个子主题,是因为普通教师兼职资源教师只是一个结果,而根本原因在于普通学校缺乏专职资源教师。之所以会出现这种情况,与国家相关政策密不可分。如前所述,近年来国家为促进特殊教育发展出台了系列教育政策,在这些政策的导向下,特殊教育资源进一步集聚到特殊教育学校,而相应地,普通学校的特殊教育资源在减少。在目前普通学校发展全纳教育过程中,最突出的表现是专业人员的缺乏,即专职资源教师的缺乏,如一些教师所言:

> 这不是全纳教育!班上的残疾学生好多都只是坐在那里,并没有真正在学习。为什么呢,因为我们都是业余的,全校没有一名专职的特殊教育教师。学校里的残疾学生越来越多,但就是不见学校进一名专业的特殊教育教师。这样肯定是不行的,没有专业教师来教的话,这些残疾学生肯定难以学到东西。所以,我觉得每所普通学校至少要配一名专业的特殊教育教师。
>
> (普通小学,普通教师-10)
>
> 我认为现在学校缺少专业的资源教师,这是目前最大的障碍。学校现在很有钱,相关仪器设备都有,但就是缺少专业的资源教师。我们学校为残疾学生购置了专用仪器,但全校竟然没有人会用,你说可不可笑!所以,我认为当务之急是配备专业的资源教师,一方面帮助残疾学生,另一方面也是帮助我们这些普通教师,因为我们确实对特

殊教育懂得不多。

（普通小学，普通教师-24）

由此引发的另一个问题是相关特殊教育资源的闲置。如前所述,在国家相关政策影响下,普通学校为发展随班就读采取了系列举措,调研中很多学校都为残疾学生购置了相关教学用具和康复性仪器设备。但当教师提及这些特殊教育资源时,却持一种消极态度,原因在于这些资源往往被搁置,并没有被用来帮助残疾学生。究其根本在于学校里没有教师会使用这些仪器设备。与此同时,一些教师反映他们也不敢用,因为担心自己误用会对学生造成不良影响,如教师所言：

在我们学校,我们专门划拨了一部分钱来购买特殊的设备和仪器,用来帮助学校里的残疾学生。但是,这些设备自从买回来以后,都一直放在教室里,并没有被有效利用。为什么呢？因为没人会用。仪器都很贵,一是怕不会用弄坏了,二是怕对残疾学生产生什么负面影响。我觉得这是一种浪费。

（普通小学，普通教师-8）

这个学期我们专门为残疾学生购买了相关仪器和设备,特别贵的！但是目前最大的问题是学校里没有教师会使用这些设备,因为我们都是业余的,都不敢去用这些东西。我已经跟学校反映了,我们急需一名专业的特殊教育教师来利用这些设备帮助残疾学生。不能买回来不用啊,不然就没有必要买了。

（普通小学，全纳教育管理者-20）

（二）全纳教育是普通学校的一项额外工作议程

第二个子主题是全纳教育是普通学校的一项额外工作议程,就像普通教师将班上残疾学生相关事务视为自己的额外工作一样。在调研中,无论是教师还是管理者,都在释放一个信号,即残疾学生是一个负担,是一项额外工作。多数教师认为近些年来国家在特殊教育领域投入了大量的人财物,特殊教育学校集聚着专业的师资、仪器设备以及其他相关资源,这些都是普通学校无法比拟的。因此,普通教师认为应将残疾学生安置到特殊教育学校,在那里可以接受到最合适的教育。相比较而言,无论是在人员还是仪器设备方面,普通学校都比特殊教育学校落后很多,将残疾学生安置到普通学校,既不利于残疾学生发展,也会增加普通学校的工作负担。因此,普通教师普遍认为残疾学生是一种负担,是一项额外的工作任务,如教师所言：

现在我们很忙,你把残疾学生放到我班上,我根本无暇顾及,这对我而言是一项额外的负担。并且,我认为残疾学生应该到特殊教育学校的,我们区的特殊教育学校建得很好,又有专业的教师,比我们专业很多。我们又不懂如何教授这些残疾学生,把这些学生放到普通学校,很可能会耽误这些学生。还有就是我们是普通学校,主要工作是教授普通学生,班上的残疾学生是我们的额外工作,学校也把他们当作一项额外工作,没有给予特别多的重视。

(普通小学,普通教师-11)

许多普通学校的教师认为班上残疾学生不是他们的工作,是学校给他们的额外任务!并且,有些学校也不重视残疾学生的工作,在制定学校发展规划时,不提或是仅仅在一小部分上提到残疾学生。学校层面就把残疾学生相关工作视为一种多余的、额外的事情,就更不用说班里的教师了,这些教师都那么忙,有时候根本顾不上班里的残疾学生。

(特殊教育学校,特殊教育教师-4)

(三)缺乏全纳教育工作认定标准

第三个子主题是普通学校缺乏全纳教育工作认定标准。如前所述,在意大利的学校里,有专门为残疾学生而设的资源教师,他们和普通教师一起进行班级教学。值得注意的是,资源教师和普通教师都可以得到相应的工作报酬。在国内学校调研过程中,一些普通学校为班上有残疾学生的普通教师发放了额外奖金,而一些学校则没有发放。正如有教师所提及的那样,班上是否有残疾学生会对自身工作产生很大影响,班上有残疾学生的教师要付出更多的时间和精力,以帮助残疾学生更好地学习和生活。尤其是在当下普通学校没有设置专职资源教师的情况下,残疾学生的全部教学任务几乎都由普通教师负责。而在调研中,一些学校并没有清晰的工作认定标准,班上有无残疾学生,在教师工作量认定方面没有差异。学校这种"一视同仁"的做法致使一些教师对全纳教育持一种消极态度,如一位教师所言:

目前,我们学校并没有清晰的标准来认定残疾学生的工作量,所以在评价我们时,班上有没有残疾学生都是一个标准。我认为这是不公平的。是的,作为教师我们不应该计较这些,但是平心而论,班上如果有残疾学生确实会增加很多的工作量,这些大家都是有目共睹的。我认为学校应该有一个相关的认定标准。

(普通小学,全纳教育管理者-7)

此外,一些教师提及他们并非为了向学校要额外的奖金,有时候更多的是想得到领导的认可,让学校领导知道班上有残疾学生确实增加了工作量。如调研中一位教师提到自己的经历时,不禁落下泪水。她班上有一名残疾学生,她已经教了4年了,4年来她对这名残疾学生很好,得到了家长和周围同事的认可,但是却没有得到学校领导的认可。她之所以流泪,是因为4年来,作为研究者的我是第一个来询问她工作感受的人,为此她很感动,如这位教师所言:

从来没有人来问我一下班上残疾学生怎么样。我们学校也没有相关的认定标准,做就做了,在教师评价时没有什么体现。我并不是一定要让学校认定这个工作量,我有时候就是想得到一个肯定而已,但是4年来学校领导从来没有过问过班上这名残疾学生的事情。你是第一个来问我的,我真的很感动。

(普通小学,普通教师-21)

(四) 班额过大

第四个子主题是普通学校的班额过大。在调研中,教师经常提及的一个问题是班额太大,无法同时兼顾普通学生和残疾学生。就调研的学校来看,每个班平均有50名左右的学生,在这样的班级里再安置1到2名残疾学生,在教师看来并不是一个明智的选择。一方面,有些肢体残疾学生需要坐轮椅,在本已"拥挤"的教室里再腾出一片空地供残疾学生使用是一件非常困难的事情;另一方面,教师整日忙于普通学生的工作,很难再拿出时间和精力来关心和照顾班上的残疾学生。如教师所言:

我们班上有53名学生,其实人数已经很多了,我每天感觉都有处理不完的事情。学校又往我班里安置了一名残疾学生,我感觉这并不是一个明智的决定。一来我不懂如何教授残疾学生,二是我们班人数本来就已经很多了,你再安置一名残疾学生进来,我根本没有时间去管他。

(普通小学,普通教师-10)

(五) 有限的空间

与班额过大紧密相关的是第五个子主题:普通学校有限的空间。在本研究所调研的学校中,每所学校的学生数量都在2 500名左右,且随着城镇化的不断推进,学生数量还会不断增加。随着学生人数的不断增加,班额也在逐渐扩大,学校变得异常"拥挤"。在调研中有两个现象很值得关注:一是每天上午课间操时,当所有学生都出来进行课间操锻炼时,你会发现学生之间的间隔很小,整个学校被塞得严严实实;二是走进每一个班级,从前到后排满了桌子和椅子,狭小的过道里甚至容不得两个人同时通过。正如一位教师所提及的那样,我们学校根本没有多余的空间来容纳残疾学生。一般而言,由于残疾学生的特殊教育需要,他们往往需要比普通学生稍大的空间,在班额如此大的班级中,很难再辟出一片"大"的空间来安置残疾学生。另外,普通学校为残

疾学生购置的特殊教育资源有时候也很难找到合适的空间来放置,如一位全纳教育管理者所言:

> 现在学生都在班里上课,所以学校显得很大,空间很足,但是等一会下课了,学生都出来做课间操的时候,你会发现学校好小啊,真的很拥挤。现在每个班的学生数量其实很多了,再安置几名残疾学生进去,我担心班级空间真的不够。还有就是我们学校的资源教室在五楼!按理说应该设在一楼的,方便残疾学生使用,但是一楼实在是没有地方了,最后只在五楼找到一个闲置的小教室。学校老旧,空间狭小,如果今后越来越多的残疾学生来到我们学校的话,那就必须要扩建学校,否则根本无法应对如此多的学生。
>
> (普通小学,全纳教育管理者-7)

(六) 固定的评价标准

第六个子主题是普通学校固定的教师评价标准。目前,教师评价在教师发展过程中扮演着一个十分重要的角色,涉及教师的升迁、奖励和工资等。就调研情况来看,目前这些学校评价教师的主要标准仍是班级学生的平均分。一般来讲,学生的平均分在90分左右,各个班之间的差距很小。在这种情况下,如果某个班被安置了一名残疾学生,对教师而言在班级平均分上的压力会加大。很多残疾学生的学习成绩不好,很难及格,甚至还有个位数的,这样的成绩无疑会拉低班级平均分,进而导致班级名次下降。在调研中,一些学校考虑到了残疾学生的特殊性,不将残疾学生成绩纳入班级平均分,而有一些学校是计算在内的,对此教师持保留意见。调研中,教师的访谈反映了这一观点:

> 我们的试卷满分是100分,平常我们班的平均分是90到93分之间,但是自从我们班来了这名残疾学生后,平均分降低了。这名残疾学生只能考到6分或是7分,我们班有46名普通学生,这样的话我们班的平均分至少要下降2分左右,因为我们每个人需要用自己的分数去给这名残疾学生补齐。我们学校目前评价教师的标准主要是班级平均分,所以如果你班上有残疾学生的话,这无疑是会影响评比的。现在我们学校评价教师的标准是统一的,并没有因为你班上有残疾学生就特殊照顾你。其实我觉得这样对教师是不公平的,需要具体情况具体分析。
>
> (普通小学,全纳教育管理者-7)

> 现在我们评价教师的标准主要是看数学、英语和语文成绩,残疾学生的话,考虑得很少,如果班上有残疾学生可能会在评价过程中给予一点小的照顾。所以,如果你班

上有残疾学生,尽管可能你做了很多,但是在评价过程中体现得很少,这不利于教师开展随班就读工作,这种评价方式需要改革。

(普通小学,全纳教育管理者-9)

三、残疾学生

第三个主题是残疾学生,包括五个子主题:不良行为、无法理解教学内容、数量较少、家长的不合作以及有或无残疾证。在调研中,涉及残疾学生时,可以明显感觉到一些教师仍持一种医学或是个人不足模式来看待残疾学生。他们往往将残疾学生自身存在的不足看作阻碍全纳教育发展的主要因素。

(一) 不良行为

第一个子主题是残疾学生的不良行为。这个子主题几乎被所有教师所提及,并且提及的次数很多,穿插在不同的问题之中。在教师看来,残疾学生的不良行为包括在课堂上制造噪音或是奇怪的声音、上课期间呼呼大睡、上课过程中随意走动、随意触碰周围的同学等。残疾学生的这些不良行为一方面会影响教师正常的教育教学活动,扰乱课堂秩序,另一方面会影响班级里的普通学生,导致课堂无法正常进行。如教师所言:

我们班上的这名残疾学生对我们班产生的负面影响很大,主要是他经常做出一些怪异的行为,常常让人无法理解。有时候他在课上突然大声喧哗起来,有时候你在上课他就跑出去了。这时候你需要停下来去安抚他或是出去找他。你不可以让他一直这样,否则其他学生无法正常上课,有时候其他学生也会跟着起哄。

(普通小学,普通教师-24)

他(残疾学生)经常在课上制造一些怪异的声音或是突然大喊大叫,要不就是随意走动,这极大地影响了我的教学,也影响了其他学生的学习。

(普通小学,普通教师-12)

面对残疾学生的这些不良行为,普通教师往往不知如何处理,主要在于他们不懂得相关专业知识。贸然地去处理,又担心会给残疾学生带来负面影响。在这种情况下,普通教师亟需相关专业培训,这样才能科学有效地帮助残疾学生。

(二) 无法理解教学内容

第二个子主题是残疾学生无法理解教学内容。调研中,多数教师提及班上的残疾学生无法理解教师课堂上所讲述的内容,这时残疾学生就会做出一些上面那个子主题所提到的那些不良行为。如教师所言：

> 现在我们是四年级，班上这名残疾学生完全跟不上课堂教学，我们的进度比较快，很难照顾到她（残疾学生）。每次她听不懂课的时候就会跑出教室去外面玩耍，如果不让她出去，她就睡觉。
>
> （普通小学，普通教师-10）

这个子主题突出地反映了普通学校一些教师持医学或是个人不足模式看待残疾学生，他们往往将残疾学生自身所存在的问题视为残疾学生无法正常学习和生活的根本原因，较少从残疾学生外部环境进行思考。

（三）数量较少

第三个子主题是残疾学生数量较少。调研中经常听到的一句话是"我们是普通学校，我们的主要工作是教授99%的普通学生"（访谈教师语），这种观点普遍影响着学校教育教学。就目前随班就读现状来看，尽管在国家相关政策推动下，越来越多的残疾学生被安置到普通学校接受教育，但相比于普通学生，普通学校的残疾学生仍是少数群体。将1名或是2名残疾学生安置到大概有50名普通学生的班级里，这些残疾学生往往得不到应有的关注。教师们普遍反映，班上残疾学生太少，很难为了这1名或2名残疾学生去改变整个班的教学计划，并且这对占大多数的普通学生而言也不公平。此外，在现在的评价背景下，无论是教师还是学生，都存在"唯分数"取向，为了少数几名残疾学生改变整个班的教学安排，可能会对其他普通学生的成绩造成一定的影响，而普通学生家长是不会允许这样的事情发生的。一旦班上残疾学生影响到自己孩子的学习，首先起来反对的就是普通学生家长，关于普通学生家长如何阻碍全纳教育发展这一问题会在下文进行阐释。在此想说明的是，阻碍全纳教育发展的各个因素杂糅在一起，共同形塑着学校全纳教育的改革与发展。关于残疾学生数量较少是如何影响全纳教育发展的，一些教师这样说道：

> 我们学校仅仅有2名残疾学生，学校很少考虑他们，主要是太少了，没法引起学校领导的关注。我想如果学校里残疾学生数量多了，可能就会引起学校的注意，专门为他们采取一些举措，现在是不行的。
>
> （普通小学，普通教师-22）

> 作为普通学校的教师，我们的主要任务是教授占绝大多数的普通学生，而占少数的残疾学生并不是我们的首要工作。同时，我们也没有时间和精力来关注这一小部分残疾学生，主要是他们数量太少了。我想把这一小部分残疾学生送到特殊教育学校，

可能会好些。

(特殊教育学校,全纳教育管理者-1)

(四)家长的不合作

第四个子主题是残疾学生家长的不合作。多位研究者指出,残疾学生家长在全纳教育改革与发展过程中扮演着十分重要的角色,如为教师提供自己孩子在家情况以帮助教师制订个别化教育计划、参与学校的个别化教育计划制订讨论会等。然而在调研中,一些教师反映班上残疾学生的家长很少参与他们孩子的教育,一些家长甚至只是将普通学校看作托儿所。据教师们反映,多数残疾学生的家长也不同程度地存在一些问题,如本身也是残疾人、忙于工作、在外打工而由爷爷奶奶照顾孩子等。在如此情况下,这些残疾学生的家长很少询问自己孩子在学校的表现,也不参与学校的各种活动,如一些教师所言:

一些残疾学生家长很不配合我们的工作,他们的孩子明显有一些问题,我们建议家长带着孩子去医院做一个检查,但是有些家长就是不配合,就是不去。有时候如果孩子缺少残疾证,就无法得到一些支持,因为这些支持举措需要孩子持有医院的残疾证明。家长这样不合作,到头来可能会害了自己的孩子。

(普通小学,普通教师-22)

她(残疾学生)的母亲每天工作很忙,每次她还在睡觉的时候,她妈妈就去上班了,当晚上她妈妈下班到家时,她已经睡觉了。所以,一个星期中她可以见到她妈妈的次数很少。她妈妈很少来学校过问她女儿的事情,我们每次和她妈妈约时间,她妈妈总是以忙为借口而不来。

(普通小学,全纳教育管理者-9)

没有同学想和他(残疾学生)一起玩耍。他的家庭很穷,他的父母好像都有问题,都是残疾人。他的父母没有来过学校,都是他爷爷奶奶在照顾他,但是他们年纪大了,也不知道该怎么办。他的父母就是把学校当成托儿所,替他们照顾孩子而已。

(普通小学,普通教师-16)

(五)有或无残疾证

第五个子主题是残疾学生有残疾证或没有残疾证,即残疾学生不管有没有残疾证,都被教师视为一种阻碍。就残疾学生没有残疾证的情况来看,调研中许多教师反映一些残疾学生的家长不愿承认自己的孩子患有残疾,因此拒绝去医院开残疾证明。然而,无论是国家层面的政策还是学校层面的规定,一名残疾学生如若想得到相关资源,需要持有残疾证明,否则无法获得相关支持。由于一些残疾学生没有残疾证,无法享受到相关政策,这对残疾学生和学校来说都是不利的。此外,如前所述,目前班级平均分是评价教师的一个主要指标,普通学校教师尤其看重班级学生的分数,在如此背景下安置一名残疾学生进来,无疑会影响班级平均分,进而影响教师的评价结果。在调研中,一些学校明确规定,如果残疾学生持有残疾证,那么该名残疾学生的分数将不会被计算到班级平均分中。因此,一些教师会建议残疾学生家长去开残疾证明,但有些家长拒绝承认自己孩子是残疾的,在如此博弈的过程中,一些教师会对残疾学生家长有一定意见,进而将这种意见转嫁给班上的残疾学生。一个直接表现就是教师对班上残疾学生持一种消极或是不闻不问的态度,如教师所言:

他(残疾学生)确实存在问题,上课会突然地大喊大叫,情绪不稳定,我曾多次建议他的父母带他去医院做一个检查,开一个残疾证,但是他的父母拒不承认他们的孩子有问题。所以直到现在他还是没有残疾证,但他确实跟不上,每次考试成绩都很低,数学成绩都是个位数的。由于没有残疾证,他无法享受学校针对残疾学生的一些政策。还有就是你知道的,像他这种没有残疾证的是要算入总分的,这会拉低我们班的平均分,但是如果他有残疾证就不会了。说实话,我不太喜欢他父母和他。

(普通小学,普通教师-22)

而就残疾学生有残疾证的情况来看,似乎也并不乐观。一些普通学校规定,凡是持有残疾证明的残疾学生,在计算所在班级平均分时不被计算在内。这样的规定对随班就读教师而言是一种"解脱",调研中有些教师直言如果要将残疾学生安排在班级里,那么这名残疾学生必须要有残疾证,否则是不会同意的。为何教师会将残疾证看得如此重要,一位教师揭开了这层窗户纸:

是的,如果残疾学生有残疾证的话,是很好的!我们班的这名残疾学生就有残疾证,这样他(残疾学生)的分数就不会被计算在我们班的平均分里了。并且,也不用过于担心他到底能否学会课堂上的内容了,因为他有残疾证,不用担心的。

(普通小学,普通教师-16)

从这位教师的回答可以看出,残疾证在某种程度上成了教师和残疾学生的"保护伞"。对教师而言,只要班上的残疾学生持有残疾证,就不会担心残疾学生会拉低班级平均分;对残疾学生而言,持有残疾证会受到教师的欢迎,否则可能会遭到普通教师的拒绝。残疾证的初衷在于更好地帮助和支持残疾学生,但在实践中逐渐成为学校和教师摆脱或是推卸责任的一种凭证,这不得不让我们重新思考国家和学校的相关规定。

四、国家政策

第四个主题是国家政策,包括三个子主题:教师教育项目、缺乏相关配套政策以及考试指向的政策安排。这个主题主要是从国家宏观层面出发,思考现存政策安排的不足。从各国全纳教育改革与发展历程来看,国家政策在全纳教育发展过程中发挥着重要作用。全纳教育作为一种全新的教育理念,当应用到原有的教育安排中时,不可避免地会遇到一些问题,会受到原有教育观念的阻碍。在这种情况下,需要权威的国家政策来进行"调解",平衡各方利益,但国家政策并不总是扮演着"促进者的角色"。

(一)教师教育项目

第一个子主题是教师教育项目。表面看来这个子主题与国家政策好像不是很相关,更多的是大学的事情,但若深究这个问题,会发现其与我国现行教育政策是息息相关的。如前所述,普通教师常常抱怨自己缺乏相关专业能力来教授班级上的残疾学生,进而导致一些残疾学生往往只是坐在教室里,但并未进行真正的学习。普通教师缺乏特殊教育相关专业技能这一问题引发了系列其他问题,从而影响到普通学校全纳教育的改革与发展。而这个问题的根源,就在国家现行教师教育政策中。就目前教师教育政策安排来看,特殊教师与普通教师的职前培训是分开进行的,即是一种双轨制培养模式,这就导致普通教师在职前教师教育项目中没有或是很少学习到与特殊教育和全纳教育相关的内容。尽管在全纳教育背景下,一些高等院校的职前教师教育项目进行了改革,增添了特殊教育和全纳教育相关的课程,但就目前情况来看,这些改革是远远不够的,是无法保障普通教师有效应对残疾学生的特殊教育需要的。在国家相关政策倡导下,今后会有越来越多的残疾学生走向普通学校,走进普通教室进行随班就读。但是,作为全纳教育发展过程中主要的参与者,普通教师却并未具备相关专业技能,无法有效应对即将到来的残疾学生。在如此背景下,现有的教师教育政策受到学者和一线教师的批判,他们都呼吁改革现有教师教育项目,以培养可以胜任残疾学生教学的随班就读教师。如一些教师所言:

我们国家现行的教师教育体系是有问题的。我们普通学校的教师主要参加的是普通教师教育项目培训,但是正如你所了解的,我们普通教师教育项目中几乎不包含特殊教育和全纳教育相关课程,这就导致接受这种教师教育培训的教师不懂得特殊教育相关知识,很难去教授残疾学生。例如,我们国家最好的师范大学——北京师范大学,他们的教师教育项目中涉及特殊教育和全纳教育的内容很少,并且还都是选修课而不是必修课。这样的教师教育项目培训出来的教师很难应对班上的残疾学生的需求，这个问题亟需得到解决。

（特殊教育学校，校长-2）

下个学年，我们打算招聘一个懂特殊教育的教师，尤其是懂自闭症相关知识的教师。我们学校的普通教师都不是很懂特殊教育。为什么呢？因为他们在教师教育阶段没有学过相关知识。但是现实是，我们的普通学校会有越来越多的残疾学生。我认为国家应该出台相关政策来改革现在的教师教育项目。

（普通小学，全纳教育管理者-20）

（二）缺乏相关配套政策

第二个子主题是缺乏相关配套政策，即现行随班就读政策已经无法满足随班就读实践的发展，难以应对随班就读实践过程中出现的新问题和新情况。在调研中，教师反映的很多问题都表明国家相关政策无法满足变化发展了的随班就读实践，如上一个子主题所提到的双轨制式的教师教育培训体系，缺乏随班就读教师工作量认定标准的规定，固定的教师评价标准，没有考虑到随班就读教师的特殊性，普通学校没有设置专门的特殊教师或是资源教师岗位，等等，所有这些问题在某种程度上都反映了国家相关政策的滞后性。如一些教师所言：

现在我们学校没有专职的特殊教育教师，也没有专职的资源教师。现在国家倡导将越来越多的残疾学生放到普通学校进行学习，但是却没有出台相关政策给普通学校设置专职特殊教育教师或是资源教师岗位。这对我们来说太难了，我们没法以特殊教育教师的岗位来招聘教师，只能以普通教师的名义来招聘。还有一个问题是，你招聘了特殊教育教师，该怎么支付工资呢？因为学校预算里是没有这块规定的。我们是学校不是公司，不能随随便便就给特殊教育教师发工资，需要一层一层地向上汇报。但由于国家在这块没有明确的规定，我们学校操作起来会很难。

（普通小学，全纳教育管理者-20）

像现在没有残疾证的残疾学生的考试成绩会被算在班级平均分中，这其实是不合理的。实际上，残疾学生应该有一套他们自己的评价标准，但是目前学校并没有相关规定，主要还是因为国家没有出台相关规定，学校做起来就比较困难。

（普通小学，普通教师-21）

（三）考试指向的政策安排

第三个子主题是考试指向的政策安排。就调研情况来看，目前两类考试直接影响着我国各项教育政策安排：第一是中考，第二是高考。这其中又以高考影响最甚。高考被有些人称为"一考定终身的考试"。政策制定者、学校管理者、教师学生家长等利益相关者都受到高考的影响，政策制定者制定政策时、校长制定学校发展规划时、教师选择教学方法时、家长为孩子选择学校时，都会不同程度地考虑高考因素。调研中，许多教师反映考试指向的政策安排是全纳教育发展进程中一个特别显著的影响因素。

例如，有教师认为，全纳教育与考试取向的教育存在冲突：

我听说一些普通学校的教师是反对随班就读的，他们不想让残疾学生到他们的班级里来。我觉得全纳教育和我们的以考试为指向的教育是矛盾的、冲突的。全纳教育考虑每个学生的特殊教育需要，充分尊重学生的发展特点，但是目前我们的教育主要还是以考试为指向的！考试指向的教育就是平均分，就是学生的分数，就是学生排名。可以说，全纳教育是一种人性化的教育，而考试指向的教育是一种严格的、有着固定规则的教育模式，你无法改变，只能适应。是的，我觉得这两种教育的理念是有一些冲突的！

（普通小学，全纳教育管理者-9）

有教师认为，当前的教育是为考试/分数而学/教：

教育的目的是什么？我们教育的目的是什么？我们的教育是应对每一次考试，然后用这些考试分数来评价教师，来评价你是一位好教师还是差教师。在我们这座城市，尤其是我们区，我们太重视考试了，学生为考而学，教师为考而教。我们经常说孩子应该快乐地玩耍，快乐地学习。不，现实不是这样的！你每天有很多作业要做，你有很多考试要参加，你怎么高兴得起来？天天在这样的环境里，学生是很难开心起来的。

（普通小学，普通教师-21）

还有教师提出，来自中考和高考的压力太大：

现在普通学校的班额很大，教师们的压力很大，主要是来自中考和高考的压力。不要看这些学校都是小学，但早早就受到中高考的影响了。而且这些压力主要是来自普通学生家长，他们想让自己的孩子上一所好初中，然后是考上一所好高中，最后考上一所好大学，所以家长们从小学的时候就开始十分关注他们孩子的学习了。这个时候，你往班上安置几名残疾学生，普通教师根本没有时间和精力来管他们。还有就是这些残疾学生是不能够影响其他学生学习的，如果影响了其他学生学习，其他学生的家长是不干的，是要来学校给我们施压的。

（特殊教育学校，全纳教育管理者-1）

五、学校领导

第五个主题是普通学校领导缺乏特殊教育和全纳教育相关知识,从而导致他们对残疾学生关注不够,这直接影响到学校层面的各项规定和安排。许多全纳教育相关研究指出学校领导很关键,尤其是校长在全纳教育发展过程中的重要作用。校长是否了解和熟悉全纳教育,直接影响到学校是轻视还是重视全纳教育。像很多普通教师缺乏特殊教育和全纳教育知识一样,调研中很多校长也表示对全纳教育一知半解。如教师所言:

许多学校的校长可能根本不知道全纳教育,或者知道一点,但也多半是道听途说的。许多校长是在自己学校来了残疾学生后才去了解什么是全纳教育的。你知道的,如果校长不知道全纳教育,他可能认为这个不重要,可能就不会支持这项工作。如果一所学校的校长不支持某项工作,那这项工作开展起来会很困难的。

(特殊教育学校,校长-2)

我们学校有一个主管全纳教育的副校长,但是兼职的,并且他对全纳教育懂得很少,很少过问全纳教育的事情。由于主管的校长不是很懂全纳教育,我们学校在全纳教育方面的发展比区里面其他学校要落后一些。

(普通小学,普通教师-19)

一些教师提到由于校长对全纳教育不是很了解,再加上来自中高考和普通学生家长的压力,一些校长甚至对全纳教育持一种消极态度,也不支持随班就读教师的工作,如一位教师所言:

你知道的,我们普通学校主要面向的是99%的普通学生,而不是1%的残疾学生。班上要是有残疾学生的话,会占用教师很多时间和精力。我们学校的校长不是很支持全纳教育,他认为这可能会影响其他普通学生的学习。由于校长的这种态度,我们学校全纳教育发展得并不是很好,一些残疾学生只是坐在了教室里,但其实并没有进行有效的学习。

(普通小学,普通教师兼资源教师-5)

六、普通学生

第六个主题是普通学生,包括一个子主题,即普通学生家长的反对。调研中教师们普遍反映现在好多家庭只有一个孩子,家长将所有的希望都寄托在这个孩子身上,因此孩子们从小就承载着很多东西。在家长看来,他们会竭尽所能地让自己的孩子进入一所好小学,然后升入一所好初中和好高中,最终考上一所好大学。这几乎成了所有中国家长希望自己孩子走的路线。在如此背景下,家长非常关注孩子在学校的学习情况,如果有什么影响到孩子的学习,这些家长会极力反对直至根除掉这些影响。有教师提及现在他们的很多时间都用来应对学生的家长,"现在我需要用我业余时间中的80%来解决家长的各种问题"(访谈教师语),班里有什么情况,家长都十分关心。特别是当学校将残疾学生安置到他们孩子的班级时,这些家长可能会成为一个阻碍因素,尤其是当班上的残疾学生影响到普通学生的学习时,家长的反对力度会急剧上升,甚至演变成为一种集体性抗议。所以,将残疾学生安置到普通学校的一个前提性条件是残疾学生不能影响普通学生的学习,否则普通学生家长会极力反对。如教师所言:

我们需要对普通学生的家长负责,他们把孩子交给我们,我们就要保证他们的孩子不受影响地开开心心地在学校学习。如果班上的残疾学生影响到其他学生的学习,那么受影响学生的家长肯定是不干的,会给我们学校施加压力,让我们把残疾学生转移出去。这种事情之前就发生过,一大群家长集体要求校长把残疾学生转移出去,最后校长没办法,就把残疾学生送回特殊教育学校了。

(普通小学,普通教师-10)

现在越来越多的残疾学生来普通学校学习了,但也并不是每个班里都有残疾学生。没有残疾学生班级的学生家长开家长会时会对我们教师说,要对学校里的残疾学生多些帮助,多支持一下这些残疾学生。但是如果要是把残疾学生安置到他们孩子的班级里,他们就不会这样了,他们便开始担心残疾学生是否会影响到他家孩子的学习情况。如果影响了,他们就会要求我们学校将残疾学生转移出去。

(普通小学,全纳教育管理者-9)

下一学期我们就是三年级了,班上一些普通学生的家长悄悄问我能否把班上这名残疾学生转移出去。他们说如果有需要,他们可以写一份申请书,并且班上所有普通学生家长都会签字,集体要求把这名残疾学生转出去。因为随着年级越来越高,各学科的学习越来越难,这些家长担心万一残疾学生影响了他们的孩子,孩子之后会跟不上教师的教学。

(普通小学,普通教师-16)

七、文化

第七个主题是文化,包括两个子主题:普通学校是普通学生学习的地方以及特殊教育学校对残疾学生发展更有利。与第八章关于意大利学校全纳教育治理那部分内容一样,这个文化主题也是笔者在调研、整理访谈资料以及撰写报告过程中所总结出来的。也许没有教师直接提及文化这个层面,但是教师们的一言一行都反映着这种文化。相比于显性的、物质层面的影响,隐性的、文化层面的东西更值得我们去关注,因为文化无时无刻不在形塑着我们,不在影响着我们。

(一) 普通学校是普通学生学习的地方

第一个子主题是普通学校是普通学生学习的地方,或者说普通学校是为99%的普通学生服务的,而不是1%的残疾学生。在访谈中,教师们普遍都有这一想法。大多数教师在提及自己是一名普通教师后,会接着说:

> 我们的主要工作是面向99%的普通学生,而不是1%的残疾学生。
>
> (普通小学,普通教师-8)

> 我们是普通学校,主要是为那99%的普通学生服务的。我们会关注那1%的残疾学生,但是不会投入太多的时间和精力,因为我们是普通学校。我们只要保证那些残疾学生在学校里安安全全的就好了。
>
> (普通小学,普通教师-16)

(二) 特殊教育学校对残疾学生发展更有利

第二个子主题是特殊教育学校对残疾学生发展更有利。对于如何安置那1%的残疾学生,很多教师提出,将残疾学生安置到特殊教育学校,因为在那里残疾学生可以获得更好的发展。他们的理由有一大长串:我们普通教师不懂如何教授残疾学生,没有时间和精力,普通学生家长的反对,特殊教育学校教师具备专业特殊教育能力,特殊教育学校空间大,特殊教育学校资源充裕……如一些教师所言:

> 我们班上这名残疾学生在班里听不懂课,学习不到任何东西。我想可能把他放到特殊教育学校会好些,那里有专业的教师和仪器设备,这样他可以学习一些基本的生活技能。
>
> (普通小学,普通教师-22)

> 在我看来,最好是把残疾学生安置到特殊教育学校,在那里他们可以学到一些知识和必备的生活技能。在普通学校他们什么也学习不到,感觉既在浪费他们的时间,也在消耗我们的时间和精力。我去过特殊教育学校,我看那里的孩子都发展得挺好

的,相比之下我们学校的残疾学生发展得并不是很好。

(普通小学,普通教师-13)

第四节　促进全纳教育发展的因素

本部分主要探讨促进全纳教育发展的因素。笔者根据对调研资料的整理和分析,认为促进全纳教育发展共包含五个主题,分别为学校、普通教师、残疾学生、普通学生和国家政策;每个主题又包含若干个子主题(见表9-4)。将残疾学生安置到普通学校进行随班就读在我国有很长一段历史,可追溯至20世纪50年代。就如何促进全纳教育改革与发展,为残疾学生提供合适的、高质量的教育,各所学校的做法不同。近年来国家发布了系列相关政策,如一期和二期特殊教育提升计划、新修订的《残疾人教育条例》等,都对如何改革和发展全纳教育做出了相关规定,为学校发展全纳教育指明了方向。与此同时,由于各学校之间的差异,某个因素在这所学校起促进作用,在另一所学校可能会是一个阻碍因素,因此我们在探究某个因素时需要结合每所学校的具体情况进行具体分析。

表9-4　认知维度:促进全纳教育发展的因素

维度	主题	子主题
促进全纳教育发展的因素	学校	学校校长的支持
		与特殊教育学校等专业机构的合作
		清晰明确的全纳教育工作认定标准
		全纳教育是学校工作的一部分
		学校之间的合作
	普通教师	积极的态度/强烈的责任感
		全纳教学
		老教师或即将退休的教师
	残疾学生	不扰乱课堂秩序
		家长主动配合
	普通学生	家长的理解与支持
		普通学生理解和帮助残疾学生
	国家政策	相关政策的支持
		当地教育部门的支持

一、学校

第一个主题是学校,包含五个子主题:学校校长的支持、与特殊教育学校等专业机构的合作、清晰明确的全纳教育工作认定标准、全纳教育是学校工作的一部分以及学校之间的合作。学校作为开展全纳教育的主阵地,在全纳教育改革与发展过程中扮演着十分重要的角色。它一方面是国家全纳教育相关政策的接受者和实践者;另一方面又是教师发展全纳教育的指导者,是连接上层全纳教育政策和下层全纳教育实践的纽带与桥梁。从各国全纳教育改革经验和笔者的调研情况来看,学校是影响全纳教育能否从理论走向实践的关键一环,对学校层面因素的探究,有助于我们深刻认识和理解全纳教育的改革与发展。

(一)学校校长的支持

第一个子主题是学校校长对全纳教育的理解和支持。调研中多位教师提及学校校长对全纳教育的支持,并认为这是学校发展全纳教育的主要促进因素。校长支持全纳教育的形式多种多样,如在学校层面的会议上强调全纳教育的重要性、直接负责学校全纳教育工作、向当地教育主管部门争取发展全纳教育的相关政策、寻求社会组织的支持和帮助等。如一些教师所言:

> 我之前工作的那所学校里也有残疾学生,也在开展随班就读工作,但是那所学校的校长不是很支持这项工作,认为残疾学生可能会影响学校的各项评比。但是我现在所在的这所学校就很好,残疾学生得到了关心和照顾,一个很重要的原因是我们学校的校长很重视随班就读工作,直接负责,并在会议上多次强调随班就读的重要性。我认为校长的支持和理解,对我们学校开展随班就读工作起了很大的推动作用。

(普通小学,普通教师-19)

> 我们学校的校长很重视残疾学生的教育工作,经常去校外为这些残疾学生寻求帮助和支持。但凡区里有全纳教育相关培训,校长会鼓励和支持我们学校的普通教师去参加,接受相关培训。校长经常在学校大大小小的会议上强调随班就读这件事情,有了校长的支持,我们开展相关工作会顺利很多。

(普通小学,全纳教育管理者-20)

从上述教师的访谈中,我们可以看到校长在全纳教育发展中的重要作用,而且一些教师反复强调校长在一所学校的发展过程中的作用尤其值得重视,他们认为在某种程度上一所学校的文化就是校长的文化。全纳教育作为一种新的教育理念,将其运用到教育实践中时必然会遇到一些阻碍和困难,会触及部分利益相关者的利益,这时就需要一种顶层设计来推动。当将国家全纳教育相关政策落实到学校层面时,能否实现从政策文本走向政策实践,很大程度上取决于校长这一角色:校长支持,则顺利开展;校长不支持或是反对,则举步维艰。因此,关于校长在全纳教育改革与发展中的作用,是一个十分值得进行深入探究的课题。本研究主要是提出这一问题,后续研究可以具体学校具体分析,在具体情境中探究校长是如何促进全纳教育改革与发展的。

(二)与特殊教育学校等专业机构的合作

第二个子主题是普通学校和特殊教育学校等专业机构的合作与交流。当前普通学校在全纳教育发展方面面临的一个突出问题是专业性不足,主要表现在两个方面:第一,普通教师缺乏特殊教育与全纳教育相关专业技能,难以胜任残疾学生教学;第二,普通学校缺乏特殊教育教师或是资源教师专职岗位,现有的资源教师岗位多由普通教师兼任,缺乏专业性。面对这些问题,一些普通学校寻求外援,通过与校外特殊教育专业机构合作来促进学校全纳教育发展。例如,与当地高等教育机构中的特殊教育学院系合作,邀请专家来校开展全纳教育相关培训;与当地特殊教育学校合作,邀请特殊教育教师来学校指导普通教师如何开展残疾学生教学。与这些专业的特殊教育机构的合作,在一定程度上缓解了普通学校在残疾学生教学方面专业性不足的问题,如一些教师所言:

我们学校的教师都不是很懂特殊教育和全纳教育,为此我们与当地一所大学的特殊教育学院开展合作,定期邀请他们的专家来我们学校为普通教师开展特殊教育和全纳教育方面的相关培训。经过一段时间的培训,我们的教师对全纳教育有了一定的了解,可以解决与残疾学生相关的一些问题。但这不是长久之计,下一步我们打算与这个学院深入合作,让学院系统培训我们的教师,以应对学校越来越多的残疾学生。

(普通小学,全纳教育管理者-20)

现在,我们国家特殊教育学校在残疾学生教育方面仍然起着十分重要的作用。以前残疾学生主要在特殊教育学校学习,现在在国家政策的倡导下,残疾学生开始到普通学校进行随班就读,但是普通学校的教师有时候还是难以胜任残疾学生相关教学工作的。为此,一些普通学校会和我们特殊教育学校开展合作,让我们的特殊教育教师去学校指导他们如何教授残疾学生,有时候普通教师也会来我们学校接受一定的培训。

(特殊教育学校,校长-2)

从上述教师的描述中可以看出,目前普通学校与特殊教育专业机构的合作,更多的是一种"权宜之计",是一种治标不治本的方法。为此,一些教师提出尽管与这些专业机构合作可解燃眉之急,但是最根本的方法还是要改善自身专业能力。教师们迫切需要国家出台相关政策来解决普通教师在特殊教育与全纳教育方面专业性不足这一问题,从而从根本上解决残疾学生在普通学校的教育教学问题。

(三)清晰明确的全纳教育工作认定标准

第三个子主题是普通学校制定了清晰明确的全纳教育工作认定标准。如前所述,阻碍全纳教育发展的一个因素是普通学校缺乏全纳教育工作认定标准,使普通教师在全纳教育方面的工作量得不到有效认可,甚至得不到学校领导的肯定。这直接导致一些普通教师对全纳教育和残疾学生产生消极的态度,致使残疾学生"随班就坐"。与之相比,在调研中一些全纳教育发展比较好的学校都制定了比较清晰明确的全纳教育工作认定标准,如随班就读教师工作量认定和奖励标准、随班就读学生评价标准等。这些标准的制定为教师开展随班就读工作提供了科学的指导,也从制度层面规范了学校随班就读工作的开展,极大地改善了残疾学生在校教育质量。

例如,有教师提及学校制定了清晰明确的随班就读教师工作认定标准:

> 我可以接受残疾学生来我班上,并且我会尽自己最大力量去教好残疾学生。我们学校在教学方面是有规定的,残疾学生取得进步了,学校会对相关任课教师给予一定的奖励,可能是领导在会议上的表扬,也可能是在评奖评优中加分。其实这些都不重要,重要的是学校看到了我们的付出,肯定了我们的付出,我觉得这样挺好的,至少我们做的工作得到了肯定。

(普通小学,普通教师-25)

> 在我们学校,我们有一套认定随班就读教师工作的标准。在学期末,我们会让随班就读教师写一份报告,主要陈述教师在这学期为班上的残疾学生做了什么,经过一学期的课残疾学生学到了什么。例如,如果你是音乐教师,你需要告诉学校你教会了班上残疾学生几首歌,以及该残疾学生会唱几首歌。是的,我们是会评价随班就读教师的工作的,并充分肯定每一位随班就读教师的辛勤付出。在各位教师汇报完后,我们会根据教师的报告和班上残疾学生的评价结果,对这些教师进行一定的奖励。我们目前是为每一名残疾学生分配了3000元教学资金,教授该名残疾学生的所有教师根据自己的工作量可以获得一定的奖励。当然了,每位教师可能也就拿到几百元,但是我们的教师很开心,他们开心的不是钱,而是自己的付出得到了肯定和认可,这是最重要的。

(普通小学,全纳教育管理者-20)

也有教师表示学校制定了清晰的残疾学生评价标准：

> 我们不是仅仅将残疾学生放到我们学校就不管了，不是的，我们会认真教授每一个来到我们学校的残疾学生的。与此同时，我们还会对残疾学生的学习结果进行评价，如基本的礼仪、交流技能，数学、语文、英语等学科的基本知识掌握情况等。在评价完之后，我们会根据每一个残疾学生的学习情况完善其个别化教育计划。

（普通小学，全纳教育管理者-7）

（四）全纳教育是学校工作的一部分

第四个子主题是全纳教育是普通学校日常工作的一部分。全纳教育发展不好的学校往往将全纳教育视为一项额外的工作，视为一项多余的工作，而调研中那些全纳教育发展比较好的学校往往将全纳教育视为学校日常工作的一部分。如前所述，在目前国家政策体系中，特殊教育学校在残疾学生教育中仍扮演着十分重要的角色，再加上长久以来的传统，即残疾学生应该到特殊教育学校上学，因而一些人想当然地认为残疾学生就应该到特殊教育学校接受教育，普通学校是普通学生的学校。那些将全纳教育视为一项额外工作议程的学校往往持这种观点。与之相比，那些全纳教育发展比较好的学校往往将全纳教育视为自己学校日常工作的一部分，这些学校开展随班就读工作的时间较长，对随班就读的认识比较深入。为了保障残疾学生更好地学习和生活，保障随班就读工作的顺利开展，这些学校往往出台了相关举措，如一些教师所言：

> 我们学校现在有很多残疾学生，我们对待他们就像对待正常学生一样。我们的教师和校长都认为残疾学生来普通学校上学是一件理所应当的事情。所以，随班就读已经成了我们学校日常工作的一部分，和其他工作一样。

（普通小学，普通教师-19）

> 我们学校有专门负责随班就读的教师，这项工作已经成为我们日常工作中不可分割的一部分了。我们有专门的随班就读会议，并且校长在其他会议上也会提随班就读的事情，每年我们都有一个专门的总结会来总结这一学年随班就读的发展情况。

（普通学校，全纳教育管理者-20）

（五）学校之间的合作

第五个子主题是地区内普通学校与普通学校或是普通学校与特殊教育学校合作开展全纳教育工作。在调研中，教师频繁地提及他们学校与其他学校合作开展全纳教育的实践案例。通过对这些实践案例的总结，笔者认为现阶段学校间合作的形式主要有两种。第一种是普通学校与普通学校之间的合作。由于一些普通学校是第一次接收残疾学生开展随班就读工作,因此对如何开展随班就读工作并不是很熟悉。在这种情况下,这些学校会与本地区内开展随班就读工作时间较长且发展较好的学校寻求合作,希望在合作过程中可以向好的学校取取经,进而避免在随班就读工作过程中走弯路。第二种是普通学校与当地特殊教育学校之间的合作,目前这种合作较为普遍,收效也较显著。如前所述,一方面普通学校缺乏特殊教育相关资源,普通教师也缺乏特殊教育与全纳教育相关技能,另一方面特殊教育学校集聚着充足的特殊教育资源,如何将两者联合起来合作开展全纳教育工作,成了普通学校和特殊教育学校面临的一个共同课题。调研中,普通学校 A 与当地一所特殊教育学校的合作进行得很顺利,且成效显著。在国家相关政策推动下,A 校近年来的残疾学生越来越多,如何为这些残疾学生提供合适的教育成了 A 校迫切需要解决的一个问题。在一次会议上,A 校校长听闻东部沿海一些地区采用一种普通学校和特殊教育学校合作的方式开展随班就读工作。会后,A 校校长对这种合作方式进行了研究。之后,A 校校长主动联系当地的特殊教育学校寻求合作。一方面,特殊教育学校派特殊教育教师到 A 校指导教师开展残疾学生教育教学工作,定期为普通学校教师举办研讨会、培训等,提升普通学校教师的特殊教育与全纳教育专业技能;另一方面,普通学校也定期为特殊教育教师提供相关培训,使其了解普通学校的运转流程,为之后更加深入的合作做好准备。在当地这所特殊教育学校的帮助下,现在 A 校的随班就读工作开展得很顺利,如这所特殊教育学校的全纳教育管理者所言:

作为特殊教育学校,我们尽自己最大力量帮助当地普通学校开展随班就读工作,与 A 校的合作就很成功。A 校校长率先找到了我们,表示想与我们合作开展随班就读工作。之后,我们学校相继派出了若干经验丰富的教师到 A 校帮助他们教授残疾学生,帮助 A 校培训教师。在这个过程中,我们特校的教师也了解了普通学校的运转流程,为我们之后与普通学校开展更深入的合作提供了基础。

(特殊教育学校,全纳教育管理者-1)

二、普通教师

第二个主题是普通教师,包括三个子主题:积极的态度/强烈的责任感、全纳教学以及老教师或即将退休的教师。与意大利相比,我国普通学校并未设置专门的资源教师或是特殊教育教师,因此与残疾学生教育教学相关的工作主要由普通教师负责。尽管本研究在全纳教育阻碍因素一节,阐释了普通教师可能会阻碍全纳教育的发展,但是与此同时普通教师也在积极推动学校全纳教育实践的发展,努力扮演促进者的角色。

(一) 积极的态度/强烈的责任感

第一个子主题是普通教师对全纳教育持一种积极乐观的态度,这被多位教师提及。毋庸置疑,教师专业技能在教授残疾学生过程中起着十分重要的作用,但与此同时我们也不能低估教师积极态度在发展全纳教育过程中的作用,尤其是在我们普通学校没有设置专职资源教师或是特殊教育教师的情况下,教师是否对全纳教育持一种积极态度直接关系到学校全纳教育工作能否顺利开展。对全纳教育持积极态度的教师会在制订教学计划时考虑到班上的残疾学生,给予班上残疾学生更多的关心和照顾,经常与残疾学生家长沟通,以便及时掌握残疾学生的发展状况。所有这些举措对发展全纳教育都至关重要,一些教师甚至坦言在自身普遍缺乏特殊教育与全纳教育相关专业技能条件下,是否持有一种积极的态度对发展全纳教育至关重要:

在我看来,发展全纳教育最重要的是你需要接受全纳教育,认可全纳教育,对全纳教育持一种积极的态度。我比较认可全纳教育理念,我对我们班上那位残疾学生很关心,平常会给予他(残疾学生)多一点照顾。尽管我有时候不知道如何教授他,但我会尽我所能地去帮助他学习一些基本的知识,帮助他融入我们的班级中来。

(普通小学,普通教师-6)

你知道的,班上有一名残疾学生对我们而言可能只是五十分之一,但对一个家庭而言就是100%,这名残疾学生就是这个家的全部!作为教师,我们可能只教某名残疾学生几年,但他(残疾学生)的父母要陪伴他一生。因此,作为教师,我们应该多关心和照顾这些残疾学生,如果我们再不去关爱他们,那对残疾学生来说就太不好了。我们有时候不知道如何教残疾学生,但我们会去爱他们。基于这个理念,我们学校的全纳教育发展得还不错,周围残疾孩子的家长会把他们的孩子送到我们学校来。

(普通小学,全纳教育管理者-20)

(二) 全纳教学

第二个子主题是普通教师运用全纳教学促进全纳教育发展。在日常教学过程中,一些教师会根据残疾学生特点采用灵活的教学方式,帮助残疾学生理解课堂教学内容,如小组法、一对一结对帮扶、适当降低教学内容的难度等。如教师所言:

我们班上有一名残疾学生,他(残疾学生)不能写字,所以我就不给他布置写的作业,而是让他读,比如朗读课文生字等。每天我会让他当着大家的面朗读前一天学习的内容,效果挺好的。

(普通小学,普通教师-19)

在我们班,我会让其他学生去主动帮助她(残疾学生),和她一起学习玩耍。这种同学之间互相帮助的方法挺好的,现在她会主动找其他学生玩耍,有时候甚至还会去问他们她不懂的问题。

(普通小学,普通教师-6)

(三)老教师或即将退休的教师

第三个子主题是老教师或是即将退休的教师,他们往往对全纳教育持一种积极态度,会竭尽所能地去帮助班上的残疾学生。一方面,这些教师大多是从教超过30多年的老教师,在此过程中积攒了较多的教学经验,可以帮助班上的残疾学生进行一定程度的学习;另一方面,与中青年教师相比,这些老教师或是即将退休的教师压力较小,因为他们基本上已经到了事业发展后期,"该拿的都拿了,该得的都得了"(访谈教师语),对于班上残疾学生是否会影响自己的工作业绩关心较少。而中青年教师面临着巨大压力,如家庭方面的压力(房贷、车贷)、工资绩效、升职升迁等。目前学校评价教师的标准很大程度上就是看班级平均分,如果班上的残疾学生使班级平均分下降了,进而影响教师的各种评比,那么教师肯定是不会欢迎残疾学生到其班级里的。而那些老教师则完全不同,如一些老教师所言:

我教了一辈子的书都没有遇到过残疾学生,临近退休时我们班上来了一名残疾学生。我还有一年就退休了,压力没有年轻教师那么大,他们要升职、涨工资,我对这些没有什么要求了。所以,自打这名残疾学生来到我班上后,我很照顾她(残疾学生),尽自己最大的力量去帮助她,我不想留下遗憾。

(普通小学,普通教师-6)

我今年50了,当我听说学校要往我班上安排一名残疾学生时,我是欣然接受的。我知道残疾学生来了后会给我的工作增加很多负担,甚至还可能影响班级正常上课,但是自这名残疾学生来了之后,我还是很认真地教他。

(普通中学,普通教师-17)

三、残疾学生

第三个主题是残疾学生,包括两个子主题:不扰乱课堂秩序和家长主动配合。

（一）不扰乱课堂秩序

第一个子主题是残疾学生不扰乱课堂教学秩序。如前所述，目前在普通学校教师们普遍持有的一种观点是特殊教育学校更有利于残疾学生的发展，因为特殊教育学校有着充足的特殊教育资源，可以满足残疾学生的特殊教育需要。然而，由于普通学校缺乏相应的特殊教育资源，因而无法满足残疾学生的特殊教育需要，从而可能导致残疾学生产生一些不良行为，进而扰乱正常的课堂教学秩序，影响普通学生的学习。这套逻辑成为很多普通教师不愿意接受残疾学生进行随班就读的重要原因，除非残疾学生在班上不扰乱课堂秩序，不影响其他学生学习。这一前提性条件，在调研中被多位教师提及并不断被重复。从教师的角度来看，他们面临来自多方面的压力，如班级平均分、各种评比、学生家长等。因此，残疾学生不扰乱课堂教学秩序成了他们的基本要求，如一些教师所言：

如果残疾学生不扰乱课堂秩序，不影响其他学生正常上课学习，我同意把这些残疾学生放到普通教室。但是如果残疾学生会影响教师们的正常教学，影响其他学生的学习，我觉得还是不要放比较好。因为其他学生家长也不会同意的，他们不希望残疾学生影响他们孩子的学习。同时，作为普通学校，我们也需要对普通学生负责，不能为了一个残疾学生而去损害占大多数的普通学生的利益。

（普通小学，普通教师-16）

当她（残疾学生）刚刚来我们班上时，她经常上课随意走动或是触碰周围的同学，一度影响教师们的正常上课，也影响其他学生的学习。为此，一些家长联合起来向学校施压，要求把她转移出去，但是校长顶住了压力，没有把她转移出去。在当地特殊教育学校教师的帮助下，这学期她慢慢变好了，不会经常随意走动了，当听不懂课的时候会自己画画。是的，只要她不影响上课，大家是不会介意的。

（普通小学，普通教师-6）

从访谈中可以看到，"不扰乱课堂教学秩序，不影响其他学生学习"成为残疾学生是否可以被安置到普通教室的关键，成为普通教师能否接收残疾学生的关键，这背后反映的逻辑是普通教师的重心在普通学生身上，将普通学生的利益看得高于残疾学生。诸如这样的访谈片段在访谈转录文本中还有很多，这促使我们思考一个问题：当残疾学生的需要（发出怪异的声音、走动等）与普通学生的利益（学习与上课）发生冲突和矛盾时，我们应该如何处理，应该如何兼顾二者？这是一个值得深入探究的课题。

(二) 家长主动配合

第二个子主题是残疾学生家长积极配合学校开展相关工作。与普通学生家长相比,调研中教师提到的残疾学生家长积极主动配合学校的比较少。但是,也有一些残疾学生家长积极与学校合作,帮助自己孩子更好地在普通学校里学习和生活。残疾学生家长参与学校全纳教育工作的方式有很多种,如参加其孩子所在班级的活动、参加学校关于全纳教育的相关会议、通过残联等组织帮助学校开展全纳教育工作等。此外,残疾学生家长积极配合教师开展工作也会给普通学生家长留下一个好印象,可以获得这些家长的理解和支持。一些教师在访谈中提及残疾学生家长积极配合学校开展工作,有助于促进学校全纳教育发展。

她(残疾学生)的爸爸是一个好爸爸,经常来我班里帮我,因为她爸爸觉得女儿给我添加了很多额外工作。每次她爸爸来班里,都不会去帮他女儿,而是去帮其他学生,他希望以此锻炼他女儿的独立性。每年学校组织的春游和秋游,她爸爸都会准时参加,一方面是帮他女儿,一方面也会帮我处理一些事情,我和她爸爸合作得很好。她现在在我们班发展得很好,我觉得她爸爸功不可没。

(普通小学,普通教师-6)

如果残疾学生不能生活自理,如不能自己吃饭、不能自己上下楼梯等,家长最好可以来陪读。像我们班这名残疾学生,他(残疾学生)的父母就很配合我的工作,他父母中的一方经常来学校进行陪读,帮助他解决一些杂事,这在很大程度上是在帮我的忙,否则我真不知道怎么办。如今他父母已陪读一年多,他现在的情况也好很多,可以自己学习一些东西了。我觉得这主要得益于他父母的陪伴。

(普通小学,普通教师-24)

四、普通学生

第四个主题是普通学生,包括两个子主题:家长的理解与支持以及普通学生理解和帮助残疾学生。作为残疾学生的重要同伴,普通学生在残疾学生能否正常进行随班就读方面发挥着重要作用,其作用可积极可消极。

(一) 家长的理解与支持

第一个子主题是普通学生家长的理解和支持。如前所述,普通学生家长在学校发展中的作用越来越凸显,越来越多地参与到学校各项事务中,这其中就包括随班就读工作。随着越来越多的残疾学生到普通学校接受教育,普通学校的生态正在发生变化，最显著的变化是普通教室变得"热闹起来"，普通学生的学习环境变得"复杂起来"。通过自己的孩子，普通家长很快就会知晓这个变化，知道班上来了一位残疾学生。家长们的第一反应一般都是这位残疾学生是否会影响到自己孩子的学习，进而决定是支持还是反对。调研中多数教师提及现在随班就读工作的开展很大程度上需要普通学生家长的理解和支持，因为普通学生家长占绝大多数。如果他们支持和理解残疾学生，就会包容残疾学生的一些不良行为；如果不理解的话，可能会联合起来抵制，理由很简单：残疾学生影响到我家孩子正常学习了。关于普通学生家长的作用，如一位教师所言：

现在普通学生家长在学校发展中的影响越来越大了，尤其是在残疾学生能否来学校就读的问题上。如果普通学生家长不支持，我们就很难开展这项工作。我们班的学生家长就很支持这位残疾学生在班上就读，这些家长觉得这位残疾学生很不容易，所以对他（残疾学生）比较包容。但我知道其他有残疾学生的班级情况就不一样了，那些普通学生家长不理解为什么要把残疾学生放到普通学校，而不放到特殊学校，所以那个班的班主任需要经常与这些普通学生的家长沟通，相关工作开展起来就很难。所以，普通学生家长的支持太重要了。

（普通小学，普通教师-15）

（二）普通学生理解和帮助残疾学生

第二个子主题是普通学生理解和帮助残疾学生。普通学生是残疾学生在普通学校里最重要的同伴，和残疾学生待在一起的时间最久，因此，对残疾学生能否很好地融入班级起着十分重要的作用。如果在教师的帮助和解说下，普通学生可以理解班上的残疾同学，积极主动地帮助残疾同学，那么就能帮助残疾学生很好地融入班级生活。同时，教师不可能每时每刻都在残疾学生身边，有时候可能由于不在残疾学生身边而无法满足残疾学生的一些需求，如残疾学生要去卫生间、要喝水等，这时候普通学生的作用就凸显了出来，可以第一时间帮助残疾学生。如教师所言：

在我的班级里，我经常会教育学生们要包容她（残疾学生），要主动去帮助她，现在大家和她相处得很好。我不能时时刻刻都在她身边，有时候她要去卫生间，其他学生可以推着她去，有时候他们帮她接杯水，不要看这些事情小，没有同学们的帮忙，真的很难的。因此，从我的经历来看，普通学生理解和支持残疾学生真的太重要了！

（普通小学，普通教师-13）

五、国家政策

第五个主题是国家政策,包括两个子主题:相关政策的支持和当地教育部门的支持。从各国全纳教育改革与发展历程来看,国家全纳教育相关政策在其中都发挥着十分重要的推动作用。如前所述,全纳教育作为一种全新的教育理念,当将其付诸实践时不可避免地会触动一些利益主体的利益,这时候需要国家相关政策进行协调。同样地,我国全纳教育的发展也离不开国家相关政策的推动。

(一)相关政策的支持

第一个子主题是相关政策的支持。为推动全纳教育发展,近年来国家相继出台了系列教育政策,如《特殊教育提升计划(2014—2016年)》、《第二期特殊教育提升计划(2017—2020年)》、新修订的《残疾人教育条例》以及教育部发布的《关于加强残疾儿童少年义务教育阶段随班就读工作的指导意见》等。在这些政策的支持和影响下,越来越多的残疾学生走进普通学校接受全纳教育。与此同时,相关支持保障举措也相应地建立起来,如在普通学校设立资源教师、改革传统的教师教育项目、适度增加特殊教育与全纳教育课程等。所有这些政策举措都为全纳教育发展营造了一种良好的氛围,如一位教师所言:

现在比之前的情况好多了!之前一些普通学校会直接拒绝残疾学生入学,现在不会了,因为现在国家政策明文规定,残疾学生可以到普通学校接受教育。现在我们有一期和二期特殊教育提升计划、《残疾人教育条例》等政策,这些政策为我们开展随班就读工作提供了坚强的保障,所有这些政策都鼓励残疾学生到普通学校接受教育。

(特殊教育学校,校长-2)

(二)当地教育部门的支持

第二个子主题是当地教育部门的支持,出台相关政策支持地区内全纳教育工作的开展。调研中一位特殊教育学校的校长指出,地方教育部门在学校发展中的作用很大,因为这些部门是连接国家政策和地方学校之间的纽带与桥梁。地方教育部门对国家政策的理解程度和解释程度,会直接影响相关教育资源的重组和分配。这位校长提及当地的教育部门就比较重视残疾学生的教育问题,为此召开过几次专门的会议,部署随班就读工作,这对随班就读工作的顺利开展起到了积极的作用。如这位校长所言:

可以说国家政策很重要,但是这只是一个方面。另一个重要方面是当地教育部门的支持,因为这些部门起着上传下达的作用,负责解释和具体执行相关政策。这些部门对国家相关随班就读政策的理解,对我们地区全纳教育发展的影响很大。比如说,现在我们区的负责人就很支持随班就读,只要国家有什么政策就会给我们传达,所以我们在随班就读这块发展得很好,相比而言,之前那个负责人对随班就读就不是很感兴趣。最近,区里举行了随班就读工作会议,还邀请我去做了一个报告,之前从来没有邀请过我。这样的话,我可以表达我的想法,并获得一些政策上的支持和帮助。

(特殊教育学校,校长-2)

第五节 残疾学生在学校/班级里境况如何

在共情维度,即从教师经历出发,谈谈残疾学生在学校/班级里的境况,旨在了解残疾学生在学校的学习和生活情况。为全面把握残疾学生在普通学校的学习和生活情况,本研究将受访者的经历分为两个阶段,即学生时期和教师时期。

第一,学生时期。在幼儿园、小学、中学以及大学就读时期,你所在学校或班级里是否有残疾学生;若有,这些残疾学生的学习和生活状况如何。

第二,教师时期。当你参加工作,成为一名正式的教师后,你所在学校或班级里是否有残疾学生;若有,这些残疾学生的学习和生活状况如何。

在具体分析教师访谈资料时,只有两位教师提及在他们上学期间有过残疾同学的经历,而其他大部分教师表示在上学期间没有遇到过残疾同学,直到工作后才开始遇到残疾学生。

其中一位教师只记得她在小学的时候有遇到过一名残疾同学,但是关于这名残疾同学在班上的具体情况,她记得不是很清晰了。

是的,当我上小学的时候,我们班上有一名残疾同学,但是关于这名残疾同学的具体情况我记得不是很清楚了,因为这个同学每天在班里待的时间很短。

(特殊教育学校,全纳教育管理者-1)

另一位教师提及在她上小学的时候,班上有一名残疾同学,是智力残疾。这名残疾同学一直在留级,并且有时候会被其他同学嘲笑。

在我上小学的时候,班上有一名残疾同学,好像是智力有些问题。我记得这个人曾和我哥哥一个班级,等我哥哥升到高年级了,这个人还在原来的班级,后来又和我一个班级。我升到高年级之后,那名残疾同学还在那个年级,反正就是一直留级,可能是上课听不懂,也学不会吧。我记得当时班上经常有同学会去嘲笑这名残疾同学,他有时候就会躲在教室的一个角落里哭。

(特殊教育学校,特殊教育教师-4)

由于只有两位教师提及求学期间有过残疾同学的经历,因此不再将此作为一个主题进行探究。在此,仅将这两位教师的经历展示出来,不再做更多阐释。

在第二个阶段,即教师时期,共有三个主题,具体包括:坐在普通教室里但没有学习、一个转变的过程以及坐在普通教室里并进行了学习;每个主题之下又包含了一些子主题(见表9-5)。

表9-5 共情维度:残疾学生在学校/班级里境况如何

维度	主题	子主题
共情	教师时期	
	坐在普通教室里但没有学习	扰乱课堂教学
		是一个危险源
		坐着、睡觉、吃饭
		孤独、没有朋友
		被其他同学嘲笑和欺负
		缺乏相关支持以帮助班上的残疾学生
	一个转变的过程	从一个捣乱者转变为一个朋友
	坐在普通教室里并进行了学习	身心发展很好
		与其他人关系很好

一、坐在普通教室里但没有学习

第一个主题是残疾学生坐在普通教室里但并没有学习,包括六个子主题:扰乱课堂教学,是一个危险源,坐着、睡觉、吃饭,孤独、没有朋友,被其他同学嘲笑和欺负以及缺乏相关支持以帮助班上的残疾学生。

(一)扰乱课堂教学

第一个子主题是残疾学生扰乱课堂教学秩序,不仅残疾学生本人无法学习,甚至也会影响其他学生的学习。许多教师在提及班上残疾学生的境况时,都认为残疾学生在教室里的境况并不是很好,学习到的知识很有限。同时,他们几乎都在使用同一个词语来形容班上的残疾学生,即扰乱:扰乱正常的教学秩序、扰乱其他学生的学习等。

具体表现为：在教师授课时，突然发出尖叫或是跑出教室；也有的残疾学生会去故意触碰周围的同学等。在如此环境中，教师们普遍认为残疾学生很难学到知识，不仅如此，反而可能会影响其他学生的正常学习，如一些教师所言：

她（残疾学生）在教师上课的时候会经常做出一些奇怪的行为或是发出一些奇怪的声音，这些表现有时候会打断教师们的上课。例如，她上课的时候有时会脱掉自己的袜子，然后乱扔，这一下子就引得其他学生大笑，结果整个课堂好像失控了似的。在班上的这些日子，我感觉她啥也没有学到，并且还经常影响其他学生的学习。

（普通小学，普通教师-16）

他（残疾学生）不能控制自己，因此在教师上课的时候，有时候会突然跑出教室，这时候教师需要停止教学并出去找他。因为万一他要是出点啥事的话，我们谁都担不起这个责任。有时候他要是喜欢什么东西，就会直接去拿，不管这个东西是谁的，为此他经常和其他学生发生争执。还有就是，有时他高兴的时候就会突然哈哈大笑起来，这会打断教师的上课，也会分散班里其他同学的注意力。他自己啥也没有学到，还影响了其他学生学习。

（普通小学，普通教师-24）

诸如类似的片段在访谈转录文本中有很多，在教师看来，残疾学生不仅自身无法学习，还会影响正常课堂秩序和其他学生的学习，这使得一些教师对残疾学生持一种消极态度。同时，如果残疾学生长期扰乱课堂，其他学生可能会将这种在他们看来"有趣的事情"分享给他们的父母。普通学生的父母并不会觉得事情"有趣"，如果这种"有趣的事情"持续发生，他们可能会采取相关举措，将班上的残疾学生转移出去，以保证他们的孩子可以正常学习。

（二）是一个危险源

第二个子主题是将残疾学生看成一个危险源，可能会给班上其他学生带来危险。调研中，教师会在两种情况下将班上的残疾学生视为危险源：一是残疾学生直接危害到其他学生的人身安全，如肢体冲突等；二是毁坏学校某些基础设施，进而给其他学生的安全带来隐患。因此，很多普通教师提及残疾学生时都会认为这是一个头痛的问题，尤其是当残疾学生伤害到班上其他同学时，可能会遭到普通学生家长的反对。因为现在大部分家庭是独生子女家庭，这些学生在家都会受到百般宠爱，如果父母听闻他们的子女在学校受到伤害就会来学校抗议。一些教师提到每当班上的残疾学生伤害到其他学生时，这些学生的家长总会来学校和教师理论，甚至有时候会发展成集体抗议,因为可能这次只是把衣服撕坏了或是把身上某部位打青了,但是谁都难以预料之后会发生什么事情。如果发生了更严重的伤害事件,该由谁来负责呢?调研中一些教师表达了这方面的疑虑:

> 他(残疾学生)经常会在班里做一些危险的动作,不仅会伤害到他自己,有时候也会伤害到其他学生。比如,有时候他心情不好的时候会乱扔东西,有一次就把一个学生的胳膊给伤到了,人家家长找我们理论,说我们没有看好人家的孩子。我们也是没有办法,有时候他真的很危险。如果要是危害到其他学生的话,那些学生家长肯定是不会的,现在大多数家庭都是一个孩子,都是宝贝。
>
> (普通小学,普通教师-11)

> 她有一次,别的同学从她(残疾学生)桌子边经过时,不小心把她书撞到地下了,那个学生就弯腰去捡。她突然生气了,使劲用自己的胳膊捶打那个学生的后背。结果那个学生那天晚上就发高烧了,说是被吓到了,也许不是她的原因,但是估计也有一定关系。这是一个很严重的问题,谁都不能保证以后不出事。而且万一要是出了啥大事,谁来负责啊?人家其他学生家长把自己孩子送到学校来学习,我们有义务保护人家,但是如果残疾学生伤害到其他学生,我们会觉得对不起其他学生和他们的家长。
>
> (普通小学,普通教师-10)

有时候,班上的残疾学生会去毁坏学校的基础设施,如一位教师所言:

> 他(残疾学生)经常毁坏班里的桌子和椅子,上次还把教室窗户的玻璃给砸了,幸亏没有伤害到他自己和其他学生,要不然又是一个大事故。因为他,每次学校开会的时候都会提到我们班东西的毁坏率最高。我也已经习惯了,但是我最怕的是他毁坏东西的时候会伤害到其他学生,这就麻烦了。
>
> (普通小学,普通教师-12)

(三)坐着、睡觉、吃饭

第三个子主题是残疾学生在教室只是坐着、睡觉和吃饭,用教师的话说就是,"除了不学习,什么都干"(访谈教师语)。根据教师的陈述,导致残疾学生产生上述现象的原因主要有二:一是学校缺乏专业的特殊教育教师或是资源教师;二是普通教师缺乏特殊教育与全纳教育相关专业技能。因此,一些教师认为现在随班就读过程中的一些残疾学生在普通学校就是"浪费时间和生命"(访谈教师语),这些残疾学生就是从家转移到学校,然后睡觉和吃饭,放学后回家,这样的随班就读不是真正意义上的随班就读。如一些教师所言:

他(残疾学生)倒是挺好的,和其他班的那些残疾学生不一样,不会影响我们的上课。他每天到教室就是坐在自己的座位上睡觉,很安静。中午吃饭的时候,他和我们一起吃饭。然后就没有其他的事了。他听不懂课,我们也不懂怎么和他沟通,学校也没有特殊教育教师。

(普通小学,普通教师-14)

他(残疾学生)的父母也不关心他在学校能否学到知识,就只是把他放到我们学校,让我们替他们看孩子,就把学校当成托儿所了。他上课也听不懂,每天就是在座位上睡觉,睡醒了会自己出去走走。他这点挺好的,就是不扰乱教师们上课。他的未来该怎么办呢?不能一直这样下去的,但是我们也不知道怎么教,学校也没有专门的特殊教育教师。我觉得他的父母应该想想办法,总是这样不是办法,对他的发展也不好。

(普通小学,普通教师-13)

从教师的访谈中可以看出,除了之前提到的普通学校缺乏专业的特殊教育教师和资源教师以及普通教师缺乏相关专业技能外,残疾学生家长不关心自己孩子的学业发展,也是某些残疾学生在学校里只是坐着和睡觉的原因。全纳教育相关研究指出,残疾学生家长在学校全纳教育发展过程中扮演着十分重要的角色。但是就调研情况来看,目前只有少数残疾学生家长会积极参与到他们孩子的学校教育过程中,另外一大部分残疾学生的家长并没有参与进来。在他们看来,普通学校有时候就是一个托儿所,一个免费看护自己孩子的地方而已。与之相反,普通学生家长却积极参与学校的各项事务。因此,政府与学校需要联合起来,就如何动员残疾学生家长积极参与学校随班就读工作进行研究,不要让这些与全纳教育发展息息相关的主要利益相关者再如此地沉默下去。

(四)孤独、没有朋友

第四个子主题是残疾学生在普通学校很孤独,没有朋友,经常一个人。之所以会出现这种情况,教师认为主要有如下几个原因:残疾学生会做出一些不良行为或是危险行为、残疾学生不讲卫生等。如教师所言:

我们班上没有人想和他(残疾学生)玩,我经常做其他学生的工作,让他们多包容他、多和他一起玩耍,但是同学们还是不想和他玩耍。可能是因为他不讲卫生吧,他经常穿着脏衣服,散发着奇怪的味道,其他学生都不想靠近他。我们学校也有其他残疾学生,穿得干干净净的,其他学生还是会和他们玩耍的。我们班这个没有什么朋友,经常一个人,感觉他很孤独,他有时候也想和大家玩,但是大家很排斥他。

(普通小学,普通教师-16)

他(残疾学生)从来不和其他人玩,其他人也不找他玩,所以他经常一个人。我觉得主要是因为他经常做出一些危险的举动,大家都很怕他。

(普通小学,普通教师-22)

(五)被其他同学嘲笑和欺负

第五个子主题是残疾学生被其他同学嘲笑或是欺负。调研中教师提到尽管一些残疾学生很安静,经常一个人坐在教室里,但是这些残疾学生也可能会面临来自普通学生的嘲笑和欺负。残疾学生被欺负最易发生在四五年级的时候,因为这个时候学生多处在10至11岁之间,往往喜欢做一些冒险的活动。有时这些学生会将目光投向与他们不同的残疾学生身上。教师提到的普通学生欺负残疾学生的方式主要有以下几种:几个普通学生一起打残疾学生或是戏弄残疾学生、把残疾学生的笔记本等物品乱扔、当残疾学生去卫生间时把残疾学生锁到卫生间不让其出来。如一些教师所言:

我们班上一些学生会联合起来戏弄或是欺负他(残疾学生),就像昨天,有几个淘气的学生把他的衣服扔到了地上,还用脚踩。有时候还有学生会向他说一些难听的或是嘲笑他的话。

(普通小学,普通教师-10)

在我们班上,随着年龄的增长,一些淘气的男孩子会戏弄或是欺负他(残疾学生),有时候他们会给他一些不能吃的东西让他吃,这太危险了。但是我又不能一直守在他身边,我也经常做其他同学的工作,可是总有几个调皮捣蛋的学生不听话。而且,我也了解到班里好多学生都认为他很傻。

(普通小学,普通教师-14)

我是一名初中教师,我们班上几个男孩子的身高已比我都高。他们很调皮,经常在班里惹事。有时候他们几个调皮的男生会合伙欺负班上这名残疾学生,他(残疾学生)肯定打不过他们,所以经常被打骂。这太危险了,他其实在这里也学不到什么东西,我觉得应该把他放到特殊教育学校,这样可能对他更好一些。

(普通中学,普通教师-17)

(六)缺乏相关支持以帮助班上的残疾学生

第六个子主题是普通学校缺乏相关支持以帮助班上的残疾学生,从而导致一些残疾学生只是随班就坐。其实在阐释前述几个主题的过程中,已就普通学校如何缺乏相关支持这一问题进行了深入探讨,如普通教师缺乏相关专业技能、学校缺乏固定的专业的特殊教育教师或是资源教师、学校缺乏相关的仪器设备等,这些原因在不同程度上共同导致了残疾学生无法学习这一结果,如教师所言:

现在情况越来越糟糕了,班上的这名残疾学生越来越难以跟上教师们的课了。之前一年级的时候还好,学习的内容比较简单,他(残疾学生)还可以听懂。现在到二年级了,我明显感觉他听不懂了,尤其是数学和语文。我也不知道怎么办,学校也没有专业的特殊教育教师可以来帮助我。所以他有时候只能干坐在那里,啥也学不了。我在想,现在二年级都这样,那往后的三四五年级怎么办呢?我觉得不能这样一直下去,学校需要招一名特殊教师,否则我感觉他在这里就只能是干坐着了。

(普通小学,普通教师-19)

二、一个转变的过程

第二个主题是一个转变的过程,包括一个子主题,即残疾学生在普通学校从一个捣乱者逐渐转变为大家的朋友。正如我们在讨论意大利普通学校残疾学生的境况时指出的那样,残疾学生在普通学校的境况不是静态的,而是处在不断变化发展中的,随着教师的帮助,多数残疾学生的境况会逐渐变好。同样地,在我国情况亦是如此。与意大利相比,我们普通学校缺乏专业的资源教师来帮助残疾学生,因而教育残疾学生的责任主要由普通教师担当。尽管多数普通教师没有接受过特殊教育与全纳教育相关专业培训,缺乏相关专业技能,但是只要自己班上有残疾学生,教师都会竭尽所能地来帮助残疾学生。就调研情况来看,多数教师表示他们可能在如何帮助残疾学生学习知识方面确实缺乏相关技能,但是他们在残疾学生的人格发展、社会性能力发展等方面还是可以帮助残疾学生获得一定程度的发展的。一般来看,残疾学生刚到班级时,可能由于不熟悉新环境,会产生一些抵抗或是不良行为,但是随着时间的推移以及在教师的帮助下,残疾学生在普通教室的境况会逐渐好转,从之前教师口中的"捣乱者"逐渐转变成为大家的好朋友。如教师所言:

她(残疾学生)刚来我们班时很不好,经常扰乱课堂秩序,使教师们没法正常上课。但是我和她熟悉之后,会经常和她聊天,帮助她,慢慢地她变得好多了。她现在会去和其他同学交流,也不会总是大喊大闹,当然有时候她还是会扰乱教师们上课,但真的已经好多了。我觉得随着时间的推移,她会越来越好的。

(普通小学,普通教师-13)

在我们班上有一名残疾学生,刚开始的时候她(残疾学生)什么都不做,每天就是睡觉和吃饭,有时候还发出一些奇怪的声音,导致教师们没法上课。其他学生家长知道后,一起来学校给我们施压,让我们把她从这个班转出去。我们当时面临着很大的压力,你能把她转到哪里去啊?后来校长向家长们保证,给我们一个学期,我们会尽最大力量改变这个状况,如果还是不行,就把她送到特殊教育学校。家长们同意了。之后我们请了当地特殊教育学校的教师来帮忙,在他们的帮助下,经过一个学期的努力,她现在变得很好了,其他同学和家长也开始喜欢她了。是的,这一个学期她改变了很多。所以我就觉得其实每一位残疾学生都可以教好的,但前提是得有懂的人来帮你。

(普通小学,普通教师-6)

三、坐在普通教室里并进行了学习

第三个主题是残疾学生不仅坐在教室里,而且也进行了学习,身心得到了健康发展,主要包括两个子主题:残疾学生身心发展很好和残疾学生与其他人关系很好。目前,残疾程度较为严重的残疾学生多被安置在特殊教育学校接受教育,而安置在普通学校里的残疾学生的残疾程度往往不是很严重。尽管如此,当这些残疾学生刚刚进入普通学校这个新环境时,还是会有一些不适应,因此,可能导致他们做出一些普通人无法理解的举动。但是,随着残疾学生对周围环境越来越熟悉,再加上教师和同学的帮助,残疾学生在普通学校的境况会逐渐好转。最明显的一个表现就是,一些残疾学生开始有较好的发展,如学到一些基础知识、社会性能力的发展等。这些变化不是一蹴而就的,而是一个长期的、缓慢发展的过程。如一些教师所言:

现在她(残疾学生)可以学一些东西了,之前她什么也不学,还经常扰乱教师们上课。经过这两年的适应,再加上我们大家的帮助,现在她比之前好多了,会背一些唐诗,也会唱几首歌。我觉得她发展得蛮不错的。

(普通小学,普通教师-6)

他(残疾学生)现在开始能和大家交流,会表达他自己的想法了。这真的很不容易,真的发展得不错!他体育很好,我们学校的体育教师专门培训他,经过培训,他经常代表我们学校去参加一些比赛,并且还得了奖。真的难以置信。他刚来的时候,我们都觉得他是一个"麻烦",但是在我们大家的帮助下,他现在真的发展得不错!

(普通小学,全纳教育管理者-20)

在残疾学生获得身心发展的过程中,残疾学生与周围同学的关系也逐渐得到了改

善。从刚开始大家都不想和他们交朋友,到后来逐渐愿意和这些残疾学生一起玩耍、学习,如一些教师所言:

现在她(残疾学生)和班里其他学生的关系很好,班上的每一个人都愿意帮助她,下课也会和她一起玩耍。现在她在班里生活得很开心,所以她现在也可以学到一些东西了。

(普通小学,普通教师-13)

在我们学校有一位残疾学生,她(残疾学生)的残疾程度还是很严重的。刚开始的时候,她不愿意和其他人交流,其他人也不和她玩。在我们学校教师的帮助下,慢慢地她变得开朗起来,开始和大家说话了,现在她在学校里有很多小伙伴,并且她说她很喜欢待在学校,因为有人和她一起玩耍。现在我觉得她的交流能力特别好,比刚来的时候进步了很多!

(普通小学,全纳教育管理者-7)

第六节 如何安置残疾学生

批判维度,即应该如何安置残疾学生,共有三个主题,分别为安置在特殊教育学校、安置在普通学校和有条件地安置在普通学校;每个主题又包含若干个子主题(见表9-6)。

表9-6 批判维度:如何安置残疾学生

维度	主题	子主题
批判	安置在特殊教育学校	特殊教育学校有更多的专业人员和相关学习资源
		普通教师缺乏相关专业技能
		普通教师没有时间和精力关注残疾学生
		残疾学生在特殊教育学校可以发展相关技能,而在普通学校却学习不到
		普通学校的残疾学生数量太少
		残疾学生的不良行为等影响到了普通学校的正常教学活动
		残疾程度较为严重的学生
		普通学生家长的要求和反对

续　表

维度	主题	子主题
	安置在普通学校	普通学校比特殊教育学校更像一个社会
		在普通学校可以获得社会性能力的发展
		在特殊教育学校周围都是残疾学生
		残疾学生家长为了保护自己的"面子"
		国家相关法律的规定
	有条件地安置在普通学校	不产生负面影响
		考虑普通教师的全纳教育工作量

一、安置在特殊教育学校

第一个主题是将残疾学生安置在特殊教育学校，包括八个子主题：特殊教育学校有更多的专业人员和相关学习资源；普通教师缺乏相关专业技能；普通教师没有时间和精力关注残疾学生；残疾学生在特殊教育学校可以发展相关技能，而在普通学校却学习不到；普通学校的残疾学生数量太少；残疾学生的不良行为等影响到了普通学校的正常教学活动；残疾程度较为严重的学生；普通学生家长的要求和反对。从我国目前相关政策和特殊教育学校发展现状来看，特殊教育学校在残疾学生教育过程中仍然扮演着十分重要的角色。这主要是由于特殊教育学校集聚着主要的特殊教育专业人员和相关特殊教育类资源，而这些是普通学校所不具备的，因此，在提及如何安置残疾学生时，大多数教师都主张将残疾学生安置到特殊教育资源较为丰富的特殊教育学校。

（一）特殊教育学校有更多的专业人员和相关学习资源

第一个子主题是特殊教育学校有更多的专业人员和相关学习资源，例如特殊教育专业教师、相关教学仪器设备、充足的训练空间等，因此大多数教师都主张将残疾学生安置到特殊教育学校接受教育。相比之下，在普通教师看来，普通学校缺乏相关的特殊教育资源，无法教授残疾学生。如一些教师所言：

就我个人而言，我认为把残疾学生放到特殊教育学校要更好一些，比现在放在普通学校好。为什么呢？我觉得最主要的原因就是特殊教育学校有专业的特殊教育教师，他们接受过相关培训，懂技术，有耐心，比我们这些普通学校的教师好很多。所以，把残疾学生放到特殊教育学校要好一些。

（普通小学，普通教师-13）

但是事实上，我认为把残疾学生放到特殊教育学校会更好一些。因为显而易见，特殊教育学校有专业的教师和相关仪器设备，这些我们普通学校都没有。我们普通教师根本就没有学习过怎么教残疾学生。还有就是我去过特殊教育学校，一般人不是很多，空间还大。我们学校好几千人，教室里都坐满了。残疾学生有时候来了也不方便，没有空间。

（普通小学，普通教师-19）

诸如上述摘录在访谈转录文本中有很多，将残疾学生安置到特殊教育学校这一回答的背后主要有三重逻辑：第一，从文化角度来看，特殊教育学校长期以来被认为是残疾学生接受教育的理想场所，直到现在仍有很多人持有这种观点；第二，从特殊教育学校本身来看，它集聚着丰富的特殊教育教学资源，残疾学生在这里可以接受到比较好的教育，有利于残疾学生的身心发展；第三，从普通学校角度来看，普通学校往往缺乏教授残疾学生所需的各种教学资源，尤其是普通教师缺乏特殊教育与全纳教育相关技能，从而导致残疾学生在普通学校无法接受到有质量保障的教育。这三重逻辑使多数教师认为应该将残疾学生安置到特殊教育学校，而非普通学校。

（二）普通教师缺乏相关专业技能

第二个子主题是普通教师缺乏相关专业技能，无法胜任残疾学生的教育教学任务，因此主张将残疾学生安置到特殊教育学校。关于普通学校教师缺乏特殊教育与全纳教育相关专业技能这一问题，前面已多次提及并进行过深入探讨，在此不再赘述，仅列举相关教师的访谈来说明一下此问题的严重性。

正如你知道的那样，作为一名教师，我是想教任何学生的，无论是残疾学生还是正常学生。但是现在我不具备相关的专业能力，我也没有接受过相关培训，我是真不会教这些残疾学生。有越来越多的残疾学生进入普通学校，而我们教师却不知道怎么教他们，其实这对这些残疾学生而言是不好的。因为我们不懂如何教他们，所以他们中的一些人就只是坐在教室里，啥也学不会。这不是教育，而仅仅是坐着。相比之下，我觉得应该把这些残疾学生放到特殊教育学校会好一些。

（普通小学，全纳教育管理者-20）

我是真想教我们班上的那名残疾学生，但是我又不会教，主要是没有学习过如何教这些学生。与其这样让他们在班里干坐着，不如把他们放到特殊学校更好一些。

（普通小学，普通教师-25）

（三）普通教师没有时间和精力关注残疾学生

第三个子主题是普通学校教师没有时间和精力关注班上的残疾学生。如前所述，目前普通学校的班额大约为50名学生，在如此大的班额中再安置1到2名残疾学生，无疑会给普通教师增加一定的工作量。调研中，多位教师提及他们每天面对班上的普通学生已经有忙不完的事情了，如备课、批改作业、各种会议等，在这种情况下再增加一名残疾学生，他们表示根本没有时间与精力来应对。同时，普通教师本身又缺乏教授残疾学生的相关技能，因此，有些普通教师对将残疾学生安置到普通学校持一定的反对意见。他们认为在普通学校还不具备相关条件的情况下，尤其是教师缺乏相关技能的情况下，将残疾学生安置到普通学校不是一个科学的决定。如教师所言：

现在我们班有53个学生，加上她（残疾学生）是54个！53个学生的事情就像一座山一样压着我，我忙都忙不过来，现在你把一名残疾学生放到我班上，我只能保证她安全地待在这里。至于她是否能学习，我是真的没有时间和精力多加关注了。我的精力和时间是有限的，而且我根本不知道怎么教残疾学生，也没有参加过相关培训。因此，我认为应该把残疾学生放到特殊教育学校去，在那里他们可以接受到好的教育。

（普通小学，普通教师-14）

不可能的！你的时间和精力是有限的！我们班上已经有这么多的学生了，现在你让我再分出一些时间和精力出来去教残疾学生，简直难以想象。你知道的，我们学校没有特殊教育教师，我们都不知道怎么教残疾学生，也没有参加过相关培训。所以我认为最好把残疾学生放到特殊教育学校，在那里有特殊教育教师，残疾学生可以受到很好的照顾，在我们这里不行。我知道学校里很多残疾学生只是坐在教室里，实际上学到的很少。

（普通小学，普通教师-19）

（四）残疾学生在特殊教育学校可以发展相关技能，而在普通学校却学习不到

第四个子主题是残疾学生在特殊教育学校可以学习相关技能，为之后的生活做准备，而在普通学校无法学习到这些技能。这个子主题，教师更多的是从残疾学生未来生存的视角来考虑的。调研中一些教师提到把残疾学生安置到普通学校，对他们中的一些人来说就是浪费时间，因为他们仅仅是坐在教室里，并没有在真正地学习。相反，如果把残疾学生安置到特殊教育学校，他们可以学习相关技能，如制作蛋糕、学习理发或是其他技能等，这些技能可以帮助残疾人在未来的生活中谋得一份工作，基本上实现自食其力。如教师所言：

当然了，把残疾学生放到特殊教育学校要好很多的。关于这个问题，我们几位教师还讨论过。现在我们班上有一名残疾学生，感觉他（残疾学生）现在就是坐在教室里，没有学到什么东西。但是如果放到特殊教育学校就不一样了。我知道特殊教育学校会教他们一些职业技能，比如说制作糕点之类的。残疾学生学会了技能，今后走向社会或许可以找到一份工作，自己养活自己。而在普通学校呢，啥也学不会，毕业了怎么办，只能回家。

（普通小学，普通教师-15）

（五）普通学校的残疾学生数量太少

第五个子主题是普通学校的残疾学生数量太少，应将其安置到特殊教育学校。多位教师提到了这个问题，即与普通学校数量庞大的普通学生相比，占一小部分的残疾学生往往被忽视，很难引起重视。就调研情况来看，每所学校的学生总数在2000名左右，在这样的学校安置20到30名残疾学生，很难引起重视。尤其需要指出的是，很多教师持有这样一种观点，即"普通学校主要面向的是99%的普通学生"。基于这种观念，在学校层面与残疾学生相关的工作往往被认为是一项额外的工作议程，而在教师层面与残疾学生相关的工作则被认为是一种额外的工作负担。"额外"表明，本不属于我，现在强加了给我。这一方面说明关于残疾学生的传统观念根深蒂固，另一方面也说明残疾学生的数量太少，在普通学校难以引起重视。因此，应该将这些残疾学生安置到特殊教育学校，如一位教师所言：

就像你看到的，每个班有那么1到2名残疾学生，这对我们来说其实很难去教的。学校也不是很重视，主要是因为全校有几千人，而残疾学生只有几十个人，还分布在不同的年级。而且我们是普通学校，不是特殊教育学校，没有特殊教育教师。相比之下，我认为放到特殊教育学校会好一些。还有就是如果残疾学生再多一点也好，学校领导可能会重视起来。与其在普通学校浪费时间，不如放到特殊教育学校更好。

（普通小学，普通教师-16）

（六）残疾学生的不良行为等影响到了普通学校的正常教学活动

第六个子主题是残疾学生的不良行为等影响到了普通学校的正常教学活动，因此，应将残疾学生安置到特殊教育学校接受教育。如前所述，现在普通学校主要面临两大压力：一是来自中考和高考的压力，二是来自普通学生家长的压力。调研中一些教师提到，当将一些残疾学生安置到普通教室时，这些残疾学生由于自身因素确实会对普通教室产生一些负面影响，一方面可能会影响教师的正常教学活动，导致普通学生无法正常学习,另一方面也可能对普通学生的人身安全存在一定的潜在危险。基于上述考虑,一些教师认为应将残疾学生安置到特殊教育学校。此外,这些教师认为普通学校主要面向的是普通学生,不能为了一小部分残疾学生的利益而损害了大多数普通学生的利益。如何从少数人的利益和多数人的利益关系出发,思考是否应将残疾学生安置到普通学校,是一个值得探究的课题。在此,本研究不做过多探讨,意在提出这一问题,引发思考。因此,从维护大多数普通学生利益的角度出发,普通教师认为应该将那些可能会对普通学校正常教学活动产生负面影响的残疾学生安置到特殊教育学校,如一位教师所言:

> 有一些残疾学生确实会对班上其他学生产生很坏的影响。例如,在一些开展随班就读的初中,一些残疾学生由于脾气暴躁而用手或是胳膊捶打周围的同学,一些残疾学生甚至会乱扔椅子或是手边其他的东西。这对其他学生来说是很危险的,并且学生年龄都不大,这种被别人打的经历可能会对学生造成心理阴影。对于这部分残疾学生,我觉得是应该放到特殊教育学校的,在普通学校太危险了。

(特殊教育学校,特殊教育教师-4)

(七)残疾程度较为严重的学生

第七个子主题是残疾程度较为严重的残疾学生应该被安置到特殊教育学校,因为这部分残疾学生在普通学校难以学到知识,另外也可能对其他学生造成一定的负面影响。此外,教师认为普通学校往往缺乏必要的特殊教育资源,如特殊教育教师和相关仪器设备,在这样的情况下将残疾学生安置到普通学校并不是一个最佳的选择。如果残疾学生发生突发状况,而普通学校没有专业人员在场,可能就会危及残疾学生的生命安全。基于上述考虑,教师认为应该将残疾程度较为严重的残疾学生安置到特殊教育学校,如一位教师所言:

> 对于一些残疾程度不严重或是不扰乱课堂的残疾学生,我们可以把他们放到普通学校。但是对那些严重残疾的学生来说,我认为还是放到特殊学校比较好。要是把他们放到普通学校,万一发生什么突发状况,我们都不知道怎么办。特殊教育学校就不一样了,他们有专业的教师和医疗人员,可以很好地帮助这些残疾学生。

(普通中学,普通教师-18)

(八)普通学生家长的要求和反对

第八个子主题是普通学生家长的要求或是反对,使教师认为应该将残疾学生安置到特殊教育学校。前面多次提到,由于受到考试的压力,许多家长对可能影响到他们孩子学习成绩的事情都很敏感。尤其是一些家庭将高考视为改变自己孩子命运的一次关键性考试,这使得孩子的父母对其孩子的学习异常关注。在如此背景下,当将残疾学生安置到普通学校时,反应最大的通常是普通学生的家长。他们的第一反应往往是残疾学生是否会影响到自己孩子的学习。调研中一些教师提及有些普通学校刚刚接受几个残疾学生来校进行随班就读时,普通学生家长就联名写申请书,要求学校将班上的残疾学生转移出去。一些教师坦言,有时候迫于家长的压力,学校会考虑将残疾学生重新送回特殊教育学校。从另一个角度来看,教师们称普通学生家长的担忧也可以理解,如教师所言:

  现在我们的很多压力都是来自普通学生家长。你应该比我感触更深,中高考对一名学生和一个家庭意味着什么,很多学生家长将其视为改变命运的一次机会,从小学,甚至幼儿园就开始做准备了。这个时候,你往班上放一名残疾学生,这名残疾学生可能会影响到其他学生,这个事情是肯定不能发生的,因为普通学生家长是肯定不会干的。他们会要求学校把这些残疾学生转出去,多数情况下学校会把这些学生再送回特殊教育学校。

(特殊教育学校,特殊教育教师-3)

  是的,刚开始这名女孩(残疾学生)来到我们班级时,总是弄出一些奇怪的声响,弄得教师没法上课,学生没法听讲。后来普通学生家长联合起来让我们校长把这名女孩转出班级,他们认为这对他们孩子不公平,影响到了他们孩子的学习。是的,如果家长反对很强烈的话,我们会把一些残疾学生重新送回特殊教育学校。也是,特殊教育学校的条件要比我们这里好很多,有专业的教师和仪器设备,我们学校啥都没有。

(普通小学,全纳教育管理者-7)

二、安置在普通学校

  第二个主题是将残疾学生安置到普通学校,包括5个子主题:普通学校比特殊教育学校更像一个社会、在普通学校可以获得社会性能力的发展、在特殊教育学校周围都是残疾学生、残疾学生家长为了保护自己的"面子"、国家相关法律的规定。

(一)普通学校比特殊教育学校更像一个社会

  第一个子主题是普通学校比特殊教育学校更像一个社会,更有益于残疾学生发展。调研中一些教师提及普通学校更像一个微型社会,置身其中的残疾学生能够学到一些有益的东西,如怎样参加集体活动、如何与他人沟通等。相比之下,特殊教育学校更像一个"非正常社会",残疾学生在其中可能会变得越来越难以融入正常社会,这不利于其之后的发展,如一位特殊教育学校的教师所言:

> 就个人发展视角而言,每个人都需要一个榜样、一个模范、一个标准来进行参考学习。如果是这样的话,普通学校是一个好地方。将残疾学生放到这样的环境比较好,因为普通学校更像是一个社会,残疾学生可以学到很多东西,这有利于残疾学生今后更好地适应社会。而特殊教育学校,更多的是一个隔离的环境,尽管特殊教育学校有很多旨在促进残疾学生发展的项目,但更多的是人为设计的,不像普通学校那样自然。所以,从我的经验和观察来看,普通学校更有利于残疾学生发展,把残疾学生放到像社会一样的普通学校更好一些。

(特殊教育学校,特殊教育教师-4)

(二) 在普通学校可以获得社会性能力的发展

第二个子主题是残疾学生在普通学校可以获得社会性能力的发展,与此同时也有益于普通学生的发展。一些特殊教育学校的教师提到,将残疾学生安置到普通学校之后,残疾学生在社会性能力方面获得了明显的发展。此外,将残疾学生安置到普通学校,也有益于普通学生发展,有利于培养他们关爱他人、互相帮助等品质,在一定程度上也使他们认识到人的发展的多样性,学会尊重人与人之间的差异性。一位特殊教育学校教师的访谈很好地反映了此观点:

> 从我与很多普通学校合作的经验来看,我敢说把残疾学生放到普通学校要比特殊教育学校好很多。因为在普通学校,这些残疾学生在人格和社会性能力方面可以获得更好的发展,而在特殊教育学校是不行的。在普通学校,残疾学生有很多正常朋友,他可以学会交流、学习、好的习惯等。因为这是一个正常的环境,像一个小社会那样,所以残疾学生可以学到这些东西。例如,与我们学校合作的一所普通学校有一名残疾女孩,她(残疾学生)现在可以和别的同学正常交流、玩耍,也学到了一些知识,所有这些在特殊教育学校是不可能的。另外,把残疾学生放到普通学校也有利于普通学生的发展,有益于他们学习如何帮助别人,如何理解和尊重别人。

(特殊学校,全纳教育管理者-1)

(三) 在特殊教育学校周围都是残疾学生

第三个子主题与前两个子主题相关,即在特殊教育学校残疾学生的周围都是残疾学生,不利于其身心发展,这个子主题频繁地被调研中的几位特殊教育学校的教师所提及。从自身在特殊教育学校的从教经历出发,特殊教育教师认为在特殊教育学校残疾学生周围仍然是残疾学生,他们在语言、性格、智力等方面都存在不同程度的问题。这样的环境不利于残疾学生发展,因为残疾学生在其发展过程中也需要榜样和模范,需要从周围的环境中进行学习,而如果周围都是残疾学生的话,是无法进行有效的模范和榜样学习的。相比之下,特殊教育学校的教师认为普通学校更像是一个正常的社会,置身于其中的残疾学生更易获得发展,如一位特殊教育教师所言:

> 如果你把残疾学生放到特殊教育学校,你会发现他们很难和他们周围的人进行沟通与交流,因为他周围的都是残疾人,一些不能说话,一些不能走动,一些看不见。在这样的环境中,残疾学生如何获得发展呢?从教育理论的视角出发,我们知道环境对一个人的发展起着十分重要的作用。因此,如果把残疾学生放到普通学校会好很多。从我与普通学校的合作来看,那些放在普通学校里的残疾学生的发展都不错,因为至少你周围的孩子都是正常的。

(特殊教育学校,全纳教育管理者-1)

(四) 残疾学生家长为了保护自己的"面子"

第四个子主题是残疾学生家长为了保护自己的"面子",坚持将自己的孩子安置到普通学校,在某种程度上这主要是传统文化使然。在当下,如果家庭中有一个残疾人,会被认为是一件不幸的事情。调研中很多教师反映,一些残疾学生的家长拒绝承认自己的孩子存在缺陷,当教师提出让这些家长带自己的孩子去医院做相关检查时,这些家长是不愿去的。除非孩子的残疾程度特别严重,家长会把自己的孩子送到特殊教育学校,否则他们会坚持把自己的孩子送到普通学校就读。这样做的初衷,一方面是为了自己的孩子,另一方面更多的是为了自己的"面子",因为家长不想让自己的孩子与"特殊"二字有所联系,如一位教师所言:

> 从家长的角度出发,除非他们孩子的残疾程度很严重,他会选择把自己的孩子放到特殊教育学校,要不然他还是会坚持把自己的孩子送到普通学校。一方面是因为普通学校环境好,设置了很多学习科目,这有利于孩子的身心发展;另一方面更重要的是,他们想让别人认为他们的孩子是正常的,而不是特殊的。例如,一些智力障碍学生,他们的家长会坚持把他们放到普通学校,尽管他们无法学习,只是干坐着。因为这样的话,别人很难发现他们家的孩子是有问题的。但是如果他们把孩子送到特殊教育学校,情况就不同了,别人会认为他们的孩子是有问题的。这样,家长会感到一些羞耻,因为现在这个社会对残疾人仍然有一定的偏见。你看我们有什么××小学、××中学,但是你从来没有见过××普通小学、××普通中学,可是你却看到过很多××特

殊教育学校。"特殊"这两个字会给人一种不好的想法,家长都不想让自己的孩子和这两个字发生联系。

(特殊教育学校,特殊教育教师-4)

(五) 国家相关法律的规定

第五个子主题是国家相关法律规定,残疾学生可以到普通学校就读。如前所述,近年来我国相继出台了多部政策文件推动随班就读发展,如一期和二期特殊教育提升计划、《残疾人教育条例》、《教育部关于加强残疾儿童少年义务教育阶段随班就读工作的指导意见》等。在这些政策的保障下,越来越多的残疾学生被安置到普通学校接受教育,如一位教师所言:

现在国家很重视残疾学生的教育问题,你看这几年国家出台了很多政策,尤其是一期和二期特殊教育提升计划,对我们的特殊教育和随班就读影响很大。我们班的这名残疾学生可以继续在这里上初中,尽管有时候可能他(残疾学生)听不懂,但是我们学校是不能拒绝他的,因为国家明文规定不能拒绝残疾学生来校学习的。

(普通小学,普通教师-16)

三、有条件地安置在普通学校

第三个主题是有条件地将残疾学生安置到普通学校,包括两个子主题:残疾学生在普通学校不产生负面影响和考虑普通教师的全纳教育工作量。这个主题充分反映出了普通教师复杂的情感变化:一方面认为对一些残疾学生而言安置在普通学校是有益于他们身心发展的,另一方面又担心这样的安排会影响到其他学生的学习和自己的利益。调研中可以发现,教师对当下的评价也存在一些意见,但是又苦于无力改变,只能调整自身去适应现行的评价体制。在安置残疾学生到普通学校这一问题上,普通教师往往以影响普通学生为由陈述这种安排的弊端,但深层次的问题可能是为了维护自身利益。不过教师往往又不能表现得过于明显,只能以维护普通学生的利益为由来反对这种安排,在某种意义上这就是斯科特(Scott)所言的"弱者的武器"。

(一) 不产生负面影响

第一个子主题是将残疾学生安置到普通学校不会对课堂教学产生负面影响。关于残疾学生可能会给普通学校带来的影响,前面已多次论述。在安置残疾学生到普通学校这一问题上,普通教师的最低要求是残疾学生的到来不能产生负面影响,不能影响其他学生的学习,不能影响教师自身评价等,只有在这些条件都满足的情况下,才支持将残疾学生安置到普通学校。

不能影响其他学生的学习：

是的，并不是所有的残疾学生都可以放到普通学校来，例如肢体残疾学生可以放进来，因为他们不会对其他学生的学习产生不好的影响。但是像那些智力残疾或是自闭症的学生就最好不要放进来，因为他们可能会影响其他学生的学习。我们作为普通学校需要对其他学生负责，不能影响到他们的学习。

（普通小学，普通教师-13）

不能影响其他学生的安全：

是的，她（残疾学生）有时候会伤害到其他学生，这是很危险的！如果你伤害到其他学生，他们的父母肯定会反对的。你想想家长们把他们的孩子放到学校，我们得负责啊。所以我认为把残疾学生放进普通学校没问题，但是必须有一个前提，就是这个学生不会对其他学生的人身安全造成危害，否则的话，我觉得放进来是不合适的。

（普通小学，普通教师-11）

不能影响教师的课堂教学：

普通学校是比特殊教育学校好，残疾学生在这里可以接触到一些正常的孩子，但是我们必须具体情况具体分析，那些不会影响课堂教学的残疾学生可以放进来，而那些可能会影响课堂教学的最好就不要进来了。如果残疾学生到了教室不学习，还影响我上课，即使我没有意见，其他学生的家长也会有意见的！所以，我认为在不影响教师正常上课的条件下，可以把残疾学生放到普通学校来。

（普通小学，普通教师-12）

（二）考虑普通教师的全纳教育工作量

第二个子主题是将残疾学生安置到普通学校时，需要考虑普通教师的工作量问题，这里的考虑不一定是物质方面的回报，也可以是口头认可或是表扬等形式。从比较的视角来看，在意大利每所学校都配备了一定量的资源教师，用以帮助残疾学生在校的教育教学。这些资源教师是有报酬的，即是有工资的。但是，在国内一些学校的调研中发现很少有学校设置了专职的资源教师或是特殊教育教师，因而残疾学生的教育完全落到了普通教师身上。如前所述，普通教师一方面缺乏相关专业技能，另一方面还有很多普通学生的工作需要处理，残疾学生的到来无疑会加重教师的工作负担。在这种情况下，一些教师认为学校应该认定自己的这部分工作量。认定的目的不在于多拿工资，更多的是得到一种认可，是一种情感方面的需要。例如访谈中一位将近退休的教师提到,她教授班上这位残疾学生已经 4 年了,其间不知付出了多少,但是 4 年来学校领导从来没有过问过这件事。谈到这里这位教师很伤心,她坦言她并不一定要学校给予她什么,而自己想要的就是能够得到领导的认可。随着越来越多的残疾学生到普通学校就读,制定清晰明确的全纳教育工作认定标准已十分急迫,如一位教师所言:

是的,我同意把残疾学生放到我的教室来,因为我也觉得残疾学生在普通学校比在特殊教育学校要好。但是学校得认可我的工作,不能说学校只是同意把残疾学生放进来,之后就不闻不问了。说句实话,班上来一名残疾学生确实会加大教师的工作量。我们几位教师都有这种感觉,确实很累。我们也不是为了让学校多给我们发工资,我们想要的是学校领导认可我们的工作量,看到我们在这项工作上的付出。

(普通小学,普通教师-21)

第七节 全纳教育历史发展情况如何

为了全面把握我国全纳教育发展历程,本研究在调研过程中将教师的经历分为前后连续的两个阶段,即学生时期和教师时期。在学生时期,让教师回忆其学生时代在其学校和班级里是否有残疾学生,若有,则这些残疾学生生存境况如何。在教师时期,询问教师自参加工作以来对其所在学校的全纳教育发展做一个评估,评价学校全纳教育发展情况。最后,综合教师的回答,笔者尝试勾勒出我国中小学的全纳教育发展情况。但是在具体分析访谈资料时,出现了两个意料之外的情况。

第一,在分析教师访谈资料时,只有两位教师提及在他们上学期间有过残疾同学的经历,而其他大部分教师表示在上学期间没有遇到过残疾同学,直到工作后才开始遇到残疾学生。

由于仅仅只有两位教师提及他们求学期间有过残疾同学的经历,我们难以据此推断这一时期我国全纳教育发展现状,因此,不再将此作为一个主题进行探究。

第二,在陈述完所在学校的全纳教育发展现状后,几乎所有教师都不约而同地提及学校需要采取哪些措施促进全纳教育发展。他们的回答似乎有些离题,有些答非所问,但是笔者经过仔细考虑,觉得这样的回答正反映出了我国教师对当下学校全纳教育发展的一种切实的看法。这些教师所提供的关于学校全纳教育发展的意见和建议,在某种程度上也是一种发展趋势,是一条指向未来的发展之路。基于此,本研究在尊重被访谈对象观点的基础上,将此作为一个主题进行探究。

演绎维度,即全纳教育历史发展情况,共包含两个主题,分别为全纳教育发展越来越好和未来应该采取的措施;每个主题又包含若干子主题(见表9-7)。

表9-7 演绎维度:全纳教育历史发展情况如何

维度	主题	子主题
演绎	全纳教育发展越来越好	从零到多,越来越多的残疾学生被安置到普通学校
		从消极到积极,普通学校开始改变对残疾学生的态度
		普通学校特殊教育资源越来越多
		越来越多的政策指向全纳教育
	未来应该采取的措施	在普通学校设置专业的资源教师/特殊教育教师岗位
		对普通教师进行特殊教育方面的相关培训
		制定更多清晰明确的全纳教育相关政策
		重组普通学校的课程,使其满足残疾学生需求

一、全纳教育发展越来越好

第一个主题是全纳教育发展越来越好,包括四个子主题:从零到多,越来越多的残疾学生被安置到普通学校;从消极到积极,普通学校开始改变对残疾学生的态度;普通学校特殊教育资源越来越多;越来越多的政策指向全纳教育。在意大利的调研中,教师是按时间节点将全纳教育发展划分为不同的阶段,如1977年之前、1977年至2000年之间以及2000年之后。在我国中小学调研过程中,虽然教师并没有对学校全纳教育的发展进行分期,但几乎所有教师都认为他们所在学校的全纳教育发展越来越好。例如,一位老教师的年龄是60岁,自1971年开始从教,至今已逾38年,另一位年轻教师的年龄是29岁,从教3年,这两位教师都表达了同一个观点,即学校的全纳教育越来越好。基于此,在尊重教师观点的基础上,本研究不再对这个主题下的全纳教育发展进行分期。

(一)从零到多,越来越多的残疾学生被安置到普通学校

第一个子主题是从零到多,越来越多的残疾学生被安置到普通学校进行随班就

读,这个子主题几乎被所有教师提及。从比较的视角出发,调研中多数教师提到他们求学时学校里几乎没有残疾学生,但是自从参加工作后逐渐发现学校里的残疾学生越来越多。一些教师甚至提及他们所在的学校结束了没有残疾学生的历史,如今几乎每个年级都有残疾学生随班就读,如一些教师所言:

从我上幼儿园起,一直到大学毕业,我在学校里从来没有遇到过残疾同学。当我来到这所学校工作时,我发现这所学校有很多残疾学生,这是我第一次在普通学校看见这么多残疾学生。你知道的,一般残疾学生都在特殊教育学校。我来这里工作这几年,学校接受的残疾学生越来越多,我觉得这就是我们全纳教育发展变好的一个表现。

(普通小学,普通教师-14)

我从教 30 多年了,这是我第一次在普通学校看到残疾学生。在过去,我听说过有的普通学校接受残疾学生,但是从来没有见过,现在我们学校有了残疾学生,周边的几所学校也有残疾学生。我感觉这几年,国家很重视残疾学生到普通学校就读这件事情,越来越多的残疾学生可以走进普通学校学习了。

(普通小学,普通教师-6)

(二)从消极到积极,普通学校开始改变对残疾学生的态度

第二个子主题是从消极到积极,普通学校开始转变对残疾学生的态度。随着越来越多的残疾学生到普通学校接受全纳教育,多位教师提到整个学校对残疾学生的态度也发生了转变,由之前的"不情愿"逐渐转变为现在的"热切拥抱"。一些学校的校长、副校长、普通教师等都表示欢迎和支持残疾学生到他们学校学习与生活,并且学校专门为残疾学生在校学习提供相关支持和保障。如一位全纳教育管理者所言:

现在我们学校有很多残疾学生来就读,每个班都有 1 到 2 名残疾学生,并且之后还会有越来越多的残疾学生进来。从我们学校的校长到副校长再到普通教师,包括普通学生的家长,都对残疾学生来学校就读持一种欢迎的态度。前几年还不是这样,这几年随着国家的宣传和整个社会氛围的转变,大家基本上都能接受残疾学生来普通学校学习。残疾学生在这里也很开心,既可以交到一些朋友,也可以学到一些基本知识。

(普通小学,全纳教育管理者-7)

一位当了 10 年特殊教育学校校长的谈话,充分反映了普通学校对残疾学生态度的转变:

作为一名特殊教育学校的校长,我明显感觉到这 10 年我们的社会、政府、普通学校对残疾学生态度的转变。所有人都开始关注残疾学生,特别是普通学校。在过去,

这些普通学校是不喜欢残疾学生的,甚至有些学校拒绝接受残疾学生。在政府的努力下,普通学校开始接受残疾学生,并且认为他们具有教育这些学生的责任。现在我们地区的普通学校经常邀请我去他们学校做一些讲座,帮助和指导他们如何教授残疾学生。是的,这里仍存在一些问题,仍有进一步发展的空间,但是目前的发展真的很好,我们的全纳教育会一步一步发展得越来越好。

(特殊教育学校,校长-2)

(三) 普通学校特殊教育资源越来越多

第三个子主题是普通学校用以帮助和支持残疾学生的特殊教育资源越来越多。随着越来越多残疾学生的到来,普通学校原有的教育资源难以支撑残疾学生教学。调研中大部分教师提到他们所在学校近年来针对残疾学生增添了很多特殊教育资源,如残疾学生发展资金、资源教室、资源教师、相关仪器设备以及无障碍环境设施等,如教师所言:

我们学校发展全纳教育已经11年了,这些年我们学校为帮助残疾学生更好地适应普通学校的学习生活,做出了很多改变,最明显的就是增加了很多特殊教育资源。这些年我们学校设立了残疾学生发展资金,建立了一个新的资源教室,重新改造了部分基础设施以使其无障碍化。随着这些教育资源越来越丰富,残疾学生在学校的生活会更加快乐。

(普通小学,全纳教育管理者-9)

(四) 越来越多的政策指向全纳教育

第四个子主题是越来越多的国家政策致力于发展全纳教育。在访谈中,多数教师提到目前我国发展全纳教育的政策环境越来越好了,近年出台了系列政策,如一期和二期特殊教育提升计划、新修订的《残疾人教育条例》等,这些法案都为学校发展全纳教育提供了政策支撑和保障,如一位教师所言:

现在我有一个很深的感触就是我们的全纳教育发展得越来越好了。为什么呢?一个最显著的表现就是政策的增多。以前想发展全纳教育都很难,因为缺乏政策支持。现在从国家到地方再到学校都出台了相关政策和规定,比如说特殊教育提升计划,各地都有相关的特殊教育提升计划。这些政策为我们发展全纳教育提供了政策依据,一些事情做起来就容易多了。

(普通小学,校长-23)

二、未来应该采取的措施

第二个主题是为了更好地发展全纳教育,普通学校在未来应该采取哪些措施,主要包括四项举措:在普通学校设置专业的资源教师/特殊教育教师岗位;对普通教师进行特殊教育方面的相关培训;制定更多清晰明确的全纳教育相关政策;重组普通学校的课程,使其满足残疾学生需求。需要指出的是,一个有特殊教育需要的残疾儿童要在普通学校接受全纳教育,需要多方面条件的支持,比如国家政策的保障、社会文化的包容性、合理的资源分配、校长的支持、良好的师资、小规模的班级、程序合法的个别化教育计划、专业人员的多方面协助等。由此可见,全纳教育的成功实施,需要多元化条件的支持和保障。因此,该主题所涉及的这几项举措只是全纳教育支持保障体系中的一部分,是调研过程中那些普通学校教师认为最重要、最迫切需要解决的问题。

(一)在普通学校设置专业的资源教师/特殊教育教师岗位

第一个子主题是在普通学校设置专业的资源教师/特殊教育教师岗位,这个举措几乎被所有教师提及,被认为是目前普通学校最迫切需要采取的举措。如前所述,目前普通学校全纳教育发展最主要的困难之一在于普通学校缺乏专业的资源教师或是特殊教育教师。因此,许多普通教师认为目前最需要解决的问题是在普通学校设置这一专业岗位。设置这样一个专业化岗位,一方面可以切实帮助残疾学生更好地学习,另一方面也可以适度减少普通教师的工作压力,如一些教师所言:

我认为目前最需要采取的一个举措是在学校设置一个特殊教育教师岗位,而且必须是固定的、专业的,不能再像现在这样是兼职的。因为我们的确需要专业的特殊教育教师来帮助我们的教师教授残疾学生,要不然很多残疾学生只能是坐在教室里,而无法真正地进行学习。普通教师不懂如何教,他们其实也很着急,但是着急是没有用的。所以,需要尽快设置这一岗位,否则其他措施都难以切实实施。

(普通小学,全纳教育管理者-7)

我认为目前我们学校最急切需要的就是安排一名专业的特殊教育教师,是那种固定的、全职的,不是现在这种兼职的。你知道的,教师要想教学是需要教师资格证的,如果你没有资格证,你去教学就是非法的。但是现在你看我们普通学校的教师都在教残疾学生,事实上我们都没有教授残疾学生的资格证。所以,我觉得下一步就是学校要设置特殊教育教师这一专业职位,由那些持有特殊教育教师资格证的教师来教残疾学生或是与我们合作来教这些学生。这样的话,一方面对残疾学生好,另一方面也可以稍微减轻一下我的压力。

(普通小学,普通教师-15)

(二) 对普通教师进行特殊教育方面的相关培训

第二个子主题是为普通教师提供特殊教育与全纳教育相关培训,提升其教授残疾学生所需的专业技能。目前我国教师教育培训是一种双轨制,即普通教师培训与特殊教育教师培训分开进行,尽管近年来在普通教师教育项目中增加了特殊教育与全纳教育相关课程,但很多是选修课程,对提升普通教师特殊教育与全纳教育专业技能帮助甚微。大多数普通教师没有接受过特殊教育与全纳教育专业培训或是仅仅懂一些相关知识,可想而知这样的教师很难胜任残疾学生教学。因此,调研中普通教师普遍反映需要革新教师教育项目。但是就其自身而言,与改变目前职前教师教育项目相比,他们将更多的目光放在了在职培训方面,希望可以在目前的在职教师教育培训过程中增加一些特殊教育与全纳教育相关内容。如教师所言:

作为一名普通教师,我从来没有接受过相关专业培训,所以我真不懂如何教班上的残疾学生。但是既然你把残疾学生放在我班上,我就有责任去教他们。所以,我希望未来在职教师教育项目可以适度改变一下,教我们一些关于特殊教育方面的知识,我认为这个真的很重要,也很需要。

(普通小学,普通教师-16)

我觉得最好我们学校可以为我们提供一些培训的机会,让我们了解一下特殊教育和全纳教育,因为我现在对这些真的不是很了解。作为一名教师,我也想教班上的残疾学生,但是能力确实不行,我不敢乱教。是的,我现在真的需要一些培训。

(普通小学,普通教师-24)

(三) 制定更多清晰明确的全纳教育相关政策

第三个子主题是制定更多清晰、明确的全纳教育政策,而不仅仅是"鼓励普通学校采取相关措施发展全纳教育"(教师语)。调研中多位全纳教育管理者提到模糊化的政策规定并不利于全纳教育发展,反而为学校逃避执行相关政策提供了空间,如政策文件中经常出现的一句话是:鼓励普通学校尽可能地接受残疾学生进行随班就读。"鼓励"一词就很模糊,可操作性不是很强。因此,在今后全纳教育政策制定过程中应该进一步明确化和清晰化,如全纳教育管理者所言:

我觉得目前的政策应该更加清晰一些。例如,一个班上有一名残疾学生,政策应该明确规定这个班的班额,例如40或是45名学生。现在的政策就没有具体规定,像这样的规定还有很多,需要进一步具体化。

(特殊学校,全纳教育管理者-1)

我们现在的全纳教育政策的规定很模糊,当然,这不光是全纳教育政策的问题,好多其他领域的政策也是这样。例如,政策仅仅是鼓励普通学校接受残疾学生,提出普通学校应尽力去教授残疾学生。这些政策固然重要,但不清晰,不易操作。

(普通小学,全纳教育管理者-7)

(四) 重组普通学校的课程,使其满足残疾学生需求

第四个子主题是重组普通学校的课程,使其满足残疾学生的特殊教育需要,这个子主题主要是特殊教育学校教师提到的。目前,普通学校的硬件设备基本已经达标,这里的硬件设备指的更多的是资源教室、无障碍设施、相关仪器设备等。一些教师指出北京、南京及上海等城市的相关硬件设备甚至超过了西方发达国家的一些城市。因此,教师认为目前普通学校需要把更多的精力放在学校课程方面,从课程方面进行突破,提升残疾学生的全纳教育质量。一些特殊教育学校的教师提到他们在与当地普通学校合作的过程中,发现这些学校的课程在很大程度上无法满足残疾学生的需求,需要进行相关调整。

从我与普通学校合作的经验来看,我觉得我们现在应该把重点放在普通学校课程方面。为什么呢?过去这些年,包括现在,我们一直重视硬件方面的投入,比如说改造校园设施、建立资源教室、购买仪器设备等。这方面有些学校已经做得很好,不需要再进行过多的投入了。但是,现在很多普通学校在课程方面做得还不够,没有或是很少考虑到残疾学生的需要,这是一个问题。所以,我认为普通学校下一步发展的重心可以往课程方面转移一下,让课程更适宜残疾学生的发展需要。

(特殊教育学校,校长-2)

结语
和而不同——对全纳教育治理方式的思考

自1994年全纳教育在《萨拉曼卡宣言》中被正式提出后,其倡导的所有儿童有权在普通学校接受高质量的、适合他们特点的、平等的教育的理念迅速成为国际教育领域讨论的焦点话题,进而发展成为一项全球议程,成为各国教育改革的题中之义。自此之后,世界各国不断改革本国特殊教育和一体化教育,发展全纳教育。就本书的研究来看,主要得出如下几个结论:

第一,全纳教育的定义林林总总,但最终目的都是促进学生发展。通过对国内外学者关于全纳教育定义的考察,可以发现学者从不同视角,如政治视角、质量视角、权利视角等,展开对全纳教育的讨论,进而给出了他们各自的定义。与此同时,在与意大利和中国中小学教师访谈过程中,对于"如何理解全纳教育"这一问题,教师们的回答也是各不相同。研究发现,尽管人们定义全纳教育的方式不同,但最终的目的是一样的,即促进学生发展。这也表明全纳教育在形式方面可能不尽相同,但在本质上是相同的。

第二,"和而不同"为我们理解各国全纳教育提供了一个新思路。我国传统文化中"和而不同"的思想为我们思考各国如何发展全纳教育提供了有益借鉴。"不同",在于强调各国全纳教育发展方式的多样性和差异性,这是由各国实际情况所决定的,我们必须承认这个"不同"。但在此基础上,我们更要强调"和",即发展全纳教育的目的——为所有学生提供高质量的、适合的、平等的教育。承认"不同",但更要"和",这是国际全纳教育发展的主要趋势。从当前各国全纳教育发展实践来看,对于全纳教育发展的目的基本已达成共识,这可以从系列国际全纳教育文件中得到佐证。目前最主要的问题是"不同",即如何基于各国实际更好地发展全纳教育。从意大利、葡萄牙、西班牙、德国以及中国发展全纳教育的历程来看，各国在发展全纳教育方面可谓各不相同，采取的措施也都各具特色，但分析后发现上述各国发展全纳教育的方式都是根据本国实际情况做出的，都有着政治、经济、历史、文化等方面的考虑。

第三，旨在促进全纳教育发展的教育政策在一线教师看来未必是科学合理的。如本书中篇"国家的视角"所指出的那样，为了发展全纳教育，意大利、葡萄牙、西班牙、德国以及中国，都出台了系列教育政策。从国家的角度来看，制定和出台这些政策的初衷在于促进全纳教育发展，提升本国全纳教育发展水平。然而，这只是故事的一部分！故事的另一部分则在于教师。从对意大利和中国一线中小学教师的调查来看，国家出台的教育政策并不一定都有效地促进了全纳教育实践的发展，有些政策甚至在一定程度上阻碍了全纳教育的发展。这也迫使我们去思考为什么有些旨在促进全纳教育发展的政策，在实践中却扮演了阻碍者的角色。关于此问题的回答，有待进一步探究。

总之，全纳教育产生于特定历史时期，是当时社会政治、经济、历史、文化等多重因素作用的产物。从世界范围内来看，全纳教育既是改革隔离式特殊教育、将残疾学生安置到普通学校接受教育的一种方式，也是有效解决残疾学生"有学上"和"学得好"这一难题的一种方法。所以，研究各国全纳教育政策的目的不在于照抄照搬，而在于更好地反思我国全纳教育发展情况。残疾儿童随班就读政策是我们自己总结和探索出来的、符合我国发展实际的残疾儿童教育安置形式。正如朴永馨教授指出的那样，没有任何一个其他国家可以为解决中国几百万残疾儿童教育准备好现成的药方，正确的做法只能是在学习和借鉴他国特殊教育改革经验的基础上，从本国特殊教育发展现实出发进行特殊教育改革，探索适合我国国情的残疾儿童教育安置方式。

主要参考文献

中文文献

[1] 保罗·柯文.在中国发现历史——中国中心观在美国的兴起[M].林同奇,译.北京:中华书局,1989.
[2] 邓猛.从隔离到融合——对美国特殊教育发展模式变革的思考[J].教育研究与实验,1999(4).
[3] 邓猛.全纳教育理论的社会文化特性与本土化建构[J].中国特殊教育,2013(1).
[4] 邓猛.推进中国全纳教育发展 健全随班就读支持保障体系[J].中国特殊教育,2014(2).
[5] 邓猛,景时.从随班就读到同班就读:关于全纳教育本土化理论的思考[J].中国特殊教育,2013(8).
[6] 邓猛,刘慧丽.全纳教育理论的社会文化特性与本土化建构[J].中国特殊教育,2013(1).
[7] 邓猛,潘剑芳.关于全纳教育思想的几点理论回顾及其对我们的启示[J].中国特殊教育,2003(4).
[8] 邓猛,苏慧.融合教育在中国的嫁接与再生成:基于社会文化视角的分析[J].教育学报,2012(1).
[9] 邓猛,肖非.隔离与融合:特殊教育范式的变迁与分析[J].华中师范大学学报(人文社会科学版),2009(4).
[10] 邓猛,朱志勇.随班就读与融合教育——中西方特殊教育模式的比较[J].华中师范大学学报(人文社会科学版),2007(4).
[11] 费孝通.费孝通文集(第14卷)[M].北京:群言出版社,1999.
[12] 费孝通."三级两跳"中的文化思考[J].读书,2001(4).
[13] 费正清.美国与中国(第四版)[M].张理京,译.北京:世界知识出版社,2000.
[14] 冯锦英.全纳教育的理论与实践研究[D].硕士学位论文,福州:福建师范大学,2007.
[15] 韩文娟,邓猛.融合教育课程调整的内涵及实施研究[J].残疾人研究,2019,34(2).
[16] 华国栋.残疾儿童随班就读现状及发展趋势[J].教育研究,2003(2).
[17] 黄志成.西班牙的全纳教育[J].全球教育展望,2001(3).
[18] 黄志成.英国从一体化教育走向全纳教育[J].现代特殊教育,2001(11).
[19] 贾利帅.激进的改革:意大利全纳教育发展历程评析[J].中国特殊教育,2017(6).
[20] 贾利帅.意大利学校一体化政策发展的历史、经验与思考[J].外国教育研究,2018(6).

[21] 景时,邓猛.公平与质量,不可兼得吗?——芬兰全纳教育的启示[J].中国特殊教育,2013(4).
[22] 景时,邓猛.英国的融合教育实践——以"特殊教育需要协调员"为视角[J].学习与实践,2013(6).
[23] 李拉.当前随班就读研究需要澄清的几个问题[J].中国特殊教育,2009(11).
[24] 李拉.从规模到质量:随班就读发展的目标转型与策略调整[J].现代中小学教育,2015(1).
[25] 李拉.我国随班就读政策演进30年:历程、困境与对策[J].中国特殊教育,2015(10).
[26] 鲁洁,等.教育转型:理论、机制与建构[M].北京:教育科学出版社,2013.
[27] 毛泽东.毛泽东选集(一卷本)[M].北京:人民出版社,1967.
[28] 梅伟惠.意大利教育战略研究[M].杭州:浙江教育出版社,2013.
[29] 潘乃谷.潘光旦释"位育"[J].西北民族研究,2000(1).
[30] 彭霞光.中国特殊教育发展面临的六大转变[J].中国特殊教育,2010(9).
[31] 彭霞光.中国全面推进随班就读工作面临的挑战和政策建议[J].中国特殊教育,2011(11).
[32] 彭霞光.中国特殊教育发展现状研究[J].中国特殊教育,2013(11).
[33] 彭霞光.随班就读支持保障体系建设初探[J].中国特殊教育,2014(11).
[34] 彭兴蓬,雷江华.论融合教育的困境——基于四维视角的分析[J].教育学报,2013(6).
[35] 朴永馨.努力发展有中国特色的特殊教育学科[J].特殊教育研究,1998(1).
[36] 朴永馨.融合与随班就读[J].教育研究与实验,2004(4).
[37] 孙立平.后发外生型现代化模式剖析[J].中国社会科学,1991(2).
[38] 王辉,王雁,熊琪.瑞典融合教育发展的历史、经验与思考[J].中国特殊教育,2015(6).
[39] 王雁,等.中国特殊教育教师培养研究[M].北京:北京师范大学出版社,2012.
[40] 吴文藻.论社会学中国化[M].北京:商务印书馆,2010.
[41] 肖非.中国的随班就读:历史·现状·展望[J].中国特殊教育,2005(3).
[42] 肖非,傅王倩.多学科合作是特殊教育发展的必由之路——兼论"医教结合"的特殊教育发展政策[J].现代特殊教育,2015(8).
[43] 杨希洁.中国全面推进随班就读工作的可行性分析[J].中国特殊教育,2011(11).
[44] 余强.意大利完全全纳教育模式述评[J].中国特殊教育,2008(8).
[45] 赵梅菊,雷江华.德国特殊教育发展的特点[J].现代特殊教育,2012(1).
[46] 郑也夫.德国教育与早分流之利弊[J].清华大学教育研究,2012(6).

外文文献

[1] Abbring, I., Meijer, C. J. W. (1994). Italy. In C. J. W. Meijer, S. J. Pijl, & S. Hegarty (Eds.), *New perspectives in special education*. London: Routledge.
[2] Acedo, C. (2008) Inclusive education: Pushing the boundaries. *Prospects*, 38.
[3] Ainscow, M. (1991) *Effective schools for all*. London: Fulton.
[4] Ainscow, M. (1997). Towards inclusive schooling. *British Journal of Special Education*, 24(1).
[5] Ainscow, M. (1999). *Understanding the development of inclusive schools*. London: Falmer Press.
[6] Ainscow M. (2000). The next step for special education: Supporting the development of

inclusive practices. *British Journal of Special Education*, 27(2).

[7] Ainscow, M. (2005). Developing inclusive education systems: What are the levers for change? *Journal of Educational Change*, 6(2).

[8] Ainscow, M., & César, M. (2006). Inclusive education ten years after Salamanca: Setting the agenda. *European Journal of Psychology of Education*, 11(3).

[9] Ainscow, M., Booth, T., Dyson, A., Farrell, P., Frankham, J., Gallannaugh, F., Howes, A., & Smith, R. (2006). *Improving schools, developing inclusion*. London: Routledge.

[10] Ainscow, M., Dyson, A., & Weiner, S. (2013). From exclusion to inclusion: Ways of responding in schools to students with special educational needs. CfBT Education Trust.

[11] Ainscow, M., Farrell, P., & Tweddle, D. (2000). Developing policies for inclusive education: A study of the role of local education authorities. *International Journal of Inclusive Education*, 4(3).

[12] All Means All. (2018). Portugal's New School Inclusion Law: A Small Country Taking Big Steps in the Spirit of 'All Means All'. Australian Alliance for Inclusive Education.

[13] Alves, I. (2019). International inspiration and national aspirations: Inclusive education in Portugal. *International Journal of Inclusive Education*, 23 (7-8).

[14] Alves, I. (2020). Enacting education policy reform in Portugal: The process of change and the role of teacher education for inclusion. *European Journal of Teacher Education*, 43 (1).

[15] Ana, M. B. C., & David, A. R. (1999). Country briefing special education in Portugal. *European Journal of Special Needs Education*, 14 (1).

[16] Andreas, H. (2009). Models of inclusion: Germany. In Mithu Alur, Vianne Timmons (Eds.), *Inclusive education across cultures: Crossing boundaries, sharing ideas*. New Delhi: SAGE Publications.

[17] Anne, S. (2017). Inclusion: The role of special and mainstream schools. *British Journal of Special Education*, 44 (3).

[18] Armstrong, A., Armstrong, D., & Spandagou, I. (2010). *Inclusive education: International policy & practice*. London: Sage.

[19] Avenarius, H., Hartmut, D. Hans, D. Klaus, K. Eckhard, K. Matthias, R. Heinz-Elmar, T. Horst, W. & Manfred, W. (2003). *Bildungsbericht für Deutschland: Erste befunde*. Opladen, Germany: Leske + Budrich.

[20] Ballard, K. (1997). Researching disability and inclusive education: Participation, construction and interpretation. *International Journal of Inclusive Education*, 1(3).

[21] Baker, D. P., & Gerald, K. L. (2005). *National differences, global similarities: World culture and the future of schooling*. Stanford, CA: Stanford University Press.

[22] Barbara, S. H. (1998). Parents, politics and the public purse: Activists in the special education arena in Germany. *Disability & Society*, 13(5).

[23] Barnes, C. (1991). *Disabled people in Britain and discrimination*. London: Hurst and Co.

[24] Barrio, V. (2001). Francisco Pereira y su escuela sanatorio. *Revista de Historia de la Psicologia*, 22 (3-4).
[25] Barton, L. (1987). *The politics of special educational needs*. Lewes: Falmer Press.
[26] Barton, L. (1998). Markets, managerialism and inclusive education. In P. Clough (Ed.), *Managing inclusive education: From policy to experience*. London: Paul Chapman Publishing.
[27] Barton, L. (2009). Disability, physical education and sport: Some critical observations and questions. In H. Fitzgerald (Ed.), *Disability and youth sport* (pp. 39-50). New York, NY: Routledge.
[28] Below, S. (2002). *Bildungssysteme und soziale Ungleichheit*. Opladen: Leske & Budrich.
[29] Berdine, W. H., & Blackhurst, W. E. (1985). *An introduction to special education*. New York: Harper Collins Publishers.
[30] Berlach, R. G., & Chambers, D. J. (2011). Inclusivity imperatives and the Australian national curriculum. *The Educational Forum*, 75.
[31] Bermejo, V., Castro, F., Martinez, F., & Gongora, D. (2009). Inclusive education in Spain: Developing characteristics in Madrid, Extremadura and Andalusia. *Research in Comparative and International Education*, 4(3).
[32] Bingham, C., Clarke, L., Michielsens, E., & Van De Meer, M. (2013). Towards a social model approach? British and Dutch disability policies in the health sector compared. *Personnel Review*, 42.
[33] Blanton, L. P., & Pugach, M. C. (2007). *Collaborative programmes in general and special teacher education: An action guide for higher education and state policymakers*. Washington, DC: Council of Chief State School Officers.
[34] Booth, T. (1995). Mapping inclusion and exclusion: concepts for all. In C. Clarke, A. Dyson and A. Milward (Eds.), *Towards inclusive schools*. London: David Fulton.
[35] Booth, T. (1996). A perspective on inclusion from England. *Cambridge Review of Education*, 26(1).
[36] Booth, T. (2000). Inclusion and exclusion policy in England: Who controls the agenda? In F. Armstrong and D. Armstrong, *Inclusive Education*. London: David Fulton.
[37] Booth, T., & Ainscow, M. (1998). *From them to us: An international study of inclusion in education*. London: Routledge.
[38] Booth, T., Nes, K., & Stromstad, M. (2003). *Developing inclusive teacher education*. London: Routledge Falmer.
[39] Brahm, N. (2008). What future for special schools and inclusion? Conceptual and professional perspectives. *British Journal of Special Education*, 35(3).
[40] Brittain, I. (2004). Perceptions of disability and their impact upon involvement in sport for people with disabilities at all levels. *Journal of Sport & Social Issues*, 28.
[41] Brodin, J., Peg, L. (2007). Perspectives of a school for all. *International Journal of Inclusive Education*, 11(2).
[42] Camerini, A. (2011). Full inclusion in Italy: A radical reform. Inclusive Education for

Children with Disabilities Conference, Moscow.

[43] Canevaro, A. , & Anna, L. (2010). The historical evolution of school integration in Italy: Some witnesses and considerations. *European Journal of Disability Research*, 20(4).

[44] Cardona, C. (2009). Current trends in special education in Spain: Do they reflect legislative mandates of inclusion? *The Journal of the International Association of Special Education*, 10(1).

[45] Casanova, M. A. (2002). *La atención a la diversidad en la Comunidad de Madrid*, in Actas del II Congreso de Educación Especial y Atención a la Diversidad de la Comunidad de Madrid. Madrid: Publicaciones de la Consejería de Educación.

[46] CAST. (2018). Universal Design for Learning Guidelines Version 2. 2. Wakefield, MA: CAST.

[47] Cigman, R. (Ed.). (2007). *Included or excluded? The challenge of the mainstream for some SEN children*. London and New York: Routledge.

[48] Chiner, E. , & Cardona, M. (2013). Inclusive education in Spain: How do skills, resources, and supports affect regular education teachers' perceptions of inclusion? *International Journal of Inclusive Education*, 17(5).

[49] Cochran-Smith, M. (2004). *Walking the road: Race, diversity and social justice in teacher education* (Multicultural Education Series). New York & London: Teachers College.

[50] Coles, J. (2001). The social model of disability: What does it mean for practice in services for people with learning difficulties? *Disability & Society*, 16.

[51] Contardi, A. , Gherardini, P. (2003). Together at school: Mainstream school in Italy, from kindergarten to high school. *Down Syndrome News and Update*, 3(1).

[52] Corbett, J. (2001). *Supporting inclusive education: A connective pedagogy*. London: Routledge.

[53] Corbett, J. , & Slee, R. (1999). An international conversation on inclusive education. In F. Armstrong, D. Armstrong, & L. Barton (Eds.), *Inclusive education: Policy, contexts and comparative perspectives* (pp. 133–146). London: David Fulton.

[54] Czock, H. , & Frank-Olaf, R. (1984). Der heimliche Lehrplan der Diskriminierung. *Päd extra*, 12(10).

[55] D'Alessio, S. (2011). *Inclusive education in Italy*. Rotterdam: Sense.

[56] D'Alessio, S. (2012). Integrazione scolastica and the development of inclusion in Italy: Does space matter? *International Journal of Inclusive Education*, 16(5).

[57] D'Alessio, S. , & Watkins, A. (2009). International comparisons of inclusive policy and practice: Are we talking about the same thing? *Research in Comparative and International Education Journal*, 4(3).

[58] Deng, M. , & Poon-Mcbrayer, K. F. (2004). Inclusive education in China: Conceptualization and realization. *Asia-Pacific Journal of Education*, 24(2).

[59] Devecchi, C. , Dettori, F. , Doveston, M. , et al. (2012). Inclusive classrooms in Italy and England: The role of support teachers and teaching assistants. *European Journal of*

Special Needs Education, 27(2).
[60] Devlieger, P. J. (2005). Generating a cultural model of disability. Paper presented at the 19th Congress of the European Federation of Associations of Teachers of the Deaf (FEAPDA), October 14 – 16. Retrieved from http://feapda.org/Geneva%20Files/culturalmodelofdisability.pdf.
[61] Deutscher, B. (1973). *Zur pädagogischen Förderung behinderter und von Behinderung bedrohter Kinder und Jugendliche*. Bonn: Bundesdruckerei.
[62] Drake, F. R. (1999). *Understanding disability policies*. Houndsmills, Bakinstoke: Macmillan.
[63] Dimitris, A., James, M. K., & Santo, D. N. (2015). Inclusive education in Italy: Description and reflections on full inclusion. *European Journal of Special Needs Education*, 30(4).
[64] Dyson, A. (1990). Special educational needs and the concept of change. *Oxford Review of Education*, 16(1).
[65] Dyson, A., & Millward, A. (2000). *Schools and special needs: Issues of innovation and inclusion*. London: Paul Chapman Publishing.
[66] Echeita, G. (2013). Inclusion y exclusion educativa de nuevo. Voz y quebranto. Revista Iberoamericana Sobre Calidad. *Eficacia y Cambio En Educacion*, 11(2).
[67] Elias, A., & Brahm, N. (2002). Teachers' attitudes towards integration / inclusion: A review of the literature. *European Journal of Special Needs Education*, 17(2).
[68] Emanuelsson, I., Haug, P., Persson, B. (2005). Inclusive education in some Western European countries. In Mitchell, D. (Ed.), *Contextualising Inclusive Education: Evaluating Old and New Perspectives* (pp. 114 – 138). London: Routledge/Taylor and Francis.
[69] European Agency for Development in Special Needs Education. (2011). *Mapping the implementation of policy for inclusive education: An exploration of challenges and opportunities for developing indicators*. Odense, Denmark: EADSNE.
[70] European Agency for Special Needs and Inclusive Education. (2018). European Agency Statistics on Inclusive Education: 2016 Dataset Cross-Country Report. Odense, Denmark.
[71] European Agency for Special Needs and Inclusive Education. (2020). European Agency Statistics on Inclusive Education: 2018 Dataset Cross-Country Report. Odense, Denmark.
[72] Fabio, D. (2017). *Special educational needs and inclusive practices*. Rotterdam: Sense.
[73] Fernandez, R. (2011). *El camino hacia la integracion*. Tribuna Abierta.
[74] Ferri, B. A. (2008). Inclusion in Italy: What happens when everyone belongs. In S. Gabel & S. Danforth (Eds.), *Disability & the politics of education: An international reader*. New York: Peter Lang Publishing.
[75] Finkelstein, V. (1980). *Attitudes and disabled people*. New York: World Rehabilitation Fund.
[76] Finkelstein, V. (1981). To deny or not to deny disability. In A. Brechin et al. (Eds.), *Handicap in a Social World*. Sevenoaks: Hodder and Stoughton.

[77] Fitzgerald, H. (2006). Disability and physical education. In D. Kirk, D. Mac Donald, & M. O'Sullivan (Eds.), *The handbook of physical education*. London, England: SAGE.
[78] Florian, L. (2014). What counts as evidence of inclusive education? *European Journal of Special Needs Education*, 29(3).
[79] Florian, L., Young, K., & Rouse, M. (2010). Preparing teachers for inclusive and diverse educational environments: Studying curricular peform in an initial teacher education course. *International Journal of Inclusive Education*, 14 (7).
[80] Fondazione Serono-CENSIS. (2012). The unknown needs of persons with disabilities. The Provision of Care and Assistance in Italy and Europe. Rome: Censis.
[81] Forhan, M. (2009). An analysis of disability models and the application of the ICF to obesity. *Disability and Rehabilitation*, 31.
[82] Forlin, C. I., Chambers, D. J., Loreman, T., Deppler, J., & Sharma, U. (2013). Inclusive education for students with disability: A review of the best evidence in relation to theory and practice.
[83] Fórum de Estudos de Educação Inclusiva. (2008). Tomada de Posição Do FEEI Sobre a UtilizaçãoDa CIF Como 'Paradigma Na Avaliação Das NEE.
[84] Fougeyrollas, P., & Beauregard, L. (2001). Disability: An interactive person-environment social creation. In G. Albrecht, K. Seelman, & M. Bury (Eds.), *Handbook of disability studies* (pp. 171-194). Thousand Oaks, CA: Sage Publications.
[85] Fox, M. (2003). *Including children 3-11 with physical disabilities: Practical guide for mainstream schools*. London: David Fulton Publishers Ltd.
[86] Frederickson, N., & Cline, T. (2002). *Special educational needs, inclusion and diversity: A text book*. Berkshire: Open University Press.
[87] Freire, S., & César, M. (2003). Inclusive ideals/inclusive practices: How far is dream from reality? Five comparative case studies. *European Journal of Special Needs Education*, 18(3).
[88] Friedeburg, L. (1989). *Bildungsreform in Deutschland: Geschichte und gesellschaftlicher Widerspruch*. Frankfurt am Main: Suhrkamp.
[89] Giangreco, M. F., Doyle, M. B., & Suter, J. C. (2012). Demographic and personnel service delivery data: Implications for including students with disabilities in Italian schools. *Life Span and Disability: An Interdisciplinary Journal*, 15(1).
[90] Gine, C. (1986). La educación especial y la integración de los ninos disminuidos en Cataluna. In J. A. Rodriguez (Ed.), *Integración en EGB: Una nueva escuela*. Madrid: Fundación Banco Exterior.
[91] Hans-Peter, F. (2003). Germany in Jan De Groof and Gracienne Lauwers. In Jan De Groof and Gracienne Lauwers (Eds.), Special Education Yearbook of the European Association for Education Law and Policy.
[92] Hänsel, D. (2003). Die Sonderschule: Ein blinder Fleck in der Schulsystemforschung. *Zeitschrift für Pädagogik*, 49(4).
[93] Hassanein, E. (2015). *Inclusion, disability and culture*. Rotterdam: Sense.

[94] Hegarty, S. (2001). Inclusive education — A case to answer. *Journal of Moral Education*, 30(3).

[95] Hinz, A. (2002). Von der integration zur inklusion — Terminologisches spiel oder konzeptionelle weiterentwicklung? *Zeitschrift für Heilpädagogik*, 53.

[96] Hinz, A. (2003). Die debatte um integration und inklusion — Grundlage für aktuelle kontroversen in behindertenpolitik und sonderpädagogik? *Sonderpädagogische Förderung*, 48.

[97] Hüfner, K., Jens, N. Helmut, K., & Gottfried, P. (1986). *Hochkonjunktur und flaute: Bildungspolitik in der bundesrepublik Deutschland 1967 – 1980*. Stuttgart: Klett-Cotta.

[98] Humpage, L. (2007). Models of disability, work and welfare in Australia. *Social Policy &Administration*, 41.

[99] Hunt, Paula. (2018). From including students with disabilities to inclusive education: Portugal amends its education law. Catalyst for Inclusive Education.

[100] Ianes, D., Demo, H., Zambotti, F. (2014). Integration and inclusion in Italy. Towards a special pedagogy for inclusion. *European Journal of Disability Research*, 8(2).

[101] Inclusion International. (2009). Global Conference on Inclusive Education. http://inclusion-international.org/conference-on-inclusive-education/.

[102] Justin, A. H., & Samuel, H. (2016). Disability discourse: Overview and critiques of the medical and social models. *Quest*, 68(2).

[103] Kanter, A. S. (2007). The promise and challenge of the UN convention on the rights of people with disabilities. *Syracuse International Law & Commerce*, 34.

[104] Kanter, A. S., M. L. Damiani, and B. A. Ferri. (2014). The right to inclusive education under international law: Following Italy's lead. *Journal of International Special Needs Education*, 17.

[105] Kerstin, G., & Claes, N. (2014). Conceptual diversities and empirical shortcomings — A critical analysis of research on inclusive education. *European Journal of Special Needs Education*, 29(3).

[106] Kovacs, H., Tinoca, L. (2017). Unfreeze the pedagogies: Introduction of a new innovative measure in Portugal. *Revista Tempos E Espaços Em Educação*, 10.

[107] Lani, F. (2019). On the necessary co-existence of special and inclusive education. *International Journal of Inclusive Education*, 23(7 – 8).

[108] Lindsay, G. (1997). Values, rights and dilemmas. *British Journal of Special Education*, 24(2).

[109] Lindsay, G. (2003). Inclusive education: A critical perspective. *British Journal of Special Education*, 30(1).

[110] Lo Bianco, A. F., & Sheppard-Jones, K. (2008). Perceptions of disability as related to medical and social factors. *Journal of Applied Social Psychology*, 37(1).

[111] Lopez, M., & Mengual, S. (2015). An attack on inclusive education in secondary education. Limitations in initial teacher training in Spain. *New Approaches in Educational*

Research, 4(1).
[112] Luis, E. (2016). Inclusive education in Spain: promoting advocacy by legislation. Support for Learning, 31(2).
[113] McLeskey, J., N. L. Waldron, F. Spooner, & B. Algozzine. (2014). Handbook of research on effective inclusive schools. New York: Routledge.
[114] Meijer, C. (2010). Inclusive education: Facts and trends. Inclusive education: A way to promote social cohesion conference, Madrid.
[115] Meijer, C., Soriano, V., & Watkins, A. (2006). Special needs education in Europe (Vol. 2). Provision in post-primary education. Thematic publication. Middlefart: European Agency for Development in Special Needs Education.
[116] Miranda, C., & Luis, D. (2010). Special education in Portugal: The new law and the ICF-CY. Procedia — Social and Behavioral Sciences, 9.
[117] Monasta, A. (2000). Education in a single Europe. London: Routledge.
[118] Mundy, K. (2016). "Leaning in" on education for all. Comparative Education Review, 60(1).
[119] O'Brein, T. (2001). Learning from the hard cases. In T. O'Brien (Ed.), Enabling inclusion: Blue skies... dark clouds. London: The Stationary Office.
[120] O'hanlon, C. (1995). Inclusive education in Spain and Greece. In Potts, P., Armstrong, F. and Masterton, M. (Eds.), Equality and diversity in education: National and instructional contexts. New York: Routledge.
[121] Oliver, M. (1990). The politics of disablement. Basingstoke: Macmillan.
[122] Oliver, M. (1996). Understanding disability: From theory to practice. Basingstoke: Macmillan.
[123] Parrilla, A. (2007). Inclusive education in Spain: A view from inside. In L. Barton, & F. Armstrong (Eds.), Policy, experience and change: Cross cultural reflections on inclusive education (pp. 19-36). Dordrecht: Springer.
[124] Pastor, C. (1998). Integration in Spain: A critical view. European Journal of Special Needs Education, 13(1).
[125] Pfahl, L., & Powell, J. J. W. (2014). Subversive status: Disability studies in Germany, Austria, and Switzerland. Disability Studies Quarterly, 34(2).
[126] Piji, S. J., Meijer, C. J. W., & Hegarty, S. (1997). Inclusive education: A global agenda. London: Routledge.
[127] Powell, J. J. W. (2009). To segregate or to separate? The institutionalization of special education in the United States and Germany. Comparative Education Review, 53(2).
[128] Powell, J. J. W. (2016). Barriers to inclusion: Special education in the United States and Germany. New York: Routledge.
[129] Powell, J. J. W., Benjamin, E., & Jonna, M. B. (2016). Awareness-raising, legitimation or backlash? Effects of the UN convention on the rights of persons with disabilities on education systems in Germany. Globalisation, Societies and Education, 14(2).

[130] Renato, O., & Carolina, B. (2008). Trends in inclusive education at regional and interregional levels: Issues and challenges. *Prospects*, *38*.

[131] Rodrigues, D., & Jorge, N. (2011). Special and inclusive education in Portugal: Facts and options. *Revista Brasileira Educacao Especial*, *17*(1).

[132] Rouse, M., & Florian, L. (1996). Effective inclusive schools: A study in two countries. *Cambridge Journal of Education*, *26*(1).

[133] Salend, S. J. (1998). *Effective mainstreaming: Creating inclusive classrooms* (3rd ed.). New Jersey: Prentice-Hall, Inc.

[134] Sanches-Ferreira, M., Lopes-dos-Santos, P., Alves, S., et al. (2013). How individualised are the individualised education programmes (IEPs): An analysis of the contents and quality of the IEPs Goals. *European Journal of Special Needs Education*, *28*(4).

[135] Sanches-Ferreira, M., Silveria-Maia, M., & Alves, S. (2014). The use of the international classification of functioning, disability and health, version for children and youth (ICF-CY), in Portuguese special education assessment and eligibility procedures: The professionals' Perceptions. *European Journal of Special Needs Education*, *29*(3).

[136] Sanches-Ferreira, M., Simeonsson, R. J., Silveria-Maia, M., et al. (2013). Portugal's special education law: Implementing the international classification of functioning, disability and health in policy and practice. *disability and rehabilitation*, *35*(10).

[137] Sanches-Ferreira, M., Simeonsson, R. J., Silveria-Maia, M., et al. (2015). Evaluating implementation of the international classification of functioning, disability and health in Portugal's special education law. *International Journal of Inclusive Education*, *19*(5).

[138] Sebba, J. Ainscow M. (1996). International developments in inclusive education: Mapping the issues. *Cambridge Journal of Education*, *26*(1).

[139] Segal, P., Maigne, M., Gautier, M. (2003). *La compensation du handicap en Italie*. Paris: Ctnerhi.

[140] Skrtic, T. (1991). The special education paradox: Equity as the way to excellence. *Harvard Educational Review*, *61*(2).

[141] Slee, R. (1993). *Is there a desk with my name on it? The politics of integration*. London: Falmer Press.

[142] Slee, R. (1996). 'Inclusive schooling in Australia? Not yet'. *Cambridge journal of education*, *26*(1).

[143] Slee, R. (2006). Limits to and possibilities for educational reform. *International Journal of Inclusive Education*, *10*(2-3).

[144] Slee, R. (2011). *The irregular school: Exclusion, schooling, and inclusive education*. Abbingdon, UK: Routledge.

[145] Solveig, M. R. (2016). Discussing inclusive education: An inquiry into different interpretations and a search for ethical aspects of inclusion using the capabilities approach, *European Journal of Special Needs Education*, *31*(1).

[146] Stiker, H. J. (1999). *A history of disability*. Ann Arbor: Michigan Press.

[147] Teresa, S. , & Dorte, B. (2018). Special needs education and inclusion in Germany and Sweden. *ALTER, European Journal of Disability Research*, 12.

[148] Terzi, L. (2004). The social model of disability: A philosophical critique. *Journal of Applied Philosophy*, 21(2).

[149] Terzi, L. (2005). Beyond the dilemma of difference: The capability approach to disability and special educational needs. *Journal of Philosophy of Education*, 39(3).

[150] Terzi, L. (2005). A capability perspective on impairment, disability and special needs: Towards social justice in education. *Theory and Research in Education*, 3(2).

[151] Tescari, B. (2011). Ghetto per sani fame di liberta. Roma: Azienda Grafica Meschini.

[152] Thomas, C. (1999). *Female form: Experiencing and understanding disability*. Buckingham, Philadelphia: Open University Press.

[153] Thomas, B. , & Daniel, Ö. (2019). "The system shows us how bad it feels": Special educational needs assessment in North Rhine-Westphalia, Germany. *European Journal of Special Needs Education*, 34(5).

[154] Thomas, C. (2002). Disability theory: Key ideas, issues and thinkers. In C. Barnes, M. Oliver, & L. Barton (Eds.), *Disability studies today* (pp. 38 - 57). Cambridge: Polity Press.

[155] Thomas, C. (2004). How is disability understood? An examination of sociological approaches. *Disability & Society*, 19(6).

[156] Thomas, G. , Walker, D. , & Webb, J. (1998). *The making of the inclusive school*. London: Routledge.

[157] Trent, S. C. , Artiles, A. J. , & Englert, C. S. (1998). From deficit thinking to social constructivism: A review of theory, research and practice in special education. *Review of Research in Education*, 23.

[158] UNESCO. (1990). Education for all: Meeting basic learning needs. Jomtien: UNESCO.

[159] UNESCO. (1994). The Salamanca statement and framework for action on special needs education. Paris: UNESCO.

[160] UNESCO. (2000). The Dakar framework for action. Education for all: Meeting our collective commitments. Dakar: UNESCO.

[161] UNESCO. (2003). Overcoming exclusion through inclusive approaches in education. A challenge and a vision. Conceptual paper. Paris: Early Childhood and Inclusive Education Basic Education Division-UNESCO.

[162] UNESCO IBE. (2008). Inclusive education: The way of the future. Conclusions and recommendations of the 48th session of the International Conference on Education (ICE), Geneva.

[163] UNESCO. (2009). Policy guidelines on inclusion in education. Paris: UNESCO.

[164] United Nations. (2006). Convention on the rights of persons with disabilities. Retrieved from http://www.un.org/disabilities/default.asp?id?259.

[165] Verdugo, A. , Jiménez, A. , & de Urríes, F. B. J. (2000). Social and employment policies for people with disabilities in Spain. *European Journal of Social Security*, 2(4).

[166] Vislie, L. (2003). From integration to inclusion: Focusing global trends and changes in the western European societies. *European Journal of Special Needs Education*, *18*(1).

[167] Vitello, S. J. (1994). Special education integration: The arezzo approach. *International Journal of Disability, Development and Education*, *41*.

[168] Warnock, M. (2005). *Special educational needs: A new look*. Philosophy of Education Society of Great Britain Publications.

[169] Wedell, K. (2005). Dilemmas in the quest for inclusion. *British Journal of Special Education*, *32*(1).

[170] Werning, R. (2006). Lerngruppenintegration. In K.-H. Arnold, U. Sandfuchs, & J. Wiechmann (Eds.), *Handbuch unterricht*. Bad Heilbrunn: Klinkhardt.

[171] Zambelli, F., Bonni, R. (2004). Beliefs of teachers in Italian schools concerning the inclusion of disabled students: A Q-sort analysis. *European Journal of Special Needs Education*, *19*(3).

[172] Zanobini, M. (2012). Some considerations about inclusion, disability, and special educational needs: A reply to Giangreco, Doyle & Suter. *Life Span and Disability*, *16*(1).

附录 关于访谈对象和访谈提纲的说明

一、访谈对象

研究中涉及的访谈对象主要来自意大利和中国,本部分将对访谈对象的选择及基本情况进行说明。

(一)意大利部分的访谈对象

第一,选定了全纳教育实施较好的地区——帕多瓦市(Padova)和特雷维索市(Treviso)的中小学作为研究的总体样本。第二,在意大利全纳教育研究领域相关专家学者的推荐下,在帕多瓦市选取了7所中小学、在特雷维索市选取了5所中小学作为研究样本。第三,在确定好这些学校后,研究者开始通过邮件逐一与这些学校的校长进行联系,确定见面时间。第四,在确定好时间后,研究者逐一前往这些学校与学校的校长进行交流,说明研究目的和相关的研究伦理,并让校长推荐合适的人选参加访谈。在学校校长的推荐下,共有17位中小学教师被确定为访谈对象,其中10位中小学教师来自帕多瓦市,7位中小学教师来自特雷维索市(关于访谈对象的具体情况,请见下表,为了保护访谈对象的个人隐私,统一使用阿拉伯数字进行指代)。最后,研究者逐一通过邮件与这些教师取得联系,并商定具体的访谈时间和访谈地点。

一般选在该学校教师的办公室内进行访谈,每次访谈大约持续2个小时。同时,为了保障后续对访谈的深入分析,在征得访谈对象同意后,研究者对访谈进行了录音。

意大利访谈对象基本情况一览表

参加者	性别	年龄(岁)	学校类型	教师类型	教学经历(年)	全纳教育教学经历(年)	班级中残疾学生数量(个)	备注
1	女	56	普通小学	普通教师	32	32		校长

续 表

参加者	性别	年龄（岁）	学校类型	教师类型	教学经历（年）	全纳教育教学经历（年）	班级中残疾学生数量（个）	备注
2	女	31	普通小学	普通教师	7	7	1	
3	女	36	普通小学	支持教师	12	12	3	
4	女	39	普通小学	普通教师	15	15	2	
5	女	60	普通小学	普通教师	41	30	2	
6	女	38	普通小学	支持教师	10	10	2	
7	女	57	普通中学	普通教师	37	37		校长
8	女	56	普通小学	普通教师	33	33	2	副校长
9	女	54	普通小学	支持教师	23	23	1	
10	女	40	普通小学	支持教师	16	16	2	
11	女	58	普通中学	普通教师	34	34		
12	女	48	普通中学	普通教师	19	19	1	
13	女	50	普通小学	普通教师	7	7	4	
14	女	35	普通小学	普通教师	8	8	2	
15	女	27	普通小学	支持教师	1	1	2	
16	女	48	普通小学	支持教师	26	26	3	
17	女	39	普通中学	支持教师	3	3	1	

（二）中国部分的访谈对象

第一，选定了随班就读实施较好的地区——成都市和重庆市的中小学作为研究的总体样本。第二，在中国随班就读研究领域相关专家学者的推荐下，在成都市选取了7所中小学和1所特殊教育学校、重庆市选取了4所中小学作为研究样本。第三，在确定好这些学校后，研究者开始通过邮件逐一与这些学校校长进行联系，确定见面时间。第四，在确定好时间后，研究者逐一前往这些学校与学校校长进行交流，说明研究目的和相关的研究伦理，并让校长推荐合适的人选参加访谈。在学校校长的推荐下，共有25位中小学教师被确定为访谈对象，其中18位中小学教师来自成都市，7位中小学教师来自重庆市(关于访谈对象的具体情况，请见下表，为了保护访谈对象的个人隐私，统一使用阿拉伯数字进行指代)。最后，研究者逐一通过邮件与这些教师取得联系，并商定具体的访谈时间和访谈地点。

一般选在该学校教师的办公室内进行访谈,每次访谈大约持续2个小时。同时,为了保障后续对访谈的深入分析,在征得访谈对象同意后,研究者对访谈进行了录音。

中国访谈对象基本情况一览表

参加者	性别	年龄（岁）	学校类型	教师类型	教学经历（年）	全纳教育教学经历（年）	班级中残疾学生数量（个）	备注
1	女	44	特殊教育学校	特殊教育教师	24	11		全纳教育管理者（即随班就读负责人）
2	女	58	特殊教育学校	特殊教育教师	32	18		校长
3	女	29	特殊教育学校	特殊教育教师	3	3		
4	女	29	特殊教育学校	特殊教育教师	7	7		
5	女	41	普通小学	普通教师	21	4	3	普通教师兼资源教师
6	女	60	普通小学	普通教师	38	6	2	
7	男	49	普通小学	普通教师	26	5	2	全纳教育管理者
8	女	30	普通小学	普通教师	4	4	2	
9	男	48	普通小学	普通教师	25	6	2	全纳教育管理者
10	女	32	普通小学	普通教师	4	4	1	
11	女	60	普通小学	普通教师	37	6	2	
12	女	29	普通小学	普通教师	3	3	2	
13	女	48	普通小学	普通教师	29	5	2	
14	女	30	普通小学	普通教师	8	3	1	
15	女	29	普通小学	普通教师	3	3	2	
16	女	34	普通小学	普通教师	13	9	2	
17	女	50	普通中学	普通教师	29	4	2	
18	男	26	普通中学	普通教师	3	3	1	
19	女	42	普通小学	普通教师	23	3	1	
20	女	53	普通小学	普通教师	35	18	2	全纳教育管理者
21	女	55	普通小学	普通教师	37	3		
22	女	28	普通小学	普通教师	4	4	1	
23	男	48	普通小学	普通教师	27	10	2	校长

续表

参加者	性别	年龄（岁）	学校类型	教师类型	教学经历（年）	全纳教育教学经历（年）	班级中残疾学生数量（个）	备注
24	女	34	普通小学	普通教师	15	2	2	
25	女	31	普通小学	普通教师	5	5	1	

二、访谈提纲

为了从教师视角理解全纳教育治理情况,研究从理论角度出发建构了一个六维分析框架,每一个维度设置一个问题,用以探究教师视角下的全纳教育治理。同时,为了便于了解教师个人情况和后续相关资料的分析,在访谈提纲第一部分设置了关于教师基本情况的题目,用以收集相关信息。

访谈提纲

理解全纳教育：教师视角

1. 基本情况
(1) 性别：　　　　　(2) 年龄：　　　　　(3) 教龄：
(4) 学历：a. 研究生；b. 本科；c. 专科；d. 其他(请注明：　　　　)
(5) 所教班级：a. 小学；b. 初中；c. 高中；d. 特殊教育学校
(6) 班级中残疾学生数量：　　　个(请注明残疾学生类型：　　　　)
(7) 您担任全纳教育(随班就读)教师年限：　　　年
(8) 请注明您各阶段教育经历的起止年：

幼儿园	小学	初中	高中	大学	研究生

2. 访谈问题
(1) 解释维度：您是如何理解全纳教育的?
(2) 应用维度：在工作中,您是如何践行全纳教育的?
(3) 认知维度：全纳教育实施过程中的促进和阻碍因素分别有哪些?
(4) 共情维度：从您的经历出发,谈谈您班上/学校里残疾学生的境况?
(5) 批判维度：您认为应该如何安置残疾学生?
(6) 演绎维度：自您参加工作以来,全纳教育发展情况如何?

后记

明确方向

　　最近一直在纠结到底应该将研究重心置于中国的随班就读还是意大利的学校一体化。如果研究随班就读，相对容易许多。毕竟是自己研究自己的东西嘛，调研、访谈、资料收集等都比较容易。但存在一个问题，研究的都是别人研究过的东西，相当于炒冷饭，无多少新意。博士论文作为自己的第一本专著，我是想发表的。如若研究国内随班就读，发表并不是很容易。因为我深知自己的研究不会有太大新意。但是，若将重心放在意大利学校一体化政策上，那对自己来说无疑是一个巨大的挑战。尤其是语言方面的困难，需要巨大的勇气去克服。虽然困难不少，但却可以研究出一些新东西来，尤其是通过系统地资料收集、调研、访谈等，我可以对意大利全纳教育有一个比较全面的认识。而且一个外来者研究异域文化，说不准会有别样的发现。其实关于意大利全纳教育的相关研究用英文写作的并不是很多，我的研究说不准还会引起一些反响。与此同时，我人在意大利却去研究国内的随班就读，这不是南辕北辙吗？我要做的是利用当下绝佳的机会好好研究意大利的教育，日后再找这样一个完整的时间段是不可能的了。另外，这篇博士论文如果写得好，日后回国出版的可能性要大很多，毕竟是异域研究嘛！因此，综合来看，意大利学校一体化政策、实践研究更好一些。今天，读意大利相关法案，才发现自己关于意大利全纳教育的了解还只是冰山一角，仍需要做大量工作。

　　此外，我要在业余时间构思我的第二本著作《××社会学分析》，现在开始收集资料，并展开相关写作。等工作之后，到英国访学时就找机会将自己的这本书推销出去，并发表。

　　思来想去,我还是准备将研究重心放在意大利的教育上。是时候向导师表达自己的想法了,向其陈述自己最近一直在做什么!

(2017年12月6日 16:39 于意大利帕多瓦 Pollaio Aula)

主客观研究范式

　　今天,我在读《西太平洋上的航海者》这本书时,突然想到了自己之前读的一本书,是滕星教授的《文化变迁与双语教育》。在这两本书中,作者都使用了主客位研究法,即分别从文化负荷者(当地人)的角度和研究者的角度阐释研究现象。我觉得我可以在自己的研究中采用该研究范式,不必直说,只是在写作中贯彻这一思想范式,使之成为我研究的独特之处。我作为一个外来者,具备本土研究者不具备的特点,如对其文化等不甚了解,这样可以使我从一个旁观者的角度去看待和思考问题。

　　对,主客位研究范式!

(2018年01月04日 22:29 于意大利帕多瓦 Pollaio Aula)

立足当下,放眼未来

　　研究逐渐清晰,思路逐渐明确。下一步便是埋头苦干!

　　不管怎样,在近一年半的挣扎之后,终于知道自己想要研究什么了。虽然看似很简单,但过程却令人十分痛苦且难以忘怀!可能这就是痛并快乐着吧!

　　围绕博士课题研究,目前主要着眼于以下几项工作:

　　文献综述撰写。这件事不能再推迟了。实践证明,写作是一个很慢的过程。故,宜早不宜迟。2月份必须完成文献综述,不管好与坏。至少形成一个文本、一个初稿,为之后的修改和完善提供一个蓝本。

　　意大利全纳教育政策发展。和文献综述一样,这件工作也不可再往后推了。我现在逐渐发现,自己一直忽视了意大利全纳教育。其实,意大利全纳教育有许多值得研究的课题,并非只是一篇《意大利全纳教育发展历程评析》就可以草草了事的。这个课题——意大利全纳教育——需深挖!围绕着意大利全纳教育,我需形成一个研究系列,出一组研究成果,全面系统地将意大利全纳教育介绍到我国。我需要发挥自己的优势,将意大利全纳教育作为我进入研究的一个基点。通过意大利进入全纳教育研究领域! 当下,主要围绕《意大利学校年度全纳教育发展计划》和《意大利学校内部隔离现象探析》这两篇文章展开。接下来,便是关于支持教师、教师全纳教育态度、校长全纳教育态度等内容的一系列文章。

意大利语书籍和期刊阅读。这将引领一个时代:第三语阅读时代! 继母语、英语之后,意大利语将成为我今后学术生涯的第三种语言。现在越发意识到语言的重要性,我何不趁现在好好学习一下意大利语呢。我深知这个过程会很痛苦,很浪费时间,但我相信这不是无用功。于研究本身和今后发展而言,这都是一件绝佳的好事! 因此,意大利语,我来了!

整理意大利全纳教育政策、研究、报告等相关文献资料。文献是研究基础,必须花时间整理大量文献。这个月主要是收集相关资料,并做好分类。此外,围绕着意大利全纳教育研究,将相关质性研究的访谈资料进行搜集整理,这些可能都会成为我今后论文的重要写作源泉!

2月份,将是一个决胜月!

(2018年01月31日23:20于意大利帕多瓦Pollaio Aula)

原来并不像你想的那样简单!

2月份,将是一个决胜月! 看来事实并非如此!

这几天,仿佛是新年以来的第一个低谷,诸事不顺! 发往调研学校的邮件没人回复,发给导师的邮件也没有回复……

2月份上意大利语课、过年、调研……这些事情使得自己的计划并没有很好地实施。尤其是在小论文写作方面,迟迟无法推进,致使之前的想法一拖再拖。文献综述进度也不是很理想。调研还算可以,加上下星期三的3个访谈,我算是在Piazolla sul Brenta做了6个访谈,还算可以。我觉得这已经相当不容易了,菲利波(Filippo)帮了我很多! 我也不奢求做大量访谈,只要15个便可以了。目前已经可以保证6个访谈,再找9个左右,我就不打算再做了。意大利全纳教育的分析就靠这15个访谈了! 接下来,我便开始联系国内学校做随班就读的访谈,10个人左右就可以了。思来想去,我的博士论文还是不能少了国内这一块。作为一个留学生,而且是一个博士研究生,如果只研究意大利全纳教育就有些太简单了,而且自己的资料并不是十分丰富。所以,我必须将国内的随班就读融入进来。不是一定要做比较研究，而是从不同角度思考某些问题。研究不同文化背景下的主体是如何应对类似问题的，更多的是一种视野上的拓展，而非孰对孰错、孰优孰劣的比较！这是我研究的基调，必须把握住，不可更改。

(2018 年 02 月 21 日 11:11 于意大利帕多瓦 Pollaio Aula)

行路至此，且不易！

其实，早应该写这篇随想了，只是一直没有找到合适的时间。现在，终于可以静下心来，细数一下自己这段时间的研究心路了。

不易，是现在唯一的感觉。

年初，不！准确地说是自去年 10 月份开题报告会之后，我便开始着手找学校、做调研，但是一直不顺利。至年底，也没有进入一所学校开展调研。可想而知，我当时的心情是怎样的了！春天始于 2018 年 1 月 11 日，在好友菲利波的帮助下，我得以到 Piazzola Sul Brenta 学校做调研！真的，我非常感谢菲利波，是他帮我打破了这一僵死近 4 个月的局面。此后，接连在 Treviso 和 Schio 地区开展调研，获取研究所需的一手资料。同时 2018 年 5 月 2 号回国，30 号返意，基本上完成了国内调研部分。

不得不提的是访谈录音转录工作！在调研之初，我就给自己立下了一个铁一般的纪律：访谈录音转录工作必须开始于访谈结束后的次日。我现在可以骄傲地说我做到了这一点。这是我必须要拿出来说一说、晒一晒的。国内访谈录音也在返意后第一时间完成了。中意访谈录音转录成果共 284 页！

六月份，来了。可以说在经历了这几个月的"生"与"死"之后，我又复苏了。不管怎样，博士研究课题调研部分终于结束。行路至此，个中滋味，唯己深知！

今天和导师见面了，汇报了调研情况，探讨了下一步工作。不管怎么说，导师对我的帮助还是首位的。可能正是此，使我得以成长！

下一步，要开始书斋式的创作环节了。分析数据、撰写论文，将是研究工作的最后环节，亦是最关键的环节。

勿发牢骚了！

开始干吧！

(2018 年 06 月 22 日 18:52 于意大利帕多瓦 Pollaio Aula)

在做的过程中,总结经验

昨天下午,我完成了意大利中小学教师访谈"分维度逐句分析"这一步,今天下午正式开始国内调研部分。刚刚大致看了一下中国部分访谈的各个维度,我发现一个有意思的现象,即意大利和中国中小学教师对这六个问题的回答存在巨大差异,比如在如何理解全纳教育方面,意大利教师要比中国教师理解得更丰富一些。这个现象,我必须要在论文中提及。全纳教育的发展道路不一样,教师所关注的问题侧重点也不一样。

所以,一定要在做中进行总结!

(2018年8月8日15:24 于意大利帕多瓦 Pollaio Aula)

终将开写

早就扬言第三学年要动笔写博士毕业论文,可是囿于种种原因却迟迟没有动笔。现在,再也找不出不动笔的理由了。想,使劲地想,绞尽脑汁地想,确实找不到理由了。所以得出一个结论:那就写呗!

一句"写呗",说出来容易做起来难啊!但不管如何,确实该写了,时间已经不多了。但真正要写的时候,却不知道怎么写。唉,真的很煎熬!这两天还在恢复学习状态中,效率逐渐回升,但还没有达到最佳水平。不要急,慢慢来,会好起来的。

(2018年9月6日17:39 于意大利帕多瓦 Pollaio Aula)

博士论文:发动全面战争的时刻,已经到来!

博士一年级,全年阅读大量文献;博士二年级,一整年的田野工作,横跨欧亚大陆之意大利与中国;2018年7月与8月,对访谈资料作第一次人工分析;近来集中学习Atlas.ti软件的使用。这诸多工作都在为此时——向博士论文发动全面战争而准备。我知道这一时刻到了,必须抓住时机,开打!

博士论文框架。这是一项提纲挈领式工作,尤为重要。这项工作不分配具体时间,可在平时空隙中进行,随时随地对框架进行修改和补充,九月底之前需完成。

第一章文献综述和第二章研究背景的完善。这项工作不能再拖了，已经拖得有些久了，再拖就真的无地自容了。今天起开始着手进行。要知道，这项工作和资料分析一同进行，是有理由的，二者可互补！

继续软件学习。接触 Atlas. ti 软件不到一个星期，虽然掌握了大部分技能，但要想在研究中灵活运用，尚需一些时日！这个星期继续学习，同时用自己的访谈资料做一些实操，熟悉相关技能。

为软件分析访谈资料做一些准备工作。如何建立分析单元？如何将第一次人工分析与即将进行的第二次软件分析工作相结合？这是尤为重要的两个问题，要仔细考虑。同时，做一些书面资料准备工作，打印相关访谈资料，助力软件分析。同时，注意总结已有研究中的分析维度，为我所用！

目前，博士论文研究工作主要就是以上这几点。任何一点都相当重要，它们环环相扣，任何一环的不完善都会直接影响其他环的正常运行。故，认真对待每一环！

(2018 年 9 月 17 日 12:46 于意大利帕多瓦 Pollaio Aula)

摸索两载，终解脱

2018 年 10 月 31 日 15:00 于帕多瓦大学教育学院一楼多媒体教室，贾利帅开始了"Comparing Inclusive Education: Struggles in Italy and China"博士学位选题的汇报，整个报告 18 分钟，一气呵成！把自己这两年围绕学位论文选题所做的事情进行了一次系统汇报，很是满意！

经过了整整两年的摸索，今天终于知道自己要研究什么东西了，很开心！与此同时，也感激这两年中自己所遇到的种种困惑、焦虑、不安、崩溃以及这突如其来的小成功！这就是成长的过程，不可能一帆风顺，但只有经历了各种酸甜苦辣之后的成功，才是最真实、最踏实、最心安理得且属于自己的成功。这是一个必经阶段，是一个研究者成长过程中必须要独立面对的事情，缺此环节，不可能成为一名合格的研究者。因此，我再次感激这两年中的各种失败与痛苦，因为没有你们，我走不到今天。同时，我也要好好感谢一下自己，这两年来自己也着实不易，挺着走到现在，值得鼓励一下！（此处应有热烈的掌声）

此次汇报既是一个终点，更是一个新起点！从 11 月份开始，要全身心地投入到博士论文写作中去了。讲真的，再不写就真的来不及了。到后面还会有很多事情需要我去做,所以我的原则是在保证质量的前提下越快越好!

不管怎样,一切都将成为过去,明天在等待着我。收拾好心情,准备出发,去迎接充满无限不确定性的明天,后天,大后天,未来!

(2018年11月01日17:54 于意大利帕多瓦 Pollaio Aula)

迷路一月,终于找到回家的路了!

十一月,我将其称为迷路的一个月!这个月由于11月9日知道了古典教育征文的消息,自己随后像着了魔似地全身心扑到古典教育、教育史以及古希腊古罗马教育方面,下载了很多书籍,决心要在教育史领域有一番大作为!那些日子真的是热血沸腾,从未有过,仿佛看到了自己光明的未来。故,开始了《德国西贝利斯古典教育思想研究》一文的写作,决心要争得头彩!太年轻了,太年轻气盛了,太不知深浅了,太会胡思乱想了!

今天12:45与导师见面,讨论了一下我的博士学位论文框架和写作计划。这才慢慢从教育史的大梦中醒来,并走出来。是啊,我不能因小失大,不能避重就轻啊!我在全纳教育和特殊教育领域钻研了两年多,读了许多相关书籍,怎么能说扔就扔呢。我必须正视自己的研究,尊重自己之前的劳动成果。因此,还是要回家,回到全纳教育领域,至少要尽最大力量把自己的博士学位论文写好!当然教育史我也是不会放弃的,会继续关注。但是,我应该寻求全纳教育研究和教育史研究之间的和谐共生,而非互相排斥!是的,我需要文章,需要成果,来帮助我进入中国高校工作。之后,再追求自己的爱好!这是一条正确的道路,是我必须要认识到的重要问题。

故,明日起:回家,回到全纳教育,回到特殊教育,回到博士学位论文上来。继续自己未竟的事业!同时,合理安排时间,研读教育史相关文献,为之后自己的转向作铺垫!

找到回家的路了,这样的感觉很好!

(2018年11月29日23:01 于意大利帕多瓦 Pollaio Aula)

访谈资料分析,最后一程!
兼谈未来10年学术生涯规划

昨日利用一下午+兼职回来的半个晚上,将中国教师访谈部分的资料分析完了!

还是母语工作起来效率高啊！意大利的我用了近1个星期！截止到目前，就剩最后两个维度没有分析了。

目标是下个星期四(含)之前结束访谈资料分析工作。之后，一方面分维度进行二级建构，另一方面开始学位论文第三章的写作。

这段时间的思考，使我渐渐明白博士学位论文工作才是我四年留学生涯的核心，是重中之重。尽管目前对希腊化时代的教育研究很感兴趣，但它始终只能是次要的，而非首要，关于这一点我必须要明确！因此，现在基本明了未来10年左右的学术生涯规划：一方面主攻全纳教育、特殊教育，围绕着这一主题做出系列成果，并依靠此评上职称，尽量出版几本著作；另一方面，从现在开始每日进行希腊化时代教育研究相关文献的阅读，并分主题进行文献整理。在阅读过程中，可以写几篇论文，但要明确，这部分工作不能与第一部分工作相冲突。这一研究方向，将是我未来研究的最终归处。目前主要是读文献，做笔记，打好基础。

是的，大概情况就是这样，今后不要再在此问题上纠结了。今天确立的这些想法，将指导未来10年左右的学术生涯。

(2018年12月15日16:34 于意大利帕多瓦 Pollaio Aula)

2019:博士学位论文进入新征程!

2019年1月1日19:16，我将所有访谈资料分析完毕，共计编码1277个！这项工作本该去年完成，无奈拖到了今年。故，今天Pollaio一开门，我就背起书包来了，打开电脑将2018年未完成的编码工作收尾。

编码工作的结束，预示着博士学位论文将进入另一个阶段:全面写作！有些惭愧，第三学年开始时就扬言要开始博士学位论文全面写作，拖拖拉拉到了2019年还没有开始。这次必须要重视起来，不能再开玩笑了！预计今年6月底完成第一稿，这还是有很大压力的。故而，博士学位论文写作这件事绝对不能再拖了，必须成为每日必修课！

章节写作和编码处理，同时进行！一方面进行论文第三章研究方法的写作，一方面对已完结的编码进行二次分类整理，两项工作交叉进行。每天必须要向前推动一小步，见到进度，且不可浑浑噩噩！

在论文章节写作方面，争取一个月至少完成一章，两个月完成三章。这不是在赶进度,而是建立在前期准备工作基础上的。编码的分析整理,完成一个维度就开始本维度章节的写作,同时分析整理下一个维度。这样交叉进行,是一条可取的路子!

质量,质量,质量,质量!必须保证博士学位论文的质量,尽自己最大努力将其做到最好!

就这些吧。

(2019 年 1 月 1 日 19:35 于意大利帕多瓦 Pollaio Aula)

北上借道布鲁塞尔
开启百日伦敦游学

这几日,四处流荡。

明日,修整、复归。

经过这几天的思考,我觉得在伦敦游学的主要任务如下:

首先,博士学位论文写作。这项工作的重要性,无需多言。这些天的进展并不是很好,时不时地总会被一些事情所中断。必须拿出专门时间进行写作,每天至少 4 小时,这是底线。目前,重点集中在论文的第二大部分,即中意全纳教育政策和全纳教育学校实践,力争在游学期间完成这一部分的写作。与此同时,完善第一部分。这项工作必须始终摆在紧急且重要的位置,这是根本,是一切工作的重中之重。自认为,自己始终没有摆正心态,没有认识到这项工作的重要性,没有将其真正付诸实践!这个问题,必须纠正,必须遏制!

其次,英文学术写作。昨晚在与×××和×××聊天时,猛然意识到自己英文学术写作是如此之差,最可悲的是自己没有意识到这一问题。且自己一直在回避英文论文的写作,这其实是在回避自己的弊端,这是一个多么可悲的事情啊!必须开始英文学术写作,必须将这项工作提上日程。这次伦敦游学,英文学术写作将是一项很重要的工作,必须寻找机会提升自己的写作能力。划出专门的时间,进行写作方面的训练。同时,拨出特定时间进行英文小论文写作,内容主要围绕"Inclusive School Case Study"和"Barrier to Inclusive Education in Chinese Context"。

再次,教师教育专题研究。这是此次赴英交流的主要任务,也是自己一直感兴趣的东西。对于两大部分内容——中国教师教育政策发展历程和英国教师教育政策发展,这三个月内要完成 1 到 2 篇小论文。

最后，中文小论文写作。这项工作的总原则是：适可而止！是的，游学在外的这几个月，这部分工作可以稍微搁置一下。但是，要有一个最起码的要求：撰写"PISA之问：谁为残疾学生代言"相关主题论文 3 篇左右（对此主题已关注许久，必须围绕该主题写几篇，且第一篇一旦写出来，后几篇会容易许多）；以及《苏格拉底与智者关于学费之争》这一大论文的写作，是的，利用这 3 个月好好写一下这篇论文。4 篇小论文，足矣！不能再在这方面花费太多精力，但前提是将这 4 篇小论文保质保量地完成。前一个主题的论文，2 月份之前至少要完成 1 篇半；年后，要投出去 2 篇。

读书，这一项工作，我不敢保证了。真的，我担心没有完整时间来认真读书，但是我还是会尽力寻找时间进行阅读的。不过，要坚持读期刊文章，围绕教师教育、全纳教育、古典教育，进行相关期刊论文的阅读。

以上是我未来 3 个月的主要工作。这 3 个月务必保证工作效率，决不可拖拖拉拉，浪费时间。周一至周五，老老实实地待在图书馆工作。周末，游览伦敦！是的，最近一段时间耽误了一些工作，接下来这几个月：全力以赴！

（2019 年 1 月 15 日 15：10 于比利时布鲁塞尔自由大学图书馆）

Communication with Prof. Barbara

Dear Prof. Barbara,

Firstly thanks for your New Years' Wishes!

Secondly many thanks for your careful and impressive comment on my last mail, which makes me fully reconsider my research. Your comment is critical for improving my thinking in terms of how to use the PISA data to support my argument.

Thirdly I want to make some answers to your questions and discuss some of my confusions as well.

As for the first comment, all the data come from PISA Result Report of each cycle. As you know, there is an ANNEX part in each cycle's Result Report, in the Annex A part: Annex A2 The PISA target population, the PISA samples and the definition of schools, which provides data in terms of exclusion of students with SEN. For example, Australia's Functional disability exclusion' percent in 2003PISA= 235 591＜ Weighted number of participating students ＞/（235 591＜ Weighted number of participating students $>+457<$ Weighted number of excluded students with disabilities (code 1) $>$) $= 0.0019$, is 0.19%. Other data can be got like this way.

In terms of the second comment, I agree with you. From the data (see the attachment) I want to report the trend of students with disabilities (Functional disability and Intellectual disability) exclusion percent in every country from 2003 to 2015. Even if "there are no commonly held disability definitions across countries (your words)", however, PISA provides the exclusion standard in technical report. Maybe there are some differences between countries in terms of exclusion standard, but we cannot get this kind of information as PISA only provides limited information about that. There are only some data in the ANNEX part.

Your understanding "It seems to me that your table describes more about the sampling exclusions versus the disability population issues. It would be much more informative to your study if you focused on the percentages students with SEN by disability type and by country who are included in PISA (your words)" is right. I focus on disability population (Functional disability and Intellectual disability) in PISA, however, I cannot get the data. In your article, I know the Student Tracking Forms where you can get the concrete data.

I kindly ask you to help me to contact the OECD manager and to approach the Student Tracking Forms for more concrete data.

I hope I understand your comment in a right way, if there are something wrong please tell me and I will correct.

Thanks for your kind comment again! And hope I can learn more from you and can cooperate in the near future.

Best wishes!

Lishuai

(2019年2月12日21:38 伦敦大学教育学院图书馆)

初稿完成，却很淡定

早应该写这个总结了。只是最近自己做什么都拖拖拉拉的，所以到今天才来做这个总结。

其实，学位论文上周六就基本完成了，这周进行了完善，如统一相关术语、完善格式等，到现在可以说较之前有了很大改善。目前，还差致谢和摘要没有写，想着尽快写好，也就放心了。

拖拖拉拉写了近3年，记得博一就开始写文献综述，博二搁置了一年，博三集中火力干了几个月。就这样，博士学位论文"东拼西凑"地搞出来了。写完的那一刻，并没有期望中的那么激动，反倒很平静。可能时间太久了吧，抑或是看淡了，总之写完也就写完了，心情没有什么不一样。日子，还是一如既往；还是一日三餐；还是每天家和Pollaio Aula两点一线，距离不超过500米，走路不超过5分钟。是啊，这才是生活的真谛：平平淡淡的，一如既往的。

最近，觉得心态跟以前稍微有些不同了，没有之前那样强的求胜心了，没有之前那样强的急功近利的心了，多了几分"安守本分"。慢慢发现，有些事情是急不来的，是需要磨的，所谓的事上磨炼，可能就是这个意思吧。归根到底，是自己的修炼不够，读书不够。尽管这些年读了一些文字，但多半是为了写文章发论文而读，一旦文章落成，这些文字也就随风而去了。说到底，这些文字并没有对自己产生多少影响，如果有影响的话，那只能是害得眼睛有些酸疼，有些看不清东西，可能近视度数深了一点！是啊，这就是自己近年来的状况。有时候感觉自己像一个空架子，里面没有多少货，多半是一些华而不实的东西。

所以，学位论文完成了——暂且先不管它能否过关——自己该好好地反思一下了，该踏踏实实读一些东西了。也要考虑一下自己未来两年的博士后该如何"过"这个问题。这两年，真不希望再吵吵嚷嚷、华而不实地过了，而是过一种自我修炼式的平常日子。这两年，我只想认认真真、踏踏实实地读一些自己感兴趣的书，研究一下自己感兴趣的题目，写一些自己的所思所得，这就够了。至于其他的，能不掺和就不掺和了！

(2019年7月13日00:56 于意大利帕多瓦大学Pollaio Aula)

以上片段节选自我本人在求学期间所写的《博士学位论文写作历程碎片化审视》

一文。本书是在我博士学位论文基础上修改而成,其中一些章节也已相继发表在《中国特殊教育》、《外国教育研究》、《意大利全纳特殊教育期刊》(*Italian Journal of Special Education for Inclusion*)以及《亚太教育期刊》(*Asia Pacific Journal of Education*)等期刊上。对于自己的第一本专著,我一直想着要写一篇后记,但又不知写些什么。因此,在第一次把书稿提交给编辑部的时候,书稿中并没有后记。后来出版社返回书稿,让我修改,这时我又萌生了写后记的想法。但关于如何写这篇后记,自己一直没有任何想法。直到今天早上,我偶然看了一篇关于学术史研究的文章,突然萌生了从"学术史"角度回顾一下这本书的成长历程的想法。

自己一直以来都有写各种感想的习惯,在博士学位论文写作过程中也时不时地写一些感想,这就有了《博士学位论文写作历程碎片化审视》一文。现在回过头来看看自己当初写的这些感想,其中有些很可笑,觉得自己当时怎会有如此想法!与此同时,翻看这些感想更多的是一种历史场景的再现。我一直很喜欢阅读历史类的书籍,总认为历史有一种神秘感,探索这种神秘并破解这种神秘,会得到一种意想不到的收获。此时此刻,过往的这些感想,让我产生了很多很多新的想法,发现自己的学位论文的某些章节不应该这样写,应该再完善一些,应该分析得再深入一些。但是,尊重历史,一直是我的原则。因此,在将博士论文修改为书的过程中,除了必要的修改之外,一些核心观点并没有修改。因为在某种程度上,我觉得这是我个人的学术成长史,尽管有缺陷,但却值得尊重。

今年9月自己就要出站了,尽管严格意义上来说博士后已是一种工作而非学生,但自己还是习惯将博士后看作是自己的一个学生阶段。不过出站之后,我就再也找不到借口了。一直在考虑自己今后的学术研究之路,但更多的是迷茫、困惑和不确定。希望过往自己所记的那些碎片式的感想能给自己提供一些指引。

贾利帅
2022年6月27日于沪西3924弄309